대산 김대거 평전

대산 김대거 평전

2023년 9월 17일 초판 1쇄 발행
2024년 4월 12일 초판 2쇄 발행

지은이	이혜화
펴낸곳	원불교출판사
펴낸이	주영삼
출판등록	1980년 4월 25일(제1980-000001호)
주소	54536 전북특별자치도 익산시 익산대로 501
전화	063)854-0784
팩스	063)852-0784
홈페이지	www.wonbook.co.kr
인쇄	원광사

ISBN 978-89-8076-406-8(03200)
값 20,000원

잘못 만들어진 책은 구입처나 본사에서 교환해 드립니다.

대산 김대거 평전

이혜화 지음

원불교출판사

소태산 박중빈 대종사
1891~1943

게송

유有는 무無로 무는 유로

돌고 돌아 지극하면

유와 무가 구공俱空이나

구공 역시 구족具足이라

정산 송규 종사
1900~1962

게송

한 울안 한 이치에

한집안 한 권속이

한 일터 한 일꾼으로

일원세계 건설하자

대산 김대거 종사
1914~1998

게송

진리는 하나

세계도 하나

인류는 한 가족

세상은 한 일터

개척하자 하나의 세계

| 일러두기 |

- 연령 계산은 태어난 해를 1세로 치는 전통적 계산법에 따랐다.
- 종법사의 대수(代數)는 6년 단위의 대(代) 혹은 창립한도에서 쓰이는 36년 단위의 대(代) 등과 구분하기 위하여 사람 중심의 차례는 세(世)로 썼다. 〈예〉 1세 소태산, 2세 정산, 3세 대산 등.
- 연대표기는 가독성을 배려하여 원기를 되도록 서기로 환산하여 썼다. 연월일 표시는 양력을 원칙으로 하여 아라비아 숫자로 하되, 음력인 경우는 음력이란 표시를 하고 쓰거나, 또는 연월일 표시를 전통 어휘로 하였다. 〈보기〉 음력 6월 1일, 갑자년 정월 초나흘 등.
- 등장 인명에는 원칙적으로 경칭을 쓰지 않고 중립적인 용어로 쓰지만, 신분을 나타내는 용어로는 필요에 따라 제한적으로 쓰기도 했다. 〈예〉 ○○○ 교무, ○○○ 교수.
- 반복하여 나오는 참고 자료의 출처는 자료명과 쪽 표시 등 최소한으로 쓰고, 저자명, 출판사명, 발행 연도 등 갖춘 정보는 뒤에 나오는 〈참고문헌〉에서 확인하기를 바란다.
- 반복하여 자주 나오는 출전 『조불불사대산여래』는 『조불…』을 약칭으로 썼음에 양해를 구한다.
- 『대산종사수필법문집』의 경우 쪽 번호가 불안정하여 법문 일자(서기 환산) 위주로 출전 표기를 했음에 양해를 구한다. 〈보기〉 『대산종사수필법문집』 1988.5.6.
- 지문이 아닌 인용문의 경우는 원문을 수정 없이 옮김을 원칙으로 한다. 다만, 가독성을 올리기 위해 문장부호와 띄어쓰기는 손을 보았다.

I. 하늘 땅 사람

015 삼재(三才) 프레임

020 봉황대 위에 휘영청 밝은 달빛
- 인걸은 지령

026 거북바위에 물 떠 놓고

II. 성장의 길목에서

035 만덕산의 인연
- 대산의 자성예언(自成豫言)

047 만덕산 초선과 김대포
- 은부모 시자녀(恩父母 侍子女)

056 익산 총부로 가다

III. 드디어 길을 찾다

067 출가의 길

079 총부에서 둥지를 틀다
- 성자들의 부친

094 성큼 올라선 도인 김대거
- 아내를 향해 부른 연가(戀歌)

IV. 시련의 세월을 딛고

- *111* 사선을 넘나들다
  - 담방약에 얽힌 사연
- *125* 양주 장포동에서
  - 장포동(藏浦洞)
- *135* 서울 한남동에서
  - 若草觀音寺[약초관음사]
- *146* 이승만과 김구

V. 원평에서 하섬까지

- *159* 다시 사선에 서다
  - 김대거의 선시(禪詩)
- *169* 법생지 원평
- *178* 강증산과 대산
  - 강증산과 『대순전경』
- *186* 기다리며 준비하다
- *198* 영산, 만덕산 및 하섬
  - 천서인가 비서인가

VI. 3세 종법사 김대거

- *213* 소태산의 하늘, 정산의 땅
- *224* 사람의 시대
- *236* 계룡갑천하(鷄龍甲天下)
  - 목침과 옹기그릇

VII. 영육쌍전

- *253* 투병과 건강 화두
  - 박학(博學)과 심사(深思)
- *264* 유업을 계승하며
  - 정토보다 정녀
- *273* 넓어지는 보폭
  - 세계평화 삼대제언

VIII. 호사다마

- *289* 고비마다 굽이마다
- *301* 돌담을 쌓듯이
  - 미물과 자비심
- *306* 카리스마와 법위
  - 법위사정(法位査定)
- *315* 카리스마와 교헌
  - 교헌 3차 개정

IX. 승승장구

- *327* 크게 자상하게
  - 능소능대(能小能大)
- *340* 천지 사업장
  - 정희섭과 시그레이브
- *351* 해외교화와 종교연합활동
  - 삼소회의 꿈

X. 정교동심

- 363　대산과 대통령들
- 378　정치 사회적 멘토
  - 대산이 탄 승용차
- 388　화쟁과 통일

XI. 상사의 길

- 403　퇴임과 후계
  - 여래의 인지 능력
- 416　승계의 반성
- 430　회향

XII. 열반 적정

- 445　기원문 결어
- 454　평화는 오리
  - 대산의 연주창
- 467　못다 한 말

478　저자 후기

부록

- 483　대산 김대거 연보
- 495　참고문헌
- 498　『소태산 평전』『정산 송규 평전』수정 자료

I
하늘 땅 사람

삼재(三才) 프레임

원불교 역사에서 1세 종법사 소태산 박중빈, 2세 종법사 정산 송규, 3세 종법사 대산 김대거 등 이 세 사람은 각별한 조합을 이룬다. 소태산은 교조 즉 원불교의 창시자로서 당연히 가장 중요한 역할과 의미가 있으며, 정산 역시 그 후계자로서 중요한 역할과 의미가 있다고 함은 필자의 선행 저술 『소태산 평전』과 『정산 송규 평전』에서 밝힌 바 있다. 소태산은 최초 8인 제자들 앞에 가장 나이 어린 19세 송규를 소개할 때 "우리 회상의 법모이며 전무후무한 제법주라. 내가 만나려던 사람을 만났으니 우리의 대사는 이제 결정났다."라고 선언하면서 두 사람의 관계 설정은 숙명적인 것이 되었다. 그래서 대산 김대거는 정신종사성탑을 세우면서 그 탑명에 이르기를 「하늘은 땅이 있어 그 도를 더하고 태양은 달을 두어 그 공을 더하나니 (…) 대종사는 하늘이요 태양이시라면 정산 종사는 땅이요 명월이시며, 대종사는 우리의 정신을 낳아주신 영부시라면 정산 종사는 그 정신을 길러주신 법모시라.」라고 하였다. 다시 말하면 소태산과 정산의 조합을 '하늘과 땅, 해와 달, 아버지와 어머니'로 규정함으로써 교조 소태산과 후계자 정산의 위상을 확고히 하였다.

이 대목에서 3세 종법사 대산의 위상을 어떻게 규정할 것이냐가 숙제로 떠오를 수밖에 없다. 앞에 말한 대로 하늘과 땅, 해와 달, 아버지와 어머니 등 이분법 프레임을 적용할 경우, 대산이 들어갈 자리는 없다. 그렇다면 3세를 4세, 5세, (…) 등과 더불어 N세 종법사 중의 하나, N분의 1로 하면 끝날 것을 무엇 때문에 4세, 5세 등과 차별화하는 3세의 위상에 굳이 고민할 필요가 있는가. 그러기엔 후진들 나름으로 설득되지 않는 지점이 있기 때문일 것이다.

첫째, 대산은 애초부터 교조 소태산의 교단 창립주 3인조 가운데 들어 있었다는 점이다. 그 대표적 근거가 향산 안이정 교무에게 소태산이 귀띔했다는 것과 같은 예이다.[1] 즉 소태산이 안이정을 불러 앉히고 "나 외에 사표로 모시는 스승이 누구냐?" 물었을 때 "정산과 주산 두 분입니다." 하자 "앞으로 정산과 대산을 사표로 삼으라." 이르고, "너만 알아 두어라."라고 당부까지 했었다는 것이다. 이밖에 소태산이 후계 1세로 정산, 후계 2세로 대산을 점지했으리란 증거는 여러 가지가 나온다. 이를 정산은 물론 대산 자신도 알고 있었으리라.

둘째, 소태산과 정산에 이어 최고 법위인 대각여래위로서 법력을 갖춘 대도인이었다는 점이다. 후에는 교조 외에도 법위가 대각여래위로 추존된 이들이 다수 나왔지만, 당시로서는 생전에 대각여래위로 사정(査定)된 유일한 인물이었다.

---

[1] 『정산 송규 평전』, 267~268쪽 참조.

셋째, 법위만 높은 것이 아니라 33년이란 장기간에 걸쳐 종법사 위에 있으면서 원불교창건사에서 불멸의 업적을 쌓음으로써 소태산과 정산에 버금가는 카리스마를 구축했음이다.

결국 소태산과 정산을 하나로 묶는 천지·일월·부모 프레임을 벗어나 대산까지 포함하여 셋을 묶는 삼수 프레임을 동원할 수밖에 없음이 필연이다.

나에게는 스승 복이 많았다고 믿는다. 어린 시절, 4년 모신 대종사는 할아버지 스승님으로 내 믿음의 뿌리를 내리게 해주시고 내 사업의 종자를 싹 틔워 주셨다. 20년 모시는 가운데 10년 동안 전문 시봉한 정산 종사는 아버지 스승님으로 내 공부의 줄기를 키워주시고 내 사업의 터전을 넓혀 주셨다. 30년 모시는 가운데 10년은 법감[2] 겸직으로 모셨던 대산 종법사는 장형 스승님으로 내 공부의 개화를 촉진해 주시고 내 사업의 결실을 촉구해 주셨다.

이는, 이 어른들이 한 분은 새 회상의 대체를 창조해 주시고, 또 한 분은 그 교상을 구비해 주시고, 또 한 분은 그 활용을 실현해 주신 교사상 체·상·용의 분야와도 상통되는 것이다. (『우리 회상의 법모』 164쪽.)

이 글은 범산 이공전 교무의 글인데, 소태산을 할아버지, 정산을 아버지, 대산을 장형으로 삼대를 배치한 점이나, 원불교 교사(敎史)에

---

2 法監. 종법사를 지근에서 보좌하던 교감 직위. 뒤에 법무실을 설치하면서 법무실장으로 불림.

서 체상용(體相用)의 분야에 해당한다고 한 점에 주목할 필요가 있다. 1927년생인 그가 36년 연상인 소태산을 할아버지로, 27년 연상인 정산을 아버지로, 13년 연상인 대산을 장형으로 받드는 것은 연령차로 보아 그럴듯하지만, 체상용 분야로 대응시키는 것은 뉘앙스가 다르다. 일반적으로는 본체[체]와 차별 현상[상]과 작용[용]을 말하지만, 원불교학에서 본다면 공[체]/원[상]/정[용]으로 대응시킬 수도 있고, 소태산의 용어 '대·소·유무'에 대응시킨다면 대는 체요, 소는 상이요, 유무는 용이 된다. 나아가 삼신불 개념에 대응시킨다면 법신불은 체요, 보신불은 상이요, 화신불은 용이 된다. 요컨대 소태산, 정산, 대산의 구조는 삼각형의 기하학적 구도에서 세 변이나 세 꼭짓점처럼 셋이 반드시 합쳐야 완성체가 되는 프레임인 것이다.

여기서 자연스럽게 상기되는 것은 삼재사상(三才思想)이다. 대산에 이어 4세 종법사가 된 좌산 이광정은 대산 비명에서 다음과 같이 말했다.

새 주세불 대종사께서 친히 찾으신 불은을 입어 만덕산 초선에 참예한 기념으로 세계조판 새 운수에 천도수(天度數) 지도수(地度數) 이어받아 인도수(人度數) 담당하사 조불불사의 대역사를 이룩하셨다. (대산종사성탑명병서)

요컨대 우주의 새로운 역사를 창조(조판)함에는 그 역할에 삼 단계(도수)가 있는데 그 순서가 하늘의 단계, 땅의 단계, 사람의 단계라는 것이며, 소태산의 하늘 단계, 정산의 땅 단계를 거쳐 대산이 사람 단계를 맡아 책임을 수행했다는 뜻이다. 이는 대산 자신도 「성인들께서 회상과 세상을 조판하실 때에는 항상 천·지·인 삼재[3]로 하신다.」(『대산종법사 법문집』3, 42쪽.)라고 한 바 있다.

인간 내지 만물의 구조를 이분법(dichotomy)이나 삼분법(trichotomy)으로 나누는 것은 논리학적 보편성에 근거를 두지만, 동양에서는 예로부터 양태극과 삼태극을 상정한 예에서 보듯이 상당히 철학적인 세계관을 품고 있다. 그러니까 음양사상에서 보여주는 양태극의 세계관 못지않게 천지인 삼재사상에서 보여주는 삼태극의 세계관 역시 유래도 오래지만 신뢰 역시 컸던 것이다. 유가 내지 도가에서 쓰이는 삼재 관념은 삼원(三元) 삼극(三極) 삼시(三始) 삼령(三靈) 삼의(三儀) 등과도 섞여 쓰이는데 이 사상의 보급은 일찍이 『역전(易傳)』 여기저기에 등장하면서 보편화하였다.[4]

『사기(史記)』〈보삼황본기(補三皇本紀)〉에 나오는 천황, 지황, 인황의 구조나 『삼국유사』〈단군신화〉의 환인, 환웅, 단군의 삼대 구조 역시 같은 발상법일 것이다. 『훈민정음해례본』의 〈제자해〉에서 기본모음(· ㅡ ㅣ)을 천지인에 대응시키고 「하늘과 땅과 사람의 모양을 취하므로 삼재의 이치를 갖춘다.」(取象於天地人而三才之道備矣) 한 것도 바로 삼재사상을 응용한 예이다.

대산 김대거는 삼재 프레임을 스스로 체득하고 그 역할을 자부했

---

3 삼재는 세 가지 기본요소, 혹은 세 가지 구성요소를 뜻한다. 삼극이라 할 때는 세 개의 꼭짓점 정도의 뜻이다.

4 ○立天之道曰陰與陽 立地之道曰柔與剛 立人之道曰仁與義, 兼三才兩之 故易六畫而成卦. (易, 說掛) ○三極 天地人之至理, 三才 各一太極也. (易, 繫辭 上) ○六爻遞相推動而生變化, 是天地人三才至極之道也. (易, 繫辭 上)

음에 틀림없다. 그것은 소태산이나 정산에 비하여 떨어지는 카리스마를 구축하는 데 가장 요긴한 길이었고, 그러기에 종법사 위에 오른 후에도 대산은 말끝마다 "나는 대종사님, 정산 종사님의 분신이다." 하고 강조하였다. 때로는 천(소태산), 지(정산)에 비하여 떨어지는 인(대산)의 위격을 의식함인지 천지인 합일, 삼위일체임을 역설했다. 그것으로 직성이 안 풀렸는가, 대산은 한 걸음 나아가 인의 위격을 추켜세우기를 마지않으니, 「현대는 인력(人力) 인조(人造)의 시대라 (…) 천지인 삼재 중에도 인(人)이 제일」(『진리는 하나 세계도 하나』, 239쪽.)이라고 주장하기도 했다.

자, 그러면 제일 중요하다고 하는 인(人)의 정체성과 활동상을 추적해 보기로 하자.

봉황대 위에 휘영청 밝은 달빛

대산 김대거(大山 金大擧, 1914~1998)의 탄생지는 전라북도 진안군 성수면 좌포리다. 진안군(鎭安郡)은 완주군, 무주군, 임실군, 장수군 및 충남 금산군에 둘러싸인 내륙 산악지역, 1읍 10개 면으로 구성되어 있는데 마이산도립공원 정도가 알려져 있을 뿐 그리 눈길을 끌 만한 곳은 못 된다. 성수면(聖壽面) 또한 노령산맥의 끝자락으로 진안군의 서남단에 위치하여 군내에서도 별다른 존재감이 없다. 그러함에도 원불교에서 성수면을 주목하는 것은 원불교의 4대 성지로 꼽히는 만덕산의 일부를 품고 있기 때문이다. 아울러 성수면의 좌포리(佐浦里)

가 중요시되는 것은 원불교의 3세 종법사 대산 김대거가 태어난 곳이기 때문이다.

좌포리는 전라북도 진안군 성수면에 속하는 법정리이다.[5] 조선 말 진안군 이서면 지역인데, 1914년 행정 구역 통폐합에 따라 산수동·상좌리(上佐里)·하좌리(下佐里)·증자동·이곡리·양화리·봉촌(鳳村)을 병합하여 성수면으로 편입하였다. 북쪽으로는 만덕산에서 뻗어 내린 산등성이의 북쪽으로 마령면 덕천리와 접경하고, 역시 만덕산에서 뻗어 내린 산등성이의 동쪽으로 성수면 용포리와 접경하고, 새질너미재에서 남쪽으로 뻗어 내린 산등성이의 동쪽으로 마령면 강정리와 접경하고, 동남쪽 섬진강을 따라서는 성수면 도통리와 접경한다. 섬진강이 동쪽 마령면 강정리에서 흘러와 굽이지며 남쪽 용포리로 흘러가는 가운데 북쪽 중길리에서 흘러온 물이 양화 마을 앞에서 섬진강에 합수한다. 섬진강 주변에는 충적지가 발달하여 제법 큰 들판이 형성되어 있다. 들판 언저리에 산수동·내좌·상좌·봉촌·원좌포·증자동·양화 등의 마을이 형성되었다. 좌포리는 성수면의 중심부에서 북쪽에 자리 잡고 있다. (하략) (한국학중앙연구원,『향토문화전자대전』)

---

[5] 같은 책에 좌포리 명칭의 유래가 「좌포천은 본래 봉황대 바로 아래로 흘렀는데, 물길을 돌리면서 마을 좌우로 물이 흐르게 되어 이를 각각 좌·우포라고 부르게 되었다고 한다. 행정 구역 병합 때 중심 마을인 하좌리의 왼쪽에 내가 흐르므로 좌포리라 하였다고 한다.」라고 나와 있는데, 여기에는 좌포(佐浦)를 좌포(左浦)로 보는 인식이 보인다. 현재는 주변 지명 좌포, 원좌, 봉좌, 내좌, 상좌, 하좌 등의 '좌' 자가 모두 좌(左) 아닌 좌(佐)로 쓰이고 있다.

그런데 이 하찮아 보이는 마을이 예로부터 좌포팔경(佐浦八景)이라 하여 경승지임을 자랑하고 있으니 희한하다. 좌포팔경은 봉대명월(鳳臺明月, 봉황대 위에 휘영청 밝은 달빛), 난산단풍(卵山丹楓, 알미산에 물든 단풍), 덕봉귀운(德峰歸雲, 만덕산에 감도는 구름), 봉추유범(烽湫遊帆, 봉추 소에 노니는 돛단배), 인산모설(麟山暮雪, 인산에 쌓인 잔설), 주연어화(舟淵漁火, 못 위에 뜬 고깃배 불빛), 용암폭포(龍巖瀑布, 용암에서 쏟아지는 폭포), 구령낙조(龜嶺落照, 국기재에 비치는 저녁놀) 등이 그것이다.

조선 후기의 문인 후산(厚山) 이도복(李道復, 1862~1938)은 진안 풍경을 노래한 가사〈이산구곡가(駬山九曲歌)〉를 짓고 산문〈마이산기(馬耳山記)〉를 썼는데, 이들 작품에서도 제일곡을 좌포 일대(대두산, 풍혈냉천, 봉황대 등)로 잡았으니〈마이산기〉에서 일부 인용한다.

무릇 이 산에 들어가고자 한 사람은, 좌포(佐浦)의 대두산(大頭山)을 제일곡(第一曲)으로 삼고 물을 거슬러 올라가면 그 기절(奇絶)한 형상을 알 수 있다. 대두산 아래에는 석굴이 있고 그 안에는 풍혈(風穴)이 있으며 풍혈 아래에는 냉천(冷泉)이 있는데, 따뜻하고 차가움은 풍혈과 똑같다. 좌포 위의 봉황대(鳳凰臺)에는 지난날 천인정(千仞亭)이 있어 연재(淵齋) 송병선(宋秉璿) 선생이 일찍이 남으로 이산(駬山)에 노닐 적에 여기에 올라 회포를 풀고 글을 지어 기록하기도 하였다. 좌포의 동쪽 도통리(道通里)에는 최 씨의 삼우당(三友堂)이 있는데, 고종 병오년(丙午年, 1906)에 면암(勉庵) 최익현(崔益鉉) 선생이 달포를 머무르면서 춘추의 대의를 토론하였다. (*번역은 한국학중앙연구원의『향토문화전자대전』에 따름.)

좌포는 풍수상 길지로 손꼽히는 진안 팔명당(八明堂)에도 속하지만, 대산 자신도 고향에 대한 자긍심이 상당했던 것 같다.

나의 고향 좌포는 산골이다. 주민들 거의가 농사를 짓고 순박하게 살지만, 자연의 아름다움에 대한 긍지만은 대단했다. 마을 양편으로 둘러선 봉황산[6]과 난산(卵山)에는 기암괴석이 있고, 봄에는 꽃동산 가을이면 단풍으로 한 폭의 꽃 병풍을 연상하게 한다. 앞으로 흐르는 시냇물은 줄기차게, 계절의 변화에 아랑곳없이 유유히 맑기만 하다. 그리고 수백 마지기의 비옥한 전답이 후한 인심을 말해 주고 있다. 전설에 의하면 이곳 봉황산에서는 봉황이 살았다고 하며, 아미산[卵山][7]은 봉황이 알을 품었다는 곳이기도 하다. 그래서 진안 팔경에 드러난 산이기도 하다. 그리고 도통리(道通里)에는 풍혈냉천(風穴冷泉)의 유명한 약수가 있어 여름철이면 많은 피서객들이 찾아든다. (『구도역정기』, 10쪽.)

성수면, 도통리, 좌포, 만덕산에 이어 뒤에 나올 오도재, 불당골 등 지명도 예사롭지 않다고 말들 하지만, 여기서는 대산이 은근히 방점을 찍고 있는 봉황 테마에 대해서 주목할 필요가 있다. 교조 소태산

---

[6] 장수군 봉황산을 비롯하여 전국적으로 봉황산이 많으나 여기서는 좌포리에 있는, 바위 절벽으로 된 산을 말하는 것이다. 일명 봉황대로 불린다.

[7] 전국적으로 봉황과 관련한 산 이름 주변에는 알메/일뫼[卵山]라 불리는 작은 산봉이 있는데 이는 후대에 알미로 변한다. 여기에 산을 덧붙여 알미산이라 하니 산은 미(←뫼/메)와 동어반복이다. 이를 한자로 차음하면서 아미산(峨嵋山/峨眉山/蛾眉山/蛾媚山 …) 등으로 불린 흔적이 보이는데 김대거도 아미산으로 불렀다.

의 생애에서 용이 주목받고[8], 2세 정산의 고향에서는 봉황이 주목받았는데[9], 3세 대산의 고향에서 다시 봉황이 주목받는 것은 우연일까? 성인의 출현을 예고하는 봉황의 상서로운 상징성은 이른바 '인걸(人傑)은 지령(地靈)'[10]이라는 믿음을 거듭 확인한다. 진안군에는 봉황산, 봉황대, 봉황골, 봉황길, 봉황리 식으로 직접 봉황이 들어가는 지명 외에 봉곡(鳳谷), 봉두(鳳頭), 봉서(鳳棲), 봉암(鳳岩), 봉란(鳳卵), 봉소(鳳巢), 봉촌(鳳村), 봉무(鳳舞), 봉산(鳳山) 등 봉(鳳) 자 돌림 지명이 유난히 눈에 많이 띈다.

좌포리 봉촌마을에는 공주이씨 종가 봉은재(鳳隱齋)가 있는데 1874년에 봉은(鳳隱) 이재준(李載準)의 유덕을 추모하기 위해 지은 것이라 한다. 그 상량문이 「마이산맥에 봉황이 알을 품고, 뒤에는 만덕산 앞에는 고달산이 자리하여 사령(四靈, 기린·봉황·거북·용)이 모이고 오기(五氣, 금·수·목·화·토 오행의 기운)가 조화로운 복된 이 땅이 후손들에게 영원하라.」[11]라고 되어 있다. 공주이씨도 풍수지리상 봉황에 의탁하여 자손의 흥성을 기원하고 있음을 알 수 있으니 자못 흥미롭다.

뒤에 나오겠지만, 대산 김대거의 모친 안경신(安敬信, 1885~1975)의 법호가 봉타원(鳳陀圓), 아우 대설(大說, 1917~1959)의 법호가 황산(凰山)임도 같은 배경을 가지는 것으로 보인다.

---

8 『소태산 평전』 285쪽 박스 참고하고, 아울러 49쪽 11행 '아룡도강형' 참조 바람.
9 『정산 송규 평전』 50쪽 박스 하단 참조.
10 땅의 신령스러운 기운을 받아서 탁월한 인재가 태어난다는 풍수지리적 신앙.
11 馬耳行脈 鳳形抱卵, 萬德後位 高達前案, 四靈聚局 五氣調元, 奠玆福祉 貽厥永年.

인걸은 지령

다음은 원불교100년기념성업회 소식지 10호(2013.7.15.)에 실린 조용헌의 〈풍수로 보는 봉황대 대산종사 탄생지〉에서 발췌한 글이다. 참고가 될 듯하다.

진안군(鎭安郡) 좌포(佐浦) 대산 종사 탄생지의 뒷산은 봉황대(鳳凰臺)이다. 가운데에 봉황 머리가 있고 좌우로 날개를 펴고 있는 형국이다. (…) 봉황대는 만덕산의 자락이 수십 리를 구불구불 내려오다가 마지막에 결국을 이룬 지점이다. 그런데 그 형태가 상서롭게도 봉황의 모습을 닮은 것이다. '천리행룡(千里行龍)에 일석지지(一席之地)'라고 하는데, 만덕산에서 내려간 용맥이 흘러가다가 좌포에 이르러 자리를 하나 만든 것이다. (…) 봉황대는 나지막한 산이지만 대부분 바위로 이루어진 점이 주목된다. 강강한 기운을 충분히 함유하고 있다고나 할까. 바위 외에 지령을 충족시키기 위한 필요충분조건의 또 하나가 바로 물이다. 물이 있어야 터가 성립된다. 바위와 물은 최상의 배합이다. '배산임수'(背山臨水)가 이 두 가지 조건의 배합을 지칭한다. (…) 어찌 되었든 봉황대의 암석기(巖石氣)를 냇물이 부드럽게 감싸주면서 포용하는 형국이다. 지령이 갖추어야 할 끝자락, 물형(物形, 봉황), 바위, 냇물의 네 가지 조건을 모두 갖추고 있으니 인물이 태어날만한 필요충분조건이다. (…) 대산 종사가 성장한 집터 약간 좌측 앞산은 그 모양이 평평하다. 풍수에서는 평평하면 창고사(倉庫砂)라고 본다. 창고의 지붕 선과 같다는 뜻이다. 이런 창고사가 앞에 보이면 부자 터로 간주한다. 생가터 오른쪽 방향에 보이는 봉

우리도 '봉황의 알'이라고 한다. 알이 있어야만 비봉포란(飛鳳抱卵)이 성립될 것 아닌가? (…) 전체적으로 이만큼 조건을 갖춘 터도 구경하기 힘들다.

거북바위에 물 떠 놓고

다음은 대산 김대거의 제수 되는 보타원 양보훈(김대설의 부인)의 증언이다.

대산 종사님의 상할아버지(증조)가 거창군수를 하셨다고 한다. 그런데 거기 더 오래 계시면 자손을 못 보겠다는 말을 듣고 자손을 얻기 위해 그곳을 떠나야겠다고 (…) 거창에서 나오시어 터를 잡으신 곳이 진안군 성수면 좌포리인데 터를 잘 보는 지관이 상할아버지와 뒷산 봉황대를 올라가 보시고 잡으신 터가 대산 종사님께서 태어나신 집터이다. 이 터에 오셔서도 자식을 못 얻으셨다. 할머니께서 17세에 시집을 오시어 자식을 못 낳다가 이곳에 오시어, 10년 만인 27세에 아들을 낳았는데 그분이 시아버지시다. 그런데 또 그 아들(김인오)이 자손을 못 낳으니 애가 달았다. 그래서 거북바위에 물을 떠 놓고 10년을 빌어서 낳은 자손이 대산 종사님이시다. 한 달에 떡시루를 몇 번씩 올리고 기도를 많이 하셨다고 한다. 그래서 일하는 사람들이 이 거북바위를 매일 물로 닦고 청소하고 했으며 자손 얻게 해달라고 굿도 한 달에 한 번꼴로 했다고 한다. 그때 천석 집안이라 잘 사셨다. (…) 10년을 그렇게 기도하고 대산 종사님을 얻으신 뒤로 바로바로 연달아 자손을 많이 낳으셨다. (『조불불사대산여래』I, 103~104쪽.)

원불교 교조 소태산은 가세가 빈궁했고 2세 정산 송규가 중산층 출신이었다면, 3세 대산 김대거는 시골 부호로서 상류층 출신이다. 게다가 자손 귀한 집 맏이로서 온갖 기대를 한 몸에 안고 출생하였다는 이야기다. 사연을 좀 정리하고 가자.

우선 가계를 보면 이렇다. 김해김씨 안경공파로 본향이 경상도 거창이었다고 하는데 김대거의 5대조 동식(東植)이 현택(顯澤)과 현철(顯澈) 형제를 두었고, 고조인 현택은 낭천현(강원 화천)과 음죽현(경기 이천)의 현감을 지냈다고 한다. 현택이 학배(鶴培)와 봉배(鳳培) 형제를 두니 봉배가 김대거의 증조로서 종9품인 가감역(假監役) 벼슬을 살았다. 증조 봉배가 아들을 두니 김대거의 조부인 종명(鍾鳴, 법명 龍聲)으로 의금부 도사[12]라는 벼슬을 지냈다. 종명의 맏아들이 휴태(休泰, 법명 仁悟)이니 김대거의 부친이다. 휴태가 낳은 4남 1녀 중 맏아들이 바로 영호(榮灝)라, 곧 후에 대산 김대거로 불리는 이다. 5대조부터 내려오는 계보는 「동식→현택→봉배→종명(용성)→휴태(인오)→영호(대거)」가 된다.

---

[12] 사법기관인 의금부의 도사(都事)는 문반으로, 전기엔 종5품으로 보(補)했으나 후기엔 종6품(참상도사)과 종8품(참외도사)으로 구성했다. 김종명이 종6품인지 종8품인지는 알 수 없다.

앞에서 양보훈이 전하는 이야기 중 상할아버지(봉배)가 거창군수를 지냈다는 것은 종9품 가감역을 지냈다는 자료와는 어긋나는데, 아마도 거창에서 살다가 이주한 것을 두고 착오를 일으킨 것으로 보인다. 대산의 제수 양보훈의 증언에 의하면, 혼인하라는 친정아버지 명을 거부하다가 "이런 좋은 집안을 그만두면 안 된다. 24대 벼슬한 집이다." 하는 말에 설득되어 시집을 왔다고 했다. '24대 벼슬'이란 가문의 전통에 긍지를 가진 집안임을 알 수 있다. 그들이 좌포에 자리 잡게 된 것이 대거의 고조부인 현택 대(代)부터, 보다 정확히는 1860년대부터였다고 한다.[13]

전설인즉 「풍수를 하던 사람이 봉황산에 올라서 집터를 알려주는데 큰집과 작은집 터를 잡아 주면서, '큰집은 도깨비 터요, 작은집은 백학 터'라고 하였다. 그 말이 씨가 되어 큰집은 만석꾼이 되고 작은집은 천석꾼이 되어 성수면 일대의 땅이 거의 김씨 집안의 땅이 되었다.」[14] 한다. 이야기 중 만석은 과장이 심하고, 김대거가 3천석 지기라고 언급했으니, 그렇게 정정하면 형 학배가 3천석 지기요 아우 봉배가 1천석 지기가 된다.

---

13 진안 이거(移居)가 '고조 현택 때 거창에서'라고 한 양보훈의 증언과는 달리, 김대거는 「5대조부(동식) 때 서울에서 전라도 진안군 성수면에 이거하시었다.」(『대산종사법문수필집』, 1987.7.29.)라고도 하고, 또는 「고조부님(현택)이 서울에서 벼슬로 계시다가 (…) 사람을 얻는 데는 명산대천을 찾아야 한다고 해서 큰아들(학배)을 진안 성수로 보내시고, 둘째 아들(봉배)은 경상도 거창에 보내고서 기도 올리고 정성을 대시다가…」(『대산종사법문수필집』1987.12.23.)라고도 하여 혼란스럽다.

14 『좌포교당 77년사』(2009), 212쪽.

다음, 영호(김대거)의 출생에 이르는 과정을 보자. 우선 증조 봉배가 결혼 후 오래도록 자식을 두지 못하자 지관을 동반하여 봉황대에 올라 터를 잡은 곳이 좌포 집터라 한 것은 옛날 민속으로 보아 있을 법한 일이다. 집터를 잘 보아서건 아니건 17세에 결혼한 아내가 27세에 겨우 아들을 낳으니 그가 영호의 조부 종명인데, 종명의 처 노덕송옥(盧德頌玉, 1859~1933)이 3남 2녀를 낳았다. 그런데 장남 휴태(인오)의 처 안경신에게 가계를 이을 장손이 나올 기미가 안 보이는 것이다. 조부 종명과 조모 노덕송옥으로선 안달이 날 수밖에 없었을 것이다. 조부가 처음에 마이산에 다니며 기도를 드리다가 뒤에 만덕산에 산제당을 짓고 기도하고, 집에서도 새벽마다 일어나서 큰 인물 얻기 위한 기도를 7~10년간 정성스럽게 올렸다(『진리는 하나 세계도 하나』, 392쪽.)고도 하지만, 여자들로서야 더 말할 것이 없었다. 그중에도, 집안에서 돌계집[石女]으로 단정하고 새 여자를 얻어 자손을 보아야 한다는 논의까지 있었다니, 며느리 안경신의 절박함이 얼마나 컸을까 알 만하다. 더구나 그녀는 외동딸로서 의지가지없던 청춘과부 친정어머니를 모셔다 살던 처지라서 시집 식구 대하는 모녀의 마음은 안절부절못했을 것이다. 셋째(김대거의 둘째 동생) 김대근은 어른들에게 들은 말을 다음과 같이 전한다.

어머니는 결혼한 후 7년이 되도록 태기가 없었다. 나이가 들어갈수록 어른들의 염려와 부모님의 초조함은 더해만 갔다. 기다리다 못해 천지신명께 기원을 올리기로 했다. 양가 할머니와 어머니는 혈육에 대한 지극한 갈망으로 어두운 새벽하늘 별빛 아래서 정화수를 떠 놓고 정성스런 기원을 드리게 되었다. 한 달에 7일마다 세 번씩 뒷산에 올라가 조그만 옹달샘에서 맑은 물을 떠서 그 물로 떡을 해 가지고 기도를 올렸다. 때로는 마을 앞에 흐르는 냇물 가로 나가 용신제도 올렸고, 또는 산제당에 가서 특별기원을 하는 등 사무치는 정성을 다 바쳤다. (〈영원한 고향 나의 어머니〉 7, 《원불교신문》 1994. 4. 29.)

할머니 노덕송옥과 어머니 안경신, 여기에 외할머니 윤채운(尹採雲)까지 세 여인이 온갖 정성을 다하며 기도한 보람이 있었던가, 결혼 10년 만에 딸(관일)을 낳더니 2년 후에 드디어 장손 영호를 얻는 감격을 안았다. 1914년(갑인, 원기전 2년) 4월 11일(음 3. 16.)이었다. 다음은 김대거의 말이다.

나의 어머님께서도 꿈(태몽)을 꾸셨다. 마을 뒤에 있는 아미산이 거꾸로 보였고, 앞에 흐르는 시냇물이 돌연히 큰 바다를 이루었다. 그리고 중천에 떠 있는 둥근 달이 강물에 떨어져 집안에 광명이 가득하므로 나의 어머님은 그 순간 찬란한 빛을 흠뻑 마시고 그 달을 품 안에 안고 싶어서 치마로 세 번이나 안으셨다고 한다.[15] (『구도역정기』, 11쪽.)

---

15 김대거의 조부(종명)가 도를 얻기 위해 명산대천을 찾아다닌 적이 있는데, 경상도 어느 산에서 기도를 드리던 중 하루는 달을 품는 꿈을 꾸었다고 한다. 마침 일행 중 한 사람이 조카딸 혼사 이야기를 하자 못 미치는 집안임에도 "내 아들과 혼인을 하자." 제안하여 며느리(안경신)를 보았고, 그녀가 김대거를 낳았다는 이야기가 이와 관련 있다. (서문성, 『대산 김대거 종사』, 126쪽.)

불교에서는 석가의 어머니가 '황금으로 장식된 여섯 어금니가 돋친 흰 코끼리가 하늘에서 내려와 오른 옆구리로 들어가는' 태몽을 꾸었다고 함이 불경의 첫머리를 장식할 만큼 큰 사건으로 간주한다. 근세조선 개벽 종교 교조들을 보자. 동학의 경우, 수운 최제우의 아버지 최옥과 어머니 한 씨 부인이 같은 날에 '하늘에 달이 떠가고 있어 쳐다보니 달이 품으로 들어오는 꿈'을 함께 꾸고 만나서 동침을 한 후 수운을 낳았다는 전설이 전한다. 증산교의 경우는, 증산 강일순의 모친 권 씨가 '꿈에 하늘이 남북으로 갈라지며 큰 불덩이가 몸을 덮음에 천하가 광명하여지는 꿈'을 꾸고 태기가 있어 낳았다고 했다. 원불교의 경우, 소태산의 모친 유 씨는 '옥녀봉의 태양이 갑자기 가슴에 안기는 꿈'을 꾸고 아들을 낳았다고 했다. 그런데 소태산은 제자들에게 자기의 태몽을 말하지 말라고 당부했다지만[16], 대산 김대거는 종종 자기 태몽을 자랑스럽게(?) 이야기했다.

김대거의 태몽은 누가 보더라도 상서롭고 거룩하다는 느낌을 받을 것이다. 그렇다고 해도 스승 소태산의 선례가 있는데 굳이 태몽을 공개한 것은 어떤 의도가 있을까 궁금하다. 혹시 소태산이 태양임에 비하여 자신이 달임을 강조함으로써, 소태산과 정산이 '해와 달' 관계였듯이 소태산과 자신 역시 '해와 달' 관계로서 위상을 정리하고 싶었던 것은 아닐까 모르겠디. 정신과 대산은 둘 다 소태산과 부자의 의를 맺었다. 자연히 정산과 대산의 관계는 형제가 된다. 주산이 살았

---

[16] 『소태산 평전』, 50쪽.

을 때 대산은 소태산을 주세불로 하여 정산과 주산은 좌우 보처불[17]로 역할을 규정했던 적이 있지만,[18] 주산이 떠난 이후 그 자리는 대산에게 차례가 온 것이다. 정산이 달이라면 대산도 달이다. 정산과 대산이 나란히 소태산의 좌우 보처불의 역할이라면, 왜 대산의 탄생지가 좌포인지 알만하지 않은가. 좌(佐)는 보좌한다는 뜻이다. 정산과 대산은 결코 소태산을 넘어서려는 외람을 저지르지 않았듯이, 달이 아무리 밝아도 그것은 태양의 보좌역이니 정산과 대산은 소태산의 경륜을 보필하는 역할임을 자임하는 뜻이 있지 않았을까. 그러고 보니 앞서 말했던 용의 이미지와 봉황의 이미지를 대입한다면, 중앙에 용(용화회상의 주불인 미륵)이 자리하고 좌우 옆에 봉황이 자리하는 형국이 되어서 흥미롭다.

---

17 불상 배치에서 본존 좌우에 주불을 모시는 불보살을 두는 경우 이를 보처불(補處佛) 혹은 협시불(脇侍佛/夾侍佛)이라 한다. 예컨대 석가불을 주불로 하고 좌우에 문수보살과 보현보살을 배치하는 것과 같은 경우다.

18 『정산 송규 평전』, 262쪽 및 『진리는 하나 세계도 하나』, 434쪽 참조.

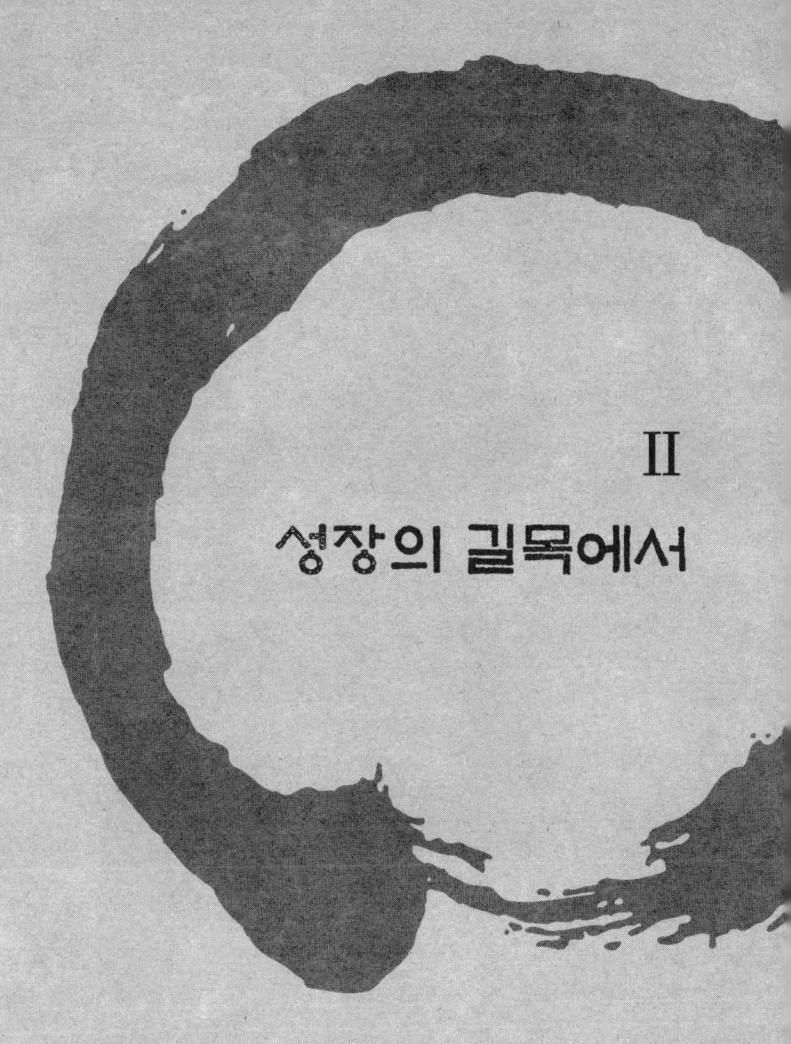

II
성장의 길목에서

만덕산의 인연

영호의 성장 과정에 대하여서는 몇 가지 전해 오는 이야기가 있다.

○ 원기 66년(1981) 8월, 대산 종사님께서 나주교당을 방문했을 때 전주 갑산 심도철 아버님이 참석하셨고, 대산 종사님과 아버님은 동향이셨다. 이때 법무실장님이 아버님께 "대산 종사님과 한동네에서 자라실 때 재미있는 일화가 있으십니까?" 하시니, "예, 갑자기 물으시니 생각나는 대로 말씀드리지요. 어렸을 때에도 대산 종사님께서는 친구들에게 '나는 대장이다, 장수다.' 하시고, 기운도 세시었고, 그 아이가 잘못하면 엎드리게 하여 두 무릎으로 꼭 누르신 후 '너 잘했어? 잘못했어?' 물으신 뒤, 잘못했다고 하면 그만 일이니라 하고 용서해 주시던 기억이 생생합니다." 이 말씀을 들으시고, 피곤하시어 눈을 감고 계시던 대산 종사님께서 환하게 웃으시었다. 우리 아버님께서 "지금에 와서 생각하니, 대산 종사님은 그때부터 부처님 되실 심법과 행동을 하시며 자라신 게 아닌가 생각됩니다." 하셨다. (『조불…』 I, 524쪽. 심창덕)

○ 나는 퍽 개구쟁이 짓도 많이 했었다. 언제나 아이들과 어울려도 대장 노릇만 했으니, 겁도 없었고 주저하는 바도 없었던 것 같다. 그래서인지 어느 날은 머슴이 나를 놀려 주려고 계획하고 칠흑 같은 한밤중에 나를 업고 묘가 있는 산으로 올라가 나 혼자 내려놓고 숨어버렸다. 그러나 나는 울지 않았다. 속으로는 겁이 나고 무서웠지만, 두 주먹을 꼭 쥐고 등에 흐르는 땀을 닦으며 내려왔다. 이런 일이 있은 후 나는 기어이 그 머슴을 골려 주었다. (『구도역정기』, 13쪽. 김대거 편)

앞의 이야기는, 어린 시절 골목대장 노릇을 했다는 것인데, 거기다가 '부처님 되실 심법과 행동'이라는 해설까지 붙일 만한지는 의문이지만, '대장, 장수'를 자처하리만큼 배포가 컸다는 점만은 인정해도 되겠다. 뒤의 이야기 핵심은 어릴 적부터 담대함이 있었다는 것이다. 이런 것들은 노루목에 동학군이 온다고 거짓 정보를 알려서 부친을 도주 은신케 했다든가, 글방 마당에 쌓인 솔가리에 불을 질러 훈장을 혼비백산케 했다든가 하는 소태산만큼은 아니더라도[1] 대산 역시 비범한 담력에 자부심이 컸다는 것만은 유추할 수 있다. 어쩌면 양반집 부호의 장손이란 배경이 그의 당당함을 담보한 것일 수도 있겠다 싶긴 하다.

대산 종사님 어리셨을 때, 정월 보름이 되면 아이들은 저쪽 동네와 이쪽

---

[1] 소태산이 어린 시절에 큰 뱀을 보고 호통쳐서 쫓아냈다는 일화가 전하는데, 김대거 역시 어느 해 여름 냇가 한가운데서, 보기 드문 큰 뱀을 만나 간담이 서늘해졌지만, 뱀을 응시하면서 위기에서 벗어났던 경험을 말했다. (『구도역정기』, 14쪽 및 『최초법어부연법문』, 84쪽.)

동네로 나뉘어 횃불싸움을 하였다고 한다. 그 싸움이 붙고 나면 양쪽 동네 애들이 많이 화상을 입고 다치고 하여 그 후유증이 오래갔다. 그러니까 어린 나이에도 그런 싸움은 안 해야겠다는 생각이 들어 정월 대보름 일주일 전에 상대편 동네 대장 아이에게 가서 밥도 굶어가며 싸움을 말리기 위해 타협을 보셨다는 말씀을 들었다. 그쪽 동네 대장 아이가 형님인, 큰고모 손자 이창규 님인데 지금 이선종 교무 아버지이시다. 그래서 그 후로 횃불싸움을 하지 않았다는 말을 그 어른한테 들었다. (『조불…』 I, 106쪽. 양보훈)

횃불싸움은 보통 음력 정월 열나흘 또는 대보름날 밤에 벌어지는데, 이웃 마을 사이에 패를 갈라서 싸운다. 애초엔 대동놀이 형태로 전승되었지만, 점차 마을 사이에 적대감을 부추기고 부상자가 속출하는 부작용도 생겼다. 같은 좌포리라 하더라도 김영호(대산)의 마을이 원좌마을이라면 이창규[2]의 마을은 봉촌마을이었고, 원좌마을이 김해김씨 동네라면 봉촌마을은 공주이씨 집성촌이었다. 원좌마을 대 봉촌마을로서 혹은 김해김씨 대 공주이씨로서 자존심을 걸고 한판 붙어볼 만한 조건이기는 했다.

세시풍속은 발생 단계부터 그만한 까닭이 있어서 시작되었을 것이고, 또 그것이 풍속으로 자리 잡고 지속하는 것도 그만한 소득이 있어서였을 것이다. 그러나 이해득실의 계산이 이미 끝난 터라면, 단

---

[2] 김대거와 이창규는 부모들 사이가 내외종 간이니, 이들은 성씨가 다른 6촌 사이이다. 종타원 이선종 교무는 이창규의 둘째 딸이다.

지 풍속이라 하여 관행적으로 답습할 것은 아니라고 보고 이에 단호히 제동 거는 것은 용기다. 김영호와 이창규의 대타협으로 해마다 반복되던 횃불싸움의 풍속은 이로써 종말을 맞았지만, 이 사건이 주는 의미는 작지 않다.

김영호는 관례에 따라 7세부터 서당에 다니기도 하고 집안에 독선생을 모시기도 했지만, 어쩐 일인지 학문에 심취할 수 없었다고 한다. 그래서 「어린 가슴에 자리하고 있는 생각은 항상 세상이 평화로웠으면 하는 것뿐이었다. 어떻게 해야 평화로운 세계가 될 것인가가 어린 가슴에 괴어 있었다. 그래서 때로는 세계 지도를 구해[3] 나름대로 구상도 해보곤 했던 것이다.」(『구도역정기』, 13쪽.)라고 했다. 즉, 횃불싸움에 마침표를 찍듯이, 김영호는 어린 시절부터 전쟁과 불화를 종식하고 평화와 화동을 실현하기 위한 꿈을 품었다.

이후 김영호는 1924년 11세경 만덕산에서, 원불교 교조인 소태산 박중빈(1891~1943)과 정산 송규(1900~1962) 등을 만남으로써 인생의 큰 변곡점을 맞게 된다. 만덕산은 이름이 푸짐하다. 온갖 덕을 갖춘(혹은 베푸는) 산이란 정도의 뜻이다. 산이나 강이나 간에 자연은 어차피 인간에게 많은 덕을 베풀고 있지만, 각별히 만 가지 덕을 베푼다는 이름이니 더 할 말이 없다. 만덕산은 만 가지 덕을 가진 부처와 같다고 하여 일명 부처산으로도 불린다.

앞서 나온 풍수학자 조용헌은 같은 글에서 좌포 풍수의 결론을 이

---

[3] 정산 송규도 어릴 때 지도에 관심을 보였는데, 대산 김대거도 같은 행태를 보였음이 신기하다. 「또는 간혹 지도서, 천문도를 그려 놓고 묵시 묵념하더라.」(『구산수기』)

렇게 냈다.

인걸은 '천(天)·지(地)·인(人)' 삼재(三才)의 조건에 따라서 세상에 출세하고, 출세해서도 그 역할이 달라진다. 천시가 어느 때인가? 지리는 어떤가? 그리고 어떤 스승과 인연을 만나느냐에 따라 인생 행보가 달라진다. 일제강점기에 봉황대 밑에서 지령의 기운을 듬뿍 받은 대산 종사는 소태산이라는 스승을 만나서 중생교화의 꽃을 피우고 가신 인걸이다. '인걸은 지령이다'라는 명제를 다시 한번 확인해 주는 터임에 틀림없다.

김영호(대산)가 소태산을 만난 것은 11세 때인 1924년 6월이다. 그 둘의 만남은 사전에 상당한 준비 단계가 있었다. 이 책이 『소태산 평전』과 『정산 송규 평전』에 이은 삼부작임을 전제하더라도 그 기연을 간략하게나마 설명하고 가겠다.

소태산은 영광에서 1916년(원기 원년)에 대각을 이루자 후천개벽이라는 시대정신을 자각하고, 제자들과 함께 저축조합을 결성하여 자금을 모은 후, 1918년에 간척을 위한 방언공사를 시작한다. 1919년, 1년 만에 둑(방조제)을 다 쌓아 조수를 막고 2만 6천 평의 농경지를 마련한다. 이어 정산 송규를 중앙[副長]으로 하는 9인 제자로 하여금 목숨을 담보하는 100일간의 산상기도로 혈인의 이적을 연출케 하여 이른바 법인성사를 성공시킨다. 법인성사를 마치자 정산을 부안 변산 월명암으로 보내어 백학명 스님의 시자가 되게 하고, 그 자신도 음력 시월에 변산으로 들어가 은둔한다. 이로부터 내변산 실상사 이웃에 봉래정사를 개척하며 교법을 구상하던 중, 1921년 10월 소태산은 정산을 월명암에서 불러내어 만행 길을 떠나보낸다. "어디든지 네 발길 내키는 대로 가보아라. 그러면 만나야 할 사람을 만날 것이다." 정산은 그 말씀 따라 길을 걷다가 만덕산 미륵사 주지[4]와 길동무가 되어 미륵사까지 따라가 머물게 된다.

만덕산 미륵사는 현재 조계종 소속으로 전라북도 완주군 소양면에 속한 작은 사찰이다. 연혁은 미상이나 6세기 백제 승려 지명 법사가 창건했다고 전하고, 16~17세기 조선조 명승 진묵이 주석했었다고도 전한다. 지명 법사라면 익산 용화산(미륵산) 미륵사 창건 설화에 나오는 고승인데, 여기 만덕산 미륵사도 미륵바위 아래 미륵사를 지었다니 미륵신앙과 인연이 커 보이고, 진묵의 주석은 모전석탑[5] 건조에 관련하여 딸린 전설도 있으니 근거가 없지 않을 듯하다. 정산은 이 절에서 겨울 한 철을 나게 되는데 여기 머무르는 동안 의미 있는 일은 무엇이었을까.

하나는 분명히 소태산이 언급한 '만나야 할 사람'을 미륵사에서 만난 것이다. 미륵사의 화주 보살 최인경이 바로 그 사람이다. 최인경은 전북 임실 출신으로 결혼, 출산, 자살 기도, 가출, 입산, 하산, 구

4　필자는 『소설 소태산』에서 주지의 이름을 가명으로 '지공'이라 했는데, 어디는 '세환'이라 하고(서문 성, 『대산 김대거 종사』, 118쪽.), 또 누구는 '신웅'이라 한다. (이건직, 〈만덕산 미륵사와 장군바위 이야기〉, 《원광》 2021. 12.) 이름이야 아무래도 좋지만, 기왕이면 정확한 이름을 알 수만 있다면 더 좋을 것이다.

5　模塼石塔. 돌을 가공해 벽돌 모양으로 만들어 벽돌탑(전탑)과 비슷한 형식으로 만든 석탑. 모전석탑으로는 경주 분황사에 있는 국보 30호 탑이 유명하다.

도 행각 등 곡절이 많은 여인이다. 당시엔 비단 장수가 되어 미륵사 화주 노릇을 했다. 그녀는 송규를 보자 그 인품에 매료되어 미륵사에 생불이 있다는 소문을 내고 지극 정성으로 송규를 받들었다. 난처해진 송규는 스승 소태산에게 보고를 드리고, 스승의 명에 따라 곧장 변산 봉래정사로 귀환한다. 시월에 들어가서 이월에 왔다는 걸 보면, 미륵사 중노릇은 3~4개월쯤 한 것 같다. 최인경은 송규의 뒤를 밟아 봉래정사에 와서 소태산을 만나고, 결국 제자가 되어 최도화(崔道華, 1883~1954)란 법명을 받으니, 이후 소태산의 교화를 적극 돕게 된다. 여기서 주목할 일은, 이때 최도화가 비단 장수에 미륵사 화주 보살로 살면서 좌포 김 승지 댁(김대거 큰집)을 드나들었는데, 그 댁과는 이미 각별한 인연을 쌓고 있었다는 점이다.

  김 승지 며느리 이현공이 부종병(浮腫病)[6]을 앓게 되자, 최도화는 김 승지를 설득하여 만덕산 불당골의 벼랑바위를 등진 터에 산제당 '만덕암'[7]을 짓고, 거기서 기도하고 굿하며 치성을 드리게 된다. 기도 덕분인지 이현공은 부종병을 고치고 원하던 셋째(딸)도 임신하여 무사히 출산하였다. 한편 김 승지의 아들이자 이현공의 남편인 김 참봉(김종진, 법명 정진)이 폐병으로 고생하는 것을 알게 되자 지성으로 간병하며, 전주 소재 용한 한의원을 소개하여 효험을 보게 하였다. 며

---

6 몸이 붓는 증상으로, 심장병이나 콩팥병 또는 몸의 혈액 순환 장애로 생긴다고 함. 이현공의 부종병은 최도화가 아니라 임실댁이라 불리던 노파가 산신에게 공들여 고친 것이란 설도 있다. (『좌포교당 77년사』, 209쪽.)

7 萬德菴. 성수면 중길리 산17번지에 지은 신당으로, 산신령 탱화를 모신 신방(神房) 한 칸, 거실 한 칸, 부엌 한 칸의 삼 칸 구조로 된 기와집이었다 함.

느리와 아들의 병을 고친 김 승지는 그 보답으로 최도화에게 논도 다섯 마지기를 주고 많은 평수의 산전 관리도 맡겼다. 게다가 김 승지가 최도화에게 거처할 집까지 마련하여 주고 보니, 결국 최도화 일가는 고향 임실(지사면 금평리)을 떠나 진안(성수면 중길리)으로 이사하여 살게 되었다고 한다.[8] 당연한 일이지만, 최도화가 김해김씨 종가인 김 승지 댁과 친밀하다 보니 작은집인 김 도사 댁(영호네)을 비롯하여 좌포 김 씨네와 두루 친하게 지냈다.

그런데 김대거는, 정산의 미륵사 체류에 또 하나의 숨은 목적이 있다고 믿는 것 같다. 정산이 좌포를 드나들며 후계자 김대거를 만나기 위한 포석으로 김 도사(김종명)의 집안 내지 김영호의 존재를 엿보지 않았겠는가 하는 것이다.

> (서당에서) 낮에 밥을 먹으러 가는데, 학생이 한 오십 명 되는데, 어떤 스님이 한 분 바랑을 짊어지고 오니까 애들이 떼 져 갖고 "중중 까까중, 칠월에 번개중!" 한 놈이 와서 이러면 바랑을 졌으니 달음질할 것이냐? 그놈 잡으려면 저놈이 와서 "중중 까까중!", 그러면 저리 쫓아가면 또 이놈이 그러고, 오십 명이 그러니 오십 명을 어쩔 것이냐. 나는 그러들 안 했지, 보기만 했지. 그런데 지금 생각하면 선법사님 같아. 선법사님께서 웃어싸시면서 마이산서 좌포를 다녔다고[9] 여러 차례 그러셨는데 내가 사뢰어

---

8 이 단락은 이건직 교무의 〈만덕산 주변 이곳저곳의 이야기〉(《원광》, 2021. 12.)에 따름.
9 미륵사에서 마이산 탑사 부근에 있던, 나옹 대사가 수행하던 토굴을 찾아가는 길에 좌포로 둘러서 다녔다고 한다. (주성균 교무에게 자문)

보들 못했다. 그 이튿날 밥을 먹고 일찍 서당을 오는데 어제 한나절 사방에서 애들이 집적거려 혼이 났던 스님이 서당에를 오더니 "어제 날 혼낸 놈이 어디 있냐?"라고 하며 막 하는데, 절해 쌓는 스님만 보다가 무서운 스님을 봐서 나는 그냥 변소로 들어가서 문을 딱 닫고 있는데, 그 스님이 내가 들어간 줄은 모르지. 한 시간을 혼을 내는데 애들이 오다 보니 그 스님이 와서 야단하니 다 도망가 버리거든. 그래서 나중에는 스님도 저렇게 고준한¹⁰ 스님도 계시는가 보다 느껴 갖고…"(『최초법어부연법문』, 84쪽.)

『구도역정기』(14쪽)에서도 「어느 때는 지나가는 스님을 보고 '때때중'(나이가 어린 중)이라고 부르기도 하였다. 철부지 시절의 악의 없는 행동이었다. 나는 출가한 후 내 이런, 어렸을 적 스님을 놀렸던 이야기를 했을 때 정산 종사님께서는 마냥 웃으셨다. 확실한 것은 알 수 없었지만, 그때 내가 놀렸던 스님이 혹시 정산 종사님이 아니었을까? 아무 말씀 안 하시고 웃으시기만 하셨지만…」이라고 하여 역시 정산이 모종의 의도를 가지고 좌포 동네를 찾아왔을 것이라는 믿음을 거두지 않았다. 아래는 대산 김대거가 이양신 교무에게 한 말인데, 여기엔 확신이 있어 보인다.

"아슬아슬하다. 만약에 대종사께서 정산 종사를 보내시어 나를 찾아 주

---

10 '고준(高峻)하다'가 우리나라 사전에는 대개 '산이 높고 험하다'는 뜻만 나오나, 고전에선 '품위가 높고 귀하다(崇峻)'는 뜻으로도 쓰인다. (『大漢和辭典』, 쇼와 61년 판, 12권 604쪽.)

II. 성장의 길목에서   43

지 않으셨다면 어떻게 되었을까? 생각만 해도 아슬아슬하다."(『조불…』 Ⅱ, 335쪽.)

한편 소태산은 임술년 섣달(양력으로는 1923년 2월)에 사산 오창건과 시자 송도성을 데리고 최도화의 안내를 받아 만덕암으로 들어가서 거의 석 달을 머무른다. 소태산의 첫 번째 만덕산행은 최도화가 소태산에게 먼저 제의한 일인지, 아니면 소태산이 필요해서 최도화에게 부탁한 것인지는 확실치 않다. 다만 최도화가 미처 소태산 일행을 접대할 준비가 돼 있지 않았다는 점으로 보아 소태산 쪽이 긴한 볼일로 최도화에게 먼저 부탁한 것은 아닐까 짐작되기도 한다. 후일 대산은 「선 종법사님께서 "배산은 세계의 배인데 진안 마이산은 세계의 돛대라 대종사님께서 돛대로 배를 띄우려고 진안부터 먼저 오셨다"고 하셨습니다.」(『원기 72년도 신년부연법문』, 25쪽.) 했지만, 이런 풍수지리적 설명 말고, 결과적으로 볼 때 그 긴한 볼일인즉 만덕산에서 전삼삼, 전음광 모자에 며느리 권동화까지 일가 셋의 소중한 제자들을 얻었음이 그 하나요, 또 하나는 만덕암 주인 김 참봉 일가와 인연을 걸기 위함이요, 다시 이듬해인 1924년 6월 열두 명의 제자들과 초선(初禪, 첫 정기훈련)을 시행하기 위한 탐색 과정이었다. 다시 말하겠지만, 이 초선에 11세 최연소 선객으로 김영호가 참석하였고, 그는 여기서 소태산 및 여타 선객들과 인연을 맺게 된다. 바로 이 지점에서 김대거는 이상의 사건들(정산의 미륵사 체류, 최도화의 김해김씨 및 만덕암 인연, 소태산의 만덕암 1차 체류, 1924년의 만덕암 초선 등)에 주목한다. 김대거는 훗날 끝까지, 소태산과 정산의 만덕산행이 궁극적으로는 자신을 구원하고, 자신을 제자 삼기 위한 치밀한 계획의 일환이었음을 믿고 싶어 했고, 실제로 그렇게 믿었던 것 같다. 그는 '어려서 대종사님을 친견하게 된 것부터'가 전세에서부터 맺었던 어떤 약속이 있었기 때문이라고도 했다. (『구도역정기』, 11쪽.)

"대종사와 정산 종사께서 변산에만 머물지 않고 만덕산으로 오신 일이나, 만덕산으로 오실 때 가까운 오도재를 넘지 않고 먼 좌포로 길을 돌아서 오신 것이 바로 나를 찾으시려는 뜻이었음을 알고 더욱 한량없는 은혜를 느꼈느니라." (『대산종사법어』 신심편12)

두 분이 전주 쪽에서 만덕산(만덕암)으로 오려면 소양면 오도재(悟道-, 일명 烏頭재)를 거쳐 남남동으로 오는 길이 지름길임에도, 항상 임실 쪽에서 진안 혹은 관촌으로 해서 좌포를 거치는 북북서 우회로를 택했다. 이는 소태산이나 정산의 만덕산 내방이, 비록 전부는 아닐지라도 그 목적 중 하나가 분명히 대산 자신을 만나기 위한 배려였다는 믿음이다. 그래서 김대거는 후에도 '대종사님이 나를 찾아주셔서 만덕산에 와 있을 때'라고 말했듯이, 소태산이 만덕산에 온 목적이 자기를 만나려던 것이라 믿었고, 팔산 김광선이 만덕산에 와서 여러 달 체류한 것조차 '나 때문'으로 여기고 있다.[11]

---

11 「처음 11살 때에 종사님을 만덕산에서 뵈었는데 '팔산 대봉도님이 다섯 달을 나 때문에 와서' 계셨다. (…) '대종사님이 나를 찾아주셔서 만덕산에 와 있을 때' 팔산 대봉도님이 초대 교무로 계셨다.」 (『최초법어부연법문』, 49쪽.)

대산의 자성예언(自成豫言)

교육심리학 용어로 피그말리온 효과가 있다. 그리스 신화에 나오는 조각가 피그말리온이 이상적인 미인상을 조각해 놓고 거기에 지성으로 사랑을 베풀자 조각상이 실제로 생명을 가진 여인으로 재탄생했다는 신화에 빗대어 만든 용어다. 특정인에 대한 믿음, 기대, 예측이 그 사람의 행동을 규정함으로써 그 기대가 실제로 일어나는 것으로, 자기충족적 예언(self-fulfilling prophecy), 자성예언으로도 부른다. 여기서 특정인을 타자 아닌 자기 자신으로 놓고 보면, 반복적인 자기 암시를 통해 잠재의식을 일깨우고 결국 소망을 실현하는 데까지 이를 수 있지 않을까 한다.

약사이자 시인이었던 백지명(白智明, 1937~1973) 교무의 시 〈조각사〉가 생각난다. 그녀는 목재나 돌을 깎아 대상을 두고 조각한 것이 아니라, 바로 자기 심신이 여래(일원)로 거듭나도록 자아를 조각한 것이다.

나는 조각사입니다/ 아닌 마음 쫓아내는 석수쟁이외다// 살아 꿈트리는 이 마음/ 살아 움직이는 이 몸을/ 갈고 닦고 매만져서/ 원만한 여래로 아로새기리라// (…)// 나는 한낱 이름 없는 조각사/ 돌을 쪼는 석수쟁이가 아니외다/ 어제도 또 오늘도/ 온 생명의 안팎/ 一圓(일원)을 아로새기는 조각사외다

필자는, 소태산이 정산을 찾아 후계자로 지명했듯이, 대산 역시 삼대에 걸친 후계 구도 속에 선택된(혹은 약속한) 차차기 후계자였음을 믿는다. 『소태산 평전』이나 『정산 송규 평전』의 서술 역시 그런 기조

아래서 쓰였다.[12]

그러나 소태산이 대산을 차차기 후계자(종법사)로 내정하고 만덕산까지 찾아가 발굴하여 키운 게 맞는다고 할지라도, 대산 역시 자신이 차차기 후계자가 될 운명임을 확신함으로써 질병 등 온갖 장애를 극복하고 자신을 거기에 맞춰 나갈 동력을 얻은 게 아닐까. 그 힘이 자아실현의 욕구를 더욱 충동하여 시너지 효과를 발휘한 것은 아니었을까.

만덕산 초선과 김대포

1924년 3월, 소태산은 최도화의 안내로 서울 교화에 나서서 종로구 당주동 임시출장소에서 한 달을 머무르며 교화하고, 6월 1일에 익산 보광사에서 불법연구회 창립총회를 치르자 곧장 만덕산 만덕암으로 들어간다. 여기에 제자들이 모여들다 보니 이른바 '만덕산 초선회'가 이루어지는데 처음부터 치밀한 계획이 있던 것은 아니다. 선객을 선발한 것도 아니고 조직이 있던 것도 아닌 상태에서 소식을 들은 제자들이 어기저기서 모여들다 보니, 영광에서 송규, 오창건, 심광선이 따라오고, 서울에서 박사시화, 이동진화, 김삼매화 등이 찾아오고, 전주에서 이청춘이 합류하였다. 진안에서는 최도화, 전삼삼, 전음광

---

12 『소태산 평전』, 287~288쪽 및 『정산 송규 평전』, 171~172쪽 참조.

등이 함께했는데, 여기에 노덕송옥(1859~1933)과 그녀의 11살짜리 손자 김영호가 끼어들었음이 주목할 만한 사건이다.

> 삼타원(*최도화 법호) 님의 심중에는 우리 집 교화에 많은 관심과 정열을 쏟으셨다. 삼타원 님은 나의 할머님에게 만덕산에 산부처님이 계시니 가서 뵙자는 것이었다. 이런 대화는 자주 오고 갔고 드디어 어린 내게도 호기심을 자아내게 되었다. 산부처님은 어떠한 분이시며 내가 바라고 있는 것을 들어주실 수 있는 어른일까, 하는 생각으로 가득했다. 그래서 어느 날 나는 삼타원 님께 알고 싶은 이야기를 여쭈었다. "부처님은 누구십니까?" "부처님은 사람들이 바라는 소원을 다 들어주시는 어른이시다." "그렇습니까? 그러면 제가 원하는 것도 들어주시겠네요. 저는 다른 것보다도 이 세상이 싸우지 않았으면 합니다. 그래서 만약 싸우는 나라가 있으면 큰 대포를 만들어 싸우지 못하게 쏘아 줄 수 있도록 대포를 만들 줄 알았으면 합니다." 삼타원 님은 나의 말을 듣고 깜짝 반가워하시며 내 손을 잡으시는 것이다. "어떻게 대종사님께서 대포를 만드시는 줄 알았느냐?" 나는 대포만 있으면 싸우는 나라들을 혼내줄 수 있다고 생각했다. 그러기 때문에 그 대포를 만들 수 있다면 하고 염원했던 것이다. 그런데 그 대포를, 산부처님이라고 하는 대종사님께서 만드신다고 하니 가서 뵙지 않을 수 없었다. (『구도역정기』, 15~16쪽.)

대포 만드는 법을 배우겠다는 대찬 말이 화제가 되다 보니, 이후 불법연구회에서는 김영호의 별명이 '김대포'가 되었다는 일화도 전한다. 「빨리 가서 대포 만드는 법을 배워야겠다. 그래야 이 세상에 싸움¹³이 일어나지 않을 것이 아닌가!」하는 기대를 하고 간 만덕암 훈련인데, 어찌 된 일인지 열흘이 지나고 한 달이 지나도 산부처님은 대포 만드는 일은 할 생각도 없고, 어른들 몇 분만 모아 놓고 말씀만 하다 보니 영호는 점점 훈련이 지루하고 재미없어졌다. 훗날 김대거는 「바라고 바라던 대포에 대한 말씀은 한 말씀도 안 하시니 여쭈어 볼 수도 없어 집에 돌아갈 생각밖에는 없게 되었다」고 회고했다.

어른들 상대로 알 수 없는 말씀만 하는 '엄청나게 체구가 크신 어른(소태산)'에게는 대포 만드는 법에 대한 기대를 깨끗이 접을 무렵, 어린 영호를 상대로 불법연구회에 관한 이야기를 지성으로 해주는 사람이 있었으니 그가 팔산 김광선 교무였다. 46세의 근엄한 어른이 11세의 철부지 아이를 상대로 관심이 일(一)도 없는 불법연구회의 장래와 수도의 길에 관한 말씀을 들려주다니! 김영호는 후일 전무출신까지 하고 나서야 '그때의 말씀이 큰 교훈이 되었고 교단에 관한 굵직한 기틀을 형성하게끔 하는 밑거름이 되었음'을 알았다. 또 어린 그에게 잘 알 수도 없는 교단 이야기를 한 것이 '사실은 대종사님께서 팔산 님을 통해 교단의 전망을 일깨워 주신 것임'을 알게 되었다고 했다. 훗날 김대거는 두고두고 삼타원 최도화를 인도사(引導師), 팔산 김광선을 초도사(初導師)라고 하며, 소태산에게 자신을 인도해 준 은혜에 감사했다.

김대거는 자신이 만덕산 골짜기에서 소태산을 만나게 된 것은 소

13　때는, 1914~1918 사이 4년 3개월에 걸친 1차세계대전을 겪은 뒤끝이다. 이 전쟁에서 인명 피해가 전사자만 900만 명, 부상자 2,200만 명이라 하고, 여기에 민간인 사망은 1,300만 명에 이른다고 한다.

태산이 자기를 찾아준 덕택이기도 하지만, 한편으로는 불법을 봉대하고 후한 인정으로 살아온 선조의 공덕으로 보아 고마워했다.

나는 비록 산골 조그마한 마을에서 자랐지만, 불법을 존중하는 집안 분위기 속에서 자랐다. 불교와의 인연은 대대로 이어져 왔다. 가까이는 나의 증조부(김봉배)께서 불교의 서적을 가보(家寶)라 하시며 불교를 탐구하셨다. 그리고 불경을 대량으로 구입하여 친필로 저술도 하시고 구송도 하셨다. 증조모님 역시 별당을 정결하게 치워놓고 수십 년 동안 주야로 경을 독송하시며 스님들이 오게 되면 각별히 대접하셨다. 며칠 동안을 밤이 늦도록 불경을 구송하며 후대를 했으며 불사를 많이 하셨다. 이러한 가풍을 이어 나의 조모님께서도 독방을 치우고 수년간 불경을 수지 독송하시며, 오로지 부처님 뵙기를 염원하셨던 것이다. (『구도역정기』, 12쪽.)

그런데 조모 노덕송옥이 손자를 데리고 만덕산 초선에 참예하게 된 데에는 '산부처님'에 대한 신심이나 구도심보다는 현실적 요구가 절박하지 않았을까 하는 의문이 드는 것도 사실이다.

○ 나의 조모님께서는 일찍이 내가 어렸을 때, 유명하다는 사람[14]에게서 나의 관상을 보게 하셨다. 관상을 본 결과 나는 30대에 큰 부자가 된다는

---

[14] 박용덕은 전주 남고산성 계곡에 있는 관왕묘(關王廟)의 유명 관상가에게 상을 보게 했다고 고증했다. (『신룡벌, 도덕공동체 확립의 터전』, 28쪽.) 현재는 관왕묘가 아니라 관성묘(關聖廟)로 불린다.

것이다. 그러나 명이 짧다는 말을 했다. 나의 조모님께서는 그때부터 큰 걱정을 안게 되었고, 나의 짧은 명을 어떻게 연장하나 골똘히 생각하신 끝에, 불가에 팔게 되면 한 방편이 될 것 같다고 생각하시게 된 것이다. (『구도역정기』, 21쪽.)

○ 상할아버지가 평소에 점치는 사람에게 물으면 대산 종사님을 양자로 보내야 오래 산다고 했다고 한다. 그래서 누구에게 양자로 보낼까 하고 할아버지나 할머니가 고민을 많이 하였는데, 하루는 대종사님께서 이 집에 오시어 노덕송옥 할머니를 뵙고 "대거는 내 아들 해야겠소." 하시니, 할머니가 기뻐하며 큰절을 올리셨다고 한다. (『조불…』I, 104~105쪽.)

앞엣것은 대산 자신의 구술이고, 뒤엣것은 대산 제수 양보훈의 기술이다. 순화하여 양자로 보낸다고 했지만, 이는 이른바 '아이 팔기'라는 전국적인 민속이었다. 수양부모를 정하여 아이의 수명을 길게 해 달라고 비는 것을 '아이를 판다'고 하는데, 이때 '아이를 사는' 이는 대개 무당이나 승려가 된다. '아이 팔기'는 보통 10세를 넘기지 않는 것이 통례이었기에 열한 살 영호에게는 더 미룰 수가 없었을 것이다. 김영호가 공식적으로 소태산의 '양자'가 된 것은 원기 16년, 18세 (1931) 되던 정월(2.13.)이니 이때 소태산과 김대거가 은부시자 결의식을 했다.[15] 그러나 실질적인 관계 맺음은 그보다 훨씬 이전에, 그것도

---

15 ①『구도역정기』24쪽에는, 혜산 전음광과 함께 소대산의 은자가 되는 은부자결의식을 교단사상 처음으로 가졌다고 되어 있다. ②《회보》12호(1934.10.)에 따르면, 원기 19년 (1934, 21세) 음력 7월 7일 제1회 은법회(恩法會)에서 소태산과 은부시자 결의를 했는데, 이것이 공식적 기록이라고 보기도 한다.

소태산이 좌포 김대거 본가에 방문했을 때임을 알 수 있다. 「대종사님께서는 우리 집에 두 번 다녀가셨는데 한 번은 가마 타고 오시고, 또 한 번은 말 타고 다녀가셨다.」(『대산종사수필법문집』1, 1975.5.10.) 했지만, 정확히 어느 때인가는 알 수가 없다. 전후 사정을 보면 늦어도 총부 개설(1924) 전후일 것으로 보이는데 혹시 만덕암 초선 바로 그때가 아니었을까 하는 의문도 든다.

은부모 시자녀(恩父母侍子女)

필자는 『소태산 평전』(267쪽)에서 「소태산의 제자들은 남녀노소를 불문하고 소태산을 아버지처럼 따랐기에 구어로는 '아버지, 아버님'이라 부르고, 문어로는 영부주(靈父主)나 은부주(恩父主) 혹은 사부주(師父主) 같은 호칭을 즐겨 썼다. (…) 석가도, 공자도, 예수도, 제자들이 아버지라고 부르지 않았다. 근세의 수운이나 증산도 아버지라고 불렀다는 말을 못 들었다. (…) 소태산은 스승으로서 강력한 카리스마를 갖추었으면서도 가정적이고 친근한 혈연적 호칭인 '아버지'로 불렸으니 그 이유가 무엇일까.」하고 더 이상의 천착을 가하지 않았다. 기왕 말이 나온 김에 여기서 이른바 은법결의(恩法結義)의 내역을 밝힘으로써 소태산과 김대거의 관계 설정에 보탬이 되도록 하는 것이 좋겠다는 생각이다.

《회보》 12호(1934.10)에 보면, 제1회 신제 개정(新制改正)의 은법회(恩法會) 날, 종사주(소태산)와 시자녀(侍子女) 간에 결의식을 하면서 소태산이 당부한 법설이 나온다.

먼저 소태산은 이런 결의를 하는 까닭을 설명한다. 「여러분으로 말하면 보통 사람을 초월하여 특별한 공부와 특별한 사업을 하여 보기로 작정하고 이미 본회에 전무출신 혹은 거진출진(居塵出塵)이 되었는지라, 그러므로 나하고도 범범한 사제지간이라는 것보다 한층 더 가까운 부-자녀 간이라는 특별한 인연을 굳게 맺어서 더할 수 없이 친근하고 다정하자는 것이요, 또 보통 사제지간이라는 것은 그 제자가 아니 배우려 들면 그 스승이 억지로는 못 가르치나 부자지간이라는 것은 그 자식이 잘못하면 그 아비가 강권도 하고 질책도 할 수가 있나니, 이렇게 부-자녀의 의를 맺어 놓으면 내가 여러분을 지도하기에도 임의롭고 편리한 점이 많다.」 소태산은 특히, 국한 없는 시방세계를 내 집 삼고 일체 동포를 권속 삼으며 고해에 빠진 모든 중생을 제도한다는 고상한 이상과 원대한 포부를 가진 사람들로서는 특별한 서원과 특별한 행동이 있어야 한다고 당부하고, 마지막으로 강조하는 뜻은 사뭇 비장한 느낌마저 든다. 「우리가 이와 같이 이중 삼중으로 인연을 맺어 서로 죽자 하면 죽고, 살자 하면 살 만큼 단결이 된다면 우리의 성공은 그 속에 있다고 생각하노라.」

비혈연 간의 결의 관습을 이용한 이 은법결의 제도는 원기 14년(1929) 4월에 제정되어 서울교당에서 민자연화와 이현공, 이성각과 김희순 간에 처음 실행했다 하는데, 시행과정의 문제점을 보완하여 새로 제정한 제도에 따른 최초의 은법결의식이 원기 19년(1934) 7월에 소태산과 그 시자녀들 간에 시행된 것이다. 의부모를 은부모(恩父母), 의자녀를 시자녀(侍子女)라 불렀다. 소태산만 예외적으로 시자녀를 두었고, 다른 이들은 은부-시자나 은모-시녀로 동성 간에만 허용했다. 또한 시자녀를 은자녀와 법자녀로 구별하여 12년 이상 나이 차가 날 경우만 은자녀로 하고 그 미만은 법자녀로 하는 규정도 두었다. 1948년 제정된 〈교헌〉에서는 제23장에 은족(恩族) 규정을 두었는데 여기서는 14세 이상 연령차가 있는 경우에만 은부모 은자녀의 결의가 허용된다고 하였다.

가톨릭의 대부대모(代父代母)·대자대녀(代子代女) 제도와 비교되는 점이 없지 않다.

다음으로 만덕산 초선에서 궁금한 것이 한 가지 있다. 초선의 기간은 도대체 얼마 만한 기간이었을까?

1985년에 세운 〈만덕산초선지비문〉에는 「음력 5월 초 이 산에 다시 오시어 열두 제자 데리시고 처음으로 한 달 선을 나신 후」라고 되어 있다. 이 비를 세울 때는 당연히 고증을 거쳤을 것으로 보이는데 '한 달'이라고 했다. 그런데 만덕산 초선에 동참한 영호, 즉 대산 김대거는 「나 혼자 돌아올 수도 없어 하루 이틀 지나다 보니 어언 4개월이 흐르게 되었다.」(『구도역정기』, 17쪽.)라고 회고하고 있으니 이상하다. 더구나 다른 데서는 「내가 11살 되었을 때 만덕산에 데려다 놔서 종사님 아들 되라고 산중에 석 달 와 있었다.(『대산종사수필법문집』, 1972.8.28.)」 혹은 「11살 때에 종사님을 만덕산에서 뵈었는데 팔산 대봉도님이 다섯 달을 나 때문에 와서 계셨다.」(『최초법어부연법문』, 49쪽 및 『대산종사수필법문집』, 1981.4.23.) 하여 선기가 3개월에서 5개월까지 들쭉날쭉하다.

흔히들 대산 김대거를 비상한 기억력의 소유자라고 말하는데, 필자가 대산 자료를 분석하면서 수없이 발견한 것이지만, 김대거의 기억력도 결코 완벽하지 않아서 오락가락하는 기억이나 명백한 오류가 적잖이 발견된다.[16] 이 회상 펴기 위해 소태산이 이 땅에 '수생(數生)을 드나들었다고 했다가, 수천 년 전부터라고 했다가, 수만 겁을 내왕했다'라고도 하는 데서 보듯이 특히 수 개념이 느슨함을 알 수 있다. 아마 김대포란 별칭이 붙은 이유가 예의 '평화를 위한 대포' 때문만이 아니라 그 과장벽 때문일지도 모르겠다는 생각까지 든다.

기억이란 게 본래 착각이 따르게 마련이고, 혹은 심리적 원인으로 왜곡되거나 편집되는 속성을 가진다. 관심조차 없이 11살 적에 겪은 사건을 수십 년이 흐른 뒤에 객관적으로 정확하게 기억해 내라고 요구하는 것은 무리다. 아마 초선에는 결제와 해제도 분명하지 않았던 것 같고, 늦게 합류한 사람이나[17] 먼저 이탈한 사람도 있었을 것이고, 소태산 외에 선객이 12명이라곤 하지만 그 숫자조차 신뢰할 수가 없다. 한편 생각하면 1개월쯤에서 태반의 선객들을 일단 해산한 뒤에, 소태산 등 일부만 더 머물렀을 개연성도 추측할 수 있다. 1923년 겨울 만덕산 첫길 때 동안거 삼아 3개월을 체류한 소태산으로서,

---

[16] 『구도역정기』에서만 보아도 미타사 승려였던 삼타원(최도화)을 동학사 승려였다고 한다든가(15쪽), 초선에 참가하지도 않은 삼산 종사(김기천)가 쌀가마니를 지고 만덕산 길을 올랐다고 한다든가(18쪽) 같은 예가 그것이다.

[17] 박용덕은 노덕송옥의 입선 일자를 음력 5월 5일(양 6.6.), 이동진화의 입선 일자를 음력 6월 20일(양 7.21.)로 밝혔는데, 이것이 맞는다면 두 사람의 입선 날짜 차이만도 무려 45일이나 된다.(『원불교초기교단사』3, 28쪽 및 30쪽.)

1924년 여름 초선 때는 하안거[18] 삼아 또 3개월쯤 체류하며 '정기훈련법' 및 '상시훈련법'을 구상한 것은 아니었을까[19] 유추할 만도 하다. 거기까지 양보하더라도 혹 두세 달은 모르지만 4~5개월은 아무래도 지나쳐 보인다. 사람마다 인지 능력 어딘가에 결함 부분이 있다면, 김대거의 경우는 예의 느슨한 수 개념이 일종의 아킬레스건이 아닐까 싶다.

익산 총부로 가다

앞에서 말한 바 있듯이, 김영호는 7세부터 서당엘 다녔지만, 한학에 그리 열심이었던 것 같지는 않다. 김 씨 집안은 일찍 개화한 셈이어서 당숙은 중국 유학을 했고, 종형은 일본에서 유학했다. 이러하니 영호도 신학문에 관심을 가지고 유학을 꿈꿀 만도 한데 그는 신학문에도 뜻이 없었다고 한다. 어린 시절엔 어디에도 간섭이나 구애를 받지 않고, 당시로선 꽤나 귀하던 자전거를 사서 타고 놀며 동네 골목대장 노릇으로 재미를 붙였던 것 같다. 대개의 연보에 만덕산 초선 이전에 성수면 학술강습소에서 수학했다는 기록이 나오고, 김대거의 법문에도 9살 혹은 10살 무렵 학생 2백 명이 미륵사에 소풍 갔던 회

---

18 불교 승려가 하는 동·하 안거 기간은 각 3개월이다.
19 실제로 이듬해 음력 3월에 훈련법(상시훈련법과 정기훈련법)을 발표하고, 음력 5월과 11월에 각각 정식으로 정기훈련(하선과 동선)을 실시한다.

고담이 나오는 것을 보면[20], 단기간이라도 신교육을 받았던 적이 있는 것은 틀림없는데 그다지 충실치는 않았던 모양이다.[21]

1926년(13세)부터 1928년(15세)까지 2, 3년 사이에 김영호에게 두 가지 중요한 사건이 있었다. 하나는 불법연구회 익산 총부로 단기 출가를 하고 돌아온 일이요, 또 하나는 전주에 있는 호영학교(湖英學校) 중등과에 입학하였다가 중퇴하고 고향으로 돌아온 일이다. 둘 다 중요한 사건이지만, 김영호의 생애 중에서 호영학교 수학과 총부 1차 출가의 선후 관계가 불확실하다.

○ 나는 2년 동안의 학창 시절을 끝마무리했다. (…) 이렇게 하여 나는 학교에 다니기는 하였지만, 졸업장은 하나도 없다. 학교(*호영학교)를 그만두고 나는 집에서 평범한 생활을 하면서 시간을 보냈다. 그런데 나 자신도 모르게 만덕산에서 뵈었던 대종사님을 뵙고 싶어졌다. 불현듯이 익산 총부에 가고 싶은 생각을 하게 되었다. (『구도역정기』, 19~20쪽.)

○ 만덕산으로 가서 최초 대종사님을 뵙고 4개월 정도[22] 지내다가 집으로 돌아왔다. 그 후 13세 때 대종사님이 총부에서 부르시어 몇 개월 지내다가 다시 돌아왔다. 이때 전주에 나와 잠깐 신학문 공부를 하기 위해 호

---

20 『대산종사수필법문집』, 1981. 5. 16.
21 김성빈의 『대산종사전기』(미간)에 보면 「전에 인근의 양화리에 있는 사숙(私塾)에서 공부하고 마령면에 있는 마령소학교에도 다녔지만, 중간에 싫증이 나면 그만두어 어느 한 곳도 제대로 다닌 적이 없었다.」 하는 대목이 나오는데 같은 내용일 듯하다. 저자 김성빈(인만)은 동화 작가로 『소태산 박중빈』(동남풍, 1991) 등을 낸 원불교 교도다.
22 앞서 말한 바 있듯이, '만덕산 4개월'은 믿을 만한 것이 못 된다.

영학교에 입학하였으나 뜻한 바 있어 이를 중지하였다. (『대산종사수필법문집』1, 1,679쪽.)

1) 앞엣것은 호영학교 수학 후 총부행으로 되어 있고, 뒤엣것은 1차 출가(총부 단기 출가) 후 호영학교 수학으로 되어 있는 데다, 2) 하나는 자발적 총부행이고 다른 하나는 대종사가 부르시어 총부로 갔다 했고, 3) 앞에서는 2년 동안 다녔다고 했다가 뒤에서는 '잠깐' 다녔다고 하니, 대산의 시간관념으론 2년이 '잠깐'일까 하는 의문이 든다.

이를 정리하자면, 전기적 기록과 태반의 연보에선 출가가 먼저인 것으로 보고 있느니만큼 필자 역시 그럴 개연성에 동의하고, 일단 순서는 그런 쪽으로 정리하고자 한다. 그러면 1차 출가가 과연 대종사가 뵙고 싶어서, 혹은 불현듯이 총부에 가고 싶어서 자발적으로 이루어진 일이었을까, 아니면 대종사가 불러서였을까? 가고 싶은 생각을 품고 있었는데 마침 대종사가 부르기에 잘됐다 하고 갔을 수도 있다고 보지만, 그보다는 조모나 부모의 권유가 동기를 유발한 것은 아니었을까 하는 생각이 든다. 호영학교 수학 건은 뒤에 다시 언급하기로 하고 넘어가자.

13세 소년 김영호는 총부가 어떤 곳인지도 모르면서 단지 그 '엄청나게 체구가 크신 어른(소태산)'만 바라보고 익산행을 단행했다. 구도의 길이 어떤 것이며 수행자의 생활이 얼마나 어렵고 험한 것인지 모르면서, 더구나 총부에 몸담는 것이 곧 출가(전무출신)로 가는 유일한 선택지였다는 것조차 인식하지 못한 채로 무모하게 저지른 일이었다.

김영호가 익산 총부에 와 보니, 초가 두 채에 이십여 명이 옹색하게 지내는 '조촐한 모습'이었다고 하는데, 말이 좋아 조촐한 모습이지 고대광실 큰 집에서 살던 영호에게는 총부 모습이 적잖이 초라하고 실망스러웠을 듯하다. 그러나 이런 겉모습과는 달리 내용을 들여다보면 생활 규칙이 엄정하여 선도량으로서의 분위기는 공부하는 보람을 누릴 만큼 잘 짜여 있었다. 새벽이면 남녀가 똑같이 모여 좌선하고, 낮에는 각자의 일터에서 맡은 일을 하고, 밤이면 또다시 한자리에 모여 공부했다. 특히 영호가 놀란 것은 남녀를 가리지 않고 누구나 주어진 시간에 강연 연습을 시행하는 것이었다. 여자들이 부끄러워 연단에 서는 것을 꺼리면, 연사와 청중 사이에 발을 쳐놓고라도 예외 없이 실시했다. 소태산은 남녀권리동일(→지자본위)을 선언적 교리로 주장할 뿐만 아니라 실천적으로 보여주었고, 남녀가 동일하게 일하고 공부하여 자격과 능력을 갖춘 후 교화·교육·자선 사업에 쓰이도록 키웠다.

 그러나 정작 영호는 남들 강연하는 것을 보면서 의아했다고 고백한다. 「저런 일을 해서 무엇을 한단 말인가?」 그는 순간적으로, 자기는 강연하는 일은 안 해야겠다고 마음먹었다. 그는 선방 근처에는 가지 않고, 차라리 노동일 하는 데만 따라다녔다. 쇠죽을 끓이는 일에 조력했고, 만석리 논농사하는 데도 따라가 보았다. 아마도 그는 남들 강연하는 것을 보고 자신감을 잃은 것 같다. 나이 차가 크지 않은 선음광처럼 조리 정연하게 웅변조로 논리를 펼 자신은 없고, 그렇다고 여자들처럼 수줍어 옷고름이나 물어뜯다가 내려오는 꼴을 어찌 차마 보여줄 수 있으랴. 할 줄 모르는 일이나마 따라다니며 거들다가 공부(강연)도 일(노동)도 만만한 게 없음을 깨닫고, 결국 '몇 개월이 지난 후'

총부를 떠나 본가로 돌아오고 말았다. 이 '몇 개월'은 더러 짧게는 2개월에서 3개월, 혹은 5개월이란 얘기까지 나오는데, 만덕산 초선 참여 기간이 3개월부터 4, 5개월까지 들쭉날쭉했던 것처럼, 이 역시 세월이 너무 흘러 본인이 기억을 못 하는 것으로 보인다. 필자 추측으로는 그 기간이 길어야 석 달 안팎이 아니었을까 싶다.

어쨌건 짧은 총부 생활이지만 이때의 경험이 무의미한 것은 결코 아니었다. 김영호는 훗날, 이 '몇 개월'의 총부 생활을 돌아보며 나름 이렇게 평가했다. 「몇 달 동안의 총부 생활은 내게 많은 것을 가르쳐 주었다. 자력 생활에 대한 신념(을 키웠고), 그리고 수도 생활을 익히는 좋은 기회였고, 새로운 출발을 위한 연습이었다고 생각한다.」라고.

집에 돌아와서 빈둥거리는 시간이 길어지자 집안에서는 그에게 유학을 떠나라고 채근했다.

> 집안에서는 나를 해외 유학을 시켜야 한다고들 하셨다. 일본이나 중국 등지에서 공부를 하라고 하시면서 선택은 내가 알아서 하라고 하셨다. 그러나 나는 떠나지 않았다. 그리고 전주에 있는 湖領學校(호령학교)[23]에 갔던 것이다. (『구도역정기』 19쪽.)

신학문, 신교육에 그리 관심이 없었다는 데도 신교육기관인 호영

---

[23] 사립 호영학교(湖英學校) 중등과. 대산은 '호영학교'라 하지 않고 '호령학교'라 발음한 탓에 기자가 한자로 湖領學校라 쓴 것이다. 이는 어학에서 활음조(滑音調) 현상이라 하는 것이니 智異山(지이산)을 지리산, 肺炎(폐염)을 폐렴, 保任(보임)을 보림이라 함과 같은 예이다.

학교(중등과)로 간 것은 일본이나 중국으로 유학을 떠나라는 성화를 회피하려는 목적이 더 크지 않았을까 짐작이 된다. 열 서넛 어린 나이에, 산골 농촌에서만 방안퉁수로 살면서 어른들의 사랑을 독차지하던 처지인지라 낯선 외국에 나가 유학한다는 것은 아무래도 자신이 없었을 것이다. 그래서 고향 동네에서 그리 멀지 않은 전주로 가면서, 그것도 혼자 가기 싫으니 이전에 횃불싸움의 상대가 됐던 봉촌마을 친구 이창규와 함께 간 것이다. 그런데 여기서 '2년 동안'[24] 공부하고 나서 자퇴했다. 당시 학제는 제2차 교육령(1922)에 의해 이전에 4년이었던 중등과정이 5년으로 연장된 때이기에 절반도 이수하지 못하고 중퇴한 셈이다. 왜 그랬을까?

첫째, 향학열 자체가 미흡했던 것 같다. 처음부터 공부가 하고 싶어서 간 것이 아니라 일종의 도피 수단으로 선택했기 때문일 것이다. 「내 마음속에는 언제나 학교 공부보다는 세계평화에 더 관심이 있었기 때문에 틈만 나면 세계 지도를 펼쳐 보았다.」(『구도역정기』, 19쪽.)라고 하는 걸 보면 전생 습관으로 인해 과학(학문)보다는 도학(수도) 쪽에 마음을 빼앗겼던 게 아닌가 싶다.

둘째, 본인이 댄 결정적 자퇴 동기가 맹랑하다. 어느 날 그 학교에 다녀야 할 의의가 없음을 깨닫게 되었다는 것이다. 조선인이 세운 학교인데 조선인 교장이 일본인 평교사에게 쩔쩔매는 현장을 목격하면

---

[24] 그 2년도 꽉 찬 2년인지는 의심스럽다. 옛날에는 1년을 좀 넘으면 2년이라 얼버무리는 일이 흔했다. 더구나 본인이 '잠깐' 수학했다고 한 것을 보더라도 1년에서 많이 넘지는 않았던 것으로 보인다.

서, 그런 지도자한테 무엇을 배우겠나 하는 회의에 빠진 것이다. 아무리 일제강점기 극한상황이라 할지라도 떳떳하게 긍지를 심어주는 정신교육이 선행되고 그 바탕 위에서 지식을 키워야 건전한 인간의 삶이 되지 않겠나, 하는 생각이 들었다 한다.

첫째 이유를 보면, 실학이 아니라 '세계평화'라니 이때 김영호는 대단한 이상주의자였던 것 같다. 그러니까, 배고파 본 적이 없는 사람만이 할 수 있는 선택이다. 둘째 이유를 보면, 자칫 불령선인(不逞鮮人, 원한·불만·불평 따위를 품고, 어떤 구속도 받지 않고 제 마음대로 행동하는 조선인) 딱지가 붙어서 앞길이 막힐 만도 하다는 생각이다. 그 의기대로라면 조만간 독립투사 한 명이 나올 법도 하지 않은가. 그러나 더 이상 항일 의지를 불태우거나 한 흔적은 없고, 중퇴하고 돌아와「집에서 평범한 생활을 하면서 시간을 보냈다」고 회고한 걸 보면, 신학문에 대한 싫증을 합리화하려는 것이나 아닐지 모르겠다. 소태산이 훈장 집 방화 사건 같은 사고를 저지르면서 서당을 중퇴했듯이, 정산 송규가 고양서당(高陽書堂)에서 하던 공부를 중동무이하고 가야산으로 전라도로 방황했듯이, 대산 김대거(영호) 역시 비슷한 전철을 밟은 셈이다.

총부 출가에 이어 호영학교 수학까지 그럭저럭 2년여란 시간이 흐르다 보니, 돌아온 고향 생활인즉 철없이 뛰놀며 동네 꼬마들과 어울릴 수가 없었을 것이다. 당시는 조숙을 강요하던 시대인지라 김영호는 이미 커버렸고 또 철도 들었을 것이다. 자전거 대신 말을 구해 타고 달리며 짐짓 무사의 호기를 부린 것도 이 무렵이다. 그렇다고 어른이 부러워 어른 흉내를 내고 싶어도 아직은 어른들 세계에서 잘 받아주지 않았을 것이다.

> 나도 촌에서는 돈깨나 있는 집안에서 있었으며, 우리 조부님은 이목구비가 크신 분인데 그분은 담뱃대를 한 발만 한 것을 가지고 다니시며, 담배를 피울 때 할머니가 담배도 넣고 불도 붙여 주기에 그것이 어른인가 보다 하고 나도 한 발만 한 담뱃대를 가지고 다니며 그렇게 하다 혼났다. 종사님에게 와보니 그것이 어른이 아니더라. (『대산종사수필법문집』, 1974.12.27.)

'한 발만 한 담뱃대' 사건이 정확히 언제 이야기인지는 모르나, 아무튼 김영호는 아이와 어른 사이 어디에도 서기 어려운 애매한 나이에, 학교 중퇴로 어른들의 눈치가 보이니 마음은 편치 않았을 법하다. 그런 따분한 일상에 빈둥거리다 보니 또 다른 도피처가 필요했던 것 같다. 「나 자신도 모르게 만덕산에서 뵈었던 대종사님을 뵙고 싶어졌다. 불현듯이 익산 총부에 가고 싶은 생각을 하게 되었다」(『구도역정기』, 20쪽.)라는 고백의 타이밍이 어쩌면 1차 출가 무렵이 아니라 호영학교 중퇴 후의 일이 아닐까 모르겠다. 다만 그것이 1차 출가의 실패와 좌절의 기억 때문에 의식의 뒤켠에 숨어 있었을 것이다.

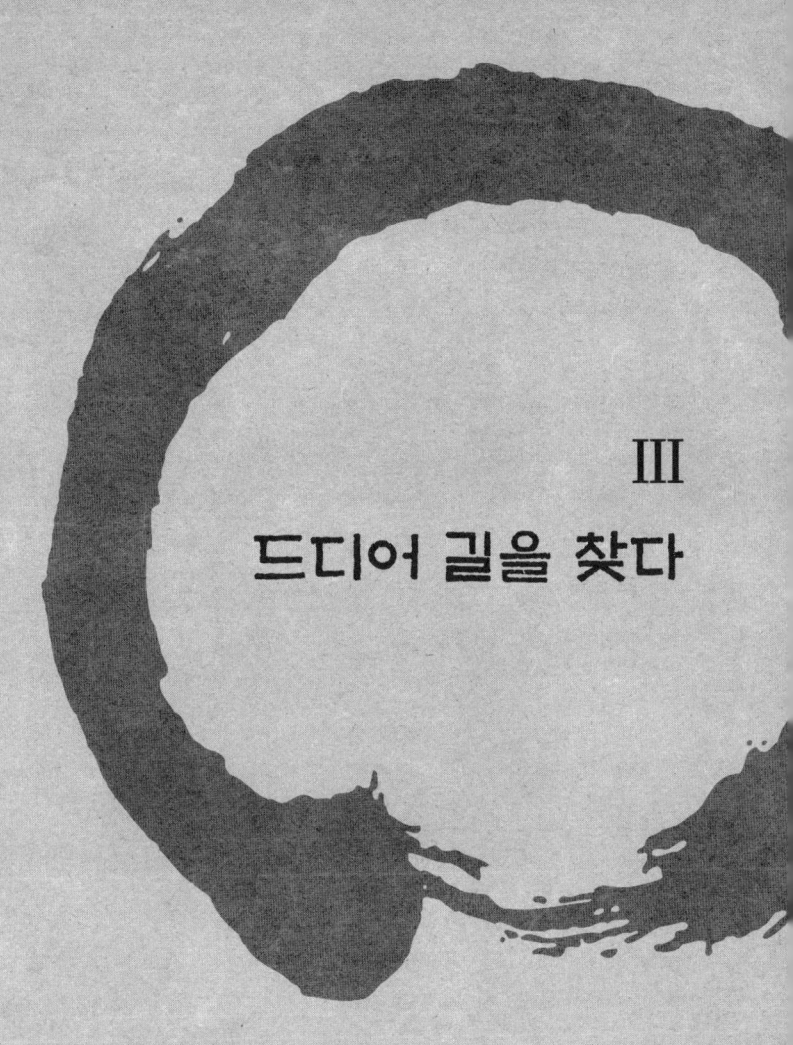

III
드디어 길을 찾다

출가의 길

김영호의 할머니 노덕송옥은 신심이 대단했다. 만덕산 선회(禪會)에서 소태산을 만난 후 전 가족을 입교시켰고, 마을 사람들도 인연 닿는 대로 입교를 권하였다. 한편 익산 총부를 찾아가 소태산 친견하기를 즐기고, 총부에서 연중 두 번 실시하는 정기훈련(하선·동선)에도 열심히 참여하였다. 손자며느리 양보훈이 전하는 이야기는 그간의 사정을 짐작해 볼 만한 흥미로운 것이다.

노덕송옥 할머니는 대종사님을 뵌 뒤로는 신심이 나시어 만덕산에 오시면 쌀가마니를 머슴에게 지게 하여 한 가마씩 가지고 가시고, 또 총부 가실 때는 벌것 다 싸 가지고 가셨다고 한다. 그러면 할아버지가 보시고 처음에는 호통을 치시고 못 가져가게 하셨다. 하루는 할머니가 못 나가게 하기 위해 윗방에다 손도 묶고 발도 묶고 하여 가둬 놓으셨다고 한다. 그러면 할머니는 일하는 사람을 불러 묶인 것을 푸시고 도망을 나와 대종사님을 찾아가 뵈셨다고 한다. 하루는 대종사님께서 노덕송옥 할머니를 보시고, "내가 한 번 집에 가야겠다"고 하시며 할아버지를 만나기 위해 좌포 집으로 오셨다. 대종사님께서 대바구니에 한과 한 상자[1]를 선물로 잘 싸 가지고 집에 오셨는데 할아버지가 집에 안 계셨다. 머슴이 박 첨지 댁에 가서 할아버지께 대종사님 오셨다고 말씀드리니, "오, 그래! 오셨냐? 가자." 하고 훨훨 활개를 치시며 오시었다. 그런데 대종사님께서 처마 밑 토방에서 턱 서 계시니, 이상하게도 할아버지가 대문을 들어서면서부터는 기가 탁 죽으시어 들어오셨다고 한다. 그리고 방에 들어가시어 군수 벼슬[2] 했던 분이라 대종사님께 예를 정중히 드리는데, 절을 하시고 일어서려다 못 일어나시고 고개도 못 드시고, 그렇게 몇 번을 하다가 허리를 구부리고 눈도 바로 못 뜨시고 대종사님을 바로 못 쳐다보셨다고 한다. (『조불…』 I, 108쪽.)

요컨대 일가를 입교시키는 데 있어 가장 어려운 장애물이 영호의 조부 김종명이었다는 얘기다. 본래 왕명으로 중죄인을 신문하던 기관인 의금부의 도사 출신인지라 부인을 다루는 방법 역시 엄하고 과격했던가 싶다. 이제 노덕송옥은 아들 며느리는 물론 벽창호 같은 남편까지 설득한 만큼 포교에도 거칠 것이 없었다.

---

1 같은 양보훈의 증언이지만 《원광》(2010.9.)에서는 '평양 곶감 한 접'으로 나온다. 한과든 곶감이든 그게 상관은 없지만, 필자가 알기로 당시 기후 조건으로 평양에서는 감나무가 재배되지 않았다.
2 먼저는 증조(봉배)가 군수를 지냈다고 하더니 이번엔 조부(종명)가 군수를 지냈다고 하는데, 둘 다 착각으로 보인다. 어쩌면, 벼슬 살았다는 것을 편한 대로 '군수'라고 하는 것이 아닌가 싶다.

김영호가 호영학교를 중퇴하고, 익산 총부를 다녀온 지도 1년여가 흘렀을 것이다. 그동안 특별히 하는 일이 없이 지냈다고 했다. 이제 16세, 집안에선 빈둥거리는 영호를 더는 두고 볼 수가 없었던 모양이다. 정작 친가 식구들은 가만 놔두고 지켜보는 분위기인데, 큰집에서 당숙과 종형제들이 나서서 김영호의 조부모, 부모를 볶아대며 유학을 보내자고 서둘렀다. 먼저는 전주 호영학교로 도피했지만, 이제 마땅한 도피처도 없는 데다가 영호에게도 이제 해외 유학을 한번 가보리란 배짱이 생겼다.

서구 문화를 앞장서 받아들이고 신문물이 발달한 일본으로 갈 것인가, 광대한 무대에 유구한 역사와 문화를 자랑하는 중국으로 갈 것인가, 이것은 단지 학문에 그치는 것이 아니라 영호의 인생관이나 세계관에 관련이 되는 문제다. 「나는 가끔 세계 지도를 구해 가지고 펼쳐 놓고 보면서 웅비의 꿈을 키웠다. 세계 지도상으로 볼 때 우리나라 한국은 너무 작다는 생각을 하기도 했다.」(『구도역정기』, 22쪽.)

○ "…이제는 나이가 그만하면 인생의 방향로를 결정해야 할 때가 됐다. 장차 인생을 어떻게 살고 싶으냐?"
"우리나라는 땅도 좁고 국력도 약한 나라입니다. 그러나 중국은 땅도 넓고 인물도 많아서 영웅호걸들이 모여드는 곳입니다. 그래서 중국에 건너가 석숭(石崇)이나 도주공(陶朱公) 같은 큰 부자가 되어서 천하를 주름잡아 보고 싶기도 하고, 아니면 이태백이나 도연명 같은 풍류객이 되어서 세상을 한번 재미있게 살아보고 싶습니다." (서문 성, 『대산 김대거 종사』, 27~28쪽.)

○ "…그래, 네 포부는 무엇이냐?"

"좁은 조선 땅보다는 영웅호걸이 많이 나온 중국에 가서 주유천하 하면서 장래를 도모할까 합니다."

영호는 속에 있는 대로 말했다. 중국의 석숭(石崇)이나 도주공(陶朱公) 같은 큰 부자가 되어 천하를 주물러 보고 싶고, 이태백이나 도연명 같은 인물이 되고자 하는 농세(弄世)의 뜻도 없지 않았다. (김성빈, 『대산종사전기』 미간.)

이들 자료가 어디에 근거한 것인지는 모르나 석숭(石崇)이나 도주공(陶朱公)은 중국 역사에 나오는 전설적인 부자들이요 이태백이나 도연명은 중국 역사에 빛나는 문인들이다. 영호가 부러워한 것은 경제적 풍요를 누리는 부자와, 문화적 쾌락을 누리는 풍류객인데, 그렇다면 아잇적부터 몽매에도 잊지 못하고 '세계평화'를 꿈꾸던 '김대포'는 도대체 어디로 간 것일까? 또 「나는 전무출신을 한다면 일생을 숨어서 무명인으로 말없이 살으리라고 생각을 굳혔다」(『구도역정기』, 21쪽.)는 건 무엇이고, 「다만 '한번 툭 튀는 사람'이 되겠다는 신념만은 가지고 있었다」(『구도역정기』, 22쪽.)는 고백은 또 무엇인가? '툭 튀는 사람'이라면 곧 유명 인사 아닌가. 이제까지 나온 자료를 보면 영호가 일본이 아닌 중국 쪽으로 유학할 것 같은데 「이때 나는 유학을 하게 되면 일본이 좋겠다고 생각을 했었다」(『구도역정기』, 21쪽.)고 하니 종잡을 수가 없다. 그는 실제로 양자택일에 갈등하고 있던 모양이다.

청소년은 꿈을 꾼다. 그리고 그 꿈은 결코 머물러 있지 않고 수시로 변한다. 그것은 변덕스러운 성격 때문이 아니라 그때가 이른바

'질풍노도의 시기'이기 때문이다. 방황을 할 만큼 하고서야 인생의 방향로를 잡는 것이다. 조급하게 독촉하지 말고 자아 정체성이 무르익을 시기를 기다려 주어야 할 것 같다.

일본 동경에는 조도전(와세다) 대학 다니는 큰집 친척이 살고, 중국 상해에는 북경(베이징) 대학 출신 당숙이 있어 어디로 가든지 의지할 수는 있었다. 그래서 결국 일본이든 중국이든 유학은 가기로 확정되는 분위기였는데, 할머니와 어머니가 여기에 선결 조건을 하나 걸고 나섰다. 유학을 떠날 때 떠나더라도 익산 총부에 가서 소태산을 한 번만 만나고 떠나라는 것이었다. 후일 대산의 짐작인즉, 손자를 불법연구회에 보내어 출가(전무출신)시켜야 하겠다는 돈독한 신앙심 그쪽보다는 더욱더 현실적이고 절실한 필요가 있었을 것이란 생각이다. 그것은 앞서 말한, 손자의 명이 짧다는 관상가의 예언 때문이니, 수명을 연장하는 방편으로 소태산에게 꼭 보내야겠다는 집념이 여전히 그녀들을 붙잡고 있던 것 같다.

결국 김영호는 할머니와 어머니의 뜻을 따라 일단 총부로 가자 결심하고, 떠나온 지 1년여 만에 다시 총부를 찾아가니 때가 기사년(원기 14년, 1929) 정월이었다. 비로소 조모 노덕송옥을 연원으로 하여 불법연구회(원불교)에 입회(입교, 3.2.)를 했고, 소태산은 그에게 '대거(大擧)'라는 법명을 주었다. '크게 올라가다, 크게 일어나다'의 뜻으로 새겨지는 이름이었다. 법명을 주며 소태산은 대강 아래와 같은 취지의 당부를 했다는 것인데, 워딩이야 차이가 있겠지만 크게 어긋나 보이지는 않는다.

"사람이 세상에 태어나서 큰 부자나 영웅호걸이 되어 보기도 하고, 풍류객으로 멋있게 살다 가는 것도 물론 좋은 일이다. 그러나 오늘날의 도인은 땀을 많이 흘리고 일을 열심히 하는 사람이다. 이 세상의 주인은 영웅호걸이나 풍류객이 아니라 큰 도인이 되어 부처님의 가르침을 세상에 널리 펴는 사람이다. 지금이 어느 때냐, 이처럼 세상이 어지러운 때일수록 천하를 구제할 큰 도인이 필요한 법이다. 이곳을 잘 보아라. 여기가 바로 영산회상을 다시 건설할 책임을 지고 불보살들이 모인 곳이다. 대거도 진정으로 세상을 한번 잘 살펴보고 싶다면 저 사람들처럼 새 회상 창립에 큰 인물이 되어야 할 것이다."
(서문 성, 『대산 김대거 종사』, 27~28쪽.)

영호는 소태산의 말씀을 들으며 갈등했을 것이다.

나의 어머님은 항상 자손들에게 당부하시는 말씀이 계셨다. "우리 집안은 대대로 정치계는 나가지 말아라." 하시며 바른 인생관을 갖도록 당부하셨던 것이다. 그래서 정치를 한다는 것은 생각할 수도 없었다. 다만 '한번 툭 뛰는 사람'이 되겠다는 신념만은 가지고 있었다. (『구도역정기』, 22쪽.)

부자나 풍류객 못지않게 김영호가 매력을 느꼈던 방향로가 실은 정치계였음을 부지불식간에 고백한 셈이다. 이렇게 놓고 보면 포부가 뒤죽박죽 같긴 한데 어차피 사춘기의 목표나 가치관에서 일관성을 찾는다는 것은 무모한 작업이다. 다만 소태산의 당부를 들으며 세속적 꿈은 접은 것 같다. 김영호는 처음으로 소태산의 법문을 들으며

'삼계의 대도사 사생의 자부'[3]라는 말에 꽂혔다. 이 엄청난 스케일 앞에는 세속에서 웅비하는, 날고 기는 인물이 모두 하찮게 보였으리라. 그는 어느새 유학 갈 생각이 까마득히 사라졌다.「나는 분연히 새로운 출발을 한 것이다. 큰 스승님 대종사님을 만나 품었던 큰 뜻을 실현하려는 첫발을 내딛게 되었다. 그 큰 뜻은 세상에 널리 알려지는 유명인이 아니었다. 안으로 도리와 우주 자연의 섭리를 깨닫는 각자(覺者)가 되려는 수련의 길이었다.」(『구도역정기』, 22쪽.) 김영호는 마침내 정산 송규를 연원으로 하여 전무출신(출가) 서원을 올리기에 이른다. (*이하 이름은 영호 대신 대거를 쓰기로 한다.)

종법사 김대거는 그가 전무출신으로 48년을 보낸 후인 원기 62년(1977)에 이른바 〈전무출신의 도〉 12개 조를 발표했는데, 그중 제1조가 이러하다.「시방 삼계 육도 사생의 전체 생명이 나의 생명이요 전체 행복이 나의 행복임을 알라.」내용인즉 그가 처음 듣고 가슴에 새긴 예의 소태산 법문과 일치한다.

영호 아닌 대거로서 이번엔 총부 생활에 잘 적응해 갔을까? 대거가 맡은 일은 고향에서라면 머슴들이나 시킬 일들, 쇠죽 끓이고 목욕물 데우고 이발해 주는 등, 그런 천하고 시시한 것이었다. 입문 심사에서 소태산이 "밭도 매고 똥도 퍼야 하는데 그렇게 할 수 있는가? 물로 들어가라 하면 들어가고 불로 들어가라 하면 들어가야 하는데 그

---

3   三界(욕계, 색계, 무색계)의 大導師(길을 인도하는 큰 스승), 四生(태생, 난생, 습생, 화생)의 慈父(자애로운 아버지). 요컨대 '우주에 가득한 모든 생명을 바른길로 인도하는 큰 스승이자 자애로운 아버지 같은 부처'라 하겠다.

렇게 할 수 있는가?" 단단히 침을 놓았던 터라 군소리 없이 막일을 수행했다. 이 과정에 고향에서 몸에 밴, 아닌 습관도 끊어야 했는데 그중엔 흡연 버릇도 있었다. 그는 어른들 흉내로 시작한 '긴 담뱃대' 흡연으로 시작하여 청소년기에 계속하여 담배를 피우고 있었다. 총부에 오면서 장죽은 못 가져오겠고, 당시 고급 궐련이라 할 '피죤'(10전~12전)을 5갑(혹은 3갑) 준비해 왔었다고 한다. 계문에 '담배를 피우지 말라'는 조항이 있다 보니 뒷간같이 남들이 안 보는 곳에서 몰래 담배를 피웠는데, 한번은 부엌에서 불을 지피고 담배를 피우다가 한 동지한테 들켰다. 그가 다가와 자기도 한 대 달라고 하니, 대거로선 일단 약점을 잡힌지라 안 줄 수가 없었다. 그 순간 각성이 왔다. 이래서는 안 되겠다, 떳떳하지 못하게 숨어서 담배를 피우다니 이는 수도인으로서 부끄러운 일이다, 용서할 수 없이 비루한 짓이다, 큰 뜻을 품고 출발한 사람으로 할 짓이 아니다. 대거는 남은 담배를 모두 불 속에 던져 넣었다. 이렇게 스스로를 힐책하고 나서부터는 단 한 번의 미련도 없이 단연에 성공했다고 한다.[4] 그 밖에도 고향에서 즐기던 버릇이라면 바둑 같은 잡기로부터 붓글씨 쓰는 것까지도 끊었다. 특히 붓글씨는 장차 명필이 될 것이라고 칭찬도 받던 처지이지만, 자신의 목

---

[4] 그러나 신혼 초에 부인 이영훈(경숙)에게 보낸 편지 〈경숙씨 친감〉에 보면 「출가 전일에 하던 습관을 청산하지 못하고 화장실에서 남의 눈을 속이며 몰래 담배를 피워 오다가 크게 잘못된 일임을 각성하고 (…) 백배사죄하는 마음으로 이 글을 보냅니다.」가 있으니, 단연이 그리 쉽지만은 않았던 듯하다.

표는 수도이지 명필이 아니라는 데 생각이 미치자 붓대를 놓았다.[5]

그런 대거로서도 자존심만은 만만하지 않았던 모양이다. 먼저 총부에 들어온 선배 동지들이, 나이도 어린 데다 키까지 작은 대거에게 함부로 해라나 반말을 했다. 고향에선 서너 살 연상과는 맞담배 피우며 친구로 놀았고, 나이 많은 머슴들에게도 존대받던 그인지라 참아낼 수가 없어서 혹은 말다툼도 하고, 혹은 내심으로 적잖이 섭섭하게 생각했다. 「수도한다는 사람들이 아상(我相)이 많구나!」 싶어서 적잖이 실망스럽기까지 했는데, 여기에 예외가 있었으니 그가 송도성이었다. 7세 연상인 그가 갓 들어온 후배인 자신에게 존댓말로 대해 주자, 그는 「아, 여기에 깊은 공부 하는 분도 계시구나!」 하고 안심하였다. 더구나 이동진화는 무려 21세나 연상임에도 이 오기로 똘똘 뭉친 풋내기 김대거에게, 마치 송규나 송도성에게 대하듯 깍듯이 존대함으로써 그의 옴츠렸던 자존감이 활짝 기지개를 켠 것이다. 자존심 강한 대거는 다른 이에게는 안 그랬지만, 소태산의 수제자 정산 송규에게만은 선생님이란 호칭을 썼다. 당시 소태산은 교무들이 '선생'이란 호칭을 겁 없이 받는다고 꾸짖던 처지여서 요즘처럼 헤프게 쓰지 않던 시절이지만, 정산이야말로 선생님으로 불릴 만한 자격이 충분했고 연배로도 14살이나 위였다. 그러함에도 정산은 "선생님이 뭐꼬? 형님이라 해라." 하면서 알뜰히 챙겨 주었다고 한다.

---

5 「(김정진 씨가) 내가 쓴 반야심경을 보시고, 앞으로 큰 명필이 되겠다고 칭찬을 아끼지 않으셨다. 그러나 나는 이 칭찬이 기쁠 수가 없었다.」(『구도역정기』, 23쪽.)

당시 총부의 교학 조직은 재래 불교의 총림[6] 체계와 닮은 점이 있었다. 선원, 강원, 율원을 갖춘 총림 가운데서 율원은 빠졌지만, 선원(선방)이 있었고 강원은 학원이란 이름으로 운영되었다. 율원이 없는 것은 불교의 삼학 중 계학(戒學)과 불법연구회(원불교)의 삼학 중 작업 취사가 다르기 때문이라고 할 수 있다. 김대거는 학원에 들어갔다. 고등반과 하등반으로 나뉘었는데 그는 나이가 어려서 하등반에서 공부하였다. 오전에 교리와 고경(古經)을 배웠고, 오후에는 부처님 일화 등을 들었으며, 일정한 주제에 관한 감상 발표에도 참여하고 수행 일기도 꼬박꼬박 써나갔다. 그러나 대거의 성적은 그리 좋지 않아서 초기의 열등의식을 벗어나긴 힘들었던 듯, 「나는 재주 별로 없다. 대종사님 재세 시 고시 보면, 외우는 재주 없어 항상 을(乙) 아니면 병(丙)이었다」(『대산종사수필법문집』, 1974. 12. 27.)고 회고했다. 요새 식으로 말하자면, A 학점은 없고 고작 B 학점 아니면 C 학점이었다는 말이다. 이런 열등감은 후에도 가시지 않은 듯, 「날 보고 천재라고 하는 이도 있고, 어떤 이는 별스럽게 능하다고 하는데, (알고 보면) 나는 아주 최저의 저능아이다」(『대산종사수필법문집』, 1976. 6. 11.) 이렇게 심한 자기 비하에까지 이르렀다. 대거의 콤플렉스는 그가 주산 송도성(1907~1946), 혜산 전음광(1909~1960), 원산 서대원(1910~1945) 같은 젊은 천재들과 자신을 비교하면서 생긴 것으로 보인다. 「주산 종사는 한문에 대가가

---

[6] 승려들의 참선 수행 전문도량인 선원과, 경전 교육기관인 강원, 계율 전문교육기관인 율원 등을 모두 갖춘 사찰. 현재 한국 사찰 중에는 통도사, 해인사, 송광사, 수덕사, 백양사 등이 있다.

되어서 이광수 씨가 배웠다. 이광수 씨가 천재인데 주산 종사한테 천재라고 했다. 대원 선생은 불경에 천재셨고, 혜산 선생은 그때 저술하고 하던 것이 이광수 씨만 못지않았다. 그래서 우리 회상의 삼 천재라고 했거든. 나는 저술도 못 하고 한문도 모르고 경도 모르니 나는 평생 숨어서 불이나 때고 은연 자연 지내야 되겠다.」(『대산종사수필법문집』, 1976.6.11.)라고 생각할 수밖에 없었다.

대거는 김기천(1890~1935)에게 『명심보감』 『음부경』을 배우고 송도성에게 『수심결』 『논어』를 배우고 정산 송규에게 『도덕경』을 배웠다. 출가 동기인 서대원과는 송대 건물에서 함께 숙박하며 그에게서 불경을 배웠다. 서대원은 대거보다 네 살 연상이긴 했지만, 그 정도 나이 차를 넘어 총부에서 불경을 그만큼 아는 사람이 없을 정도로 조예가 깊었고, 약관의 나이임에도 박한영, 진진응[7] 같은 불교계의 대강백에게 수강하는 등 불경에 해박했다. 그러나 대거가 정말 열심히 배우고 익힌 것은 소태산이 손수 지은 바 새 회상의 경전인 『취지규약서』와 『보경육대요령』이었다. 노란 책가위[8]를 입힌 이들 경전은 처음 입문한 사람 누구에게나 10년 내지 15년을 매일 읽고 보고 연마하도록 권장하였다지만, 대거는 이들 한글 경전이야말로 동서고금의 그 어느 경전보다 수승함을 이미 알고 있었다.

---

[7] 석전 박한영(1870~1948), 혜찬 진진응(1873~1941) 등은 근세 고승으로 불경을 가르치며 호남에서 주로 활동했다.

[8] 두고두고 소중하게 보관하기 위하여 노란 책가위를 입혀서 썼다. 책가위란, 책의 겉장이 상하지 않도록 종이·헝겊·가죽 따위로 덧입히는 물건을 가리킨다.

대거가 총부에서 생활하던 초기에 깊은 인상을 받은 인물이 또 두 사람 있었다. 한 사람은 삼산 김기천이니 그가 처음 강(講)을 하는데 어찌나 느리고 답답하던지, 한마디하고 한참 생각하고 또 한마디하고 다시 한참 생각하는 식으로 한 시간 내내 버벅댔다⁹. 그렇게 1년을 지내고 나자 이번엔 줄줄 거침없이 강의하는 것을 보며, 그가 연마하고 단련한 결과에 감동한 대거는 '발심사(發心師)'(구도에 마음을 내게 한 스승)로서 삼산을 두고두고 기렸다. 또 한 인물은 이타원 장적조(張寂照, 1878~1960)이니, 경상남도 통영 출신의 50대 여인으로 13년 연하인 소태산을 아버지로 알고 끔찍이 모시었다. 서슬 퍼런 일본인 순경 등이 소태산에게 반말을 했다고 "어떤 놈이 반말이냐?" 호통칠 만큼 강단 있는 여걸이어서 대거는 그녀를 '마호메트'라고 부르며 존경했다.¹⁰

　한번은 중국 북경(베이징) 대학 출신인 당숙 김경태와, 일본에서 유학 중인 종형 등이 대거를 데리러 총부로 찾아왔다. 그들이 와서 보니 대거는 목욕탕 책임자로 물도 긷고 불도 때고 변소 청소도 하고 남의 머리도 깎아 주고 그러고 있었다. 기가 막혔다. "도대체 무엇을

9　버벅대다: 행동이나 말 따위를 자연스럽게 하지 못하고 자꾸 틀리거나 머뭇거리다. (『표준국어대사전』)

10　『구도역정기』, 25쪽. 참고할 다른 자료가 있다. 「대종사님 계실 때, 이리경찰서에서 형사가 와서 대종사님 명함을 함부로 부르고 야단을 떨 때, 장적조 할머니가 "이놈 새끼가, 너는 애비 할아버지도 없느냐? 서장이 가르치더냐?" 순경이 빌며 "서장이 시킨 것은 아니고 기분이 나빠서 했어요." 그렇기 때문에 그때 그 창피를 보고….」(『원기 72년도 신년부연법문』, 52쪽.)

하고 있느냐? 불법연구회 공부를 한다더니 고작 이런 일을 하려고 왔느냐?" 꾸짖고, 소태산 종법사에게 가서는 "남의 집 귀한 아들을 데려다 공부는 안 시키고 머슴꾼처럼 부려 먹으니 이런 법이 어디 있소?" 하고 따졌다. 소태산은 굳이 변명하지 않고 "여기서는 그런 일을 시키는 게 공부이니 어쩔 수 없소. 본인이 가겠다면 데리고 가시오." 했다. 그러나 정작 김대거는 그들이 나이나 촌수로는 집안 어른이지만 정신 연령은 아기라고 판단하고, 어서들 가시라고 달래어 쫓아 보냈다. 그의 눈에는 대종사나 정산이나 이 교단 외에는 보이는 게 없었다. 「가만히 생각해 보니 '내가 어쩌다가 다행히 대종사님 제자가 되어 이렇게 전무출신 했는가.' 하는 생각이 들며 '영생의 일이 이 일이고 내 집이 여기구나.' 하는 결정이 되었다. 그 후에는 나를 죽인다 하여도, 세계를 준다 하여도 동요함이 없게 되었다.」(『대산종법사 법문집』 3, 53~54쪽.)

총부에서 둥지를 틀다

그렇게 허드렛일과 막노동을 하는 한편 학원 생활을 충실히 하기를 2년쯤 하고 나자, 소태산은 그에게 서기 일을 하라고 하였다. 1931년 4월부터 서무부 서기로 시작하여 상조부, 공익부, 육영부, 교무부의 서기 업무를 고루 경험하였다. 출가 초기에 「선방에는 참석하지 않았다. 강연을 하는 것도 싫었고, 또 강연을 하면 교화계에 나가라고 할까 봐 일부러 선방을 피했다. 나는 누가 뭐라고 해도 일생을 남모르게 조용히 정진하며 살려고 했기 때문에 교당에 나가는 것을 생각하지 않았다.」(『구도역정기』, 23쪽.)라고 했듯이[11] 대거는 평생 일선 교화계로 나가본 적이 없다. 그것은 소태산 스승을 떠나지 않고 일평생 곁에 모시고 살리라 마음먹었기 때문이다. 물론 뒤에는 선방에서 선(정기훈련)도 났지만, 나이 어린 정녀들도 훈련을 시켜 지방 교무로 내보낼 만큼 일선 교화를 맡을 교무 인력이 달리던 형편임에도 소태산은 대거를 굳이 떠나보내지 않았다. 딱 한 번(1941년) 소태산은 대거에게 용신지부(김제 원평) 교무로 한 2~3년 나가 있으라고 했는데, 막상 준비해서 작별 인사를 하러 가자 무슨 이유에선지 발령을 취소하더란다. 대거는 낮에 서기 일을 보면서도 밤이 되면 소태산을 지근거리에서 시봉하는 시자 노릇으로 일관했다.

소태산은 차기 후계자 정산 송규를 영광 등지로 떠나보내고 거의 곁에 두지 않았던 것에 비하여 차차기 후계자인 대산 김대거는 잠시도 떼어놓지 않고 옆에 묶어 두고 단련시켰다. 훗날에 김대거는 「나는 아무리 기억을 더듬어 보아도 대종사님께 칭찬 들은 기억이 없다. 언제나 꾸중만 들었다. 불을 때다가도 잘못한다고 야단을 맞았고, 그리고 대중 집회 시에 그 잘못된 일을 공개하시곤 했다.」고 회고했다.

○ 내가 처음 총부에 와서 입선했을 때 저녁이면 호롱불의 유리(*등피)를

---

[11] 김대거는 송도성이 사서를 강의하는 것이나 서대원이 불경을 해설하는 것을 보고 기가 죽었던 것 같다. 후에도 김대거는 송도성을 입지사(立志師), 서대원을 불교사(佛教師)로 규정했다.

닦았나니, 그때 여러 번 손을 데며 서툴게 닦으므로 대종사께서 보시고 꾸중하셨고, 그 후로도 나의 잘못이나 남의 잘못이나 대중의 잘못이라도 내가 잘못 한 일처럼 대중 앞에서 꾸지람하셨나니라. (『대산종사법어』자문판, 58쪽.)

○ 때로는 거북한 농담도 하셨다. "옛날 총부서 대종사님 모시고 살 때, 한번은 대종사님이 대산 님을 꾸중하시는데 '야, 이놈아! 너 그러다가 대거(大擧)는커녕 소거(小擧)도 못 되겠다!' 하고 호통을 치시더란 말이야." 대산이 당대 종법사이시니 듣는 사람조차 송구스러운데, 융타원 님의 까르르 웃음소리에는 걸릴 것이 없이 다 묻혀버리고 말았다. (이혜화, 『용과 봉이 있는 풍경』, 융타원 김영신 편)

대거는 수시로 꾸중을 들었는데, 그때마다 소태산은 "전라도에도 멍청한 놈이 하나 있다"며 나무랐다.[12] 자질구레한 일에 꾸중 들은 것은 워낙 많지만 더러는 보다 큰 꾸중도 들었다. 한번은 영광 신흥지부에 다녀온 일이 있는데, 소태산이 "신흥과원의 금년도 수지 대조가 어떠하며 교당 농사는 어떠하더냐?" 하고 물었다. 대거로서는 의외의 질문인지라 대답을 할 수 없었다. 그러자 "너는 머슴 사는 것 같구나. 주인이라면 어찌 그렇게 무관심할 수 있겠느냐?"고 크게 꾸중하였다. (『대산종법사 법문집』3, 356쪽.) 꾸중 중에도 가장 큰 꾸중이 하나

---

[12] 김대거 못지않게 소태산에게 꾸중을 많이 들은 사람으로는 송도성이 있다. 소태산은 걸핏하면 송도성을 나무랐는데 단골로 쓰는 말이 "경상도에서 멍청한 놈 하나 굴러왔다."이었다.

있다. 여제자들이 학비를 벌기 위해 제사공장, 고무신공장에 다니며 손발이 부르트고 갖은 고생을 겪는 걸 보다 못한 대거가 대중의 뜻임을 전제로, 영산 정관평에서 수확하는 쌀이 상당하니 그것으로 예산을 세워 정녀들을 공장에 내보내지 말고 교육하자고 제안했던바, 소태산이 어찌나 심히 꾸중하던지 1주일간을 밥도 제대로 못 먹고 용서만 빌며 지냈다. 마치 프로 스포츠 감독 소태산은 초짜들을 유능한 선수로 키우기 위하여 치밀한 계획에 따라 고된 훈련을 시키는 중인데 옆에서 누가 튀어나와 초짜들을 남달리 위하는 척하며, "좀 편하게 훈련 시킵시다." 하고 딴지 거는 형국이었던 셈이다.

그러나 소태산이 본인에게는 대놓고 칭찬을 아니 할지언정, 오히려 남들에게는 김대거를 칭찬하고 기대를 거는 말을 많이 한 듯하다.

○ 대종사님께서 한때 "대거는 앞으로 유망한 사람이 된다"고 말씀하셨다. 그래서 나는 크게 되실 양반인가 보다 했다. (용타원 서대인, 2004년 1월 3일, 원로원 대담에서)

○ 내가 대산 종사님을 처음 뵈었을 때 정산 종사님, 주산 종사님과 똑같이 높은 어른으로 보였다. 이것은 어떤 기회에 대종사님께서 대산 종사님을 가리키시며 "저 사람 큰일 한번 한다." 하시는 말씀을 들어서 더욱 확신했는지도 모르겠다. (아산 김인용, 2004년 1월 10일, 원로원 대담에서)

소태산이 정산 송규는 칭찬만 하고 김대거에겐 꾸중만 한 이유가 무엇일까? 그 해답은 아마도 『대종경』 실시품 38장에 있을 듯하다. 「대종사 대중에게 상벌을 시행하시되 그 근기에 따르시는 다섯 가지 준칙이 있으시니, 첫째는 모든 것을 다 잘하므로 따로이 상벌을 쓰지 아니하시는 근기요, 둘째는 다 잘하는 가운데 혹 잘못이 있으므로 조그마한 흠이라도 없게 하기 위하사 상은 놓고 벌만 내리시는 근기요, (하략)」 그러니까 여기서 정산 송규는 첫 번째 준칙에 해당하고 대산 김대거는 두 번째 준칙에 해당하는 경우가 아닐까 한다. 그 정산조차 「대종사님께서는 조금 쓸 만하다고 하는 사람은 그냥 막 누르며 죽을 테면 죽어라 하고 밀어 버리셨다. 어디가 조금만치라도 잘못이 발견 되면 대중을 모아 놓고 광고하며, 이놈 못쓸 놈이다 하고 크게 염려하시며 야단하셨다.」(『동산에 달 오르면』, 283쪽.) 하고 회고하였을 정도다.

  그래도 대거는 점차 공부 길을 잡고 자신감도 얻어갔다. 소태산이 수시로 말이나 행동으로 일러 주는 교훈들은 훗날 두고두고 깨우침을 주는 보감이 되었다. 예컨대 「교화하려면 경제를 알아야 한다」고 한 말씀이라든가, 재가와 출가를 차별하지 않는 경륜이라든가, 전무출신의 결혼 여부를 자율적 선택에 맡긴다든가, 물품을 아껴 쓰고 재활용하며 검박한 삶을 실천한다든가 등등 크고 작은 가르침이 끝이 없었다.

  열여섯 살에 총부에 와서 대종사님을 뵙고 공부를 몇 년 해보니 정신도 맑아지고 기운도 통해서 혜문이 열리고 엉문도 열렸다. 부처님이나 대종사님이나 정산 종사님 하신 것을 가만히 비교해 보니 나도 20세쯤 되면 그 축에는 들 것 같아 자신이 생기었다. 말을 하여도 못하지 않고 경을 봐도 인식이 되어, 하면 되겠다는 생각이 들었다. 20세가 되어서는 생사가 그렇고 인과가 분명한 것이다, 하는 것을 알았다. (『대산종법사 법문집』3, 168쪽.)

전세의 습관이 살아났는가, 차츰 지혜가 밝아져서 혜문이 열리니 연구력이 생기고, 심신의 안정을 얻으니 영문이 열리어 수양력이 생겼다. 생사는 오고 감에 불과하고 인과는 주고받는다는 원리임이 밝고 뚜렷하게 보이기 시작했다. 소태산의 가르침을 받들어 성불제중의 대업을 이루리라 하는 목표 의식도 확립되었다. 이 무렵 나온 것이 〈입지시(立志詩)〉(《월말통신》 제35호, 1932. 4.)다. 각운이나 평측을 제대로 갖추진 않았지만, 한시 칠언절구 형식에 작가 스스로 한글 새김을 붙여서 발표했다.

此身必投公衆事(차신필투공중사)
永世盡心竭力行(영세진심갈력행)
人生出世無功績(인생출세무공적)
斯我平生何免愧(사아평생하면괴)
이 몸은 반드시 공중사에 던지리니
천만년을 가더라도 몸과 마음을 이에 바쳐 행하리라
인생으로서 출세하여 공적이 없이 죽는다면
이 나의 평생에 어찌 부끄러움을 면할쏜가

일심과 알음알이로 힘을 얻었으니 실행을 통하여 교단과 사회에 기여해야 할 차례다. 1935년 5월, 그는 육영부 서기로서 총부 구내에 야학을 개설하고 수도학원(修道學院)이라 이름 붙인다. 배움에 굶주린

이웃 동네 청소년들이 모여드니, 갑반(중등과정) 50명, 을반(초등과정) 150명을 가르치기 시작했다. 문맹퇴치운동을 겸하여 교과목 위주로 가르쳤지만, 은연중 애국심과 민족의식도 고취하였다. 어렵던 시절인지라 대거는 야학에 쓰일 남포등 기름을 단독으로 시주한 묵산 박창기 교무에 대한 고마움을 잊지 못한다. 그러나 총부의 야학 수도학원은 3년 정도로 문을 닫아야 했다. 1937년 중일전쟁 이후, 내선일체를 내세우는 제7대 총독 미나미 지로(南次郎)의 조선민족 말살정책이 본격화하니, 조선어 과목 폐지 등 일제의 탄압으로 야학을 지속할 수 없었을 것이다.

원기 18년(1933) 김대거 스무 살이 되는 이 해에, 그에게는 생애의 굴곡이 될 만한 큰일이 세 가지나 있었다. 첫째는 결혼이요, 둘째는 부친의 사업 실패요, 셋째는 할머니 노덕송옥의 죽음이다.

정산 송규가 13세에 혼인했고 혜산 전음광이 11세에 장가들었다시피 십대 조혼이 대세이던 시절인지라, 대거의 결혼은 일찌감치 집안의 과제로 떠올랐는데, 17세 되던 해부터 혼담이 구체화하였다. 불법연구회 회원으로 전북 임실군 관촌에 사는 김성천화(金聖天華)는 총부 정기총회에서 김대거를 보고 마음에 들어 맏손녀의 배필로 삼고 싶어 했다. 그녀는 관촌교당 창립주가 될 만큼 신심이 독실한 사람으로, 총부에 왔다가 대거가 강연하는 것을 듣고 썩 마음에 들었다고 한다. 김성천화 집은 살 만한 집안이었고 장남 이근만이 학교(상월초등학교)를 설립하리만큼 신교육에 관심이 컸던지라, 결혼시킨 후엔 장인이 대거를 일본에 유학시키려고까지 했다고 한다. 대거는 미리 소태산의 의중을 알아보았다. 전기소설『활불의 시대』(박경전)에선 이렇게 그리고 있다.

"집에서 혼담이 오고 갔습니다."
"대거의 생각은 어떤가?"
"저는 결혼보다는 도인이 되고 싶은 마음밖에는 없습니다."
"결혼하면 도인이 되지 못하는가?"
"하지만 더 어려워진다고 생각합니다."
"때론 어려운 길이 오히려 필요한 일도 있는 것이다. (…)"
"대종사님께서는 정남을 예뻐라 하지 않습니까?"
"예뻐하지. 하지만 새 세상의 수도인에게 결혼은 근기에 따라 스스로 결정해야 하는 일이다. 근기란 높고 낮음이 아니라 인연과 업보의 성질을 말하는 것이다. 부설거사 부부 이야기도 있지 않은가. 배우자와 자녀들을 도문에 인도하고 성불제중에 힘쓰게 한다면 그보다 더 좋은 일이 어디 있는가. 또 부부가 되어야 알 수 있는 마음공부는 부부가 아니면 겪지 못할 일이지. (…)"
"합니까?"
"해라. 단 아직 나이가 어리니 스물이 되면 해라." (65~66쪽.)

대거의 모친 안경신이 관촌에 미리 가서 처녀를 보았고, 대거도 관촌을 찾아가 색싯감과 상면했다고 한다. 그러나 정혼은 했으되, 혼례는 소태산의 가르침대로 스무 살이 된 후에 치르기로 합의했다. 이리하여 1933년 2월, 대거는 총부 공회당에서 한 살 연상의 이영훈과 간소한 혼례를 치렀다. 신붓집에서 치르는 결혼 첫날밤에 신부와 가족들을 한자리에 모아 놓은 신랑 대거는 자신의 포부와 생각과 해야 할 일을 털어놓았다. 그러고 나서 신부에게 "내 뜻을 따르겠는가?" 하고 물었다고 한다. 요컨대 결혼이 자신의 구도 생활에 방해가 돼서는 안 되니 살림살이와 육아는 부인이 책임질 각오를 하라는 다짐이었다. 첫날밤까지 와서 "당신 뜻 못 따르겠으니 이 결혼 무릅시다." 할 신부는 없을 터이니, 실인즉 전무출신 권장부(勸奬婦)[13]로서의 희생을 부탁한 것이다.

    이영훈은 첫날밤을 지낸 새벽에 홀로 좌선하고 앉은 신랑을 발견하고 어이가 없었다. 그뿐만이 아니다. 신랑이 늘 보물단지처럼 지니고 다니는, 단둘이 있을 때조차 자물쇠를 채워 놓는 손가방을 보며, 이영훈은 저 속에 대체 무슨 소중한 게 들어 있을까 궁금했다. 호기심을 못 이긴 신부는 신랑이 없는 틈에 신랑의 조끼 주머니에서 열쇠를 꺼내 가방을 열었다. 기대와 달리 거기엔 책자 세 권이 있었으니 『취지규약서』『보경육대요령』그리고 일기장이었다. 신랑이 들어오자 신부는 허락 없이 가방을 열어 보았음을 고백하고 물었다. "아무 것도 없고 책만 있던데 그렇게 자물쇠까지 채우고 다닐 필요가 있습니까?" 신랑은 "그 가방이 바로 내 마음을 챙기는 것이오. 또 내게는 그 책들이 금은보다 더 소중한 보물이기도 하다오." 하였다. 게다가 결혼 초부터 꿈같이 달콤한 신혼생활은커녕 동거할 형편조차 안 뇌

---

[13] 남자가 전무출신을 잘하도록 후원하는 부인을 일컫던 초기 명칭. 그 부인들의 모임으로 1955년에 정토회(正土會)가 결성되면서 현재는 권장부보다 흔히 정토회원(줄여서 정토)으로 불린다.

다 보니, 새색시는 시집으로도 못 들어가고 신랑과는 별거할 수밖에 없었다.

큰집만은 못하나, 좌포에선 천석꾼이 부자라 하던 집안인데 어쩌다가 이리되었을까? 시집에서는 장손이 혼례를 치렀음에도 며느리를 데려오지 못할 사정이 있었다. 며느리를 데려오려면 떡 벌어지게 동네잔치라도 해야 하는데 그럴 형편이 못 되었던 것이다. 친정에서 일 년여를 무료하고 우울하게 보내던 신부는 그나마 그해 동짓달부터 이월까지 한 동선(겨울 정기훈련)[14]을 잊지 못한다. 시동생 둘(대설, 대근)과 시외조모(윤채운)까지 함께 3개월간 숙식을 같이하며 치른 훈련이라니 희한한 경험이었다. 염불, 좌선, 경전, 강연, 회화, 성리, 정기일기, (…) 수시설교 등 11개 과목을 공부하면서 이제 남편의 공부를 알만했고 불법연구회가 무슨 일을 하는 단체인지 확실한 가늠이 되었다.

이듬해(1934)[15] 마침 시당숙 환갑이 있어서 친정 부모와 함께 좌포 시가에 인사를 가게 되었다. 집난이(시집간 딸)가 친정에서 죽치고 있는 꼴을 보다 못한 부모가 이때다 싶었던지 딸을 데리고 가서 사돈집에 눌러 앉히고 돌아왔다. 애초 혼담이 오갈 때부터 남들이 먼저 알고 "좌포 김 씨네는 망하는 집안이고 관촌 이 씨네는 한창 일어나는

---

14 이 동선은 계유년(1933년) 음력 11월 6일(1933. 12. 22.) 시작하여 이듬해(갑술년) 음력 2월 5일(1934. 3. 19.)에 끝나는데 시작 연도를 기준으로 '계유 동선'이라고 불렀다.

15 『조불…』I , 〈대산종사님 연보〉(박용덕 작성)에는 1935년으로 나오고, 미간 『대산종사 전기』(김성빈)에는 1934년으로 나오는데 여기서는 후자를 따름.

집안인데, 이거 기울어지는 혼사여!" 하고 수군거렸고, 신부 아버지 이근만도 기울어지는 혼사를 못 하겠노라고 버텼었다. 그러나 진즉에 신랑 할머니 노덕송옥과 짝짜꿍이 된 신부 할머니 김성천화가 단식 투쟁까지 벌이면서 이 혼사를 밀어붙이니 결국 이근만도 체념하고 어머니에게 양보했던 터였다.

문제는 대거의 부친 김휴태(인오)의 사업 실패 때문이었다. 1920년에 시작하여 1930년에 끝난 미두(米豆) 광풍[16]과, 1931년에 시작하여 1941년에 끝난 금광 광풍[17]은 일제강점기 조선경제를 강타한 두 개의 투기 대란인데, 김휴태는 이 두 가지 광풍에 연속해서 발을 담근 것이다.[18] 부친이 미두에 손댔다가 털어먹고 금광에 투자했다가 실

---

[16] 현물 없이 미곡을 거래하는 상행위를 가리키던 용어다. 현실의 미곡 거래를 목적으로 하는 것이 아니라, 미곡 시세의 등락을 이용해 약속으로만 매매하는 투기행위이니 실질적으로는 사기성 도박이다. 일제강점기인 1920~1930 사이에 크게 유행했다. 이에 손을 댄 재산가 태반이 파산 지경에 빠지게 되었고, 지주들은 그들의 토지를 수탈당하거나 조선식산은행의 신탁 관리에 맡기는 등 패가망신하는 자가 속출하였다고 한다.

[17] 일본이 1931년 금본위제실시의 실패로 인하여 폭락한 엔화 가치를 안정시키기 위해 금을 끌어모으면서 조선의 금광 개발을 독려했다. 은행이 비싼 값에 금을 사들이기 시작하자 금광 열풍이 불고 이른바 '황금광(黃金狂) 시대'가 열렸다. 금광 개발로 성공한 금광 재벌들의 성공 신화는 너도나도 금광 개발에 뛰어들게 했고, 전 국토가 파헤쳐지면서 무려 2만 군데의 금광이 개발되었다고 한다. 이때 광업권의 사기성 매매까지 판을 쳤는데, 이 과정에서 다수의 투자자가 막대한 손해를 보았고 빚더미에 올라앉았다. 투기 바람이 결말은 항상 '소수의 벼락부자와 다수의 피해사'나. 1941년 태평양전쟁 발발로 경제 환경이 급변하자 금값이 하락하면서 조선의 금광 열풍은 막을 내렸다.

[18] 김대거 집안에서 미두를 시작한 것은 부친이 아니라 조부였다는 증언도 있다. (『조불…』I, 107쪽.) 조부가 미곡 집산지 군산에서 미두를 하다가 잘 안되자 아들에게 수습을 일임했고, 이 과정에서 아들이 바로 발을 빼지 못한 것 아닐까 싶다. 1933년 6월에 대거가 사가 일로 군산에 갔다 함도 그 일 때문으로 보인다.

패하면서 이해(1933) 들어 대거의 본가는 마침내 돌이킬 수 없는 몰락의 길로 접어들었다. 결혼 이태 뒤, 대거가 22살이 되던 해에는 날로 불어나는 빚을 감당할 수 없어 가계가 파탄 나게 생겼다. 소태산은 대거에게 3년 말미를 주면서, 집에 가서 사태를 수습하고 돌아오라고 명했다. 좌포 집이 워낙 광작이다 보니, 그전에도 모내기 철이나 추수 때가 되면 소태산이 대거에게 한 주일씩 휴가를 주어 고향에 보내는 일이 있었고, 그때마다 대거는 몸소 처리할 일은 처리하고 미진한 것은 바로 밑 아우 대설(大說)에게 지시한 뒤 돌아갔다고 한다. 그런데 1년도 아니고 3년의 말미라니, 소태산은 대거가 짧은 기간에 처리할 수 있는 과제가 아니라고 본 듯하다. 아니 어쩌면 대거를 시험하느라고 짐짓 그리 긴 말미를 준 것인지도 모를 일이다.

1935년 9월, 좌포로 돌아온 대거는 즉각 가족회의를 소집해서 재산 처리에 관한 전권을 요구했다. 시대의 변화를 감지하지 못한 조부모나 부모 세대로선 그나마 마지막 희망을 장손, 장남에게 의탁할 수밖에 없었고 아우들은 어려서 장형 말에 이의를 달지 못했다. 이의 없이 재산 처분의 전권을 인수한 대거는 훗날 「나는 인감도장을 모아 적절하게 처리하였다. 정리해야 할 전답은 정리하고, 그래서 부채를 갚아 모든 것을 완전히 해결하였다.」 하고 자신의 수완에 자부하였다. 고향 사람들도, 대거가 꺼져가던 집안을 소생시켰다며 놀라워했다고 한다.

사실 대거라고 하여 경제를 뭐 별로 알 턱이 없었지만, 총부에서 서기 노릇을 하며 일머리를 배운 데다 소태산이 일러준 사리연구와 작업취사의 공부를 활용하니, 그게 그리 어려울 것도 없었다. 대거는 소작이나 주고 앉아서 도지나 받아먹던 농지 태반을 팔고, 일부는 은행에 담보를 넣어 융자를 얻고, 그렇게 장만한 돈으로 빚을 청산하고 나니 오히려 통장에 여윳돈이 남았다. 대거는 여분의 돈을 부모에게 드리고, 얼마간 남은 전답은 부모가 관리하며 고향에서 살도록 했다. 은행 융자는 부모가 천천히 갚아 나갈 수 있는 장기 상환 조건이어서 그리 걱정할 바가 못 되었다.

대거는 아우 둘을 데리고 아내와 함께 총부로 돌아왔다. 소태산이 3년의 기한을 주었지만, 대거는 단 6개월 미만에 일을 모두 처리하고 1936년 1월에 총부로 귀환한 것이다. 총부에선 마침 구내에 있던 교도(신영기) 댁에 세를 얻을 수 있어서 식구들이 다 모여 살게 되었다.

성자들의 부친

교조이자 1세 종법사인 소태산은 가세가 빈곤했고 2세 종법사 정산이 중산층 출신이라면, 3세 종법사 대산은 상류층 출신이라 할 만하다고 했지만, 희한하게도 이들이 구도의 길에 나서자 집안은 망조가 든다. 이들 세 인물이 당시로선 부친을 대신하여 집안에 무한책임을 지는 장남으로 태어난 것도 조건이 동일하다. 소태산의 아버지 박성삼은 죽으면서 장남에게 빚을 잔뜩 남기고 가는 바람에 소태산이 빚쟁이에게 시달리며 가난에 찌들어 병까지 얻는다. 정산은 아버지 송벽조가 성주에서 영광으로 이사 오면서 가산을 몽땅 사기당하자 온 가족이 극도의 가난에 내몰린다. 이번엔 천석꾼의 장남 대산도 아버지 김휴태의 사업 실패로 집안이 결딴나자 공부를 중단하고 달려와

빚잔치를 해야 했다. 소태산의 아버지는 빈곤하여 빚을 졌고, 정산의 아버지는 사기를 당해 궁핍했고, 대산의 아버지는 투기로 가산을 탕진했으니, 이유는 다르나 부친에게서 나온 재난인 점은 같다고 하겠다.

구도에 나선 성자들의 팔자가 왜 이리 기박할까? 애초엔 불운했다 하더라도 구도에 몰입하면서는 천우신조로 어렵던 살림이 펴야 말이 되지, 이렇게 없던 시련까지 떠안는대서야 말이 되는가. 하늘도 참 무심하다! 이런 것을 하늘의 시험이라 해야 할까? 훗날 대산은 전탈전여(全奪全與)니 전신전수(全信全受)니 하는 말을 즐겨 썼다.

「진리는 다 뺏고 다 주는지라[全奪全與], 무엇이든 주려면 먼저 다 빼앗나니, 보통 사람들은 빼앗기지 않으려고 버티다가 결국 아무것도 얻지 못하고 다 빼앗기고 마느니라. 그러므로 오롯이 믿으면 오롯이 받고[全信全受], 반만 믿으면 반만 받고[半信半受], 믿지 않으면 받을 것도 없는[無信無受] 이치를 알아서, 내려놓을 때는 다 내려놓아야 큰 것을 얻을 수 있느니라.」(『대산종사법어』 신심편34)

『구약』 중에 〈욥기〉라는 편이 있다. 신앙심 깊은 욥은 억울하게 전 재산을 날리고, 사랑하는 가족을 잃고, 갖은 질병에 시달리며 온갖 비난에 노출된다. 이런 재앙 가운데서도 하나님에게 전적으로 믿음을 바치자 결국 하나님은 그에게 건강을 되찾아 주고 온갖 복을 내려주었다는 이야기다.

다 주기 전에 먼저 다 빼앗는 이치가 있으니, 수도인들이 어떤 시련

> 에도 굴하지 않고 구도심을 끝까지 지켜내면 무량혜복을 얻는 부처[兩足尊]가 되는 법이다. 그래서 소태산도, 정산도, 대산도 시련을 겪지 않을 수 없었던 거다. 이렇게 정리하면 설명이 되려나 모르겠다.

아들의 사업 실패로 기우는 가운을 염려하는 가운데서도 노덕송옥이 위안을 받을 만한 반가운 소식은 장손의 혼담이었을 것이다. 노덕송옥은 색시 할머니 김성천화와는 굳은 약속을 했지만, 소극적인 양가 부모들을 설득하여 정혼에까지 이르렀을 때 비로소 안도했을 것이다. 그러나 3년 후를 기약할 뿐으로 미뤄진 혼례를 애타게 기다리던 노덕송옥은 그래도 장손 혼사를 본 후 그해 8월 2일에 75세를 일기로 열반에 들었다. 장손 김대거를 얻기 위하여 안사돈 윤채운 및 며느리 안경신과 더불어 거북바위 기도 등 10년을 빌며 공덕을 쌓았다는 전설의 할머니, 어렵사리 얻은 장손이 단명하다는 관상가의 말을 듣고 만덕산 초선에 11살 손자를 굳이 동참시켜 소태산과의 운명적 인연을 맺어준 할머니, 일본·중국 유학을 주선하던 일가의 강력한 권고를 물리치고 끝내 익산 총부로 출가의 길을 열어 준 할머니가, 이것도 공성신퇴(功成身退, 공을 세운 후에는 몸이 물러남.)인가, 자신의 역할을 다하고 마침내 세상을 하직한 것이다. 전음광의 추도사 중 일부를 옮겨 보자.

> 과연 종사님(소태산 종법사)을 향하신 그 믿는 마음과 성성을 어찌 다 말하리요? (…) 진안(*좌포 본가)과 본관(*익산 총부) 사이가 근 이백 리를 산(算)

하건마는, 자손들이 올리는 여비 등속을 본회 사업에 보태기 위하여 칠십 노경에도 불고하시고 차 하나 타지 않고 전부 도보로 왕래하시며, 더욱이 본관 대중들을 생각하사 등에다 떡, 과실 등 음식을 장정으로도 한 짐씩 될 것을 지고 오시니, 그 마음 과연 어떠하시며 그 정성 어떠하시다 할까. 《회보》 4호, 〈슬피 노덕송옥 선생의 가심을 추억함〉)

「내가 오늘 조실에 앉았으니 노덕송옥의 얼굴이 완연히 눈앞에 나타나서 얼마 동안 없어지지 아니하는 것을 보았노라. 그는 하늘에 사무치는 신성을 가진지라 산하가 백여 리[19]에 가로막혀 있으나 그 지극한 마음이 이와 같이 나타난 것이니라.」(『대종경』 신성품15) 한 소태산의 기림이 빛난다.

성큼 올라선 도인 김대거

대거는 세상에서 가장 자유로운 사람은 누구일까, 의문을 품어 보았다고 했다. 그가 얻은 잠정적 해답은 「그 어디에도 얽매이지 않는 사람, 아무런 것에도 탐하는 마음이 일어나지 않는 사람, 그리고 모

---

19 인용문 가운데서 전음광은 좌포에서 총부까지를 '근 이백 리'라 하고, 소태산은 여기서 '백여 리'라 하였다. 누구 말이 맞을까? 카카오 맵에서 승용차로 이동하는 거리를 알아보니 최적경로 74km 정도에 최단 거리는 58km 정도 나온다. 이를 통해 유추하건대 옛날 도보 길은 전음광의 '근 이백 리'가 맞을 것 같고, 산하가 가로막힌 거리라면 가상적 직선거리이니 소태산의 '백여 리'도 맞을 것 같다.

든 생명을 다 포용하고 사랑할 줄 아는 사람이 아닐까?"였다.

아내 이영훈에게 첫날밤에 받은 다짐, 그것은 쉽게 말해 자기는 수도와 공생활만 있을 뿐 사생활의 책임은 아내(정토)가 질 각오를 해달라는 주문이었다. 다행히 이영훈은 남편의 뜻을 잘 읽어서 남편에게 살림 걱정, 육아 걱정을 하지 않도록 애를 썼다. 그러나 알고 보면 남편이 마음 쓸 부분을 소태산 종법사가 미리 알아서 챙겨 주는 것을 대거인들 모르지는 않았다. 이영훈은, 처음 세 들어간 집의 주인 신영기가 집을 불법연구회에 기부하면서 이리 읍내로 이사하자 당장 거처가 불안했다. 총부 사무소가 거기로 들어와야 할 처지라서 방을 내주어야 했다. 이 사정을 알고 먼저 염려해 준 것도 소태산이었다. 소태산은 아내 양하운에게 대거 식구들 몸담을 방을 내놓으라고 일렀다. 양하운은 방 세 개에 딸(주산 송도성 정토) 하나 주고 큰아들 길진(광전)에게 하나 주어 살았었는데, 별수 없이 큰아들 쓰던 방을 대거 댁에게 내주었다. 길진이 마침 서울 유학을 떠나고 아내가 조금 여유 있게 지내는 걸 안 소태산이 그 꼴을 못 본 셈이다. 시집간 딸과 사위하고 사는 것도 불편하지 않다면 거짓말인데, 이제 또 다른 식구와 살자니 양하운으로서도 신경 쓸 일이 한둘 아니지만, 어느 명이라고 그 뜻을 거스르랴. 한 지붕 세 가족이라더니 단칸방 살림 세 집이 복작복작 살 수밖에 없었다.

소태산은 "안 들어가는 살림은 농업부 창고에다 쟁여라. 거기가 넓으니 방 살림, 부엌살림 할 것 없이 뭐든지 쟁여라." 하고, 자상스럽게 마음을 써 주었다. 이영훈은 살림살이 내부분을 보관 처리하고, 꼭 필요한 이부자리와 취사도구로 솥과 양철통 하나를 갖고 갔다. 제대로 된 부엌이 없는지라 양철통에다 구멍을 뚫고 거기다 솥단지를 올려놓고 불을 때어 밥을 해 먹었다. 이렇게 하여 이영훈은, 시동생 둘에게 밥만 들어와서 먹고 잠은 대중방에 가서 자도록 하며 옹색하기 짝이 없는 생활을 시작했다. 더구나 이영훈은 정월에 첫딸 복균을 낳았고, 친정 여동생 이명훈이 언니의 산후조리를 도와주러 왔다가 자기도 전무출신을 하겠다고 총부 학원엘 다니고 있었으니, 여러 모로 한참 힘이 들었다. 게다가 당장 먹고살 일이 막연하여 돈 되는 일이라면 품도 팔아보고, 그러다 정 안 되면 친정으로 달려가 눈치를 보다가 아버지나 오빠한테서 돈도 받아 오고 곡식도 얻어 오고 했다. 말이 신혼이지, 신랑은 옷이나 갈아입으러 오고 나머지는 가물에 콩 나듯이 찾아들었다. 이 무렵 이영훈은 명색뿐인 결혼생활을 청산하고 차라리 자기도 전무출신을 하겠노라고 소태산에게 떼를 쓰기도 했다고 한다.

 그래도 숨통을 틔울 일이 생겨났다. 하나는 이영훈의 팍팍한 속을 뚫어 본 소태산이 내놓은 생활 대책이었다. "견디기 어렵지야? 고단한 줄 안다. 언제까지 그렇게 살기야 하겠냐." 그러면서 불법연구회 상조부에서 자금을 융자해 줄 테니 땅을 사서 집을 짓고 복숭아나무를 심으라고 했다. 이영훈은 융자금에다 금반지와 금비녀 등 패물을 친정에다 팔아 그 돈을 보태고 4천 평의 복숭아밭을 꾸몄다. 그것이 1937년의 일이니까 대거가 24세요 영훈이 25세 되는 해였다. 이듬해 또 하나 숨통 틔울 일이 생겼다. 총부에 찾아왔다가 큰며느리 사는 모습을 본 시아버지 김인오가 어렵사리 방도를 내니, 고향에서 헌 집을 하나 사서 뜯어다가 대각전 앞에다 제법 번듯한 집을 지어 준 것이다. 네 칸 겹집에 기와를 올렸으니 단칸방에서 살던 일이 꿈만 같다.

그러나 이영훈에게는 말 못 할 고민이 여전했다. 남들은 기와집에 과수원 하면 제법 잘 살겠다 싶지만, 묘목을 심고 복숭아가 열리기까지 몇 해는 돈 들어갈 일만 남았는데 그녀에겐 이제 남은 밑천이 없는지라 속이 타들어 갔다. 그래도 그녀는 남편에게 걱정될 말은 하지 않았다. 말해 보아야 대거의 대답은 항상 "당신이 알아서 하시오." 그 한마디뿐이니 무슨 도움이 될 일인가. 누구에게 하소연도 못 하고 혼자 일을 처리하는 데 이골이 난 그녀는, 어쨌건 남에게 궁상을 떨지 않고 다 해결해 나갔다. 혼자 신바람이 난 듯 이리 뛰고 저리 뛰는 억척스러운 그녀를 보며 소태산은 "영훈이 여자라도 여자가 아니다." 하며 칭찬했다. 그녀는 바깥양반이 벌어다 주는 생활비와 양식으로 안방에 들어앉아 밥하고 빨래하며 애 키우는 '안사람'이 아니었다.

이영훈은 어린 딸 복균을 방에 혼자 두고 낮에는 일하러 밭으로 가고, 복숭아 팔러 시장으로도 가고, 와중에도 저녁이면 마음공부 하러 공회당으로, 선방으로 부지런히 다녔다. 한편 대거는 아내 덕에 가정에 마음 쓰는 대신 공부와 공무에 전심하면서 《회보》에 글을 발표하는 등 날로 정진하는 재미에 빠져 있던 것 같다.

김대거는 원기 23년(1938) 《회보》 47호에 〈사공〉이란 시조를 발표했다.

조그마한 우주선에 이 한 몸 태우고서
너북 찬 호언내기(浩然大氣) 노 삼아 저어가니
아마도 방외유객(方外遊客)은 나뿐인가 하노라

이에 대한 해설을 필자의 기간(既刊)에서 인용해 보겠다.

〈사공〉에서 '우주선(宇宙船)'이라 함은, 우주인들이 타는 로켓 같은 것을 가리키는 것이 아니라 우주의 은유로 쓰인 배이다. 우주조차 조그마한 것으로 평가하고 호연대기를 노 삼아 인생 바다를 항해한다는 것이니, 불과 25세 청년의 막대한 스케일은 가히 가늠하기조차 어렵다. '다북'은 '풍부하게 가득' 정도의 사투리이고, '방외유객'은 '세속을 벗어나 노니는 사람'이다. '나뿐인가 하노라'를 보면서 '천상천하유아독존'을 연상함은 어찌 보면 자연스러운 일이다. 주제나 수사나 높은 평가를 매길만한 작품이다. 형태로 보면 완벽한 평시조다. (『원불교의 문학세계』, 258~259쪽.)

아내 이영훈은 복숭아 과원을 개척하느라고 동분서주하고, 큰딸은 겨우 두 돌 지났는데 그녀의 뱃속엔 둘째 딸 복환이 태동하고 있었다. 이렇게 아내는 살길을 찾아 아등바등하고 자식들은 줄줄이 태어나는데, 도인이란 남편은 우주를 말하고 호연대기를 노래하며 세속을 벗어나 노닌다고 흥겨워하니, 참 이 상황을 어찌 봐야 할는지 난감한 노릇이다. 설거지 한 번 도와주지 않고 딸내미 기저귀 한 번을 갈아주지 않는 대거는, 환속한 승려로 처자식과 더불어 동반 성불했다는 신라 부설거사를 사모하여 그의 시나 읊조리면서 신선놀음을 했을 것!

업적이 큰 임금 밑에는 보좌하는 신하의 노고와 백성의 희생이 있고, 개선장군 뒤에는 지혜로운 참모의 협력과 병사들의 희생이 있고, 잘난 남편이나 자녀의 성공 뒤에는 어진 아내와 부모의 희생이 있듯이, 도인들의 성불제중 대업 뒤에는 협시불과 보살들의 협조와 희생이 있는 법이라 해두자. 그래도 사족을 달자면, 전무출신(남)과 정토의 관계 설정 및 역할은 달라진 시대에 맞추어 납득할 수 있고 지속 가능한 대안을 찾아야 할 것이다.

〈사공〉을 발표하면서 대거는 출세거사(出世居士)란 필명을 썼다. 소태산 종법사가 하사한 아호였다. 이를 두고 대거 본인은「몸만 속세를 떠나는 것이 아니고 마음도 같이 중생계를 해탈하여 자유자재하는 사람이 되라고 하신 말씀으로 생각된다. 삼독오욕을 항복 받아 시방일가를 소유하는 우주의 주인이 되도록 촉구하신 것이다」로 받아들였다고 했다. 여기서 대거는 '거사'보다 '출세'[20]에 방점을 찍었지만, 필자는 이에 대해 소태산이 찍은 방점은 기실 '거사'에 있을 것이란 의견을 밝힌 바가 있다. 변산에 들어가서 석두암을 짓고 소태산이 석두거사라 자호한 것을 두고 한 말이다.

혼히들 '석두'란 이름을 눈여겨보지만 정작 주목할 것이 '석두'보다는 오히려 '거사'[21]라는 것이 필자의 생각이다. 소태산은 평소 제자들에게 부설거사의 저 유명한 신행담을 비롯하여 인도의 유마거사, 중국의 방거사

---

[20] 김대거는 출세를 '속세를 벗어남'으로 해석한 듯하지만, 출세는 '숨어 살던 사람이 세상에 나옴'(『표준국어대사전』)이란 뜻도 있다. 필자의 고의적 오독일지 모르지만, 그렇게 보면 김대거는 소태산의 의도와는 정반대로 받아들였다는 의심도 간다. 그러니까 소태산이 의도한 출세는 세상 안으로 들어감[入廛垂手]이고, 김대거가 받아들인 출세는 세상에서 밖으로 빠져나옴[出世間]이 된다.

[21] 출가하지 않고 가정에 있으면서 불문에 귀의한 남자(운허용하,『불교사전』)이니, 원불교식으로 말하면 '거진출진'에 해당한다. 신라의 원효가 요석공주를 본 후 소성거사(小性居士)라 자호했듯이, 거사의 조건은 배우자를 가졌다는 것, 가정이 있다는 것이다.

등 거사들의 성도설화를 많이 이야기했다고 한다. 소태산이 그리는 이상적 수도자 상은 출가 승려가 아니라 재가 거사였다. 소태산은 훗날 경주 석굴암을 탐방했을 때(1931) 방문록에 기념문을 쓰고 '불려거사(不侶居士)'라 서명한 적도 있다. 수제자(2세 교주)인 정산 송규가 부인과 오래도록 별거하자, 그러는 건 부부의 도리가 아니라고 나무라고 그를 부인에게 쫓아 보내어 결국 딸 둘을 얻게 한 것도 소태산이다. 그가 제자에게 요구한 모습이 비구승 아닌 거사였음을 뜻한다. 정산과 더불어 수제자(3세 교주)인 대산 김대거에게 소태산은 출세거사(出世居士)라는 아호를 주었다. 소태산, 정산, 대산 이들 종법사 3세대는 모두 출가 신분이었음에도 재가 수도인을 뜻하는 거사를 지향한 셈이다. (『소태산 평전』, 235~236쪽.)

인터뷰에서「아무리 기억을 더듬어 보아도 대종사님께 칭찬을 들은 일이 없다」고 했던 김대거가 뒤에 기억이 났는지 소태산 대종사에게, 그것도 공식 석상에서 칭찬을 듣게 되었다고 밝힌 것이 있다.

원기 25년(1940) 봄 무렵, 대거는 탈[22]이 나서 사가에 와 2주일간 몸조리를 하게 되었는데, 고열로 입맛을 잃어 식사를 못 하게 되자 부인이 색다른 찬을 만들어 공궤했던 모양이다. 그러자 대거는,「전무출신(출가자) 태반이 가정을 떠나 살며 병이 들어도 부모 처자의 돌봄을 못 받는데, 나는 가정에서 편안히 간호를 받는 것만으로도 미안하다. 더구나 별찬까지 먹는 것은 도리가 아니다.」하고 반찬을 물리쳤

---

[22] 이 무렵에 출가한 범산 이공전이 김대거를 처음 본 모습이「위장이 약하시어 트림을 잘 하시고 바짝 마르셨는데도…」(『조불…』I, 266쪽.)라 한 걸 보면 소화기병으로 보인다.

더란다. 이 소식이 전해지자 소태산은 "대거가 쓰겠다. 집에서 밥을 먹고 다니지만, 총부보다 이상 되는 반찬은 먹지 않고 다니니, 얼마나 장한 마음이냐!" 하고 선방에 모인 대중 앞에서 칭찬했다는 것이다. 그러나 이 내용은 기실 《회보》 65호(1940년 6월호)에 실린 김형오의 〈미행수편〉 기사 중 '김대거 씨의 지극한 동지애'에 자상히 소개되었다. 어차피 공개된 사실이다 보니, 소태산으로서도 칭찬을 공개적으로 하지 않을 수 없었을 것이다.

알고 보면, 대중과 고락을 함께하면서 살리란 대거의 신념은 출가 이후 한결같았다. 대거가 총부에 가서 공부할 때, 총부가 가난하여 먹을 것을 풍족하게 먹지 못한다는 이야기를 들은 외할머니 윤채운이 총부로 찾아왔다. 그녀가 공회당에서 공부하고 있는 외손자를 불러내서 "내가 쌀을 더 보내줄 터이니 너는 배곯지 말고 밥을 많이 먹어라." 하고 달래니, 대거가 발로 땅을 구르며 "굶으면 다 같이 굶고 먹으면 다 같이 먹어야지, 나만 배부르면 되겠어요? 그 말씀 하시려고 공부하는 저를 불러내셨단 말입니까?" 하고 펄펄 뛰는 바람에 외할머니가 다시는 입도 뻥긋 못 하고 물러났다는 일화가 전해질 정도다. (『조불…』Ⅰ, 105~107쪽.)

아내를 향해 부른 연가(戀歌)

대거가 아내 이영훈에게 보낸 육필 시 두 수가 전해진다. 괘선지에 세로로 쓴 철필 글씨체로, 맞춤법은 잘 안 맞고 사투리도 있으나 글씨는 단정하고 아름답다. 이 시가 언제 어떤 배경에서 쓰인 것인지는 알 수 없다. 같이 살면서 쓴 것은 아닐 것이니, 그러면 떨어져 지낸 시기 어느 때쯤 이런 시를 보냈을까? 이들이 약혼만 하고 3년을 떨어져 지낼 때(20세 이전), 익산 총부에 있던 대거가 임실군 관촌면 상월리에서 혼인날을 기다리던 약혼자에게 보낸 것일 가능성이 높다. 그때는 아직 영훈이란 법명도 받기 전이어서 속명 영득(榮得)을 써서 시를 지은 것으로 유추되기 때문이다.

이영훈의 속명은 세 가지가 있다. 처음 이름은 '고막'이니, 이는 관촌 면장으로 있던 숙부 이상만이 집안에 처음 태어난 맏딸이 꼬막처럼 작고 귀엽다고 하여 호적에 올려버려 인감까지도 이고막으로 썼다고 한다.[23] 두 번째는 관촌초등학교 다니면서 쓴 이름이 '경숙'이니 대거가 이영훈에게 보낸 편지에 〈경숙 씨 親鑑(친감)〉도 있다. 이는 자매 중에 '정숙, 혜숙'이 있어서 '숙' 자를 항렬자로 쓴 듯하다. 마지막으로 아명이 '영득'이라 하는데, 오빠 이름이 '남득'이고 사촌 자매에 '춘득'이 있는 것으로 보아 역시 항렬자로 보인다.

대거는 짐짓 자기 속명 영호(榮灝)와 아내의 속명 영득(榮得)에 공통으로 든 영(榮) 자에 주목한 듯, 셋 중 영득을 택했다. 내용으로 보아 두 편의 제작 시차는 크지 않아 보인다. (*작품 문장은 현대 맞춤법에 맞게 고침.)

〈사랑의 밭〉

복되고 크도다(大) 사랑의 밭에/ 호미 들고(擧) 바쳐서 불로초 심었더

---

[23] 한자로만 호적명을 올리던 시절 '꼬'라는 음을 가진 한자가 없어서 부득이 '고막'으로 했을 것이다.

니/ 가지가지 꽃송이 영화(榮)의 열매/ 얻고 나니(得) 영세무궁 보배로세

남자 이름 大(큰 대) 擧(들 거)와 여자 이름 榮(영화 영) 得(얻을 득)의 의미를 살려 한 편의 시를 엮어냈으니 재미있다. 밭, 호미, 불로초, 꽃송이, 열매 등 은유도 매우 적절해 보인다.

〈봄 뒤원〉
무궁화동산에 봄이 오면은/ 이내의 가슴에도 기뻐 날뛰네/ 향기롭다 저 강산에 꽃이 피노니/ 아리따운 봄소식 길게 전하련가/ 구슬픈 두견의 울음 어이 처량하나/ 고진 간장 맺혔던 그의 원한은/ 봄 뒤원(*뒤꼍) 금잔디 위에 춘설로 사라지려네/ 애닮다(*애달프다) 봉접(*벌나비)들아/ 사랑의 단꿈에 취하지 마라/ 이 강산에 잠이 들면 꽃님네도 간 자취 없네/ 산도 적막 물도 적막한데 자연의 구름(*轉變)은/ 왜 이리 사람들을 늙히려 하나?

뒤원은 '봄바람이 불어온 옛 뒤원'(《월말통신》 9호, 김기천 〈감각 1편〉)을 참고할 때, 표준말 뒤꼍(後園, 後庭)에 해당하는 것으로 보인다. 그러면 '고진 간장'은 무엇일까? 앞뒤 내용과 연결해 볼 때, 고진은 '고지식한 사람'을 가리키는 호남 사투리일 듯하고, 간장은 '肝腸'(애가 타서 녹을 듯한 마음)이겠다.

목석같은 도덕군자로 보이는 대거에게 사랑과 그리움을 이렇게 시로서 승화시켜 보내는 로망조차 있었음은 흥미로운 일이다. 영훈으

로선 이런 소중한 추억이 있었기에, 사가에 무심한 남편을 향한 불만을 혼자서 삭일 수 있었음 직하다.

서무부장, 공급부장, 교무부장, 감사부장 등 업무를 보며 종법사의 인정을 받고,《회보》에 〈피안의 님〉〈일여선가〉 같은 시가 및 소태산의 수필법문 〈일원상과 인간의 관계〉〈10대 제자의 행실을 체득하라〉 등을 게재하며 대중의 신망을 얻어갔다. 이 무렵 어느 시점에서,「어느 날 밤 나는 희한한 꿈을 꾸었다」고 하리만큼 대거는 영몽을 꾸었다. 찬란한 광명이 비치는 해와 달이 맞부딪치면서 그의 품 안에 안기는 것이었다. 아침이 되자 소태산 종법사가 일찍 그를 조실로 불렀다. 가보니 육타원 이동진화와 공타원 조전권[24] 두 여자 교무가 이미 와 있었다. 이 자리에서 소태산은 "너희들은 이제 법 가지고는 걱정하지 말아라." 하였다.(『구도역정기』, 35~36쪽.)

영몽은 어떻게 풀어야 하며, 꿈과 조실에서의 일은 어떤 관계가 있는 것일까? 소태산의 의도와 그 언급이 의미하는 것은 무엇일까? 온통 수수께끼 같다. 1) 해와 달이 맞부딪치면서 품 안에 안겼다고 함은 '대종사는 태양, 정산 종사는 명월'이라 했으니 소태산(대종사)과 정산이 대산과 하나가 된다는 뜻일까? 2) 꿈과 조실 부름이 인과 관

---

[24] 이동진화와 조전권은 각각 법위가 대각여래위에 버금가는 출가위, 법훈은 종사위에 이르니, 후진들에게 가장 추앙받는 전무출신에 속한다. 같은 날 견성 인가를 받았음에도 이들은 자진하여 연하의 김대거를 스승으로 섬겼다고 한다.

계가 있을까? 그렇다면 이동진화와 조전권도 비슷한 영몽을 꾸었을까? 3) 소태산이 '법 가지고 걱정하지 말라' 함은 그들이 이미 소태산의 교법에 통달했음을 인정하는 뜻일까? 다른 법설에서는 "내가 20살 때 몽중에 일월이 합치되는 길몽을 꾸었는데, 다음 날 아침 바로 육타원(六陀圓) 종사와 공타원(空陀圓) 종사와 나를 갑자기 부르시더니 '이 사람 셋은 교리를 가지고는 걱정할 것이 없다'고 하시며 견성 인가를 해주시었다."(『대산종사수필법문집』1987.4.22.)라고도 했다. 그 시점이 20살 때(1933년)라는 것과 그 사건이 '견성 인가'였음을 밝힌 것이다. 그렇다면 삼산 김기천의 견성 인가를 공개리에 한 소태산이 이들 셋의 견성 인가는 왜 비밀리에 했을까? 조금 다른 버전도 있다.

나도 20세 시에 일월이 합치하는 꿈을 꾸었었다. 그다음 날 대종사님께서 나와 육타원님을 위해 법좌에 오르시어 성리에 대한 법문을 내려주시었다. 그때 마음이 확 열리며 과거 성자들의 경을 봐도 하나도 막힘이 없이 환히 알 수 있었다. 그리고 수행자들의 옳고 그름, 법의 옳고 그름도 밝게 구분이 되어 걸리고 막힘이 없이 알아졌다. 그때 대종사께서 "너 이제 입을 열지 말라"[25] 하시므로 누가 성리에 대해 물어도 스스로 알도록 하였지, 대답은 안 했다. (『대산종법사 법문집』3, 229쪽.)

---

25 다음 법문이 이와 유관하다. 「내가 20대에 대종사님으로부터 성리는 말하지 말라는 계문을 받았다. 그런데 하도 기뻐서 내가 이리교당에 가서 법문을 하였더니, 대타원(이인의화) 님이 바로 대종사님께 '그 선생님 보내지 말라'고 하시며, '무슨 소리를 하는지 알 수가 없으니 보내지 말라'고 했다. 대종사님께서 부르시어 '너 말하지 말라고 했는데 왜 말을 하였냐?'고 꾸중을 하셨다.」(『삼삼조사 계송과 종법사님 부연법문』, 29쪽.)

여기서 김대거가 곧 성리 공부에서 통달한 것임도 알 수 있지만, 아울러 소태산의 당부인즉 견성은 별것 아니니[26] 우쭐대지 말고 삼대력을 얻어 성불하는 데에 적공하라는 뜻이라 보면 될 듯하다.

소태산의 인가를 받은 이후로도 대거는 오로지 출가하던 16세의 소자(小子) 소제(小弟) 소동(小童)이라는 생각만 가지고 살 뿐, 무엇을 했다는 생각이 하나도 없었다고 종종 말했다. 소태산에게는 소자요, 정산 등에게는 소제요, 선배 원로들[27] 앞에는 소동으로서 겸손하게 초심을 잃지 않고 정진했다는 뜻이리라. 그 사이 고향 좌포에서는 외조모가 대지와 가옥을 내놓고 부친이 유지답을 내놓고 아우 대설이 주무(主務)를 맡아서 좌포교당을 창립한 뒤 교화에 성과를 올리고 있었다. 대거는 부모 회갑에도 고향에 못 갈 만큼 공사에 몰두했다.

그리고 아내 이영훈은 둘째 딸 복환에 이어 셋째 딸 복혜를 낳았다. 소태산은 셋째를 낳고 찾아온 이영훈에게 "너 또 딸을 낳았다면서야? 네 뱃속에는 무슨 딸만 들었느냐? 대거니까 니 꼴 보고 산다."

---

26 「대종사님이 그러셨다. 견성을 무섭게 여기니까 "똥 같은 놈들아, 앞으로 세상이 밝아지면 5~6살 먹어서 견성한다." "견성이 무엇입니까?" "大(대) 자리 큰 자리, 小(소) 자리, 有無(유무) 자리 이것 알면 견성이다. 견성이 무엇 어려울 것 있느냐? 어떻게 공부해서 삼대력을 얻어 자유자재할 수 있는 힘을 얻을 것이냐, 이것이 큰일이다."」『조불…』Ⅱ, 167쪽.) 여기에 쓰인 '똥 같은 놈들아'는 소태산의 말투가 아니라 대거가 즐겨 쓰던 욕설이다.

27 대거는 특히 응산 이완철, 육타원 이동진화, 형산 김홍철, 성산 성정철 등을 존경하여 은형(恩兄)이라 하였고, 삼타원 최도화를 인도사, 팔산 김광선을 초도사, 삼산 김기천을 발심사, 전삼삼과 김남천을 신심사, 주산 송도성을 입지사, 송벽조와 유허일을 유학사, 서대원을 불교사 등으로 받들었다.

하고 놀리고, 이영훈이 "아버님께서는[28] 남녀권리동일이라고 하시면서 무슨 아들딸을 그렇게 구분하십니까?" 하고 말대답하니까, 소태산은 또 "아따! 그놈 말은 통통하게[29] 한다"고 하며 한 걸음 물러나더라는 식의 일화도 전한다. 이렇게 행복하던 시절도 전설처럼 사라지고 소태산의 열반이란 검은 그림자가 소리 없이 다가오고 있었다. 원기 28년(1943) 정월 초나흘, 대거는 그날 일을 잊을 수가 없다.

> 대종사님께서는 중근에 걸려 있는 제자들을 대중 앞에서 지적하시며, 중근의 말로가 위태하다는 법문을 직접 내려주셨다. 그 후 삼산 종사님을 보시고 "삼산도 3년 정도 그 고비에 머물렀으나 이제 넘어섰다"고 출가위 인증을 해주신 일이 있으셨고, 주산 종사에게도 "그 고비를 넘겼노라"고 말씀하신 일이 있다. 대종사님께서 "너도 조심하라." 하시어, 나는 그때 3일간 식음을 전폐하고 반성하다가 한 마음 얻음에 대종사님께서 크게 인증해 주시었다. 그때가 나로서는 마음이 새로 난 날이며, 대종사께서 열반하시던 해 정월 초나흘이다. (『대산종법사 법문집』3, 287쪽.)

문맥으로 보건대, 이 사건을 대거가 마침내 출가위에 올랐다는 의미로까지 해석해도 될까 모르겠지만, 아무튼 대거가 소태산 생전에 그 수행의 성공을 인증받았음은 감격스러운 일이었을 것이다.

---

28 남편 김대거가 소태산과 은부시자 관계를 맺었기에 이영훈은 시아버지 대하듯 '아버님'이라고 부른 것이다.

29 洞通하다: 사리나 사물을 꿰뚫어 알거나 통하다. (『표준국어대사전』)

원기 27년(1942), 김대거는 교무부장이 되었다. 일제의 탄압으로 2원 10부제[30]의 조직이 이해부터 단순 5부제[31]로 개편되었는데, 김대거가 이전 체제가 적용되던 원기 24~26년(1939.4.~1941.4.)에도 교무부장을 맡았었지만, 5부제 조직에서 맡은 교무부장은 비중이 다르다. 원장 자리가 없어진 상태에서 교무부장은 수석부장인 총무부장에 버금가는 자리다. 김대거는 소태산이 열반하던 이듬해 총부 교감 겸 예감을 맡았으나 1943년 6월 소태산 열반 시까지는 교무부장 업무를 대행했다. 이것은 행정조직 상 김대거의 위상이 종법사를 제외하면 이인자의 위치에까지 도달했음을 의미한다.

---

30 2원은 교정원, 서정원이며 그 아래 10부(교무부, 연구부, 통신부, 감사부, 서무부, 산업부, 상조부, 공급부, 육영부, 공익부)가 있었다.

31 교정원장과 서정원장 자리가 사라지고 10부가 5개 부서로 축소 운영된 것이니, 5부는 총무부, 교무부, 서무부, 공익부, 산업부 등이다.

IV
시련의 세월을 딛고

사선을 넘나들다

소태산 종법사를 모시고 산 세월이 열네 해, 언제까지나 옆에 두고 가르칠 것만 같던 스승이 원기 28년(1943) 6월 1일 열반에 들었다. 대거 나이 서른 살이었다. 소태산은 열반 3~4년 전부터 이미 준비해 온 흔적이 보인다. 1939년부터 〈열반 시를 당하여 영혼 천도하는 법설〉 등 죽음을 주제로 한 법설이 빈번해졌고, 천도 관련 의식문을 제정한다든가, 불가에서는 고승들이 임종 직전에 내리는 전법 게송을 1941년에 발표한다든가, 1942년에는 총회 시기에 맞추어 법복 2백 수십 벌을 마련하여 출가 제자들에게 의발 전수[1]를 시행한다든가 등이 그것이다. 또한 수제자 정산 송규에게는 "앞으로는 모든 일에 의견을 세워도 보며 자력으로 대중을 거느려도 보라"고 당부하며 후계수업

---

1 衣鉢傳授. 불가에서 스승이 제자에게 법을 전할 때에 행하던 상징적 의식의 하나로, 전법 게송 외에 스승이 쓰던 가사와 바릿대를 넘겨주었다. 대개 수제자 하나에게 전했으나 소태산은 출가 제자 모두에게 공개적으로 전함으로써 단전(單傳)이 아닌 공전(共傳)의 방식을 보인 것이다.

을 시켰고, 무엇보다도 표준교과서로서 『정전』의 편찬을 독촉하였다.

정산이 그러했듯, 이런 일련의 상황을 겪으며 김대거도 이미 눈치 챘을 것이다. 이뿐만 아니라 개인적으로도 열반을 시사하는 몇 가지 징후를 포착할 기회가 주어진다. 열반 전 어느 날 소태산이 대거를 부르더니 큰 고무신[2] 한 켤레를 주며 "줄여 신 게 생겼으면 꿰매어 신어 봐라." 했다. (『대산종법사 법문집』3, 19쪽.) 이 역시 의발 전수의 이미지를 연출한 것이 틀림없다. 곧 열반에 들 예정이니 법을 오롯이 받으라는 메시지다. 또 의산 조갑종과 대산이 함께한 자리에서 소태산이 "정산이 좀 약하다. 그러니 너희들이 받들어야 한다."(『최초법어부연법문』, 75쪽.) 하고 당부했다. 이건 정산을 후계 종법사로 받들라는 것이니, 당신이 곧 떠날 것을 암시하는 대목이다. 받아들이기는 힘들었겠지만, 대산은 스승의 열반이 가까웠음을 부인하기 어려웠을 것이다. 열반 며칠 전, 입원 중인 소태산은 대산에게 "내가 다 이미 계획한 바 있으니 걱정 말라." 하며 후사를 당부하였다고도 한다.

대거는 「우리 모두는 찰나에 우주의 고아가 되었다. 아니 한순간에 완전 절망 속으로 빠져버리고 말았다 할까? 무어라고 그 정황을 말할 수가 없었다. 이곳저곳에서 통곡 소리만이 회색빛 하늘에 퍼져 갔다.」(『구도역정기』, 38쪽.)라고 말했지만, 이 상황은 대거로서 이미 예상한 것이었다. 「대종사님 재세 시 정산 종사님께서 기도하라고 하시어 3일간을 기도하니, 꿈에 대종사님이 환해지시며 환골탈태하는 영

---

[2] 『구도역정기』, 33쪽에서는 '큰 고무신 한 켤레'가 아니라 '커다란 구두 한 켤레'로 나온다. 관계자들에 따르면 구두 아닌 고무신이 맞는다고 한다.

몽을 꾸어 정산 종사님께 말씀드리니, 대종사님께서 가시려는가 보네, 하시며 입 밖에 내지 말라고 하시어 말을 안 했는데, 5월 16일 발병을 하시어 눕게 되시었다.」(『대산종사수필법문집』1987.6.2.)라고 한 것이 사실일진대 말이다.

대거는 "울고만 있으면 어떻게 하느냐? 치상 준비를 하자"고 주변을 설득했다. 그 사정은 향타원 박은국의 회고담에도 그대로 나타나 있다. 다음은 그녀가 소태산의 열반을 당하여 울기만 하던 자신에게 비친 대거의 마음가짐과 행동을 보여주는 자료다.

> 어린 마음에 장차 이 일을 어떻게 하나 하면서, 조실 방에서 엎어져 고함을 지르고 울었다. 그랬더니 누가 "이렇게 울 때가 아니다." 하며 문을 열고 말씀하셨다. 눈을 떠서 보니 대산 종사님이셨다. 그때 내가 스무 살이고 대산 종사님이 스물아홉 살이셨는데, 기가 쭉 하늘로 오른 것 같고 얼굴에 광채가 있으셨다. 또 그 말씀에는 힘이 어려 있었다. "울 때가 아니다. 정신을 차리라." 하고, "우리가 대종사님 법을 받아 전하고 회상을 이어 나가야 하는데 정신들 차려야지, 이렇게 울고만 있으면 어쩔 거냐?"고 하시는 말씀에 정신을 차렸다. 나흘 뒤 장례를 치를 때까지 대산 종사님만 뵈오면 희망이 생기고 용기가 생겼다. (서문 성,『대산 김대거 종사』, 205쪽.)

「그(정산)의 처절한 아픔을 의심할 수는 없다. 그래도 정산은 이미 소태산의 열반을 기정사실로 받아들이고 있었고, 소태산과 미리부터 둘만의 내통이나 확약이 있었다고 볼 만하다. (…) 이미 짜인 각본대로 연출되는 소태산의 죽음 앞에 다 알고 다 내다보고 달관한 그이였기에 의연했으리란 것이다.」(『정산 송규 평전』, 239쪽.) 이 판단은 정산 송규에게만 해당하는 것이 아니라 얼마큼 김대거에게도 적용할 여지가 있다. 그러기에 그는 치상 절차를 걱정하고 후계 구도를 고민하면서, 단지 울고불고하는 회원들을 진정시키기에 바빴다.

1943년 6월 1일 열반하자 6일에 발인하여 화장하고, 7일 아침에 유골을 수습하여 성해 봉안식을 마치기 무섭게 후임 종법사 추대 절차에 돌입하였다. 회규에 따른 선출 절차를 생략하고, 중진 간부회의에서 편법으로 정산 송규를 종법사로 선출하고 이튿날 취임식을 치렀다. 이 과정에서 전임 총무부장 박장식은 송도성과 김대거와 박광전을 불러 후계 논의를 하였다. 여기에 숨은 뜻인즉, 당시 총무부장으로 종법사 후보 1순위였던 송규를 제외하고 보면, 이들 세 사람이 교단의 핵심 인물이었다고 보아야 한다.[3]

대산은 종법사 정산에게 충성을 맹세한다. "스승이며 법형이신 정산 종사께 몸과 마음을 다 바치고, 영겁 다생에 이 법을 받들어 융창시키겠나이다." 그러자 정산도 여기에 화답하여 "서원은 해와 달이 증명하고 인연은 사시와 더불어 함께하나니, 괴로움도 함께하고 즐거움도 함께하자"고 하였다. (『대산종사법어』 신심편2) 어찌 보면 당연하지만, 당시 위상이 불안정하던 정산에게는 위안과 함께 큰 힘이 되었을 것이다. 종법사 정산은 첫 인사에서 박장식을 총무부장, 박광전을 교무부장으로 임명하고 아우 송도성은 영광지부장으로 재임명하는

---

[3] 이 문단에 대해서는 자상히 언급한 자료가 있다. (박장식, 『평화의 염원』, 106쪽 및 이혜화, 『정산 송규 평전』, 235쪽 참조.)

등 종법사 추대에 공이 많은 이들을 중용했지만, 웬일인지 김대거는 총부 교감이란 무임소 간부에 머물러 두었다. 김대거에게 불가피한 이환(罹患, 병에 걸림)이 조만간 닥칠 것을 내다보고 있던 것일까?

잘 나가던 대거에게 시련의 세월이 기다리고 있었다. 당시로선 치명적인 전염병인 폐결핵에 걸린 것이다. 소태산은 젊은 날부터 호흡기병(해수)이 고질이었지만 오십 대까지 건강체였고, 정산도 오십 대 들어서야 뇌졸중과 위병으로 투병에 들어간 데 비하여, 김대거는 일찌감치 서른 살에 절체절명의 위기에 부닥뜨린 것이다. 아래 법문에서 보면, 이미 20대에 위병으로 한고비를 넘긴 흔적은 있다. 아마도 앞에서, 27세 시(1940년) 사가에 와서 2주간 치료했다고 한 그것이 같은 병을 가리키는가 싶다.

"내가 20대에 위가 고장이 나서 전신이 아프고 해서 고생을 하고 있는데, 경상도 학자가 쑥뜸을 하면 좋다고 해서 6개월을 뜨는데, 그때는 무식하고 무엇을 몰라서 그냥 생살에다 아무것도 안 대고 쑥뜸을 뜨는데, 죽기 아니면 살기니까 그 아픔을 참는데 대단히 어렵더라. 죽기 아니면 살기니까 이럴 때 정진을 한번 해야겠다 해서 정진에 최고 목표를 두고 한 방, 두 방, 세 방, 만 방을 떴다. 그러고 나니 일체 잡병도 없어지고, 내가 어려운 경계를 당할 때에는 생각이 단전에 있으면 모든 경계가 다 녹아 버린다."(『대산종사수필법문집』 1988. 5. 25.)

그러나 이번엔 뜸 만 방으로 끝날 병이 아니다. 폐결핵의 감염 경로는 명확했다. 김서룡(金瑞龍)이란 폐결핵 환자의 전담 간병인 노릇을 하다가 옮은 것이다. 김서룡은 영광 불갑면 출신의 정남 전무출신으로 고향에서 한문을 수학하고 이어 보통학교를 졸업한 뒤, 19세 되던 1933년에 출가하였다. 보화당[4] 한약방 임원으로 근무하면서 의학 연구에 힘써서 약종상 면허도 따고 한의사로 입신하였다. 「우리 보화당 명의인 진산 김서룡 선생이 계셨다. 그 양반이 진맥하면 안 낫는 사람이 없는데…」(『조불…』I, 249쪽. 이중정)를 보면 꽤 인정받는 의원이었던 모양인데, 자기가 병에 걸린 것이다. 대거보다 나이가 한 살 아래라서 형님 아우 하면서 지내던 처지인지라, 대거가 그의 간병을 자원하고 나섰다. 위험하다고 말리는 사람들도 있었지만 흔들리지 않았고, 전무출신 한 그의 친조카 김윤중이 탕약과 음식을 나르며 도와주었다. 송대에 거처를 정한 대거는, 김서룡을 친아우처럼 품에 안고 미음을 떠 넣어준다든가 약을 먹여주었고, 때로는 그와 함께 솔밭에 난초를 심으면서 병고를 위로했다. 영양 섭취가 어렵다 보니 대거는, 셋째 복혜가 아직 젖먹이 때였던지라 아내 이영훈에게 부탁하여 젖을 짜다가 먹이기도 했다. 그러나 김서룡은 소태산이 열반하던 1943년 같은 해 11월 9일, 대거의 품에서 29세의 젊은 나이로 눈을 감았다. 그리고 그를 삼킨 병마가 이번에는 대거를 덮친 것이다.

대거는, 물불을 가리지 않고 일하고 정진해야 할 나이에 엄습한 병마에 낙담하면서도 도인다운 태도로 운명을 받아들였다. 첫째로 '이는 내가 지어놓은 업이다' 하는 것이고, 둘째로 '이는 진리의 큰 시험

---

[4] 普和堂. 불법연구회의 삼대 사업목표인 교화·교육·자선 사업을 뒷받침하기 위해 설립한 산업기관의 하나로, 1934년에 이리(익산)에 처음 설립한 한약방.

인 동시에 나로 하여금 생사 해탈에 토가 떨어지게 하려는 진리의 부촉이다' 하는 것이었다. 그러나 현실은 그리 녹록하지 않았다. 인명은 재천인데 하늘의 뜻이라면 살겠지, 하는 신념을 가지고 느긋하게 임했지만, 병세는 기승을 부리기 시작했다. 안 되겠다 싶었던지 정산 종법사가 대거에게 경성지부(서울교당)에 가서 요양하라고 명했다. 앞선 의술의 혜택을 받을 기회가 된다고는 하겠지만, 결핵 환자가 요양할 곳은 물 좋고 공기 좋은 시골이지 웬 서울이냐고 생각할 수도 있다. 그러나 알고 보면, 신축 당시(1933년)만 해도 경성지부의 소재가 실은 경성(서울)이 아닌 경기도 고양군 숭인면 돈암리였다.[5] 〈경성지부 신 점기지 소개기〉(《회보》, 창간호)나 〈경성지부참관기〉(《회보》, 30호) 등에 실린 현학적 표현을 옮기기는 번거롭지만, 낙산 성곽과 층층바위, 빽빽한 소나무 숲, 울창한 과수, 맑은 계곡물 등 몰아서 별세계, 선경, 무릉도원이라 기림을 받았다. 그래서인지 이완철 교무는 이 교당의 공식 명칭인 '불법연구회 경성지부' 대신 '돈암정사' 혹은 '경성수양원'이라는 별칭으로 부르기 좋아했고 간판까지 이중으로 써 붙였다.

대거가 경성지부로 옮겨간 것이 언제일까? 「극도로 악화된 나의 건강은 5개월 동안 거의 식사를 못 했고 하루 먹을 분량을 보름 동안에 소화를 했으니 (…) 기막힌 투병의 세월이었다.」(『구도역정기』, 41쪽.)

---

5   1936년 〈조선총독부령〉 제8호에 따라 경성부를 확장하면서, 돈암리는 경성부에 편입되고 명칭도 일본식 돈암정(敦岩町)으로 바뀌었다. 재미있는 것은 월간 《조광》(1937.6.)이 불법연구회를 비판하는 글 〈유사종교 소굴 탐방기〉를 쓰면서 「교당을 산간에 두지 않는 것이 불법연구회의 특색이라 하면서 경성지부는 왜 교당을 산간에 두었느냐」고 따졌다는 점이다.

나 「서울에서 요양하는 세월이 어느덧 5개월이 흘렀다. 방안에서의 5개월은 그야말로 극한의 순간들이었다. 죽음에 대한 연습이었고 모두를 잃어버린 듯한 시간들이었다.」(앞의 책, 43쪽.) 등으로 볼 때, 4월에 양주(장포동)에 들어간 것을 기준으로 역산하면 1944년 10월이나 11월쯤에 경성지부로 들어간 것이 된다. 그런데 이와 어긋나는 자료가 있으니, 정산 종법사가 양도신 교무에게 보낸 서신이 그것이다. 「경성 대거 선생은 병이 차차 회복된다 하니 듣기에 반가우며 (…). 시창 29년 3월 19일 鼎山 謹謝」(『한 울안 한 이치에』, 410쪽.) 이 글대로라면 시창 29년(1944년) 3월에 이미 경성지부에 가서 요양하고 있던 것으로 보인다. 그렇다면 경성지부에서 일 년 정도를 요양한 것이고, 한때는 회복의 기미가 보였던가 싶다. '5개월 운운'은 병이 다시 악화하면서, 양주 들어가기 전 식사를 거의 못 하던 극한의 투병 기간을 말하는 것일까?

경성지부에서는 응산 이완철, 육타원 이동진화 두 교무 외에 서기 정자선, 공양원 유장순과 정윤재 등이 지성으로 간병하고 있었지만, 대거의 병은 최악으로 치달았다. 주야로 열이 오르니 목구멍으로 음식이 넘어가지를 않았고, 누울 수조차 없으니 잠인들 어떻게 자겠는가. 한의사의 처방에 따라 탕약을 복용하면서 한편으론 여기저기서 보내주는 담방약을 먹었다.

담방약에 얽힌 사연

흔히 담방약이라 하면, 의사나 약사가 처방, 조제한 약이 아니라 민간요법으로 전해오는 의약품을 말한다. 의학이 발달하지 않은 옛날부터, 혹은 공인된 의약을 신뢰하지 않는 사람들에 의해, 비방으로 전해 내려오는 것이다. 대체의학으로서 특효를 나타내는 경우도 있고, 근거가 부족한 비과학적 처방인 경우도 있다. 이는 단방약(單方藥, 한 가지 약재로 조제한 약제)과는 달리 쓰이는데 사전에는 올라 있지 않다.

당시 폐결핵은 난치병으로 의학이 무력했기에 담방약에 기대는 경우가 많았다. 평소 대거를 셋째아들이라며 챙겨주던 준타원 이운외(*정산 종법사와 주산 송도성의 모친)가 몹시 걱정하여 담방약을 구해 보낸 일을 회상하며, 훗날 대거는 이미 열반한 이운외를 애틋하게 그리워했다. 또 아내 이영훈이 담방약으로 장어 한 항아리를 고아 주어서 범산 이공전이 가져온 일도 있었다. 이공전이 한번은 약으로 늙은 호박 여덟 덩이를 익산서부터 짊어지고 서울역에 와서 전화로 정자선을 불러냈는데, 이때는 전화가 귀하던 시절인지라 경성지부엔 전화가 없어서 이웃에 사는 소설가 박태원의 집전화를 이용했더란다.

대거는 법설 중에 종종 춘원 이광수나 구보 박태원을 화제에 올리곤 했는데, 박태원은 돈암동 487-22에서 1940년부터 1947년까지 살았고, 경성지부 주소는 돈암동 509번지(한성대)와 510번지(삼선공원) 등 두 필지로 되어 있었다. 이광수가 키워낸 작가 박태원은 〈소설가 구보 씨의 일일〉이나 〈천변풍경〉으로 유명한 작가였지만, 6·25전쟁 때 월북하였다. 제72회 칸영화제 황금종려상 등을 수상한 영화 〈기생충〉의 감독 봉준호가 그의 외손자다.

후에 원광대 총장을 역임한 문산 김정용(삼룡)도 이영훈에게서 호박

> 몇 덩이와 무명베[6] 서너 필을 받아 들고 돈암동으로 심부름갔다가 겪은 사연이 있다. 임무를 수행한 뒤, 서울 구경까지 하고 나서 대거가 정토에게 갖다주라는 봉투를 받아 주머니에 넣고 돌아가던 길에 소매치기당해서 봉투를 잃어버렸더란다. 봉투 속에는 남편으로서 대거가 쓴 편지와 얼마간의 돈이 들어 있었으니, 빈손으로 돌아온 김정용이야 죽을 맛이었겠지만, 이영훈이 오히려 "그깟 돈 몇 푼이나 되겠소. 그러니 잊으시오." 하고 위로해 주더라고 했다.

대거의 병세는 극악으로 치달아 차라리 죽음을 선택하고 싶을 정도였는데, 동지들은 이렇게라도 3~4년 동안만 더 살기를 소망하며 애절한 심정으로 지냈다. 뒷간 출입도 불가능하여 방에서 대소변을 받아내야 했다. 그때 간병을 균산 정자선이 했는데, 그는 별수 없이 꼬박 다섯 달을 두고 대거의 객담과 대소변을 받아냈다. 먼 후일까지 대거는 「내가 그때 일만 생각하고 그때 사진만 볼 것 같으면 찌르르 한다」(『법문집』, 316쪽.)고 말할 정도로 자기 연민에 가슴이 미어지는 세월이었다. 12월 9일, 대거가 그 생사의 갈림길에서 허우적대던 겨울에 아내 이영훈이 장남 성은을 낳았다. 대거로서는 아내 혼자 겪은 해산의 고통을 위로할 수도 없고, 딸 셋에 이어 낳은 첫아들이라

---

6 당시에는 환금성이 높은 피륙이 대용화폐이기도 했다. 아마 익산보다 경성에서 더 좋은 값을 받을 수 있으리라 생각한 이영훈이, 남편이 팔아 쓰도록 물건(무명베)으로 보낸 듯하다. 아내의 어려운 사정을 잘 아는 대거는 미안한 마음이 들었던지 피륙 대금 중 일부를 되돌려 보내며 편지도 넣어 보냈던 것으로 보인다.

고 기뻐할 수도 없이, 다만 아내와 아들에 대한 연민의 정으로 가슴이 쓰라렸을 것이다.

「그 긴박한 5~6개월이 지나자 조금은 생기를 찾은 것 같기도 했다. 하지만 회복을 한다는 것은 요원하기만 했다」고 자평하며 좌절감에 빠져 있을 때, 구원자가 나타났다. 경성지부에 다니던 팔타원 황정신행(온순)이 양주에 있는 자기 별장에 가서 요양할 것을 제안해 온 것이다. 주위 동지들은, 「기왕 죽을 것이면 고향이나 총부에 가서 죽을 일이지 왜 양주까지 가느냐」고 반대했지만, 대거는 양주행을 결심한다. 그런데 양주로 들어가기 전, 이상한 경험이 하나 있어서 대거는 틈날 때마다 그 이야기를 했다.

> 나는 이곳 양주에 오기 전 이름 모르는 할머니 한 분으로부터 큰 법문을 듣게 되었다. 서울교당(*경성지부)에서 요양할 때다. 어느 날부터인가 근처에 사는 듯한 할머니가 새벽이면 집 주변을 돌면서 "생사는 가고 오는 것이니 애착 탐착 두지 말고 안심하소서." 하는 것이었다. 나는 이 할머니의 법문을 듣고 위안도 받았으며, 여기에서 '관공(觀空), 행공(行空), 양공(養空)'을 생각했던 것이다. 보보일체대성경(步步一切大聖經)이란 바로 이런 것이 아니던가? (『구도역정기』 45쪽.)

알 수 없는 것은 이 '할머니'의 정체다. 대거가 여러 자리에서 각기 다른 말을 하고, 게다가 그것을 들은 사람들이 제각각 전하다 보니 도무지 종잡기가 어렵다.

내가 아파서 서울에 있을 때 무애승(無碍僧)이라고 하는 여승이 나를 민망히 생각하여, 자기가 계룡산이나 충청도 어느 곳에 모셔 놓고 시봉을 할 테니 가자고 하여 생각해 보자고 하였더니, 내가 누워 있는 방을 앞뒤로 돌아다니면서 '생사는 본무생(本無生)하니 애착 탐착 마소서.' 하는데 그 말을 들으니 시원하였다. 만일 그때 죽었으면 그 말이 종자가 될 뻔하였다. 아침에 일어나 방에 있는데 면회 좀 하자 하여 문을 열어주었더니, 자기 소원이 건성하려는 것인데 스승을 못 만나서 공부를 못 하니 다섯 달만 지도해 달라고 하였다. 그래서 웃고 말았는데, 내가 죽는다고 하니 서운하여 '생사는 본무생하니 애착 탐착 마소서.' 하는데 내가 알고는 있었으나 대답하지 않았다. 그때 마음속으로 '유애중무애(有碍中無碍)하여 무애무불애(無碍無不碍)라야 시즉진무애(是卽眞無碍)니라' 하고 답을 했다.

(『대산종법사 법문집』3, 232쪽.)

'이름 모르는 할머니'가 여기서는 '무애승이라고 하는 여승'으로 바뀌었다. 무애승이 물론 본명은 아니겠지만, '무애'가 법명인지 자호인지도 불분명하고, 혹시 대거가 뒤에 나오는 법구와 관련지어 임의로 붙인 이름인지도 모르겠다. '새벽에 집 주변을 돌면서'보다는 '내가 누워 있는 방을 앞뒤로 돌아다니면서'가 합리적이다. 그런데 '생사는 본무생(本無生)하니'는 또 무슨 말인가?

예타원 전이창 교무가 들은바 다음 얘기는 또 다르다.

30대에 중한 병이 드셔서 돈암교당(*경성지부)에서 치료를 받고 계셨다. "병은 차도가 없고 기운은 가라앉는데, 그때 마침 금강월이 내 방 주위를 돌면서 '생사가 무상하니 애착하지 말고 탐착하지 마소서.' 하는데, 별말 아닌 정신 약한 사람의 말인데도 가라앉았던 내 기운을 타게 되더라." 하시면서 "기운이 가라앉아 있을 때는 하찮은 말에도 기운을 탈 수 있다"고 하셨다. (『조불…』I, 206쪽.)

여기에 비로소 법호 같은 이름 금강월(金剛月)이 나오는데 전이창의 설명인즉「체격은 남자처럼 크고 뚱뚱하면서, 머리는 소녀처럼 단발하고 반미치광이처럼 얻어먹고 다니는」여자라고 했다. 행색으로 보아 여승이 아닌 것은 분명하다. 또, 진산 한정원 교수가 전하는 얘기(『조불…』I, 448쪽.)가 있는데 그는, '양주에 계실 때 당신의 경험담'이라고 한 말씀이라면서 그 여자가 '수덕사에서 온 어떤 여보살'이라는 것이다. 금강월이 수덕사 출신의 보살이라는 건 알겠는데, 돈암동(경성지부)이 아니라 양주에서 있던 일이라는 건 또 무슨 엉뚱한 소리인가? 게다가 그녀가 염불하듯이 '착 없이 길을 떠나소서'를 반복하더라고 했다.

어디서 들은 얘기인지 모르나 작가 김성빈은 미간(未刊)『대산종사 전기』에서 '뒤에 안 사실'이라면서 제법 합리적인 정리를 해 보인다.「한때 수덕사에서 수행을 했고, 금강월이라는 법명을 가진 보살 할머니었다. 그리고 동서남북 다니면서 지나가는 전차를 중도에 세운다든지, 길거리의 차가 모두 자기 것이라느니 하여 남들이 이해 못 하는 무애행(無碍行)으로 반미치광이 소리를 듣는 보살」이라는 것이다. 그리고 '생사는 본무생(生死本無生)'(『대산종법사 법문집』3)을 '생사본무상(生死本無常)'으로 바로잡아 놓았다. 이래야 전이창의 '생사가 무상하니'와도 들어맞는다.

필자가 이 사연을 이렇게 장황하게 언급하는 이유가 있다. 대거는 물론 여러 사람이 이 일화에 관심을 가지고 소개 혹은 인용하면서 내용이 구구 각색이라 후인들을 헷갈리게 하기에, 이 일을 일매지게 정리할 필요가 있다고 본 것이다. 그래야 일화가 전하고자 하는 의미도 살아날 것으로 본다. 필자의 정리는 아래와 같다.

1) 김대거가 돈암동 경성지부에서 투병할 때 금강월이라는 법명을 가진, 나이 지긋한 여자를 만난 적이 있다.
2) 그녀는 수덕사에서 수도한 적이 있는 보살로서, 행색이 평범하지 않고 행동에 거침이 없어서 남들에게 '무애행'으로 비쳤다.
3) 그녀가 어느 날 대거를 찾아와, 자기가 시봉을 책임지겠으니 계룡산 같은 산속에 들어가 한 5개월 한정하고 공부를 지도해서 견성시켜 달라고 부탁했다.
4) 대거가, 자기는 중병 환자라 언제 죽을지 모르니 부탁을 들어주지 못하겠다 하자, 그녀는 방 주위를 돌면서 "생사는 본무상(本無常, 본래 덧없음)하니 애착 탐착을 두지 마소서." 하였다. 뻔한 말이긴 하지만, 생사 위경에 있던 때인지라 마음에 위안이 되고 새로운 기운도 솟았다.
5) 그녀에게 소리 내어 응답하진 않았으나 마음속으로는 '有碍中無碍하여 無碍無不碍라야 是卽眞無碍니라'[7] 답했다. 번역하면, '걸림 있는 가운데 걸림이 없어서, 걸림도 없고 걸리지 않음도 없어야 이것이 곧 진정한 걸림 없음이로다.'

---

[7] 후에 사행시 체제로 보완하니, 「有碍中無碍 無碍中有碍 無碍無不碍 是卽眞無碍」가 됐다.

6) 이 일을 계기로 대거는 관공(觀空, 공한 자리를 보는 것) 양공(養空, 공한 자리를 기르는 것) 행공(行空, 공한 자리를 행하는 것) 법문을 연마하게 됐다.

양주 장포동에서

남들이 반미치광이 취급하는 금강월이 대거의 의식을 깨웠다. 죽음을 가까이 느끼면서부터 생사일여의 경지를 순간마다 체험하는 것이다. 「생래(生來)에 생불생(生不生)이요 사거(死去)에 사불사(死不死)로다. 불생(不生)이라 불멸(不滅)하고 불멸이라 불생이로다.」 대거는 그 별난 보살 할머니 덕에 생사개공(生死皆空), 삶도 공이요 죽음도 공임을 새삼스레 실감하였다. 공을 깨달음의 구극으로 보고 삼학을 여기에 들이대니 관공, 양공, 행공이란 공부 표준이 떠올랐다.

대거는 황정신행이 공양주 할머니 한 사람(최해준)을 주선하고 식량으로 귀한 쌀까지 챙겨주니 홀가분하게 양주로 들어갔다. 경기도 양주군 장흥면 삼상리 장포동(藏浦洞)은, 황정신행이 불법연구회에 입문하기 전인 1934년에 사놓았던 넓은 땅으로, 1938년에는 소태산을 모시고 간 적도 있다.

장포동(藏浦洞)
지금은 원불교에서 운영하는 한국보육원이 자리 잡고 있는 곳으로, 주인인 황정신행은 '양주땅' 혹은 '송추별장'이라고 불렀지만, 대거는 이곳을 굳이 장포동이라 부르기를 좋아했다. 사람들은 그 일대를 양주, 장흥, 일영, 송춧골, 진달래동산 등으로는 불러도 장포동이라 하면 아는 사람이 별로 없다.

장포동은 토박이말로 장풋골(장푸골)이라고 하는데, 이를 일제가 한자로 음역하는 과정에서 장포동이 된 것으로 보인다. 장풋골(장푸골)은 경북 김천시 대덕면 덕산리에도 있다. 거기서는 장푸골(장풋골)이 장풍골에서 변한 말이고, 장풍은 한자로 長風이라고 본다. 이 논리를 원용하면 양주 장풋골도 장풍골에서 변한 말이 아닐까 유추할 만하다. 다만 장풍의 한자가 長風이 아니라 藏風일 수 있다고 본다. 풍수 용어 장풍득수(藏風得水, 바람은 감추고 물은 얻는다)에서 나온 말로 볼 여지가 있기 때문이다. 그래서 장포동(長浦洞) 아닌 장포동(藏浦洞)이 된 것인지도 모르겠다.

대거는 감출 장(藏) 자를 좋아했다. 그의 〈내장문답(內藏問答)〉이 그 증거다.

君名內藏(군명내장)이라 하니 何物藏內乎(하물장내호)아? 答曰(답왈) 自始以來(자시이래)로 淸淨法身佛(청정법신불)과 圓滿報身佛(원만보신불)과 百億化身佛(백억화신불)을 秘之藏之而待主人已久矣(비지장지이대주인이구의)로다.

〈풀이〉 그대의 이름이 내장이라 하니 그 무엇을 감춰두었는고? 답하여 말하기를, 처음부터 청정법신불과 원만보신불과 백억화신불을 몰래 감춰두고 그 주인을 기다린 지 이미 오래로다.

대거는 〈장포동에서〉라는 한시를 지었다.

天慳地秘藏浦洞 出世居士自春秋(천간지비장포동 출세거사자춘추)
하늘이 아끼고 땅이 몰래 감춘 장포동에 출세거사가 세월을 지냈도다.
世人皆道採藥士 勤實無爲逍遙遊(세인개도채약사 근실무위소요유)
세상 사람이 다 채약사라 이르나 근면 성실해서 하염없이 소요해 놀도다.
一入藏浦何所事 少林面壁非吾求(일입장포하소사 소림면벽비오구)
한 번 장포에 든 것이 무슨 일 때문이냐? 소림면벽은 내가 구하는 바가 아니다.
但只一念攝萬境 任運騰騰採藥士(단지일념섭만경 임운등등채약사)
다만 한 생각으로 일만 경계를 거두어서 임운등등[8]한 채약사로다.

경성지부에서 요양한 효과가 나타나는지 송춧골 산수가 좋아서인지 모르나, 차츰 대거가 기운을 차려갔다. 방안에서 대소변을 받아내던 사람이 밖에 나와 걷기 시작한다. 실은 건강이 좋아져서 밖으로 나온 것이 아니라 '집에 있으면 아프고 쓰라리니' 방 밖으로 나와 걸을 수밖에 없었다고는 하지만, 돈암동에서보다 몸이 차츰 좋아지는 것만은 맞다. 처음엔 십 미터 걷기도 어렵던 사람이, 걸음 연습을 꾸준히 하다 보니 오십 미터, 백 미터를 걷게 되었다. 걷기가 되니까 산

---

8   심신작용을 물 흐르듯 아무 거리낌 없이 자유자재하는 것. 등등임운. 임운자재.

을 오르기 시작했고, 산에 올라서 입정에 들기도 하며 자연치유를 해 나갔다.

5개월간 거의 곡기를 끊다시피 하고 살던 사람이 기운을 차리면서 밥을 먹기 시작한다. 의사의 처방대로[9] 밥 한 공기를 하루 세 때 나눠 먹으며 산행을 통해 건강을 점차 회복하더니, 이상한 시험에도 들었다. 「병중에 먹어도 먹어도 배가 고파서 훔쳐서라도 먹고 싶을 때가 있었다. 아침을 먹고도 또 먹고, 점심을 먹고도 또 먹고, 그래도 배가 고팠는데 내가 이렇게 끌려서 살아서는 안 되겠다 하고, 아침을 먹고 밥 한 그릇을 선반 위에 올려놓고 그 밥을 바라보면서 끌리는 마음을 대조했노라.」(『조불…』Ⅰ, 206쪽.) 대거는 후일 제자들에게 「선반 위에 놓인 밥공기를 보며 내가 그때 공부 참 많이 했다」고 자주 말했다. 그만큼 식욕에 대한 새로운 인식과 더불어 경계를 극복한 좋은 공부 경험이 된 셈이다.

산행에 조금 자신이 붙자 망태기 하나를 메고 약초 캐는 '채약사'를 자처했다. 더덕이나 창출 등 알 만한 약초를 한 뿌리 두 뿌리 캐다가 솥에 몽땅 넣고 삶아서 그 물을 남도 주고 자기도 마시고 했다. 박성경과 함께 대산을 잠시 모셨던 송영봉은 「거의 매일같이 도시락 하나 싸 가지고 약 캐신다며 걸망태 하나 어깨에 메시고 산에 오르시면, 하루 종일 계시다가 해가 질 무렵에야 내려오시길 계속하시었다. 그러나 망태 안에 캐 오신 약은 별로 없었으니, 아마도 그때에 보림

---

[9] 이때의 의사는 경성에서 개업하고 있던 내과 전문의 고영순(高永洵)을 뜻하는 것으로 보인다. 황정신행의 지인으로 소태산 병환에도 동원된 적이 있다.

의 진경에서 자성 근원을 찾으셨던 것이다.」(『조불…』I, 326쪽.)라고 회고했다. 밤이 되면 기도 적공을 주로 했다. 특히 달 밝은 밤이면 거적때기 하나 가지고 바깥으로 나가 기도했다. 휘영청 달은 밝은데 산골이 적막하다 보니, 낮에 못 듣던 가지가지 소리가 들려온다. 물 흐르는 소리, 산짐승 울부짖는 소리, 풀벌레 우는 소리 등 한없이 아름답고 소중한 교향악이었다.

여기서도 동지들의 문병은 종종 있었고, 양·한방 의료진의 도움도 적지 않았다. 담방약 같은 것을 구해서 보내주는 지인들도 끊이질 않았다. 정토 이영훈도 병에 좋다는 약을 구하는 대로 보내주고 있고, 한번은 주산 송도성이 영광에서부터 풍천장어를 구해서 가지고 왔던 적도 있다.[10]

생활은 극히 절약 위주로 했다. 쌀이 떨어지면 감자만 먹고도 지냈고, 석유등 하나에 있는 기름은 7~8개월을 쓰고도 남았고, 양말 한 켤레를 깁고 기워 신다 보니 양말 아닌 버선처럼 두꺼워졌는데도 그대로 신었고, 옷은 남루하여 누더기가 되었어도 빨아 입고 기워 입으며 버텼다. 이때 그에게는 한 주문이 떠올랐는데, 그 주문을 늘 외우면서 마음을 다짐하고 성불 제중을 염원했다. 주문은 「함양대원기(涵

---

10 「주산(主山, 송도성) 대원정사(大圓正師)님이 참으로 고맙다. 이제 더 생각이 나는구나. 내가 아파서 양주에 성양할 때에 녕광에서 민물 풍천상어를 구해서 직접 가시고 오시었다. "동생은 대종사님과 교단을 보아 꼭 회생하여야 한다"고 하시며 가실 때 눈물까지 흘리시었다.」(『대산종사수필법문집』1993.4.29.) 다른 자료에선 디테일에 차이가 난다. 「주산(主山) 종사가 내 병을 걱정하여 문병하러 왔다 나를 보고 낙망하면서 얼굴도 보지 않고 돌아가셨다. 그 후 풍천장어를 구하여 보냈었는데…」(『대산종사수필법문집』1979.5.28.)

養大圓氣, 큰 일원의 기운을 함양하여) 보보초삼계(步步超三界, 걸음마다 삼계를 뛰어넘고) 함양대원기(涵養大圓氣, 큰 일원의 기운을 함양하여) 염념도중생(念念度衆生, 생각마다 중생을 제도하리라)」이니, 후에 이를 〈대원주(大圓呪)〉라고 명명했다. 그는 절망적인 병고에 시달리는 동지나 제자들에게 곧잘 이 주문을 써주고 외우기를 권했다. 〈대원주〉와 함께 대거가 많이 외던 글에 〈심원송(心願頌)〉도 있다. 「원하옵건대, 내 손길 닿는 곳, 내 발길 머무는 곳, 내 음성 메아리치는 곳, 내 마음 향하는 곳마다, 우리 모두 다 함께 성불제중 인연이 되어지이다.(願爲 手之撫處 足之踏處 音之響處 心之念處 皆共成佛濟衆之緣)」이것은 후에 윤문하고 곡을 붙여 성가 127장 〈원하옵니다〉로 재탄생하니 교도들이 애창하는 노래가 되었다. 그런데 여기 정말 엉뚱한 사연도 있다.

> 너희들만 사심 나는 것이 아니라 나도 사심 많이 나고 외로운데, 양주 있을 때 별별 여자들 많이 와서 유혹하려 해도 "천하 만 생령을 제도하려는 사람이, 여래를 만들려는 사람이, 이런 데 내가 끌려? 내 생명하고 바꾸자." 그래서 그걸 물리쳤다. (『법문집』, 314쪽. 원불교학과 4학년생들에게)

누더기 입은 중증 폐결핵 환자를 웬 여자들이 그리 유혹했다는 것인지 어이가 없지만, 실은 자신도 사심이 동하여 그 여자들을 물리치려고 욕망과 힘겨운 투쟁을 했다는 뜻이니 놀랍다. 색욕으로 번뇌하는 청년들을 격려하고자 다소 과장은 할 수 있겠지만, 폐결핵 환자에겐 성욕이 병적으로 항진되는 시기가 있다는데, 그것을 극복하던 체험담일지도 모른다. 이건 앞에 말한바 폭발적인 식욕을 극복하기 위해 무지 노력했다는 사례와 함께 후진들에게 산 경전이 될 법하다. 식욕과 색욕, 이 두 가지는 생명력과 다를 바가 없다. 이 욕망을 어떻게 하면 절도에 맞게 다루느냐가 문제이지, 이들이 아예 없다면 그것은 곧 죽음이다. 생사의 문턱에서 만난 식욕과 색욕을 대거만 한 법력으로도 죽기 살기로 극복했음은 후진들에게 희망이면서 절망이다. 대거 같은 도인도 우리 범부와 꼭 같이 식욕과 색욕에 시달린다는 것은 범부에게도 가능성의 문이 열렸음을 뜻하니 그건 희망이지만, 범부들은 그렇게 죽기 살기로 욕망을 다스릴 의지와 근기가 못 미친다는 것은 절망이다. 어쩌면 이 지점이 중생과 부처가 나뉘는 갈림길인지도 모른다.

    대거는 기도하고 약초 캐면서 기운을 차리게 되자 산행하고, 다시 이번엔 텃밭에 고구마를 재배하는 일도 거들 만큼 힘을 길렀다. 그는 '진리가 아직은 나를 부려 쓰실 일이 있으신가 보다' 하며 재생의 기쁨을 느꼈다. 그 무렵, 역시 폐결핵에 걸린 문학가 춘원 이광수가 같은 양주군의 사릉리에 살면서 40리 길 광릉 봉선사[11]로 참선하러 다닌다는 소문이 들렸다. 대거는 동병상련의 심정도 일었지만, 자기와 비슷한 방식으로 정양한다고 생각했기에 더욱 관심이 갔다. 다행히 춘원도 병을 극복하였는데 사람들이 말하기를, 폐결핵 2기까지 갔던 사람이 죽지 않고 살아나기는 이광수와 김대거뿐이라고들 하였다.

---

11 당시엔 송추(장포동)나 사릉, 봉선사 등이 다 양주군에 속했으나 오늘날엔 행정 구역이 개편되어, 장포동은 양주시(장흥면), 사릉리는 남양주시(진건읍), 봉선사는 남양주시(진접읍) 등으로 소속이 갈렸다. 한편, 당시 봉선사에는 춘원과 8촌 간인 운허(耘虛, 1892~1980)가 주지로 있었기에 춘원이 거기로 다니게 되었다고 한다.

그러나 폐결핵의 후유증은 왼쪽 폐의 기능 상실로 나타났고,[12] 이후로 그는 똑바로 누워 잠을 잘 수도 없었고, 걸을 때도 한쪽이 허전하여 남의 손을 잡고 다녀야 안정이 됐다.

일제 말기 대거가 경성지부(돈암동)에서 투병하며 죽음의 문턱에서 허우적거릴 때, 총부에서는 정산 종법사를 중심으로 한 임원들이 회체를 유지하기 위하여 피 말리는 세월을 보내고 있었다. 일제는 민중의 구심점이 되는 '유사종교' 불법연구회를 해산할 구실을 찾다가, 그게 여의치 않자 이번엔 이른바 황도불교화를 획책하고 있었다. 1944년 12월, 전라북도 병사부사령관인 마키(牧) 소장이 불법연구회를 친일 단체로 만들기 위한 구체적 계획을 세우고, 박장식 총무부장과 박광전 교무부장을 불러다가 황도불교화에 앞장설 것을 강요하였다. 이듬해 2월경에는 총독부와 마키 소장의 합작으로 불법연구회의 황도불교화 공작이 일방적으로 진행되어 문서 작성 단계까지 끝났다는 정보가 입수되었다. 정산은 교정의 이인자인 총무부장 박장식을 해임하고 영광지부장으로 있던 친아우 송도성을 불러올려 후임으로 임명하며 최대한 시간을 끌었다. 때마침 연합군의 폭격기가 부산 앞바다를 폭격했고, 이후 부산의 민심이 흉흉해지자 정산은 지방 시찰이란 명목으로 부산에 내려갔다. 정산은 초량교당에서 매일 경계경보와 공습경보를 알리는 사이렌 소리를 들으며, 법당 바닥에 파놓은 방

---

12 섬유화무기폐라든가 석회화육아종 같은 진단이 나올 법한데, 본인 말로는 사진을 보니까 안개 낀 것 같더라고 했다.

공호에 들어가 기도했다.

한편 익산 총부에서는 총독부 경무국 고등계의 기획으로 불법연구회에 대한 조처가 착착 진행되었고, 7월 25일경에는 마침내 전북지구 전투사령부가 총부에 진입하여, 아직도 부산에 머무르는 종법사가 귀관하여 즉각 서류에 결재하라고 성화였다. 종법사 정산은 부산 민심이 예사롭지 않으니 수습되는 대로 귀관하겠다고 시간 끌기를 하다가 8월 15일이 되어서야 부산역을 출발했고, 대전역에서 일본 왕의 항복 소식을 듣는다. 해방이다! 조선이 살아났고, 불법연구회도 이제 목숨을 건졌다.

장포동 대거의 재생과 더불어 일제 침략으로 패망했던 조선도 감격스러운 해방을 맞이하여 새 생명을 얻은 것이다. 나라 안에서는 새로운 나라를 세울 희망으로 준비에 바빴고, 해외에 망명하여 유리걸식하던 수많은 동포가 고국산천을 찾아 몰려들었다. 그들은 굶주리고 헐벗었고, 병든 이들도 많았다. 그 시점에서 광범위한 전재동포구호사업이 전개되었는데, 불법연구회에서는 총무부장 송도성이 중심이 되어 이리, 경성, 전주, 부산 등지에서 구호 활동을 펼쳤다. 경성으로 올라온 송도성은 원로 유허일 교무를 구호소장에 앉히고 자기는 부소장을 맡았다. 그는 실질적인 리더로서 회원들과 함께 경성구호소에서 9월 10일부터 이듬해 3월까지 약 7개월간 급식, 숙박, 의류수급, 일용품 제공과 더불어 사망자 치상, 출산 보조, 응급 치료 및 입원 진료 등의 구호 활동을 펼쳤다. 특히 송도성은 구호 활동 외에 전단 배포, 방송 설교, 사상 강연, 교리 선전과 교단 홍보 등 전방위로 활동이 눈부셨다.

이 무렵 남산 기슭 한남동에 있던 일본 사찰 와카쿠사칸논지(若草觀音寺, *이후 편의상 약초관음사로 적는다)가 불법연구회 앞에 나타난다. 시작은 해방과 더불어 느닷없이 나타난 행운이었으니, 해방으로 쫓겨 가게 된 약초관음사 주지 오쿠보(大久保)가 나카무라 켄타로(中村健太郞)¹³를 통하여 불법연구회 경성지부장 최명부(崔明夫)에게 사찰을 인수하라고 제의해 왔다. 이 소식을 들은 교도 황정신행(온순)과 성의철이 교섭하여 일본 귀국의 노자로 천 원을 지불한 뒤 약초관음사를 접수하였고, 이런 연고로 후일 적산(귀속재산) 처리 과정에서 불법연구회가 사찰과 주변 임야를 불하받게 되었다.

송도성은 약초관음사란 이름부터 정각사(正覺寺)로 고쳤다. 그리고 주불인 관음상을 당장 내치기가 어렵다 보니, 관음상을 정면에 둔 채로 좌우에 연화일원상 휘장을 걸었고, 오른쪽 일원상 휘장 위에는 오주환 화백이 그린 소태산 초상화 족자를 내걸었다. 설계에 없던 불단 배치로 관음상과 일원상과 소태산 초상 등 삼자의 이상한 동거가 되어, 지금 그 사진을 보면 조잡스럽게 보이지만 당시로선 불가피한 방편이었을 듯하다.

---

13 조선총독부 기관지인 《매일신보》를 주재하고 잡지 《조선불교》를 내면서 조선불교의 친일화 작업을 주로 한 자로, 총독부 경무국 촉탁으로 있으면서 오래도록 불법연구회와 소태산 종법사를 감시했다고 한다. 그가 오래도록 불법연구회를 감시하면서도 교단에 대한 신뢰가 생겼었기에 이런 주선을 한 것이다.

서울 한남동에서

해방과 함께 전재동포 구호사업 등 교단이 눈코 뜰 새 없이 바삐 돌아가며 인력 부족에 시달렸다. 이 상황에 김대거는 장포동에서 한가로이 참선하고 약초나 캐러 다니는 생활을 더 이상 지속할 수 없게 되었다. 아직 완쾌된 몸은 아니나 대거는 직함도 없이 우선 서울 정각사에 입주했다. 그때가 언제일까는 자료 확인이 잘 안 되는데 전후 사정으로 볼 때 해방 후 늦어도 10월의 어느 때쯤일까 싶다.[14] 대거가 자청해서 정각사(약초관음사)로 들어간 것 같지만, 실은 건강이 부실한 사람에게 선뜻 제안을 못하는 송도성의 뜻을 읽고 대거가 알아서 나섰을 것으로 보인다.

若草觀音寺[약초관음사]

일제강점기 일본의 불교계에서는 침략을 지원할 겸 조선으로 포교의 손길을 뻗쳤는데, 그중 조동종(일본불교의 선종 종파) 쪽에서 서울 남산에 세운 대표 사찰이 히로부미지(博文寺)이고, 정토진종(일본불교의 정토종 종파)이 세운 사찰이 와카쿠사칸논지(若草觀音寺)이다. 히로부미지는 소태산도 방문한 적이 있고, 주지 우에노 슌에이(上野舜穎)

---

14 대거가 1945년 4월 양주로 들어갔다고 하니, 「내가 양주에서 7~8개월을 수양하고 있을 때 석유통 하나에 있는 기름으로 7~8개월을 썼다」(『대산종법사 법문집』 3집, 156쪽.)고 하면 대략 맞는다.

가 해산 위기에 처한 불법연구회를 도와준 인연이 있다. 그에 못지 않게 인연이 있는 절이 와카쿠사칸논지이니, 해방 후 적산으로 원불교가 불하받아 차지하게 되었다.

일본 해군대장 출신으로 제3대와 제5대를 합쳐 10년간 조선 총독을 지낸 인물이 사이토 마코토(齋藤實, 1858~1936)이다. 삼일운동 직후 부임한 그는 전임 총독들의 무단통치 방식을 문화통치로 바꾼 바 있지만, 1931년에는 관음신앙을 이용하여 일본과 조선의 종교적 내선융화(內鮮融和, 일본과 조선이 어울려 화목하게 됨)를 실현하려는 뜻을 가지고, 손수 발원문을 쓰고 관음보살입상을 조성하여 정토진종 조선 포교 총감 다카시나 로센(高階瓏仙)[15]에게 기증하였다. 이에 다카시나가 若草町[약초정, 현재 서울 중구 초동]에 있는 若草寺[약초사]를 관음성지로 조성하게 되면서 若草觀音[약초관음]이 고유명사로 쓰이게 되었다(지명→절이름→불상이름). 약초(藥草) 아닌 약초(若草)가 우리에겐 낯설지만, 일본에선 동네 이름, 산 이름, 절 이름 등에 곧잘 쓰인다. 1914년 행정구역 통폐합 때 초동(草洞)이 포함되는 町[정, 한국의 洞에 해당하는 구획]이 생기자 그들은 草町[초정]을 일본식 명칭인 若草町[약초정]으로 고친 바 있다.

그 후 사이토 마코토가 세계 최대규모의 관음성지를 세우겠다고 발원하면서, 1933년 약초관음봉찬회가 조직되고 대대적 모금 운동으

---

[15] 그는 지금의 동국대 만해광장 자리에 있던 일본 절 조계사(지금의 종로구 조계사와는 다름)의 주지이니, 조계사는 소속이 일본 동본원사의 경성별원이면서 경성포교당 기능을 담당하는 절이었다.

로 이어진다. 한편 사이토는 일본으로 돌아가 총리대신을 지내다가 1936년 우익 황도파 군인들의 쿠데타로 목숨을 잃는다. 히로부미지(博文寺)가 조선침략의 수괴 이토 히로부미를 제사하는 원찰이듯이, 1938년 若草町[약초정]에 약초관음당이 세워지면서 이 절이 사이토를 제사하고 추모하는 원찰이 되었다. 그 후 약초정의 관음당 공간이 협소하다고 하여, 1940년에 새로운 관음당을 설계하고 남산에 국유지 3만 2천 평을 확보하여 약초관음사를 신축하니, 거기에 사이토 총독의 머리카락을 안치하고 그의 공덕비[16]도 건립했다. 1951년 인천상륙작전 개시 후 법당이 폭격을 당하면서 절은 사라졌다.

서울의 전재동포구호소 일은 봉사 인력 46명이 교대로 했다는데, 이미 7개월 가까운 강행군으로 동원된 인력 대부분이 지쳐갔다. 때마침 전염병 발진티푸스가 유행했고, 송도성, 박제봉(서울교당 교무), 정성집(영광 교도) 등 임원들도 여러 명이 감염되었다. 다른 임원들은 고비를 넘기고 용케들 살아났지만, 안타깝게도 송도성만은 그러지 못했다. 1946년 3월 15일, 총무부장으로서 송도성은 유일학림 설립건과 총부출장소 서울 설치 건 등 몇 가지 현안을 처리하고자 경성 구호소를 떠났는데, 익산 총부에 도착한 후 병세가 악화하여 열이틀

---

16 원불교에서는 1971년 원불교창립반백년 기념행사의 하나로 소태산 대각지인 노루목에, 강암 송성용의 글씨로 2.1미터 화강암 비신에 〈萬古日月〉을 새겨 세웠는데, 그 석재가 바로 해방 후 버려졌던 이 빗돌을 재활용한 것이다.

만에 열반 길에 들고 말았다. 겨우 40세로 한창 일할 나이인데, 주산 송도성의 열반은 불법연구회 및 정산 종법사 체제에 치명적 손실이었다.

송도성의 열반으로 뚫린 구멍을 메꾸고자 당장 대거의 현직 복귀가 불가피했다. 유일학림(원광대 전신) 설립으로 박장식(학림장)과 박광전(학감)이 빠지자 경성구호소장으로 있던 유허일이 총무부장으로 들어가고, 구호소 활동 등으로 경성에 확보해 놓은 교화 환경을 유지 발전시키고자 교단에서 김대거를 총부서울출장소장에 발탁한 것이다. 전후 사정으로 보아 송도성이 '총부출장소 서울 설치' 건을 마련할 때 이미 대거에게 소장직을 제안해서 내락받았었다는 말이 맞을 것이다. 그러니까 공식적으로는 1946년 4월에 발령받은 것이 맞지만, 실질적으로는 1945년 10월경부터 이미 총부서울출장소 소장의 임무를 수행하기 시작한 것으로 보인다.[17]

그런데 차지는 우리가 하였어도 관리를 할 수가 없었다. 당시만 해도 가난하고 민심이 좋지 않고 법도 제대로 잡혀 있지 않아 도둑이 많아서 하루에도 몇 명씩 찾아와 물건을 훔쳐 가고 괴롭혔었다.
한번은 김대훈(*김대거의 막내아우)이와 여자 교무들이 그곳을 지키는데,

---

17 「내가 출장소장으로 있으며 이승만 박사와 김구 선생, 조봉암 등 많은 인사와 교류하는 데 법 있게 하는 것을 (송도성이) 보시고 많이 흐뭇해하시며 격려를 해주셨다.」(『대산종사수필법문집』 1993. 4. 29.) 한 기록이 있고, 또한 1945년 선조제사기념(음 9월 26일, 양 10월 31일) 행사 때 정각사에서 송도성과 김대거 등이 함께 기념 촬영한 자료도 남아 있다.

밤에 강도가 들어와서 대훈을 묶어서 목욕탕에 가두어 놓고 여자 교무들의 겉옷을 벗겨 가버렸다. 사정이 이렇게 되고 보니 교단의 많은 사람들이, 필요 없는 것이 들어왔으니 다시 돌려주자고 했다. 그때 주산 송도성 종사, 제산 박제봉 교무 등이 같이 있는 자리에서 "그곳에 내가 가서 지켜보겠다"고 하였다. 모두가 몸이 약해서 지킬 수 없다고 걱정을 하였지만, 나는 할머니 한 분과 학생 한 명만 같이 있게 해달라 하여 그곳에 가서 살기 시작하였다. 미군들이 버린 옷으로 갈아입고 아주 허름한 모습으로 살고 있는데, 아침저녁으로 도둑들이 들어왔다. (…) 이렇게 지키는데 도저히 견딜 수가 없어서 다른 방도를 생각해 봤다.

당시 팔타원 황정신행과 함께 보육원을 하기로 하여 어린이들 50여 명을 모집하여 보육원을 시작했다. 이렇게 하니 일반 도둑들은 끊어졌는데, 이제는 경찰들이 괴롭혔다. 경찰들이 찾아와 수색한다고 묶어놓고 물건을 훔쳐 가곤 하여 도저히 막아내기 힘들어, 생각 끝에 박충식[18] 국회의원을 통해 이승만 박사와 정치인들을 초대하였다. 이렇게 되니 경찰들도 꼼짝하지 못하고 찾아오지 않았다. 그렇게 해서 한남동을 지키게 됐다.

(『대산종사수필법문집』 1989. 4. 17.)

불법연구회 총부출장소장이란 그럴듯한 직함을 달고 업무를 시작

---

[18] 박충식(朴忠植, 1903~1966)은 충남 공주 출신 사업가로 2대, 4대, 5대 국회의원을 지냈다. 그의 부인 진정리화(陳正理華)는 한때 박충식을 떠나 승려 생활을 하다가 이동진화의 교화로 1930년 불법연구회에 입회히고 익산 총부에 와서 수도 생활을 했다. 1934년, 박충식은 진정리화의 인도로 경성에서 소태산을 만나 입교하고 형균이란 법명을 받았다. 이후 2년간 경성지부 초대 지부장을 맡기도 했다.

은 했지만, 사실 서울에 교당이 경성지부 하나밖에 없던 처지에[19] 정작 출장소 일은 바쁠 게 없고 하는 일이라곤 일본 절 약초관음사(정각사)를 수호하는 것이 전부였다. 온통 도둑 떼가 들끓는 판에, 권투를 배우고 각종 운동으로 단련돼서 힘깨나 쓴다던 친제(親弟) 김대훈이 기세 좋게 부임했다가, 식량은 물론 입고 있는 옷이랑 쓰고 있는 안경까지 털어가는 도둑들한테 질려서 도로 내려간 직후이니, 대거로서도 고민이나 마련이 많았을 것이다. 남들이야 그 약골에 도둑 하나인들 상대하겠냐 했지마는 대거에게도 다 생각이 있었다. 비장의 카드가 보육원이었다.

불법연구회의 전재동포구호 중에 발진티푸스로 죽은 동포만도 78명이었다니, 거기서 부모 잃은 고아들을 어찌할 것인가? 구호소 곁에 있던 세브란스병원으로 환자들을 안내하여 치료받게 하던 끝이라 병원에 임시로 수용하고 있던 고아가 18명이나 되었다. 동대문부인병원(→이대동대문병원→폐원)을 운영하던 황정신행이 그들을 다시 자기 병원으로 옮겨 수용하였지만[20], 어차피 그 애들을 병원에서는 길게 거둘 수 없는 처지였다. 대거는 황정신행으로 하여금 고아들을 데려다가 정각사(약초관음사)에서 보육원(고아원)을 운영하도록 주선하였

19　해방과 함께 철수한 일본 사찰 龍光寺[용광사, 현 하이원빌리지 자리]를 불법연구회에서 접수하게 되면서 돈암동 소재 경성지부 건물을 1946년 2월에 매각했다. 이후 경성지부(서울교당)는 정각사로 이주하여 보화원, 총부출장소 등과 4개월을 동거한 후, 1946년 6월에 용광사로 입주하였다.

20　황정신행(온순)은 보육사업에 착수한 것이 1945년 9월이라고 했지만(『구도역정기』, 498쪽.), 이것이 곧 한남동 서울보화원을 뜻하는 것 같지는 않다.

다. 황정신행은 이화학당에 이어 이화여전 보육과를 나오고 화광유치원 교사를 한 전력이 있어서 보육원을 맡아 하기엔 적격이었다. 황정신행은 1945년 11월에 고아 18명을 데리고 정각사로 들어왔는데, 1946년 2월에 정식으로 '서울 보화원(普和園)'[21]을 개원하고 원장이 되었다.

인용문 중 '어린이들 50여 명'이란 숫자는 기록과 증언에 따라 35명부터 75명까지 들쭉날쭉하다. 또한 경찰 행패를 퇴치한 사연에서 나온 박충식은, 그때(1946년)가 정부수립 이전이므로 당연히 국회의원이 아니었다. 대신, 미군정 자문기관인 대한국민대표민주의원(大韓國民代表民主議院) 이승만 의장의 비서실장을 맡고 있던 위치이기에 이승만 등 정치인을 동원하는 것은 가능했을 것이다.

> 어느 날 검은 승용차가 한남동에 들이닥쳤다. 이승만 박사를 위시하여 장덕수, 조병옥, 김병로 씨 등 정계인사 20~30명이 일시에 초라한 한남동을 방문한 것이다. 팔타원 님께서 보육원 관계로 이승만 박사를 자주 만나는 가운데 "도인이 계시니 도인 뵈러 가자"고 하셨던 것이 계기가 되어 이날 일시에 당시의 거물급 인사들이 오시게 되었다. (『구도역정기』, 50쪽.)

---

21 보화원이란 이름은 불법연구회에서 운영하던 보화당(普和堂) 한약방에서 따다 쓴 것이라 하는데, 초기 보화원에는 유아가 15명이나 포함되어 있었다고 한다.

이 글은 앞의 내용과 좀 어긋나 보인다. 즉, 이승만 등이 애초 한남동(정각사)에 오게 된 것이 앞에서는 박충식이 힘을 써서 그렇게 된 것처럼 보이는데, 여기서는 팔타원(황정신행)이 주선한 것으로 된 것이다. 앞에서는 경찰 행패를 근절시키는 방편으로 이승만이란 권력자를 이용한 것으로 되어 있고, 뒤에서는 김대거라는 도인을 만나러 가자는 권유를 받아들여 정치인들이 온 것으로 되어 있다. 어찌 된 일일까? 전후가 어긋나는 것은 이뿐만이 아니니 뒤에 다시 언급할 것이다. '도인 운운'이 정치인들을 움직인 이유의 전부일 수도 없지만, 그녀로서는 보육원(서울보화원)을 보여주고 도움을 끌어낼 계산이 깔린 자리였을 것이다.[22]

이승만 등의 내방 이전에 한남동 정각사를 먼저 찾은 외국인이 있었다. 어느 날, 남루한 한복 차림의 깡마른 대거 앞에 나타난 인물은 미군정청 사령관 하지(John R. Hodge) 장군의 정치고문인 굿펠로우(Preston Goodfellow) 대령이었다. 대거의 설명인즉 당시 미군정에서 서울대학을 설립하기 위하여[23] 한남동에 학교 부지를 물색하

---

[22] 이승만은 대통령 되기 전후를 막론하고 그녀와 끈끈한 관계를 유지했고, 특히 고아 사업에는 각별한 후원을 아끼지 않았다. 그녀가 6·25전쟁 고아를 맡아 한국보육원을 시작하게 된 것도 이승만의 요청에 따른 것이었다. 한편, 후에 황정신행이 양도한 이화장에 이승만이 입주하면서 관계는 더욱 가까워졌을 것이다.

[23] 해방 후 미군정에서는 일찍이 종합대학교를 설립하려는 계획을 세우고, 경성대학(←경성제국대학)을 비롯하여 구제 관공립 전문대학 등 10개 학교를 통폐합하고자 하였다. 이 과정에서 이른바 '국대안 파동' 같은 갈등과 혼란을 거쳐 1946년 8월 22일부로 〈국립서울대학교설립에관한법령〉이 제정·공포되면서 서울대학교가 탄생하였다.

리[24] 온 것이라 했다.

통역을 두고 대화가 오갔는데 대거는 서슬 푸른 권력의 배경을 가진 굿펠로우에게 처음부터 기죽지 않았다. 그를 모시고 온 운전기사들이 겨울 날씨[25]에 밖에서 대기하는 것은 좋지 않으니 따뜻한 실내로 들어오도록 하자 하니 '노!'라는 답이 왔다. 이런 차별 대우를 두고 보기 민망했던 대거는 「일반사회에서는 모르나 이곳은 부처님 나라라서 모두가 평등하다」고 주장하여 결국 통역이 운전기사들을 데리고 들어오게 했다. 또 굿펠로우가 이승만과 김구를 자기 친구라고 하며 다음에는 그 둘을 데리고 오겠다고 하자 「미국에서는 그런 식으로 부르는지 모르나 한국의 예절은 그렇지 않다고 설명하고, 우리에게는 지도자가 되는 분이고 나이로 보더라도 아버지뻘이 되는 분을 함부로 대하는 것은 안 된다.」 했더니 알아들었다고 '오케이!' 했다. 또 법당으로 안내하는데 구두 신은 채로 들어가려 하자, 통역한테 신 벗으라는 말을 영어로 뭐라 하느냐 물으니 '노 슈즈'라고 하면 된다고 귀띔해 주었다. 대거가 굿펠로우에게 곧장 가서 "노 슈즈!" 하고 외치니 일행이 모두 신을 벗었다. 요샛말로 참교육을 시켰다 할 만하지

---

24 굿펠로우가 그 위치를 좋아했나고 하는네, 서울내 부지로는 채택되지 않았다. 대신에 원불교가 불하받은 땅 가운데 약초관음사 자리(용산구 한남동 726-156) 약 2만㎡를, 1952년에 미군이 할양받아 가서 미8군종교휴양소(Religious Retreat Center)로 삼아 2020년까지 사용했다.

25 겨울 날씨라고 한 걸 보면 1945년 12월 혹은 1946년 1, 2월경이었을 것 같다. 김대거가 정식 출장소장 발령을 받기 전이다.

만, 저쪽에서는 꽤 까칠한 친구라고 생각했을 법하다.[26]

그런데 여기서 또 난감한 문제가 나온다. 박충식, 황정신행에 이어 이번에는 굿펠로우가 이승만을 한남동으로 불러온 공로자(?)가 되는 것이다. 공로 다툼과는 상관없는 일이긴 하지만, 이승만을 처음 정각사로 데려온 공이 세 사람 중 누구 것인지 더욱 헷갈리는 것은 이들 증언이 모두 김대거의 회고담에서 나온 것이라는 데 있다. 오래 전 일이라 기억이 불확실해서 그런 점도 있겠지만, 왜 이렇게 오락가락하는 걸까? 필자의 추론은 이렇다. 이승만을 처음 정각사로 부른 직접적 역할은 굿펠로우가 한 게 맞아 보인다. 다만, 그 이후까지 포함하여 이승만 등 정객들을 정각사로 오게 하는 데 힘이 돼 준 박충식이나 황정신행의 도움을 고맙게 기억하는 대거가 굿펠로우 대신 이들을 드러내어 말한 것이 아닐까 싶다.

굿펠로우가, 온다고 한 날보다 이틀이나 당겨서 대여섯 대의 자동차로 한남동에 나타났다. 어차피 빈손이니 당겨서 온들 걱정될 것도 없지만, 그간 준비한 거라고는 싸구려 찻잔 30개를 사다 놓고, 돈 안 드는 청소만은 잘해 두었다. 이승만을 비롯하여 내로라하는 정계 거물 20~30명이 들이닥쳤다. 의자조차 없던 대거는 귀한 손님들을 방바닥에 앉히고, 과줄이나 과일도 없이 달랑 미삼차 한 잔씩만 대접했다. 그리고 이승만에게 "이리 중앙총부에 가시면 위에 스승이 계시고 의자도 있어 편히 모실 수 있는데, 여기는 준비가 안 되어 미안합니

---

26 여기서 굿펠로우 얘기는 『구도역정기』 및 『대산종사수필법문집』(1989. 4. 17.)을 참고했다.

다." 하고 훗날 총부 방문과 정산 종법사 예방을 권할 복선을 깔아 두었다. 이어서 소태산 대종사나 불법연구회를 소개하는 이야기를 했다. 소외감을 느낄세라, 프란체스카 여사에게는 약초관음사 시절 일본인들이 남겨 둔 작은 관음보살상[27] 하나를 선물하였다. 이승만이 부인에게, 이 불상을 모시면 자기가 오래 살 것이라고 설명하자, 부인이 '오케이! 오케이!'를 연발하던 기억이 대거에겐 인상적이었다. 이승만이, 인사로 한 말이겠지만, 틈나면 자기를 찾아와 만나자고 하자, 대거는 때를 놓치지 않고 "이 박사를 만나러 가려 해도 이화장이란 데가 워낙 접근이 어려워 새라면 몰라도 어떻게 들어가겠습니까?"[28] 하고 눈치를 보았다. 그러자 옆에 있던 비서 이기붕과 윤석오에게 출입증처럼 쓸 수 있도록 사인을 해주라고 지시했고, 덕분에 사인 출입증 하나를 얻었다. 분위기는 화기애애했다.

---

27 필자가 1960년대 초에, 같은 일인 사찰 龍光寺(→원불교 서울교당)를 찾았을 때, 울긋불긋 채색된 작은 석고 불상들이 부서진 채 법당 뒤켠에 방치된 것을 본 적이 있다. 당시 일본 사찰에서는 개인 호신불로 이런 불상들을 많이 활용한 듯하다.

28 이승만의 정각사 첫 내방이 1946년이 맞는다면, 김대거의 '이화장 운운'은 맞지 않는다. 이승만의 이화장 공식 입주가 1947년 11월이었고, 1946년 무렵엔 돈암장(동소문동 소재) 거주가 맞을 듯하다. 환국(1945.10.16.) 후 1년 6개월간 돈암장에 있다가 마포장으로 옮겨 6개월여, 그다음 이화장으로 옮겼다. *대산도 다른 자리에서 「그때 이화장인가 청화장에 내가 갔는데…」(『대산종사수필법문집』 1989.4.17.)라고 하여 스스로 이화장에 대한 기억에 의문을 나타낸 바도 있다.

이승만과 김구

김대거가 만난 정계인사 20~30명에는 어떤 인물들이 포함되었을까? 해당 구술에는 이승만, 프란체스카, 이기붕, 윤석오, 장덕수, 조병옥, 김병로, 굿펠로우 등 8명만이 드러나는데 나머지는 어떤 이들일까? 그건 알 수 없으나 그 후로도 대거가 만난 정치인들의 면면을 보면 화려하다. 조봉암, 여운형, 박헌영, 조소앙, 김성수, 이시영, 김창숙, 장택상, 김규식, 신익희, 그리고 김구가 있다. 이 중에는 좌익과 우익, 국내파와 국외파 할 것 없이 요인들이 망라되어 있다. 특히 김구는 송규 종법사로부터 송도성을 거쳐 김대거까지 연결되는 인물이니 주목할 필요가 있다. 김대거가 한동안 동국대 재단(동국학원) 이사였다고 하는데, 이도 종교인이자 정치인이었던 김법린(동국학원 이사장)과의 교유 덕이었던 것으로 보인다.

이승만은 그해(1946년) 6월 5일, 전국 순회 중 이리에 온 김에 익산총부를 방문했다. 이승만의 정각사 방문 때마다 대거가, 총부를 방문해서 정산 종법사를 만나 보라는 권유를 했는데 그게 주효했을 것이다. 먼저 이리교당에 들른 이승만을 맞이한 대거는 기독교 쪽의 심한 방해를 뚫고 이승만을 총부로 안내했다. 이승만은 정산 종법사를 만나 대담한 뒤, '誠敬信(성경신)' 혹은 '敬天愛人(경천애인)', '信望愛(신망애)' 등의 휘호를 남겨 주었고, 가난한 총부는 겨우 밀가루 빵을 쪄서 대접하였다.

대거는 이기붕이 사인한 통행증을 십분 활용하여 이승만을 여러 차례 찾아가 정계 요인들과 우의를 다질 기회도 얻었다. 한번은 상산 박장식과 동행하여 간 이화장에서 이시영과 김구를 만났다. 이승만이 김대거 일행을 '불교 혁명운동을 하는 사람들'이라고 소개하고 불법연구회 교리와 활동을 들은 대로 설명하였다. 그러자 김구는 "내가 중국에 있을 때 국민정신을 하나로 모을 수 있는 핵심 된 불교가 있었으면 하고 바랐는데, 불법연구회가 바로 그동안 내가 생각했던 종교인 것 같다"고 호의를 보이며, 자서전『백범일지』에 서명하여 김대거와 박장식에게 한 권씩 선물하였다.

이승만과 대거의 교류는 그 뒤로도 한동안 지속된 듯하다. 1948년 4월, 김구와 김규식이 이른바 남북연석회의를 위하여 평양으로 갔을 때이다. 이승만은 남한단독정부 설립을 주장한 데 비해 김구, 김규식은 남북통일정부를 주장하며 맞서던 때였고, 남북협상에 합류하지 않은 이승만이 명분에서 밀려 궁지에 빠진 시점이었다. 대거가 이화장을 찾아가니 이승만은 자격지심이 들었던지 지레 "모든 신문 방송과 국민이 나를 비방하는데 김 소장도 나를 비애국자라고 때리러 왔소?" 했다. 대거가 "이번에 이북에 안 가신 일은 잘하신 것입니다." 하고 운을 떼자 이승만은 반색하면서, 왜 그러냐고 물었다. 대거가 다시 "세 분이 함께 가셨다가 혹 사고라도 당하여 돌아오지 못한다면 어떻게 되겠습니까? 이번에 가시지 않은 것은 지혜 있는 일이었습니다." 하고 추어주자, 이승만이 대거의 손을 덥석 잡고 기뻐하며 "서울에도 나를 좋아하는 사람이 하나 있네. 나도 내 목숨 아까워서 안 간 것이 아니요. 꼭 가야 할 일이면 갔지요." 했다.

이승만은 김대거가 종종 찾아보는 편이었다면, 백범 김구의 경우는 오히려 김구 쪽에서 한남동으로 대거를 찾아오는 처지였고, 그래서 대거로서는 이승만보다 김구 쪽과 허물없이 교유하는 사이가 되었다. 이화장에서 있던 이승만의 호의적인 소개가 첫인상을 좋게 하였지만, 결정적인 것은 황정신행 내외의 불법연구회 홍보가 김구의 마음을 잡아 주었다는 것이 김대거의 판단이다. 황정신행의 부군인 사업가 강익하(康益夏, 1896~1950)는 김구와 사제 간[29]이었기에 해방 후 다시 만나 친밀하게 지내던 처지였다. 김대거는 강익하가 김구에게 했다는 말을 이렇게 전했다. "전북 이리에 총본부를 두고 있는 불법연구회에는 종사님이라고 하는 큰 도인이 계시답니다. 거기에 다니는 신도들은 모두 방짜[30]입니다. 제 안사람도 거기 다닙니다. 그곳 사람들은 속세인과는 다릅니다. 시기, 질투, 모략, 중상이 없고 과욕도 부리지 않는데 그 위대한 스승의 상수 제자가 서울에 와 있답니다. 언제 한 번 만나 보시지요." 대거가 강익하의 말을 직접 들은 것인지, 황정신행이 전하는 말을 들은 것인지는 알 길 없으나, 김구가 이승만에 이은 강익하의 호의적 소개를 들은 후 한남동으로 대거를 찾아오기 시작한 건 맞을 것이다.

김구를 두고, 대거는 「때때로 머리 아픈 일이 생긴다든지 틈이 나면 한남동에 오셔서 쉬고 가셨던 백범 선생님, 그분은 상해 임시정부 시절의 이야기를 밤새도록 목메시며 들려주셨고 거기에 모인 우리

---

29 1907년 김구가 황해도 재령에서 보강학교(保强學校)를 설립했는데 거기서 강익하가 김구에게 한학을 배웠다.
30 품질이 좋은 놋쇠를 녹여 부은 다음 다시 두드려 만든 그릇(방짜유기)에 비유하여 아주 좋은 사람이나 물건 따위를 속되게 이르는 말.

교역자들에게 붓글씨[31]도 써 주셨다」(『구도역정기』, 54쪽.)고 회상했다. 어느 날엔 예고도 없이 김구가 찾아왔지만 마침 대거가 출타 중이어서 오래도록 기다리게 했는데, 알고 보니 그날이 김구의 생일날이었다. 상해 시절 어머니가 생신상을 안 받고 그 돈을 독립자금에 보태라고 내놓던 일이 생각나서, 아직 통일된 나라를 세우지도 못한 상태인데 당신 생일상을 편히 받을 수가 없어서 눈치껏 한남동으로 피신해 왔다는 것이었다. 한남동 식구들은 별수 없이 김구에게 찐 콩잎에 된장을 곁들이는 초라한 식사를 대접했다. 냉면을 좋아하던 김구는 그냥 오기 미안하면 건냉면 두 덩이를 가져와 삶아 달래서는 대거와 마주 앉아 먹으며 좋아하였다. 한 번은 맹장 수술을 한 지 일주일밖에 안 된 큰며느리를 데려와서 요양을 부탁하길래 돌본 적도 있고, 또 수양딸이라는 과수댁 하나를 데려와서 2년이나 맡아 준 일도 있었다. 1946년 8월, 한남동(정각사)에서 시행한 하선(여름 정기훈련)의 해제 기념 단체 사진[32]에는 강익하와 더불어 김구와 그의 큰며느리 안미생이 함께 찍혀 있기도 하다. 같은 시기 찍은 다른 사진에는 김구가 정산 종법사, 고산 이운권, 구타원 이공주, 팔타원 황정신행 등과 찍은 사진이 전한다. 같은 때인지는 모르나, 정산 종법사가 한남동에

---

31 그때 쓴 작품 중 하나인 「爲國敢死(위국감사)」가 지금 원불교역사박물관에 소장 중이다.
32 '불법연구회총부출장소 제1회 하선 기념'이라는 사진 설명이 붙었는데 50여 명쯤이 사진에 찍혔다. 『대산 김대거 종사』(화보)에 나오는바 정각사에서 찍은 사진 설명에는 1946년 8월로 나왔고, 같은 시기에 찍은 또 다른 사진의 설명에는 『서울교당 93년사』와 『대산 김대거 종사』(서문 성)가 같이 원기 32년(1947년) 제1회 하선 시로 적어 놓았다. 필자는 1946년 8월 쪽을 택했다.

와서 한 달간 머문 적이 있는데 그때 김구를 서너 차례 만났다고 한다. 일찍이 김구를 찾아가 정치적 지지를 표명했던[33] 정산 종법사가 이때 김구와 만나서는 어떤 얘기를 주고받았는지, 그때 분위기는 어땠는지 알 길이 없으니 아쉽다. 다만, 정산이 정치인으로서 이승만보다는 백범 김구 내지 인촌 김성수를 평가했음은 「정산 종사님께서도 인촌과 백범 선생은 남북통일이 되어도 대통령감이라고 치하를 많이 하셨다.」(『구도역정기』, 56쪽. 김대거 편) 함에서 알 만하다.

이승만, 김구뿐 아니라 강익하, 황온순(황정신행)까지 이들은 같은 황해도 출신으로서 지연[34]을 바탕으로 한 끈끈한 관계가 있었는데, 이승만과 김구는 기본적인 정치노선까지 비슷해서 의형제같이 지냈다. 김구는 동향에다 연상인 이승만을 공식적인 자리에서조차 형님이라고 부를 정도로 친밀했다. 1946년 6월, 김구가 탈장으로 입원하고 있을 때, 강익하가 전국 기업가들로부터 모금한 정치자금 3백만 원[35]을 수표로 들고 나타났다. 강익하가, 마음대로 써도 좋은 돈이니 받으라고 했으나, 김구는 나랏일에 쓸 돈이라면 이(승만) 박사에게 갖다주라고, 돈이 필요하면 자기는 이 박사에게 얻어 쓰겠노라고 사양

---

33 『정산 송규 평전』, 252~253쪽 참조.

34 마이너리티 행정 구역(해서 지방)인 황해도 출신으로 다른 지역에 비해 정이 더 두터웠을 것이다. 이승만은 평산, 김구는 해주, 강익하는 재령, 황온순은 연백이 고향으로 시군 단위에선 다 다르다.

35 당시 서울의 최고 땅값이 평당 760원이었다니 이 돈은 상당히 큰돈이었다. 실은 강익하가 이승만에게는 미리 5백만 원을 제공했었다고 한다. 그러니까 기업가들이 이승만과 김구에게 5:3으로 베팅을 한 셈이다.

했다는 일화는 유명하다. 이렇게까지 가깝던 두 사람은 정치적 위상이 경쟁 관계로 이어지며 갈등이 노정되더니, 1947년 12월, 장덕수[36] 피살 사건이 일어나고 그 배후로 김구가 지목되면서부터 관계는 최악으로 틀어졌다. 이듬해 남한단독정부 수립과 남북통일정부 수립이라는 대립된 주장이 남북협상 문제로 이슈화되면서 마침내 이들은 정적이 되었다. 김대거는 이들의 관계를 화해로 이끌고자 고심했다고 한다. 두 사람에게 "변치 말고 끝까지 형제처럼 지내십시오." 하고 간절히 부탁도 해보았으나 도저히 안 되겠다 싶어지자, 대거는 허물없는 김구에게 먼저 말했다.

"아무래도 이 나라는 이(승만) 박사가 맡아야 할 것 같으니 잠시 수양하러 가십시오."

김구는 대거의 거듭되는 충언에 심사숙고했던가 보다. 어느 날 김구가 찾아오더니 묻지도 않았는데 먼저, 정치는 모두 이승만에게 맡기고 자기는 전에 승려 노릇을 한 적 있던 공주 마곡사로 들어가겠노라고 말했다. 대거는 잘 생각하였다고 격려하고, 그가 미군에게서 받아 두었던 담요와 우의까지 선물로 주었다. 그러나 며칠 후 다시 찾아온 김구는 곁엣사람들 때문에 마곡사 행이 쉽지 않다고 하소연하였다. 결국 주위의 극성스러운 만류로 서울을 떠나지 못하고 경교장에 머물던 그는 1949년 6월 26일, 현역 육군 소위 안두희의 총탄에 숨

---

36 설산(雪山) 장덕수(張德秀, 1894~1947)는 일본, 영국, 미국 등에서 유학한 일제강점기 지식인으로 정치인, 언론인, 교수로 활동했다. 독립운동가에서 친일반민족행위자로 변신하는 등 다양한 색채와 이력을 가진 인물로 1947년 12월 2일, 한국민주당 정치부장이던 시절, 한국독립당 소속 독립운동가들에게 살해되었다.

지는 참변을 당했다. 대거는 비통한 심정으로 만사(輓詞)[37]를 지었다.

김대거는 우익끼리의 갈등 조정뿐 아니라 좌우 갈등을 봉합하려는 노력도 기울였다. 그 대표적인 예가 조선공산당 출신 조봉암(曺奉岩, 1899~1959)과 이승만의 적대 관계를 화해시키는 것이었다. 조봉암과의 교류를 경계하는 측근이 없지 않았지만, 대거는 한남동으로 자신을 찾아오는 죽산 조봉암을 기꺼이 맞아들였다. 대거는 이승만을 심하게 비난하는 조봉암을 두고 「이 박사를 시비하는 것 자체는 좋으나, 잘잘못을 가려 잘한 것은 인정하고 잘못한 것을 비판해야지 싸잡아 비판하는 것은 옳지 못하다」고 응수하자, 순순히 한 걸음 물러나 「수양하겠다. 나도 조부모가 절에서 기도를 올려 대밭에서 낳았다고 해서 아호를 죽산(竹山)이라 하였는데, 이것도 부처님 인연이라 생각한다.」하면서, 밭매고 공부하며 수양하는 전원생활을 동경하는 말도 했다. 대산은 말이 먹힌다 싶어지자, 15살이나 연상인 그에게 「부처님 법을 아는 참 지도자는 처처불상(處處佛像)의 정신으로 전체 인류뿐 아니라 일체 물건 하나하나까지도 불성이 있음을 알아 공을 들이는 것이며, 이처럼 나라의 진정한 애국자는 야당에 몸담고 있다 해도 여야를 막론하고 두루 통하는 사람이어야 한다」고 당부했다.

조봉암은 이승만을 초대 대통령으로 하는 정부가 수립되자, 농림

---

[37] 일부 다른 버전이 있으나 『대산종사법어』 거래편37에 따르면 다음과 같다. 義雨洽足三千里疆土(의로운 비는 삼천리 강토에 흡족히 내리고) 德雨薰蒙三千萬同胞(덕스러운 비는 삼천만 동포를 훈훈히 적시도다) 嗚呼萬年大計不歸虛(오호라 만년 대계는 헛되이 돌아가지 않으리니) 伏願兜率天宮魂淸飛(원컨대 도솔천궁에 머무시어 혼을 청정히 날리소서).

부를 맡아달라는 이승만의 요청을 수락하고 초대 농림부 장관이 되어 농지개혁을 추진하는 등 한때 밀월 관계를 보이기도 했으나, 2대와 3대 대통령선거에 출마하여 이승만과 대결을 벌이다가 끝내 사형이라는 비극적 종말을 맞았다.[38] 한번은 조봉암이 한남동을 찾아와 개인이 처한 복잡한 사정을 털어놓고 조언을 구했는데, 대거가 그에게 "우리 스승님 계시는 시골에 가서서 작업복 입고 풀을 매고 생활해 보시지 않겠습니까?" 의사를 물었더니 그도 좋다고 수락하였다. 그랬음에도 대거 쪽에서 결핵 재발과 원평 이주 등 부득이한 사정으로 그 일을 성사시키지 못했다.[39] 또 한번은 1957년 제헌절날인데 조봉암이 먼저 연락하여 종로교당(중구 입정동 소재)에서 만났다. 마침 비가 내리는데 지프를 타고 몰래 와서 정치에 관한 속 이야기를 나누고 대거의 충고를 들으며 두어 시간이나 놀다 간 일이 있었다. 그가 끝내 정치적 소용돌이에 휘말려 사라지자 대거는 몹시 애석해했다.[40]

  김대거는 이렇게 정치인들과 다양한 교류를 하였고 정치 입문의

---

[38] 조봉암은 1957년에 진보당을 창당하였다. 1958년 1월 간첩죄 및 국가보안법 위반 혐의로 진보당원 16명과 함께 검거되어 대법원에서 사형이 확정되고, 1959년 7월에 사형이 집행되었다. 2007년 진실·화해를위한과거사정리위원회가, 조봉암의 진보당 사건이 이승만 정권의 반인권적 정치 탄압이라고 결론을 내리고, 유가족에 대한 국가적 사과와 독립유공자 인정, 판결에 대한 재심 등을 권고하였다. 그는 2011년 대법원에서 국가변란과 간첩 혐의에 대해 무죄 선고를 받고 복권되었다.

[39] 『구도역정기』, 61쪽.

[40] 『배내골의 성자』 369~370쪽 참고. 1957년은 종로교당 설립 연도, 정산 종법사 장수교당 요양 시기, 진보당 창당 사건 등의 정황에 근거하여 계산함.

유혹도 받았지만,[41] 어디까지나 대거의 정치인 교류는 소태산의 '정치와 종교는 수레의 두 바퀴'란 법설이나 정산 송규의 '정교동심' 경륜 등 교법적 배경과 명분에 따른 현실 참여일 뿐이었다.[42] 김구나 조봉암의 경우에서 보듯이 대거의 정치적 노력은 실패한 듯이 보이지만, 거기까지가 종교인으로서 대거의 역할이라 할 수 있다. 필자가 김대거의 한남동 시절, 정치인 교류를 장황하게 설명하는 이유가 있다. 후에 상세한 언급의 기회가 있겠지만, 이 무렵 정치인들과의 다각적인 교류가 수도와 교화를 전문으로 하는 교무 김대거에게 일시적 외도일 뿐이라는 시각은 경계해야 한다. 오히려 엄청난 교화 자산이 될 수도 있을 것이기 때문이다.

이 대통령, 김구 선생 (…) 그런 이들을 한 삼십여 명 상대를 하는데 내가 대종사님(*소태산), 선 법사님(*정산) 모셨으니 그분들 가서 만져 봐야 주먹 안에 들더라. 스승님을 모셨기 때문에. 그래서 그이들한테 의론할 것 같으면 그 사람들이 좋아하고 어려운 일 있으면 나한테 다니고, 그때 서울서 산 때가 좋았다."(『최초법어부연법문』, 80쪽.)

---

41 독립운동가 출신 정치인 조소앙, 조완구 등이 정계에 끌어들이려 했으나 대거는 정치의 역할과 종교의 담당 분야가 다르다며 거절했다 한다. (『구도역정기』, 56쪽.)
42 1972년 법설에서 김대거는 「나보고 서울출장소 있을 때 이승만, 김구 선생 등의 애국자와 정치가 등을 만나고 왔다 갔다 할 때처럼, 지금도 그렇게 아니한다고들 한다. 실은 그때가 꺼풀 생활이었는데 그것을 권하니 딱도 하다.」(『법문집』, 54쪽.) 하여 정치와의 거리 두기를 단호히 하고 있다.

김대거는 종종, 소태산 같은 큰 어른을 모셔 본 사람으로서 다른 인물들을 보면 어린애처럼 보이더라고 고백했다.[43] 당시 정치인으로서 카리스마가 최고였던 이승만, 김구 등 연배로도 부친과 같은 정객들을 상대하여 충고하고 훈수 두던 김대거로서, 후에 종법사가 되어 내로라하는 정치인들을 만날 때, 그는 아무에게도 기죽을 일이 없었다. 기죽기는커녕 오히려 정치인들 특유의 사고방식과 권모술수를 알고 야망과 허점을 꿰뚫어 보았기에 그들을 손안의 공깃돌처럼 가지고 놀 수 있었다. 그들의 허세 뒤에 감추어진 맹점을 읽고 그들의 급소가 어디라는 것까지 파악하고 만났기에 도무지 꿀릴 일이 없었다.

---

[43] 「내가 서울에 있을 때 이승만 박사, 김구, 김규식, 조소앙, 신익희, 조병옥 등 영웅들을 많이 접촉하고 내왕했으나 기운으로 콱콱 눌렀다.」(『대산종사법문수필집』, 1975.6.21.) 같이 말하기도 했다.

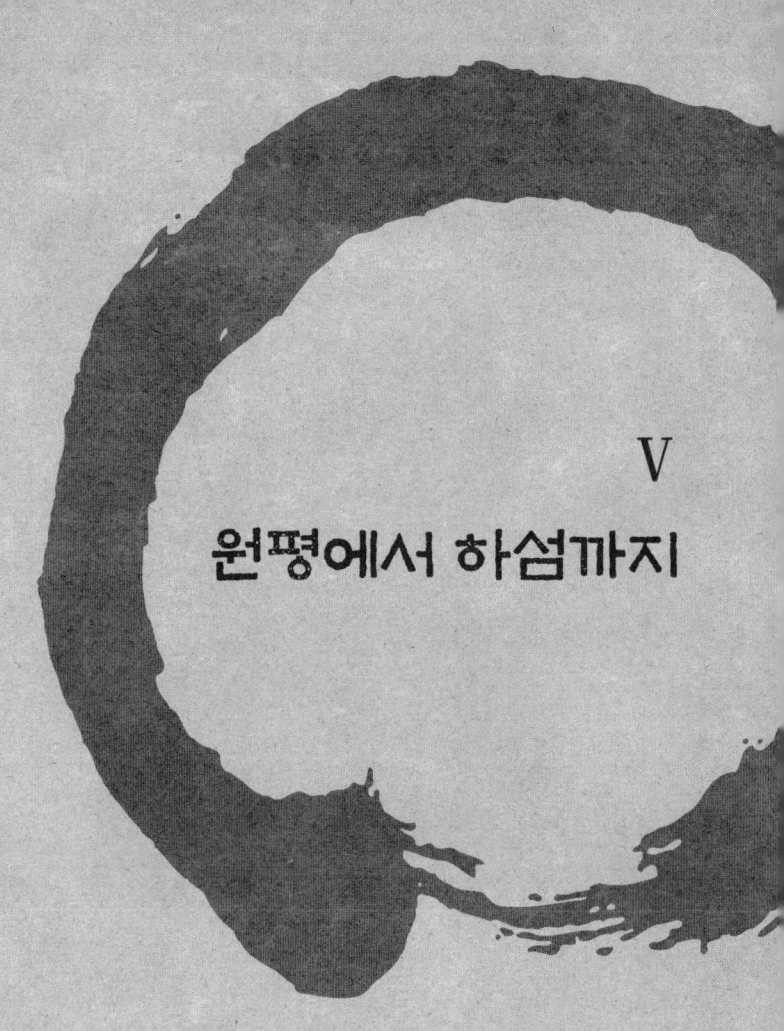

V
원평에서 하섬까지

다시 사선에 서다

해방이 되자 정산 종법사는 스승 소태산의 유업을 계승하는 작업에 박차를 가한다. 1946년 5월, 전문 교역자 양성기관으로서 유일학림을 설립하고, 교단의 정통성을 확립하고자 정식으로 교헌을 제정하였다. 1947년 4월에 불법연구회를 원불교로 개명하고, 이듬해 1948년 1월에 '재단법인 원불교'로 등록을 마쳤다. 일제강점기의 '유사종교' 올가미에서 벗어나 해방 조국에서 희망찬 발걸음을 떼어놓기 시작한 것이다. 그해 7월에 대산의 차남 성관이 태어났다. 이어서 8월에는 미군정이 끝나고 독립 대한민국 정부가 수립되니, 대거로서는 교단의 새 출발에, 나라의 독립에, 가정의 경사까지 함께 누리는 원기 33년(1948)이었다.

그러나 호사다마라, 총부서울출장소장으로 어렵사리 보낸 3년 만에 대거에게 다시 병마가 찾아들었다. 아마도 과로로 인한 폐결핵의 재발이었던 것 같다. 당시 대거의 시자로 간사 생활을 하던 최준명(전 요진건설산업 회장)의 회고에 보면, 「소제하러 들어가서 요강을 보면 항상 가래가 가득하였다.」하니[1] 폐결핵의 재발 기미는 진즉부터 있었던 것 같다. 병원에 가서 진찰을 받아보니, 의사는 체념하듯 "인명은 재천이니 당신 하고 싶은 대로 하십시오." 하면서 처방조차 내주지 않더란다.

대거는 서울에서 더는 버틸 재간이 없어서 익산 총부로 내려왔다. 아무래도 조용한 시골로 가야 하겠다는 판단이 서서 갈 데를 물색하다 보니, 부산 사하구에 있는 당리지부가 일 순위로 떠올랐다. 삼산 김기천 교무가 영남지방 최초로 문을 연 하단지부의 후신이 당리지부[2]이니, 이 유서 깊은 곳에서 농사일이나 거들며 명이 다하는 날까지 살아야겠다고 마음먹었다. 그러나 부담을 느낀 당리지부 교도들은 그가 오는 것을 반기지 않았다. 야박하다 싶으면서도, 팔자에 없는 송장을 치지 않겠다는 심리라 생각하면 심경이 씁쓸했을 것이다.

내가 서울출장소장 할 때에는 모두 따르고 야단이며, 이 박사 김구 선생 등 정계 요인들을 만나고 서로 내왕하니 더 가까이 따르는 사람이 많더니, 소장 자리를 다른 사람으로 바꾸어 버리니 개미 한 마리도 오지 않더라.

(『진리는 하나 세계도 하나』, 340~341쪽.)

---

1 『조불…』Ⅱ, 174쪽.
2 원기 17년(1932) 부산출장소(하단동)로 시작하여 1934년 하단지부(하단동)로 이름이 바뀌고, 1941년 당리지부(당리동)로 바뀌고, 다시 2004년에 하단교당(하단동)이 되었다. 당리지부 당시에는 교당 부지 외에 교당에서 농사짓는 유지답(논)이 400평 가까이 되었기에 농사일 거든다는 말이 나온 것이다.

꼭 당리지부 얘기만은 아니지만, 대거는 염량세태(炎涼世態, 세력이 있을 때는 아첨하여 따르고, 세력이 없어지면 푸대접하는 세상인심)에 충격이 컸던 것 같다. 어쨌건 이 소식을 들은 정산 종법사가 대거를 부르더니 "계문은 내가 모두 책임질 터이니[3] 모든 것을 도방하(都放下, 집착을 다 놓아버리고 마음을 비움)하고, 안심하고 원평에 가서 치료하며 요양토록 하라"고 지시했다.

익산에서 원평까지 거리가 50km쯤 된다고 하니 요즘 같으면 차로 한 시간이면 뒤집어쓸 길이건만, 약탕기를 짊어진 채 자전거 꽁무니에 매달려 갔다니 지름길로 갔더라도 세 시간은 좋이 걸렸을 것이다. 전라북도 김제군 금산면 금산리, 가까이 모악산이 있고 명찰 금산사가 있고, 좀 떨어져 대원사가 있다. 금산사는 소태산이 영광서 법인기도를 마치고 들어와서 미륵전 옆에 한 달을 머물면서 송대 노전 문미에 일원상을 처음 그린 곳이고,[4] 대원사는 진묵대사와 증산 강일순이 득도한 곳이고, 정산 송규가 소태산을 만나기 전에 3개월을 묵으며 적공한 곳이다.[5] 특히 강일순은 득도 후 원평 구릿골(동곡)에 자리 잡고 동곡약방을 내어 환자를 돌보며 이른바 천지공사를 하였고, 또

---

[3] 여기서 계문이 왜 등장할까? 생각건대, 폐결핵 요양에 필수인 충분한 휴식과 영양 보충을 위하여 혹시 계문을 범하는 경우가 있더라도 망설이지 말라는 뜻으로 보인다. 특신급 9조「연고 없이 때아닌 때 감지지 말며」, 법마상전급 4조「나태하지 말며」에 구애받지 말고 휴식을 잘하라는 뜻과, 보통급 1조「연고 없이 살생을 말며」, 법마상전급 3조「연고 없이 사육을 먹지 말며」에 구애받지 말고 식보를 잘하라는 것 아닐까. 당시 폐결핵 환자의 식보는 장어와 개고기가 인기였다. 대거의 경우 개고기와 장어를 여러 차례 복용한 기록이나 증언이 있다.

[4] 『소태산 평전』, 214~223쪽 참조.

[5] 『정산 송규 평전』, 64~65쪽 참조.

한 그곳에서 화천(사망)하였기에 거기는 증산교 신자들에겐 둘도 없는 성지다. 또 불법연구회 역사에서 보면, 기독교 장로로서 소태산에 귀의한 후 제2대 회장을 지내기도 한 조송광과, 그의 딸이자 정녀 제1호로 출가한 공타원 조전권의 고향이기도 하다.

당시 금산리에 있던 원평교당의 자취를 지금 찾아볼 수 없는 것은 금평저수지[6] 조성으로 교당 터가 수몰되었기 때문이다. 원평은 황해 바닷바람과 모악산 산바람이 만나는 곳이라 공기도 맑고 산세도 좋아 대거의 마음에 흡족했다. 대거는 양주 장포동에서 투병하던 요령이 있어서 원평 와서도 산행 위주로 요양하였다. "산에 다니는 데 염치가 없더라. 밥은 해주는데 일도 못 하겠고, 책도 못 보겠고, 허리가 꼬부라져서 눕지도 못하겠더라. 그래서 가마니 하나에 끈을 매어 짊어지고 다녔다. 약을 한 뿌리 캐면 좋고 못 캐면 또 그대로 좋다"(『불불계세의 유서 깊은 도량』, 63쪽.)고 했다. 또 "나도 원평에서 요양할 때 그 지부 감원(監院, 교당 살림살이를 맡아 하는 하위직)이 머슴 정도로 알고 일을 시키더라. 그래서 그 일 다 하며 지냈다. 1년 후에 법문한다니 웃더라. 나는 그때 큰 공부하였다."[7]라고 한 법문의 배경도 그렇다.

처음엔 백 미터도 걷기 힘들어서 강증산이 머물던 이웃 청도리 구릿골(동곡)이나 오가다가 나중에는 세 끼 도시락을 싸 들고 하루 팔십 리 산길을 거뜬히 왕복했다는 전설 같은 이야기도 있다. 그가 다닌 길

---

[6] 옛날에 오리알터가 있던 자리인 김제시 금산면 금산리에 조성된 농업 관개용 저수지로, 1957년 1월에 착공하여 1961년 4월에 준공하였다. 둘레 3.6㎞.
[7] 『대산종사수필법문집』1973. 3. 4.

은 가깝고 낮은 제비산(帝妃山, 308.3m)으로 시작하여 점차 동선을 확대하며 좀 떨어진 구성산(九聖山, 489.7m)에 모악산(母岳山, 793.5m)까지 다니고, 금산사와 귀신사, 대원사, 학선암, 청련암, 심원암[8] 등 사암을 순례했다. 한번은 금산사엘 가니 백학명의 수상좌 출신인 매곡(梅谷)이 주지로 있으면서 대거를 반갑게 맞이했다. 그는 대거가 서울출장소장으로 있을 때 교유한 바가 있었기에 차도 대접하고 여러모로 접대에 신경을 쓰는 눈치였다. 이후로 다시는 찾지 않았다. 늘 초라한 옷차림으로 커다란 망태 하나를 메고 다니며 창출, 하수오 등 약초를 캐고 더덕, 고사리 같은 산나물도 채취하였다. 때로는 인연이 닿는 대로 바쁜 농가에 가서 감도 따주고 청소도 해주면서 농촌 일손을 돕기도 했다.

점차 건강이 좋아짐과 더불어 늦가을이 되면서부터는 밤낮없이 신기한 생각들이 솟아올랐다. 때로 글을 쓰려면, 어느 대문장가 못지않을 만큼 많은 시문을 창작할 수도 있을 것 같았다. 한번은 정광훈 교무가 찾아와 "여기서 무슨 재미로 사십니까?" 묻길래 그 답 삼아 쓴 글이 〈채약송(採藥頌)〉이니, 이런 글도 그때 나온 것이다.

有人來問 母岳山中之事 此間消息莫問覓. 晝遊千山萬水中 夜夢三昧大寂光處. 老松曲曲獨守靑 怪石兀兀聽水聲. 又云 時有涵養虛空法界之正氣 呑下山河大地之精靈 不知老之將至 羅漢之神眼 不能窺知. 然余汝相知

---

8 금산사, 귀신사(歸信寺), 대원사는 모악산에 있는 고찰이고, 학선암(鶴仙庵)은 구성산에 있는 고찰로 진묵 스님이 주석한 적이 있다 하고, 청련암(靑蓮庵)과 심원암(深源庵)은 모악산 금산사의 산내 암자다.

不可使人知. 呵呵.

(어떤 사람이 와서 모악산 중의 일을 묻거늘, 「이 사이 소식을 묻고 찾지 마라. 낮에는 천산 만수 가운데 놀고 밤에는 삼매 대적광의 경지를 꿈꾼다. 늙은 솔은 굽고 굽어 홀로 푸름을 지키고 괴이한 돌은 우뚝우뚝 서서 물소리를 듣는구나.」 또 이르기를, 「때 있으면 허공 법계의 바른 기운을 머금어 기르고 산하대지의 정령을 삼켜 내려서 늙어 감을 알지 못하니, 나한의 신통한 눈으로도 엿보아 알지 못하지. 그러니 너와 나만 서로 알지 남들이 알게 하진 못할 것이야. 하하!」)

고매한 뜻이야 접어 두고, 老松曲曲獨守靑(노송곡곡독수청: 늙은 솔은 구불구불 홀로 푸름을 지키고) 怪石兀兀聽水聲(괴석올올청수성: 괴이한 돌은 우뚝우뚝 물소리를 듣는다)만 보더라도 문학적 기교를 알 만하다. 앞 구가 소태산의 선시(〈상량시〉) 중 '松收萬木餘春立(송수만목여춘립: 솔은 만 그루의 남은 봄을 거두어 서 있다)'을 상기시키고, 뒤 구는 역시 소태산의 선시(〈변산시〉) 중 '石立聽水聲(석립청수성: 돌이 서서 물소리를 듣는다)'의 판박이이니, 이는 소태산 시에 대한 오마주[9]임을 알 만하다.

김대거의 선시(禪詩)

김대거는 숱한 선시를 남겼는데 이들은 대개 문학적으로나 종교적

---

9   프랑스어 오마주(hommage)는 존경, 경의의 뜻. 본래 영화에서 존경의 표시로 다른 작품의 주요 장면이나 대사를 인용하는 일을 가리켜 이르는 말이지만, 여기서는 존경의 뜻에서 다른 작가의 작품 일부를 인용하거나 따라 한 것이란 뜻으로 쓴 것.

으로나 수준이 높다. 그중에 원평에서 산행하며 지은 작품 두어 수를 맛보기로 보자. (이혜화, 『원불교의 문학세계』 대산 김대거 편에서 인용)

千山萬水爲禪堂(천산만수위선당)
毘盧頂上我獨行(비로정상아독행)
靑鳥喃喃花笑笑(청조남남화소소)
無限淸風無限長(무한청풍무한장)
천산 만수를 선당 삼아
비로봉 정상을 홀로 거니는데
파랑새는 지저귀고 꽃은 활짝 웃으니
맑은 바람 한이 없어 길고 또 길더라

모악산에 올라서 지었다고 했다. 병든 몸을 이끌고 정상까지 오르기가 범인에겐 고행일지 모르지만, 대산은 이때 산수를 선방 삼아 행선(行禪)을 한 것이다. 산새가 지저귀고 야생화가 반겨주는 오솔길을 걸어 도달한 산마루엔 기다린 듯 맑은 바람이 불어온다. '비로'는 비로자나불의 준말로 본래 태양 광명을 상징하는 부처다. '비로정상아독행'이 단지 등산을 가리키는 것일 수가 없는 이치다. 비로자나불은 화엄종의 본존으로 법신불을 가리키는바, 아마도 대산은 모악산 정상에 서서 법신과 일체감을 느끼며 화엄세계를 관하고 있었을 것이다.

淸風海外萬里來(청풍해외만리래)
明月雲中九天開(명월운중구천개)

病僧閑坐聽棹歌(병승한좌청도가)

天堂地獄總成滅(천당지옥총성멸)

맑은 바람은 바다 밖 만 리에서 불어오고

밝은 달은 구름 가운데 구천을 열도다

병든 중이 한가로이 앉아 뱃노래를 들으니

천당 지옥 모두 흔적조차 없더라

대구를 이룬 1, 2구는 후구를 살리기 위한 장치에 불과할 듯도 하나 그렇게만 볼 수는 없다. 오히려 소태산 〈대각송〉(청풍월상시 만상자연명)의 변형으로 볼 것이니, 진리를 각득한 상태다. 특히 '閑坐聽棹歌(한좌청도가)'는 주자의 〈무이구곡가〉 중 '棹歌閑聽兩三聲(도가한청량삼성)'에서 인유한 것임은 시사하는 바가 있다. 당대 제자들은 소태산 지시로 〈무이구곡가〉를 배웠기 때문이다. 비록 육신은 양·한의가 다 포기한 '병든 중'에 불과하지만, 그는 이미 고락을 초월한 경지에서 놀고 있다.

千年古寺一燈明(천년고사일등명)

老僧閑坐聽水聲(노승한좌청수성)

魔空法空空亦空(마공법공공역공)

心淸境淸夢寐淸(심청경청몽매청)

천년 고사에 한 등이 밝은데

노승이 한가로이 앉아 물소리를 듣더라

마도 공하고 법도 공하고 공하다는 것도 공하여

마음도 맑고 경계도 맑고 꿈도 맑더라

천년 고사는 모악산 금산사다. '한 등이 밝다[一燈明]'를 실경으로 보기보다는 상징어로 볼 일이다. 석가불이 열반 시에 당부한 '자성을 등불 삼고 진리를 등불 삼아라[自燈明 法燈明]' 그 말씀이 절로 연상된다. 제2구를 보면 앞의 '病僧閑坐聽棹歌(병승한좌청도가)'의 재판임을 알겠거니와 이는 또한 소태산의 〈변산시〉에 나오는 '石立聽水聲(석립청수성)'을 모방한 것임도 알 만하다. 법과 마가 공하고 그 공에조차 매이지 않아 시비선악 등 상대적 갈등을 극복하고 보니, 마음도 맑고 경계도 맑고 꿈도 맑더란다. 그 경지는 역시 심오한 선적 체험을 한 도인의 것이다. 이 작품 역시 선시로서는 갈 데까지 간 것이다.

어느 날 금산사 승려 이낙신[10]이 대거를 찾아왔다. 한번은 그가 원불교 원평교당 교도들을 만난 자리에서, 원불교에는 사판승[11]만 많고 정작 공부하는 도인이 없다고 했더니, 그 말을 들은 교도들이, 원평교당에 와서 김대거 교무를 만나면 그런 소리 못 할 거라고 퉁바리

---

10 6·25전쟁 와중에 환속하여 달마도 전문 화가로 활동하며, 국내는 물론 일본, 대만 등지에도 이름을 알린 인사다. 환속 후에는 소공(簫笶) 이명우(李明雨, 1923~2005) 거사로 행세했다.

11 불교의 승려를 양분하여, 수도에만 전념하는 이판승과, 절의 재정과 행정을 맡아 일하는 사판승으로 나누는데, 공부와 사업을 아우르는 원불교의 이사병행 수행법을 모르다 보니 공부하는 이판승은 적고 사업에만 치중하는 사판승이 많다는 오해를 한 것.

를 주었던 모양이다. 이낙신은 전북 정읍 출신으로 17세에 금산사에 와서 머리를 깎았는데, 그는 한학에 조예가 깊어서 사서는 물론 제자백가에 능통한 데다가 부용사 스님 김일섭[12]에게 불화(佛畫)를 배워 화승으로 또한 일가를 이룬 인물이었다. 대거는 이낙신을 맞이하여 그에게〈정진문(精進文)〉〈원상대의(圓相大意)〉〈채약송〉〈무실무득(無失無得)〉등을 거침없이 써서 보여주었다. 이낙신은 글도 알고 법도 아는 승려인지라, 대거의 글을 보고는 감동하여 큰절을 올리더니, 자기를 상좌로 받아주고 영생의 인연을 맺자고 매달렸다. 사흘을 계속 찾아오면서 졸라댔지만, 건강이 허락지 않음을 핑계로 돌려보냈는데, 대거가 종법사가 된 이후 대형 달마도를 그려 갖고 인사하러 찾아와 화제가 되기도 했다. 그는 특히〈원상대의〉를 보고는 '만대의 조사 못지않게 좋은 법'이라고 예찬하였다.

후타원 박지홍 교무가 "종법사님(*김대거)께서는 언제 도를 깨치셨습니까?" 하고 물었을 때 "원평에서 약 캐러 다닐 때."라고 대답해 주었다(『조불…』II, 239쪽.) 했는데, 그 말이 옳다면〈원상대의〉야말로 그의 오도를 보여준 대문장이라 하겠다. 대거 자신도, 이 문장을 본 정산 종법사가 크게 인증해 주더라 했는데(『대산종법사 법문집』3, 132쪽.) 이는 정산의〈원각가〉를 보고 소태산이 정산의 득도를 인증했듯이,〈원상대의〉를 본 정산이 김대거의 득도를 인증한 것이라 할 만하다.

---

12 金日燮(1900~1975). 김제군 백구면에 부용사(芙蓉寺)를 세우고 후진들에게 불상, 불화, 단청 등을 가르친 근세 불교미술의 선구자인 화승(畫僧)이다. 중요무형문화재 48호 단청장.

그러고 보면, 이때 원평에서 지은 연작시(《금산사에서》) 11수 중 〈모악산중운(母岳山中韻)〉〈청풍해외만리래(淸風海外萬里來)〉〈청풍표표시방청(淸風飄飄十方淸)〉〈천년고사일등명(千年古寺一燈明)〉 등의 칠언절구 및 오언절구 〈용탄여의주(龍呑如意珠)〉는 모두 오도송[13]들이었음을 알겠다.

법생지 원평

1987년 12월 20일, 원평교당 신축봉불식 법설 중에 김대거는 "내가 고향이, 낳기는 진안에서 낳았어도 서울이 절반 고향이 되고 큰 고향은 여기가 되었다. 그래서 곤란할 때면 여기 와서 있게 되었다."(『불불계세의 유서 깊은 도량』, 62쪽.)라고 하였다. 서울(돈암동, 장포동, 한남동)[14]이 대거의 생애에 의미가 크더라도 '절반 고향'에 불과한데, 원평을 '큰 고향'이라 한 것에 주목할 필요가 있다.

김대거에게 원평은 단지 절망적인 폐결핵 재발로부터 건강을 되찾아 준 은혜로운 요양지만은 아니다. 그보다 더욱 큰 의미를 띠는

---

13 이들 시에 대해서는 이혜화 지은 『원불교의 문학세계』, 2/1~2/5쪽을 참고하면 도움이 될 것이다.

14 과거엔 전라도 등지에서 경기도와 서울을 굳이 구분하지 않고 범칭 서울이라 부르기도 했기에 서울 근교인 양주(경기도)도 여기서 말하는 서울에 포함된다. 「서울은 내 은생지다. 모든 의사가 못 낫는다고 했는데 나았기 때문에 은생지다.」(『불불계세의 유서 깊은 도량』, 61쪽.)

것은 그가 여기서 깨달음을 성취했다는 점이다. 다만 그 깨달음이 소태산이나 정산이 이른 그 대각의 경지까지는 아닐지 몰라도[15] 원평을 오도지(悟道地)라 함에는 부족함이 없을 듯하다. 그리고 더 나아가 원평 요양이 평가받는 이유는 따로 있다. 1949년 어느 날 정산 종법사가 영광 가는 길에, 투병 중인 대거를 격려하고자 일부러 원평을 찾아왔는데, 그가 "대산[16]! 여기는 법생지다. 서울은 은생지라면 여기는 법생지다." 했다. (『불불계세의 유서 깊은 도량』, 62쪽.) 대거는 「난 법생지인지 무엇이 되는지 모르겠고, '아, 어른이 말씀하시니 그런가 보다' 했다」고 회고했다. 은생지는 은혜가 나온 땅이란 뜻이니, 대거가 경성지부(돈암동)랑 양주 장포동을 거치면서 1차 결핵을 고치고 생명을 얻었으니 그리 말한 것으로 보더라도, 2차 결핵을 고치고 다시 살아나는 원평이 또 다른 은생지라면 모를까 법생지(법이 나온 땅)라 한 이유를 몰랐다고 함이다.

나는 나 혼자 한 일과 내가 한 일은 하나도 없다. 모두 대종사님과 정산 종사님의 부촉이 계시어 하였다. 『대종경』도 대종사님께서 세 번 부촉하시었다. 한 번은 법설 수록을 하여 보여 드리니 "앞으로 그렇게 편술하여 보아라." 하시고, "그러나 기록은 하지 마라. 정신이 맑아지면 다시 떠오

---

15 「다른 사람은 내가 30대에 다 요달한 줄 알고 있으나 실은 40대에 참으로 대종사님을 뵈었다. 대종사님께서도 그러셨다. "천각 만각 억만각 하는 것이니 한 생각 얻었다고 방심하지 마라."」(『삼삼조사게송과 종법사님부연법문』, 9쪽.)
16 대산이란 법호를 1953년에 받았으니까 원평에서 요양할 때는 없던 것이다. '대산!'이 아니라 '대거!'라 해야 맞는다.

를 것이다. 그때 영지(靈智)로 하라." 하시면서, "딴 책은 보지 마라. 너는 나보다 글이 길다." 하시므로, 나는 그 후 일체 책을 보지 않고 큰 책임과 사명감을 가지고 새 세상에 새 법이 나와서 만인이 다 쉽게 공부하여 무수한 불보살이 배출되기를 염원하면서 계속 적공하여, 『대종경』 초안을 하여 정산 종사께 드렸다. (『대산종법사 법문집』3, 18쪽.)

대거는 스무 살 때 일월이 합치되는 상서로운 꿈과 더불어 소태산으로부터 견성 인가를 받았고 그때 신명(神明)이 솟았다고 했다. 그 후 더욱 보림하고 적공하던 바였는데, 원평에 와서 17년 만에 다시 또 마음이 밝아지고 지혜가 솟았지만, 이를 감추고 더욱더 연마하였다. 이상하리만치 자신도 모르게 영적으로 큰 힘이 솟아남을 느꼈다. 이때 그는 이것이 소태산이 누누이 경계한 허령에 불과한가 두려웠지만, 지각이 나고 신명이 솟음에 자신감을 얻은 것 같다. 그러자 소태산의 법문을 정리해야 하겠다는 생각을 갖게 되었고, 드디어 『대종경』 초안을 집필하기 시작한다. 원평이 법생지라 한 것은 곧 감추어졌던 소태산의 교법이 『대종경』으로 다시 빛을 보게 됨을 뜻한다는 것을 비로소 알게 된 것이다. 그는, 진리가 그에게 큰 병을 준 것은 반드시 곡절이 있을 터이니, 생사는 진리계에 맡기고 오직 소태산의 일원대도를 받들며 언제든 스승의 큰 뜻을 천하에 펼치리라는 서원과 신심을 한층 굳혔다.

그런데 소태산은 왜 대거에게 잘 듣기만 하고 '기록은 하지 말라' 했을까? 소태산의 가르침을 정확히 기록해야 와전이나 오류를 막을 수 있을 일 아닌가? 대거는 「후일 세월이 흐르고 『대종경』을 초안하려고 할 때 나도 모르게, 들려주셨던 법문들이 솟아났고 뿐만 아니라 교단 전반에 대한 행정 제도에 이르기까지도 그때의 기억을 되살려 처리하게 되었다』(『구도역정기』, 38쪽.)고 회고하며 스승의 뜻을 짐작했다. 왜 또 '딴 책은 보지 말라.'¹⁷ 했을까? 오거서(五車書)까지는 아니라도, 되도록 많은 책을 섭렵하고 나서『대종경』을 집필한다면 더욱 알차고 풍부한 내용이 될 것 아닌가? 훗날 대거는「만일 책을 많이 봤더라면, 후에『대종경』편찬할 때에 간단하고 명료하게 편찬 못 하고 착란(錯亂, 감정이나 생각 따위가 뒤엉켜 혼란스러움)한 점이 많았을 것이라고 생각한다. 그러므로 책을 적게 본 것을 오히려 다행하게 생각한다.」(『진리는 하나 세계도 하나』, 232쪽.) 하며 스승의 뜻을 비로소 이해했다. 또한「내가 원평에서 약을 캐며 기도할 때 신령스러운 문구가 솟아나 글을 써 보니 과거의 문장가보다 못할 바가 없고, 중앙총부에서 붓글씨를 써 보니 옛 명필보다 못할 것 없다는 생각이 들었으나, 그때 한 생각 돌려 글 문을 닫고 붓을 던져 쓰지 않았나니, 내가 잘하는 데 치우치지 아니하고 함축하였기에 뒷날『대종경』을 정리할 수 있는 힘이 솟았느니라.」(〈대산종사 탄생100주년을 기리다〉,《원불교신문》2014. 5. 16.)에서 보듯이, 대거가『대종경』초안을 만들 때 얼마나 오랜 준비가 필요했는지 알 만하다. 그는 또 자신이 실은 소태산 열반 12년 후인 42세에 이르러 스승의 진면목을 보았노라고도 하고,『대종경』초안을

---

17 「『노자』,『장자』, 그런 것 섭렵하고『묵자』를 보는데 딱 스톱시켜 버렸다.」(『최초법어부연법문』, 16쪽.)라고 하는 걸 보면, 대거는 유서(儒書) 외에 제자백가를 섭렵하던 중이었음을 알겠다. 소태산이 김대거에게 '딴 책은 보지 말라' 한 것은 정산 송규를 월명암에 보내면서 '불경은 보지 말라' 한 것과 같은 맥락으로 보인다.

10년 동안 연마하고 보니 비로소 '내 것'이 되었다고도 하였다.

이렇게 서원으로 똘똘 뭉쳐 힘을 기울이던 대거에게 1차적으로 시험이 왔다. 기도를 하고『대종경』을 초안하면서 건강이 호전되던 시기에 6·25전쟁의 소용돌이가 삼천리 방방곡곡을 태풍처럼 휘몰아치는데, 그 와중에『대종경』초안의 원고를 분실하는 낭패를 당한 것이다. 우여곡절 끝에 원고를 다시 찾기는 했지만[18] 이 일은 그에게 커다란 경각심을 주었을 것이다. 그뿐 아니라 초안 진행 과정에서 대거가 겪은 갈등 또한 적지 않았을 것이라 짐작 가는 대목이 있다. 「『대종경』을 편찬할 때 정산 종사님께서 아직 시기가 안 되었으니 더 미루자고 하시든지, 태워버리자고 하시든지[19] 그대로 따를 뿐 추호도 의심이 없었다.」(『대산종법사 법문집』3, 24쪽.) 그러니까 정산 종법사가 대거의 성과를 인정하고 격려만 한 것이 아니라 때로는 제동을 걸고, 심지어는 일부 원고를 태워버리라고 명하기도 했다 함이다. 말이야 「그대로 따를 뿐 추호도 의심이 없었다」하지만, 스트레스가 컸을 것

---

18 김대거는 「그동안 그렇게 찾아도 없다고 빈손으로 돌아왔는데, 혜련 교무는 그것을 찾아 가지고 왔다」(『구도역정기』, 66쪽.)고 하여, 분실된 줄 알던 원고를 찾아온 사람이 효타원(曉陀圓) 양혜련이라 했는데, 다른 자료에선 「효타원(孝陀圓) 김법진(金法眞)에게 이야기하였더니 잊지 않고 한 망태를 가져왔다. 가서 보니 다른 것은 다 가져갔는데 대종경 초안한 것만 남아 있거든.」(『대산종사수필법문집』, 1986. 5. 17.)이라 하여 김법진으로 되어 있다. 두 사람이 나 원평 출신에 법호도 한글로는 같은 효타원이기 때문에 생긴 착각인가 싶다.

19 「정전, 대종경도 다 허령에서 떠오른 것은 다 버리고, 지각에서 떠오른 것을 또 함축해 신명으로써 나온 법문이시다. 대종사님, 정산 종사님, 나 다 그러하셨다.」(『진리는 하나 세계도 하나』, 415쪽.) 하는 법문으로 볼 때, 허령에서 나온 것이라 판단될 때는 태워버리라 하지 않았을까 짐작된다.

이다.

종법사 위에 올라 내세운 사대경륜 가운데 최우선으로 교재정비를 강조한 바 있는 정산은 1948년부터 범산 이공전 교무에게『대종경』편수 작업에 착수하라 시켰고, 1951년에 교서편수위원회라는 공식 기구를 만들어 자료수집 등을 본격화했다. 정산은 병상에서도 "내게 남은 일이 허다한 가운데 중요한 것은, 첫째가『대종경』완성이다." (『범범록』, 518쪽. 1954. 3. 23. 일기) 하며 초조함을 보이더니, 자신의 건강이 악화하자 더는 기다릴 수 없던 듯, 1956년에 종법사 자신이 총재가 되고 이공전을 전문편수위원으로 하는 대종경편수위원회를 발족시키면서까지『대종경』편수를 부쩍 서둘렀다. 대거는 이미 10년 가까이『대종경』초안을 연마한 터에 대종경편수위원회가 발족하면서 그의 초안을 이제 기구에 넘길 때가 된 것을 눈치챘을 것이다. 이와 관계가 있음 직한 일이 있으니, 20세 때 해와 달이 맞부딪치면서 품으로 안기는 영몽을 꾼 이래 그에게 다시 한번의 영몽 체험이 나타난다.

편수위원회 발족 당시 나는 희한한 꿈을 꾸었다. 곡선사(谷禪寺)란 현판이 걸린 조촐한 정사가 있는데 정산 종사께서 여러 폭의 소환(素紈, 흰 비단)을 펴 놓으시고 불화(佛畫)를 그려보라고 명하셨다. 나는 이 말씀을 받들어 대강 몇 폭을 그렸는데 정산 종사께서 범산에게 살을 붙여 완성해 보라고 하셨다. 범산이 붓을 들어 가필하고 윤색을 하고 보니 모두 훌륭한 불화가 되어 정산 종사님과 나는 대단히 만족해했다. 이런 꿈을 꾸고 그동안의 대종경 초안 자료를 범산에게 넘겼다. (『구도역정기』, 67쪽.)

이 꿈을 꾸고 나서 김대거는 전문편수위원인 범산 이공전에게 2백여 건의 자료를 미련 없이 넘겼다. 그 후로도 교정원장 및 편수위 지도위원으로서 대산은 여러 차례 이공전에게 편지를 띄워 지침을 내려주었고, 1958년 초가을 경남 통영에서 요양 중이던 기간에는 이공전을 불러 20여 일 동안 함께 묵으며 소태산 대종사가 남긴 법문의 배경을 설명하고, 핵심 부분을 세세히 짚어 주었다고 한다. 정산 종법사가 『대종경』에 들인 관심과 정성은 『정전』에 버금가지만, 대산 역시 『대종경』 초안을 넘긴 이후로도 끊임없이 연마하고 챙기다가 결국 종법사 취임 후인 1962년 9월, 소태산 열반 20년이 되는 해에 『정전』과 『대종경』을 묶어 『원불교교전』으로 발간하며 한시름 놓았다. 대거로서는 초안 작업 착수 후 14년 만에 결실을 본 것이니까 긴 시간이 걸린 것이지만, 어쨌건 원평 시절이 없는 『대종경』은 생각할 수 없는 일이다. 그래서 원평은 법생지다.

이제까지 재발한 폐결핵을 다스리며 오도(悟道)의 진경까지 맛본 은생지, 혹은 스승의 부촉을 잊지 않고 『대종경』을 초안한 법생지로서의 원평을 중심에 두고 해설했다. 이후 6·25전쟁으로 대거의 원평 생활은 중단되고 총부로 귀환하게 되는데, 기왕 원평 이야기를 다루는 김에 정리하고 가야 할 것이 있다. 피해 갈 수 없는 것이 증산 강일순 테마이다. 원평 요양 생활 기간에 한정된 것일 수는 없지만, 김대거와 증산 강일순과의 인연은 또 원평을 떠나서 이야기할 수도 없기 때문이다.

1년 수개월의 세월이 짧다면 짧은 기간이지만, 알고 보니 김대거와 원평의 지연(地緣)은 그리 만만치가 않다. 1991년에 나온 원평교당 연혁을 보면, 종법사 재임 기간 중인 1970년부터 1988년 사이에 내방 기록이 무려 17차례나 나오는데, 보름이나 한 달 체류도 있지만 태반이 3개월 안거 같은 장기 체류였다. 1980년 9월, 신도안(삼동원)에서 신축 동산원 봉불식을 마치고는 "원평으로 정양지를 옮겨야 하겠다. 환절기에는 내 건강에 이상이 생기니 삼동원을 떠나는 방향으로 하자." 하더니, 며칠 후 원평에 도착하여서는 "이곳은 내 마음의 고향이다."(『동산에 달 오르면』, 290쪽.) 하며 흡족해했다. 여북하면 원평 교당을 '이동 종법실'이라고들 말했을까.[20]

　김대거는 왜 이리 원평에 집착했을까? 원평이 정양지로서 대거와 궁합이 잘 맞았다고 하더라도, 그러면 왜 원평이 그에게 그리 잘 맞았을까도 객관적 설명이 안 된다. 그의 단골 요양지로 여름에는 소남훈련원(완도), 겨울에는 삼동원(신도안), 봄가을에는 원평이라 말하기도 하지만, 대거는 서울, 경기, 부산, 경남, 대구, 전북, 전남, 충남, 제주에 하와이까지 요양차 다닌 곳이 열 손가락으로 꼽기도 힘들다. 정말 원평이 대거 병에 그리 좋았다면 뭐 하러 전국 순회를 했겠는가? 또 하나는 모악산이나 금산사 등이 있는 원평 일대가 불연이 깊은 곳이기도 하고, 각종 종파가 경합하는 지역이니까 교화 전략 차원에서 개발하려는 의도가 있었다고 볼 여지가 있다. 그러나 그것도 별로 설득력이 없다.

---

[20]　1981년 8월에 22평짜리 조실까지 신축하였다.

모악산 일대에는 십대 여래[21]가 다녀가신 곳이다. 그분들의 뜻을 받들어 대선경 낙원세계를 건설해야겠다. 장차 이곳 구릿골에는 수도원 요양원을 건설하고, 또 정남(貞男)의 집과 총부 숙소까지 세워야겠다. (…) 이 모든 일이 잘 이루어지도록 염원하고 기도도 올리라. (『불불계세의 유서 깊은 도량』, 57쪽.)

십대 여래를 근거로 '대선경 낙원세계'를 건설하자고 하였지만, 방점은 증산의 근거지인 구릿골에 찍혀 있음에 유의할 필요가 있다. '대선경'부터가 증산의 용어다.

대산 종법사는 구릿골 개척에 적극적인 관심을 나타내어 원기 70년에는 원평교당 법당 뒤편의 과수원 5천여 평을 시봉금으로 매입하게 되었다. 원기 71년 여름철에 자주 구릿골에 행가(行駕, 이동의 높임말)하게 되었고 이 해에 집, 논, 밭 등 7,300여 평을 매입하게 되어 오늘의 구릿골 원심원(圓心園)[22]이 되었다. (『불불계세의 유서 깊은 도량』, 57쪽.)

대거는 1985년에도 회고하기를 「옛 원평교당이 저 아래 있었는데,

---

[21] 부설, 묘화, 등운, 월명, 영희, 영조, 진묵, 증산, 소태산, 정산 등 열 분을 가리키는데, 열을 채우기 위하여 인물 동원을 다소 억지스럽게 한 느낌이 드는 것도 사실이다. 앞의 여섯은 부설거사 성도담에 나오는 인물들이다.

[22] 김제시 금산면 청도리, 제비산과 구성산 사이 구릿골[銅谷]에 자리 잡은 원불교 수도원이니, 원남교당 교도 서원심이 개척 자금을 많이 부담하였기에 그의 법명을 넣어 지은 명칭으로 보인다.

수몰되기 전 원평에서 정양할 때 구릿골 일대를 아니 가본 곳이 없었다. 그때는 바늘 하나를 찾을 정도였다.」(〈구릿골에 터를 잡고〉,《한울안 신문》2007. 10. 18.)라고 했으니, 그가 얼마나 구릿골에 애착하였는지를 알 만하다.

강증산과 대산

증산 강일순에 대해서는 소태산이 일찍이 규정을 해둔 것이 『대종경』변의품 32장에 나오지만, 아래는 변의품 31장에 해당하는 증언으로 대거가 직접 진술한 것이다.

> 대종사님 어느 해, 최수운과 강증산은 시세(時勢)의 대선지자(大先知者), 대선각자(大先覺者)라고 찬양하시었다. 그 후 어느 제자가 "대종사님! 지금 시대가 어느 때라고 증산 같은 광인(狂人)을 찬양하십니까. 대종사님도 (남들이) 이상히 여길 수 있으니 주의하여야 합니다."라고 아는 체하니, 대종사님께서 정색을 하시면서 "그 사람의 역사를 살릴 사람이 살리고 죽일 사람이 죽이는 법이지, 어목(魚目) 천이나 만이나 말하는 것 소용없다.[23] 기록해 두었다가 역사에 올려 받들도록 하라"고 직접 하명하신 일이 있으시다. (『대산종사수필법문집』, 1976. 8. 27.)

---

[23] 어목(물고기눈)은 진주와 비슷하게 보이나 전혀 다른 가짜를 뜻한다. 가짜들이 하는 평가는 천 명, 만 명이 말하더라도 믿을 게 못 된다는 뜻.

강증산의 언행록이라 할『대순전경』²⁴은 소태산과 정산도 이미 인정하고 평가하였을 뿐만 아니라 그들은 이 경전의 애독자라 할 만했다. 대거는 16세에 총부에 와서 시자로서 소태산을 모실 때 소태산이『대순전경』을 비장해 두고 때때로 가져오게 해서 읽었는데, 그러기를 3년이나 했으되 허락이 나지 않아 한 번도 읽지를 못했다고 한다. 그 후로 기록에 보면 6·25전쟁 때도 방공호에서 읽었고, 하섬에서 제자들과 공부할 때도 읽었고, 요양하러 임실군 관촌에 머물 때도 읽었다. 물론『불법연구회규약(취지규약서)』이나『보경육대요령』,『불교정전』등 정규 교과서를 중심으로 공부하는 틈틈이 참고서로 읽은 것이긴 하지만, 대거가 강증산의 언행에 매혹됐음에는 틀림없다. 더러는 제자들을 상대로 증산이 지은『현무경』²⁵을 가르쳤다는 증언도 있다.

강증산과『대순전경』

강증산의 언행록인『대순전경』을 읽으려다 보면, 이본이 많은 데다가 강증산의 언행이나 이를 기술한 제자들의 태도가 신비주의에 기반하였기 때문에 이해하기 어려운 것이 많다. 갑진년(1904), 장효순이란 이가 앙심을 품고 찾아와 몽둥이로 증산을 흠씬 패서 살이 터

---

24 1926년에 이상호·이정립 형제가『증산천사공사기(甑山天師公事記)』를 출판하고, 3년 후 보완하여『대순전경(大巡典經)』을 냈다. 이후 각파 별로 고증되지 않은 유사 경전을 상당수 냈다.

25 玄武經. 1909년, 증산교 창시자 강일순이 증산교의 중심사상을 상징적으로 필사한 증산교 경서로 16개의 부적 이미지와 1,100개의 한자로 구성되어 있다.

지고 유혈이 낭자했던 '장효순의 난'이나, 정미년(1907)에서 무신년(1908)에 걸친 기간에 고부 경무청에서 증산을 고문하고 옥살이시킨 '고부 화액' 같은 것을 보노라면 '옥황상제'란 칭호가 무색하다. 그러함에도 그의 말씀에는 놀랄 만한 대목들이 적지 않다.

○ 제생의세(濟生醫世)는 성인(聖人)의 도(道)요 재민혁세(災民革世)[26]는 웅백(雄伯)[27]의 술(術)이라, 이제 천하가 웅백에게 괴로움을 당한 지 오랜지라 내가 상생의 도로써 화민정세(化民靖世)[28]하리라. (『대순전경』, 3-36)

○ 예수교도는 예수의 재림을 기다리고 불교도는 미륵의 출세를 기다리고 동학신도는 최수운(*최제우)의 갱생을 기다리나니, 누구든지 한 사람만 오면 각히(*각자) 저의 스승이라 하여 따르리라. (『대순전경』, 4-61)

○ 천존(天尊)과 지존(地尊)보다 인존(人尊)이 높으니 이제는 인존시대니라. (『대순전경』, 8-29)

○ 忠孝烈(충효열) 國之大綱(국지대강) 然國亡於忠(연국망어충) 家亡於孝(가망어효) 身亡於烈(신망어열). (『대순전경』, 4-57)
〈새김〉 충효열은 나라의 기본이지만, 나라는 충으로 망하고 집안은 효로 망하고 몸은 열로 망한다.

---

26 재민혁세: 백성에게 재앙을 끼치며 세상을 급격하게 바꿈.
27 웅백: 걸출한 영웅. 웅패(雄覇, 세상을 제패하는 영웅)로도 나온다.
28 화민정세: 백성을 교화하여 세상을 편안하게 함.

원불교에서 소태산이나 정산, 대산 등이 즐겨 인용한 것들도 적지 않다.

• 성인의 말은 한마디도 땅에 떨어지지 아니하나니라. (『대순전경』, 12-22)

• 惡將除去無非草(악장제거무비초) 好取看來總是花(호취간래총시화). (『대순전경』, 4-6)

〈새김〉 밉다고 베어버리자니 풀 아닌 게 없지만, 좋다 하고 바라보자니 모두가 꽃이더라.

• 이언(*속담)에 '맥 떨어지면 죽는다' 이르나니 연원을 잘 바루라. (『대순전경』, 8-72)

• 대운을 받으려 하는 자는 『서전』 서문(序文)을 많이 읽으라. (『대순전경』, 4-51)

• 김형렬에게 고시를 외어주시며 잘 기억하라 하시니 이러하니라. 「處世柔爲貴(처세유위귀), 剛强是禍基(강강시화기), 發言常欲訥(발언상욕눌), 臨事當如癡(임사당여치), 急地尙思緩(급지상사완), 安時不忘危(안시불망위), 一生從此計(일생종차계), 眞個好男兒(진개호남아)」 (『대순전경』, 4-24)

그러나 강증산이나 증산교가 가진 한계 또한 그들은 알고 있었다. 그것은 증산이 보인 기행이적(奇行異蹟)이 합리적이고 밝은 후천시대에는 맞지 않는다는 점이다. 정산은 「제자의 신(信)을 볼 때 증산 선생은 72둔법(遁法)으로 보았고, 대종사께서는 72수법(數法)으로 보시었다. 둔법은 기적 이술을 보임이요 수법은 말로 하는 것이다.」(『한 울안 한 이치에』, 99쪽.) 하면서, 증산이 병자를 고치는 이적을 행한 것도 제도 방편이지 별다른 의미가 없다고 하고,「술수 시대가 가고 이제는 도덕 시대다, 술(術)과 도(道)는 다르다.」이런 말로 증산의 신통묘술을 평가절하했다. 그 점은 대거의 입장도 마찬가지다.「선천의 끝 성인[末聖]으로 증산 선생이요, 후천의 첫 성인[初聖]으로 본사(本師, 소태산)이시다.」(『진리는 하나 세계도 하나』, 182쪽.) 혹은「드러난 도인은 일정(日精)의 기(氣)를 받음이요, 숨은 도인은 월정(月精)의 기를 받음이라. 강(姜, 강일순)은 월(月)이 되리라.」(『진리는 하나 세계도 하나』, 276쪽.) 그러니까 후천은 해와 양(陽)의 시대요 선천은 달과 음(陰)의 시대이니, 증산의 언행은 선천에는 맞으나 후천에는 맞지 않는다는 것이다. 증산은 신비하고 기이한 언행을 선호했지만, 소태산은 진리적이고 사실적인 언행을 권장했다.

그런데 비록 몽롱하긴 하지만, 여기서 뜻밖의 반전이 기다리고 있다.

○ 나는 대산 종법사님을 뵈면 증산 천사님을 모시고 있는 것 같은 느낌을 받고 (…) 하루는 대산 종사님께서 기타원 박현일 교무님과 함께 원평 구릿골에 가신 일이 있었는데 그때 동행하게 되었다. 대산이 증산 천사님이 다니셨던 이곳저곳을 빠짐없이 다 다니시고 제비산, 구성산, 금산사에 대해서도 자세히 설명해 주시었다. 그래서 나는 더욱 증산 천사님을 모신 것 같은 기분이 들었다. (『조불…』Ⅱ, 393~394쪽.)

○ 삼원오성(三元五成)이 다녀가신다는 대 회상이라는 말을 들은 적이 있

는데, 그렇다면 대산이 예수님께서 환생하여 오다가 전생에 강증산 선생으로, 이생에 우리 회상에 일찍 오셔서 대산 종사님으로 계시는 것이 아닌가? 하는 깊은 생각에 잠기게 되었다. (『조불…』II, 497~498쪽.)

앞의 글은 대대로 증산을 모시던 집안 출신인 도타원 김소원행 원로교도의 진술이고, 뒤의 글은 춘산 김춘택 원로교무의 진술인데, 이상하게도 출·재가 원로들 사이에 대거가 강증산의 후신이라는 터무니없는(?) 입소문이 떠돌고 있다. 나름으로 근거를 찾아보니 이런 자료가 있다.

내(*김대거)가 영산 재방언공사 할 때, 형산이 "동남풍만 불면 못 견딘다"고 불평을 하니, 선법사님께서 "그가 누군 줄 아는가? 증산이네. 잘 모시도록 하소." 하셨다 한다.』(『동산에 달 오르면』, 113쪽 및 『진리는 하나 세계도 하나』, 332쪽.)

1960년 정관평 재방언공사를 할 때 실무책임자 형산 김홍철이, 고문으로 와 있던 김대거를 두고 불평을 하니까,[29] 선법사(정산 종법사)가 김홍철에게 "김대거가 누군 줄 알아? 그가 바로 증산 강일순 후신

---

[29] "동남풍만 불면 못 견딘다." 한 것은, 진즉에 근산 지혜원이 대거를 중국 삼국(위·오·촉) 시대의 제갈량에 비유한 바가 있었기에 '동남풍 불리던 제갈량처럼 김대거가 일을 꾸미면 힘들어 못 견디겠다'는 뜻에서 돌려 말한 것으로 보이지만, 「증산 선생이 조화로 간혹 동남풍을 불리는데…」(『한울안 한 이치에』 59쪽 및 『대순전경』 6-7 참조.)로 보아 제갈량·증산이 동남풍을 공유한다고 볼 만하다.

이야. 잘 모셔!" 했다는 얘기를 바로 대거 자신이 전한 것이다. 대거가 털어놓고 "내가 바로 증산 강일순 후신이야."라고 말하지는 않는다. 그렇게 하는 법이 아니다. 근산 지해원의 말을 빙자하여 대산이 제갈량의 후신이라 했듯이, 이번에 정산의 말을 끌어다가 쓴 것은 기실「정산 종법사 말씀대로 내가 증산이 맞다.」고 겸손하게 수긍한 것으로 보인다.

정산은 소태산의 전생으로 영원조사, 나옹선사, 진묵대사를 지목한 바 있고, 조송광이나 김영신 등의 증언에 따라 수운 최제우 역시 소태산의 전생으로 추측들 하고 있는데, 이번엔 김대거의 전생이 증산 강일순이라고 한 것이다. 이런 말을 믿어도 될까? 정산이 공연히 실없는 소리나 하는 호사가가 아닐진대 무시할 순 없다. 대산을 증산의 후신으로 놓고 보면, 수수께끼 같은 일들이 비교적 잘 설명이 되는 것도 사실이다.

필자는 『소태산 평전』을 쓰면서, 소태산이 그의 전생으로 알려진 이들의 연고지를 순회하였다고 했는데[30] 그 설명방식을 원용하면, 김대거가 그의 전생인 증산과 인연이 깊은 원평, 그것도 천지공사를 한 구릿골이라든가 도를 깨달은 대원사 등에 각별한 애정을 보인 이유가 그럴듯하게 보이기도 한다. 몇 가지 예를 들어보자.

시자였던 관타원 김관현 교무는 1985년 무렵 김대거 종법사를 모

---

30 「영원조사의 금강산 영원암과 동래 범어사, 나옹선사의 금강산과 마이산, 진묵대사의 봉서사와 월명암, 수운 대신사의 구미 용담과 서울 천도교 교당 등, 말하자면 전생의 추억을 더듬는 여행이었을까.」(『소태산 평전』, 371쪽.)

시고 구릿골에 갔을 때, 종법사가 구릿골 초당[31]에서 증산의 『현무경』을 내놓고 해석해주는데 86아시안게임, 88서울올림픽, 교단과 국가, 세계에 대한 제반사를 일찍이 그림으로 다 예언해 놓았다며, 그 누구도 풀지 못하는 걸 다 해석해 주었다고(『조불…』II, 564쪽.) 하였다. 수수께끼같이 신비한 『현무경』을 이렇게 쉽게 풀어내는 능력이라면 전생에 자기가 만든 경서를 해석하는 것이니까 당연히 그럴 것이라 볼 수도 있겠다. 또는 증산이 진묵을 숭상하여 스님의 법명 일옥(一玉)에서 첫 글자 일(一)을 따다가 자기 이름을 일순(一淳)이라 짓고, 둘째 글자 옥(玉)을 따다가 자기 자(字)를 사옥(士玉)이라 했다고 풀었다. 더구나 사옥(士玉)을 파자하여 十一玉으로 보고, 이는 일옥(一玉)을 삼킨다는 뜻이니 그것은 스승의 이름 한 자라도 오매불망하여 내 것으로 하려는 의미라고 풀었다. (『진리는 하나 세계도 하나』, 361쪽.) 十(십)의 훈에 '전부, 일체, 완전'의 의미가 있긴 하지만, 사옥을 이렇게 풀어내는 것도 남이라면 하기 어려운 일이다.

대원사도 여러 번 찾아갔다고 한다.

내가 여기 와 있을 때 2년 동안, 하루는 이리 가고 하루는 저리 가고 해서 이 산천 먼지도 내가 안 밟은 곳이 없는 것 같다. 그런데 한번 대원사를 늦게 들어갔더니 밥을 먹었냐고 그러더라. 그래서 안 먹었다고 그랬다.

---

[31] 증산이 근동의 학동들을 위해 한문을 가르쳤고 천지공사를 했던 곳으로도 전해오는데, 현재는 원불교 교단의 소유지이다.

그랬더니 밥을 차려다 주면서 그 목공이³²가 "이 늙은 자가 밥을 먹을라면 일찍 오지 이렇게 늦게 와서 사람 괴롭게 한다." 하더라. 그래서 밥 먹고 욕먹고 했다. (『불불계세의 유서 깊은 도량』, 64~65쪽.)

이렇게 구박까지 받으면서 찾아갈 만큼 대원사에 끌리고 있었으니 못 말린다. 하기야 진묵도 대원사 가서 푸대접을 받은 설화가 전해 오는 걸 보면 대원사는 본래 그런 곳인가도 모를 일이지만, 아무튼 증산의 후신인지는 제쳐놓더라도 대거가 원평 구릿골과 모악산 대원사에 대하여 가지는 남다른 애착만은 부인할 수가 없다.

기다리며 준비하다

1916년 소태산의 대각으로부터 시작된 교단사, 1924년 익산에 총부를 건설하면서 공적 교단사를 시작한 원불교의 길지 않은 역사에서, 일제라는 정치적 권력의 장애와 함께 또 하나의 현실적 장애가 결핵이란 질병이었다.

---

32 '목공이'는 불목하니(절에서 밥 짓고 땔나무하고 물 긷는 일을 맡아서 하는 사람)를 가리키는 것으로 보인다. 불목지기, 부목(負木) 등으로도 불리는 속칭 절 머슴이다. 대거는 다른 글에서도 부목을 목공이라고 부르고 있다. 「그런데 월명각시는 각시라고 해서 시집을 갔다더냐 물었더니, 하룻저녁 목공이하고 잠잤답니다. 왜 그랬다더냐? 목공이란 놈이 자꾸 살자 하니 아버지에게 물어보았다. '저놈이 자꾸 살자'고 해요.」(『대산종사수필법문집』, 1977.6.4.)

결핵(주로 폐결핵)은 적어도 기원전 7천 년 전부터 인류를 괴롭혀 왔던 감염병이고, 역사상 가장 많은 희생자를 낸 질병이란다. 현재도 한국은 OECD회원국 중 결핵 발생률이나 사망률이 압도적 1위라 하니 인연이 무척 끈끈한 질병이다. 일제강점기만 보더라도, 1925년 통계에는 환자 8천여 명이었던 것이 1936년 통계에서는 무려 45만 명이 기록된 걸 보면, 그야말로 창궐[33]이라고 부를 만하다. 세계적으로도 1950년대 항결핵제가 나오면서 불길이 잡히긴 했지만, 바로 총부 건설(1924) 이후로부터 6·25전쟁 시기(1953년 휴전)까지, 원불교에서는 소중한 인재들이 이 결핵으로 인해 엄청난 희생을 치러야 했다. 소태산도 차남 박길주(광령)를 18세 젊은 나이에 폐결핵으로 잃었고, 김대거의 전무출신 처제 이명훈도 27세 나이에 폐결핵으로 죽었지만, 익산 총부에서 집단생활을 하던 전무출신들은 숱하게 폐결핵에 걸렸고 그중에서 상당수가 목숨을 잃었다. 결핵은 환자와 접촉한 이들 중 30% 정도만 감염되고, 감염자 중 10%만이 실제로 발병(활동성 결핵)한다고 한다. 그러나 당시엔 치료 수단이 없이 영양, 안정, 맑은 공기와 햇볕 쬐기가 치료법의 전부였던지라 발병한 후 절반 이상이 사망에 이르렀다. 김대거는 1차 발병과 투병 및 재발과 요양을 거쳐 살아남기는 했지만, 결핵균이 망쳐놓은 조직과 장기로 인한 후유증은 평생 그를 괴롭혔고, 그가 종법사로 33년을 재임했기에 그 영향은 곧 원불교 교단에 심대할 정도로 반영되었다. 꼭 부정적인 측면만을 말하려

33　猖(미처 날뛰다)獗(사납게 날뛰다): 전염병이나 못된 세력이 걷잡을 수 없이 퍼짐.

는 것은 아니지만[34], 이에 관해서 다시 얘기할 기회가 있을 것이다.

투병과 요양 중에도 대거는 그냥 놀고 지낼 수만은 없었다. 미처 몸이 완쾌되지 않은 상태에서도 종종 총부에서 떨어지는 임무를 수행하기 위해 불려 나갔고, 그는 최선을 다해서 일을 처리했다. 몇 가지 예를 들어보자. 1948년 한남동에 있을 때 일이긴 하지만, 총부에서 교명 불법연구회를 원불교로 개명하는 작업을 추진하다가 불교 쪽의 반발로 난처한 지경에 이르자 김대거가 나서서 불교계의 실세인 김법린(불교총무원장, 동국대 재단이사장)을 만나 설득하여 무마시킨 일이 있다. 1949년 원평에 있을 때, 원불교 교육기관 유일학림이 적산 마면공장에 입주하는 문제가 난관에 처하자 대거는 국무총리 이범석을 찾아가 설득하여 해결의 실마리를 열었다.[35] 또 1952년, 유일학림 전문부가 2년제 초급대학 인가에 이어 4년제 승격이 난관에 봉착하자 대거는 당시 문교부 장관 김법린을 찾아가 담판하여 승낙을 얻어냈다. 1947년, 봉은사 주지이던 김태흡(『불교정전』 발간의 은인)이 살인사건에 연루되어 구속되었을 때 사법부장 김병로(金炳魯, 초대 대

---

[34] 진리가 그에게 큰 병을 준 것은 반드시 곡절이 있으리란 말도 했듯이, 본인은 투병 과정을 통해 적공하면서 법력을 증진할 기회를 얻었고, 교단적으로는 건강에 대한 인식을 제고하고 건강법을 적극적으로 보급할 동기를 얻었다.

[35] 일인이 이리에서 경영하던 섬유산업체의 마면공장(麻綿工場) 건물로, 1949년 당시 국방경비대 3연대가 주둔해 있다가 철수하자 유일학림 교사(校舍)로 쓰고자 원불교 쪽에서 선점하였으나 이리농림학교와 불하 경합이 붙었다. 이때 유일학림장 상산 박장식이 동분서주하는 중에 김대거가 힘을 보탠 것이다. 김대거는 『구도역정기』 62쪽에서 김법린 문교부 장관을 만나 설득했다고 했는데 이는 착오로 보인다. 김법린이 문교부 장관이 된 것은 1952년의 일이다.

법원장)를 찾아가 설득하여 보석으로 풀려나게 한 일도 있다. 이런 일련의 역할은 대거가 서울출장소장으로 있으면서 정계 인사들과 폭넓은 교유를 했던 덕분이라 할 것이다.

 6·25전쟁 발발일에 대거가 서울에 갇힐 뻔한 사건도 대거가 교단 일을 돕기 위해 나섰다가 겪은 위기였다. 유일학림 개교를 준비하던 학림장 박장식을 돕고자 대거가 앞장서서 춘원 이광수를 찾아가[36] 유일학림 교가 가사를 부탁했었다. 6월 23일에 가사 원고를 받기로 약속이 되어 있었기에, 상경하여 효자동 자택으로 찾아가서 교가 가사의 원고를 받는 데까진 무난했고, 그 가사가 지금은 성가 18장 〈불자야 듣느냐〉(불자의 노래)로 편입되어 불리고 있다. 그런데 문제는 그다음이었다. 박장식은 다행히 25일 일찍 열차로 서울을 떠났지만, 김대거는 유일학림 문제로 남은 일이 있어서 서울교당에 머물던 차에 전쟁 발발 소식을 듣게 된 것이다. 처음엔 상황 파악이 안 되어 일요 예회를 태평스럽게 보았지만, 차츰 사태의 심각성을 인식하게 되었다. 아침부터 비는 주룩주룩 내리는데 전화도 불통이고 전차도 끊기고 세상이 온통 아수라장이 되어 갈팡질팡하는 사이 26일이 밝았다. 마침 보화당한의원 일로 아산 김인용(金仁龍, 1922~2015)이 이틀 전에 올라와 있던 터라 긴급회의를 열어 서울 탈출 계획을 논의했다. 육타원 이동진화가 먼저 나서서, 자기가 교당을 지킬 터이니 모

---

36 김대거가 서울출장소장으로 징직사에 있을 때, 춘원 이광수가 절친 황정신행의 모친 종재에 참석차 정각사를 방문한 일도 있다 보니 김대거와 이광수는 어느 정도 친숙한 관계였다.

두 총부로 가라고 재촉했다.[37] 대거는 27일에 김인용의 안내를 받으며 종로로 서울역으로 다시 용산역으로 달음질했다. 북한 전투기가 용산역에 기관총을 쏴대고 삐라(전단)가 하늘에 날리는 가운데 우여곡절을 겪으며 용산역과 노량진역 사이에서 비상대기 중이던 부산행 마지막 열차를 탈 수 있었다. 대전역에서는 때마침 출발하려던 마지막 호남선 통근열차로 바꿔 타고 겨우 이리에 돌아왔다. 28일 새벽에 한강 철교와 인도교가 폭파되었으니까 간발의 차이로 서울을 탈출한 셈이다. 김인용은 회고하기를 「내 일생 중에 가장 기적 같은 일이, 대산 님을 서울에서 익산까지 모시고 온 일이다.」 했고, 김대거도 회고하면서 「그때 자네가 나를 구해 주었다. 육타원 종사님은 살신성인의 불보살이시다.」 했다. (『조불…』I, 124쪽.)

전쟁 기간 젊은이들을 피난시키고, 대거는 정산 종법사 등과 함께 총부를 지키기로 했다. 인민군 호남지구철도경비사령부가 주둔하면서 총부 건물과 시설은 거의 인민군에게 접수되었다. 대거는 아내 이영훈이 운영하는 복숭아밭 원두막 밑에 방공호를 파고 모처럼 가족과 함께 지내는 단란한(?) 시간을 가졌다.

---

[37] 서울교당 주임교무 서대인이 야학 개설 승인을 받기 위해 익산 총부에 간 사이 이동진화가 임시로 교당에 머무르던 터였다. 담당 교무도 아니면서 김대거, 김인용 등 객식구들을 보내고 감원(손위일)과 둘이서 교당에 남았는데, 서대인이 돌아올 수 없다 보니 9.28 수복까지 3개월간 교당을 지켜내야 했다. 폭격으로 2층 식당채가 불타는 상황에서 어렵게 교당을 수호했기에 대산은 그녀를 '살신성인'이란 말로 칭찬했다.

대산은 방공호 속에서 경전을 읽었다. 아이들은 방공호 생활을 좋아했다. 장녀 복균이 중학교 3학년, 차녀 복환이 초등학교 6학년이고 아래로 셋이나 더 있으므로 방공호도 여러 곳에 넉넉히 파놓았다. 복환이 원두막 앞을 지키고, 장남 성은이 인근에 있다가 "비행기다!" 소리치면 일제히 방공호로 숨곤 했다. 아버지 얼굴을 구경 못 하고 살던 아이들은 모처럼 생기가 올라 방공호를 다람쥐처럼 드나들었다. (김성빈, 『대산종사전기』)

유엔군 폭격기가 이리 시내와 전주, 군산 일대를 여러 번 폭격하였고, 총부 상공으로도 폭격기가 수차례 오가며 위협을 했지만, 다행히 총부를 폭격하지는 않았다. 인민군 사령부가 있는 곳임에도 전투기의 기총사격만 있었을 뿐 폭격을 면하게 된 기적을 두고 전해오는 후일담도 있다.[38] 6·25전쟁 와중에서 구타원 이공주의 외아들(박창기)과 팔타원 황정신행의 외아들(강필국), 그리고 문인이자 약사로 촉망받던 전무출신 홍재완[39] 등 젊은 엘리트들이 목숨을 잃었고, 사인(私人) 김대거로서도 상처가 작지 않았던 것 같다. 좌포 친가 쪽은 큰집에서 좌익으로 찍힌 당숙이 총살당하면서 쑥대밭이 되는가 하면, 처가로는 처남들이 빨치산 활동에 나서면서 집안이 풍비박산했다.

---

[38] 『정산 송규 평전』, 284~285쪽에 상세한 설명이 있지만, 『구도역정기』 65쪽에는 김대거의 회고기 있다.

[39] 《금강》 창간호(1946.5)에 시조 〈조약돌이 되고저〉가 있고, 이후 《원광》에도 〈井藤〉(3호) 〈내 굳이 가오리〉(4호) 〈님 뵈러 가는 길〉(5호) 등 좋은 시를 발표했다.

원기 36년(1951)은 소태산이 정한 창립한도 제1대를 마치고, 이에 대한 평가작업과 기념행사 등을 준비하여 1953년 4월 26일에 제1대 기념총회 겸 성업봉찬대회를 치르기로 계획했다. 그런데 대회를 열흘 앞두고 정산 종법사가 뇌일혈로 쓰러졌다. 다행히 사흘 뒤 종법사는 의식을 회복하였고 26일 기념행사는 예정대로 치러졌다. 이때 중앙교의회[40]에서는 정산을 종법사로 다시 추대했고, 김대거는 교정원장에 선임되었으며, 동시에 수위단 중앙위에 올랐다. 교정의 전반을 전임하는 교정원장, 최상위 교화단인 수위단의 중앙위, 그리고 교정원장은 당연직으로 재단법인 원불교 이사장에다 중앙교의회의 의장이었으니, 이것은 40세의 김대거가 교단 내 제2인자, 정산 종법사에 버금가는 최고 실권자가 되었다는 뜻이다. 더구나 종법사 정산의 건강이 위태롭다 보니 대중의 신망과 교정의 무게 중심이 은연중 그에게 쏠리는 상황이었음을 짐작할 만하다.

정산 종법사는 김대거에게 비로소 법호를 내렸다. 대산(大山)이었다. 산(山) 자가 돌림이다 보니 실질적 의미는 큰 대(大)에 있다. 소태산이 부여한 법명 대거의 대(大)와 함께 이후로 그가 열반하는 날까지, 아니 열반 이후까지도 그에게 따라다니는 트레이드 마크가 대(大)로 굳어졌다. 그것이 주는 메시지가 무엇인지는 김대거 자신이 누구보다도 잘 알았다. 「이 어른 호를 정산 종사님께서 대산으로 내리셨는데 그 말씀 드리니 "과하네. 소산(小山)도 어려운데…" 하시다가 받

---

[40] 이때의 교헌에서는 중앙교의회가 '교단의 최고의결기관'이었다. (38조)

아들이셨다. 그만큼 국이 크신 어른이셨다.」(『조불…』Ⅰ, 267쪽. 이공전)
(*이후로는 지문에서 김대거의 지칭을 대산으로 하기로 한다.)

　　대산이 용어마다 관사처럼 '대' 자 붙이기를 즐기니 부황하다고 보는 시각도 있듯이, 아닌 게 아니라 좀 그렇다. 「현재에도 미래에도 목표로 삼을 것은 교화 교육 자선 (…) 교육은 대학원에서, 교화는 대훈련원에서, 후생은 대병원에서, 생산은 대농원에서, 후원은 대공장과 대조합에서 하여…」(『진리는 하나 세계도 하나』, 409쪽.) 늘 이런 식이다. 그러니까 제자 역시도 대산의 말투를 흉내 내어「개인사적으로 대병마 대인고 대기도 대적공을 통해서(千忍萬耐裏) 대성취 대자제 대완성(大空心 大公心)의 표본을 보여주시고…」(『조불…』Ⅱ, 313쪽. 심도정)라고 하며, 오죽하면 '대자 성인'이라고 못 박았으랴.
　　대산은 이로부터 5년 동안 교정원장 직을 수행했다. 그동안 정산 종법사는 이리(→익산)로 남원으로 장수로 순회하듯 요양을 다니고, 양방으로 진료받거나 한방으로 치료받거나 단식 등 민간요법을 쓰거나 하면서 투병에 시간과 정력을 많이 소모했다. 대산의 역할에 대한 수요는 점점 커질 수밖에 없었을 것이나 대산 역시 정산 못지않은 병객이 아니던가. 아니 정산보다 더 길고 깊은 투병으로 병을 달고 사는 사람이 아니던가. 원평에서 요양이 미처 끝나기도 전인데 6·25전쟁이 나니 부득이 익산 총부로 옮겨서 요양했고, 1952년에는 경남지방으로 가서 초량, 진영, 다대포 등지에서 요양했다. 1953년 교정원장이란 막중한 자리에 오를 때만 해도 건강이 좋아서 오른 것은 아니었지만, 책임을 맡고서도 멀리 마산에 가서 요양하기도 하고, 가까이 임실(관촌) 신전리에서 요양하기도 했다. 동병상련이랄까, 신전리에선 사자산으로 산행하면서 약초를 캐 모아 보화당한의원에 보내고, 보화당에선 그걸 달여서 정산 종법사에게 갖다 드리곤 했다고 한다.

정산은 투병 중에도 소태산 대종사의 성비 건립 등 기념사업이라든가 교화·교육·자선 기관의 설립이라든가 대종경 편수라든가 끊임없이 일을 기획했고, 대산은 교정원장으로서 이들 일의 실무를 추진하고 집행하였다. 그중에도 정관평재방언 사업은 가장 스케일이 큰 사업이었을 것이다.

소태산이 초창기 8~9인 제자를 거느리고 저축조합을 만들고 숯장사까지 하며 자금을 마련하여 처음으로 야심 차게 벌인 사업이 간척사업이니, 1919년에 방언으로 조수를 막아 마련한 농토 2만 6천 평이 정관평이다. 그로부터 40년 가까이 흐르는 세월과 함께 잦은 해수의 범람으로 정관평은 제방과 농지가 훼손되거나 유실되고, 특히 전쟁으로 인해 제대로 보수 관리를 못 하다 보니 한번은 크게 손을 보아야 할 지경에 이르렀다. 영광에서 오래 살아온 정산은 현지 사정을 누구보다 잘 알았기에 정관평을 소극적으로 보수하는 대신에 재방언을 통해 들판 면적을 두 배로 확장하리라는 꿈을 꾸었다. 이런 사업에 필수는 자금과 사람이다. 무슨 돈으로 공사를 할 것이며, 누가 그 엄청난 일을 맡아 할 것인가.

1955년 8월, 형산 김홍철이 조실에 불려 가고 보니 거기엔 정산 종법사와 대산 교정원장이 기다리고 있었다. 김홍철은 영광 토박이로 팔산 김광선의 장남이자 부친에 이어 전무출신을 한 사람이다. 소태산과 초기 제자들이 1차 방언을 할 때, 17세 소년으로 소태산의 명을 좇아 공사장을 따라다니며 잔심부름을 도맡아 했었다. 「삼복 성염에는 더위를 무릅쓰고, 삭풍 한설에는 추위를 헤치면서, 한 편은 인부를 독촉하고 한 편은 직접 흙짐을 져서」(『원불교교사』) 악전고투하던 방언 현장의 증인으로서 그는 2차 방언의 책임을 맡을 적임자였다. 김홍철은 갑자기 두 사람이 자기를 거대한 함정에 밀어 넣으려는 것 같은 황당함을 느꼈을 법하다. 그는 펄쩍 뛰면서 "그거 나는 감당 못 합니다. 못 갑니다." 하고 손사래를 쳤다. 정산은 으레 그러려니 했기에 놀라지 않고 차근차근 설득했다. "자네 부친 팔산은 1차 방언 책임을 지고 세상에 나온 사람이고, 자네는 2차 방언 책임을 지고 세상에 나온 사람인 줄 왜 몰라? 자네 말고 이 일을 맡을 사람이 누가 있나, 어디 말해 보소!" 여기에 대산이 거들어 "대종사님께서도 제1 언답(堰畓, 둑을 쌓아 만든 간석지 논)을 하시면서 제2 언답을 하는 기금을 준비하셨더랍니다." (『조불…』I, 508쪽.) 이러다 보니, 결국 명분에서 밀린 김홍철이 "예, 제가 가서 죽은 폭 잡고 해보겠습니다." 하고 수락할 수밖에 없었다.

  필자는 형산 김홍철을 생시에 뵌 기억이 없지만, 그의 사진을 보면서 항상 영화배우 앤서니 퀸을 떠올린다. 〈길〉의 참파노 역이나 〈25시〉의 요한 모리츠 역에서 보여주었던 그의 우람한 체구와 순직(純直)한 성격이 떠오르기 때문이다. 김홍철은 아마 그야말로 죽기 살기 한번 붙어보자는 비장한 승부욕으로 이 일을 맡았을 것이다. 영광으로 길 떠나는 김홍철에게 정산은 '死無餘恨(사무여한)' 넉 자를 써주며 격려했다. '사무여한'은 정산과 팔산 김광선을 비롯한 9인 제자들이 목숨 건 산상기도(법인기도)를 할 때 스승 소태산 앞에 단도를 놓고 백지에 지장을 찍으며 맹세했던 그 문구였다. 정산에 이어 대산도 '넘어오는 간을 다시 삼키시오'[41]라고 써주며 당부했다. 이 말은 평소 증산 강일순이 즐겨 쓰던 것이니, 대산이 증산에 대한 '따라 하기'(오마주)로 쓴 것인지 아니면 전생 습관에서 나온 것인지는 수수께끼다.

1955년 10월 26일에 기공식을 하고 지방 교당들에서 모금하여 준 성금으로 일단 착공했으나 자금은 금방 바닥났다. 공사는 지지부진이었고, 기공식 여섯 달 만인 1956년 4월 4일에 재착공하는 곡절을 겪은 것은 애초 각오한 일인지도 모른다.

1958년 4월, 대산은 5년 만에 교정원장 직을 사임했다. 원래 3년 단위로 임기를 정했기에 웬만하면 1년쯤 더 맡아 임기를 채울 일이지만, 종법사가 장수교당 요양 등 투병 중인데 교정원장마저 건강을 감당할 수 없으니, 이는 마치 대통령이 입원 중인데 총리마저 병석에 있는 처지와 같아서 눈치가 보였을 것이다. 교정원장 직무대행은 응산 이완철에게 돌아갔지만, 종법사는 대산을 그냥 두기가 아까웠던지라 대종경편수위원회 지도위원이기도 했던 그를 정화사(正化社)[42] 지도위원에 재위촉하고 이듬해(1959.4.)엔 중앙선원장에 임명했다. 워낙 이런저런 감투를 겹쳐서 쓰는 것이 상습이 된지라 기실 이름만 빌려준 것이 적지 않지만, 중앙선원장이라 해서 선원에 상주하리라

---

41 강증산의 원문은 「(일에 뜻을 둔 자는) 넘어오는 간잎을 잘 삭혀 넘겨야 하리라.」로 되어 있다. 이 말은, 속이 뒤집힐 만큼 화가 치밀더라도 잘 참고 넘기라는 뜻으로 푸는데, 한방에서 분노를 주관하는 장기를 간으로 봄에 근거한 것이다.

42 대종경편수위원회를 발전적으로 해체하고 원불교 교서의 편수 일반을 총괄하도록 발족한 기구.

는 기대는 임명한 자도 임명받은 자도 처음부터 없었을 것이다.

대산은 이번엔 요양처를 영광으로 정했다. 정관평재방언 사업은 정산 종법사를 총재로 하고 공산 송혜환을 추진위원장[43], 숭산 박광전과 대산 김대거를 고문으로 하여 출발하면서, 김홍철을 실무책임자로 밀어 보내기는 했으나, 교정원장으로서나 고문으로서나 대산은 이렇다 할 도움을 주지 못해서 늘 빚진 느낌이었다. 병든 몸으로 요양차 찾은 것이니 무슨 큰 도움이 되기야 하랴마는 현장이 궁금하기도 하고, 김홍철에게 정신적으로나마 힘을 밀어주고 싶었다. 대산은 보화당한의원에서 일하다가 병이 나서 휴직 중인 한의 장인중(張仁中)을 설득하여 데리고 갔다. 자신의 병에도 자상한 처방을 해주려니와 영산 생활이 장인중의 병에도 좋을 것으로 본 것이다. 이때의 인연으로 장인중은 대산이 종법사가 된 이후 곧 주치의로 임명되었으니 영산은 장인중에게 또 다른 의미가 있다고 하겠다.

> 영산 정관평 재방언공사를 할 때 나보고 고문을 하라고 해서 했지만, 고문으로 하는 일은 하나도 없었다. 그때 방언공사에 할아버지들이 많이 와서 일을 하고는 아무 데서나 대변을 보니 천지가 변소였다. 치울 사람이 없고 내가 그것을 다 치우곤 하였다. 그리고 나는 하루에 언(堰, 제방)을 두세 번 순회하였는데, 노인들이 나를 보고는 박장대소하며 "저 고문은 날마다 밥 먹고 돌아다닌다"고 하였다. (『대산종사수필법문집』 1985. 9. 22.)

---

43 공산 송혜환을 추진위원장에 앉혔으나 명목뿐이었고, 그나마 병환으로 이듬해(1956년) 열반에 들었다.

영산출장소장인 낭산 이중화 교무나 재방언공사 총책인 형산 김홍철 교무가 둘 다 영광 토박이로 나이조차 12년씩이나 연상일뿐더러 일터 자체가 노가다 판이니, 약골인 대산이 거기서 기를 펴기 어렵겠다고 지레짐작할 만도 하다. 아무리 전직이라 해도 교단의 제2인자인 교정원장직을 5년이나 역임한 대산으로 누군들 상대 못 할까마는 그렇다고 그다지 면목이 설 일도 없긴 했다. 흙짐 한 번을 질 일도 없으려니와 무슨 자금을 끌어오지도 못하는 무능한 고문을 두고 '저 병객은 뭐 하러 여기 와 신경 쓰이게 할까?' 하지나 않을까, 자격지심이 들 법도 하다. 방언공사 식구들이 생활비를 아끼느라고 삼시 세끼 조밥을 먹었는데, 대산이 들어가서 자기는 소화력이 약해서 조밥은 못 먹는다 하자, 울며 겨자 먹기로 온 식구가 보리밥 호사(?)를 누리게 된 것부터 염치없는 일 아니던가. 달리 할 일도 없는 대산은 늘 하듯 구수산에서 행선을 하다가 편편한 자리 만나면 가부좌 틀고 한소끔 입정이나 하고, 다시 걷다가 약초가 보이면 또 그것을 주섬주섬 챙기는 식이었다. 그리고 고작 한다는 일이 둑을 순회하며 일없이 오락가락하니, 일꾼들 눈엔 한심하게 보였을 것이다. 그래서 비웃음이나 사고 놀림감이 되었다 함이다.

영산, 만덕산 및 하섬

대산은 당신이 김홍철에게 썩 요긴한 조언 한 가지를 했다고 기억하고 있다. 일의 진척이 더디니까 애가 닳은 김홍철이 "어떻게 하면 일이 획획 돌아가겠습니까?" 하고 묻더란다. 대산은 이른바 평떼기(평뜨기) 방법을 귀띔했다. "평떼기 말입니다. 펄 흙을 한 사람 앞에 한 평씩만 떼어주어 보세요. 욕심내지 말고 한 평 분량씩만 책임을 나눠주면 벅찬 생각이 없어져 기운이 소진되지 않습니다. 저 수만 평 되는 것을 인부 한 사람이 하는 것이 아니지 않습니까? 그런데도 사람들은 엄청난 양에 부담을 느끼지요. 실제 한 사람 앞에 돌아가는 양은 얼마 되지 않는데도 말입니다. 조금씩만 떼어주세요. 오늘도 한 조각, 내일도 한 조각씩 하라고 시켜 보세요." 이 아이디어에 감탄한 김홍철이 대산의 손을 덥석 잡으며 감사하더니, 결국 그 방식으로 큰 효과를 보았다는 얘기다. 그런데 이건 대산 쪽에서 전한 얘기이지 정작 김홍철은 그의 기록(『구도역정기』 및 『팔산·형산 종사 문집』)에서 대산에게 도움을 받았다든가 고맙다는 뜻을 한마디도 내비치지 않는다. 김홍철이 감사할 줄 모르는 사람이 아닌데 이상하다.

　본래 이 공사는 정부 쪽의 국고 지원 70%에다 교단 부담 30%의 비율로 진행된 일인데, 정부 지원금이 제때 나오지 않아서 애를 먹고, 게다가 바닷물이 덮쳐 논바닥을 쓸어가는 사고가 나기도 하는 등 애로는 한둘이 아니었다.

현장에 가보니 1백여 명의 인부들이 밤낮없이 물때를 맞춰 일을 하는데, 우뚝 서서 외치는 김홍철의 목소리가 쩌렁쩌렁 울리고, 하루에 다섯 차례 밥을 지어 나르는 공양원들의 몸놀림, 품삯을 주는 회계원의 손놀림까지 분주하지 않은 구석이 없었다. 개펄, 전답, 제방, 바위, 산비탈 어디든 현장소장 김홍철의 큰 발자국이 쿡쿡 안 찍히는 곳이 없고, 그의 우렁

찬 목소리가 안 미치는 곳이 없었다. 소태산의 위업을 계승 발전시키는 데 나선 역군들은 현장소장 김홍철 외에 남자 교무 김성현(金聖現)과 이선우(李善友), 여자 교무 황주남(黃周南), 회계를 맡은 원광대 교학과 출신의 정녀 김이현 등이었다. (김성빈, 『대산종사전기』)

돈만 돌면 이렇게 신바람이 나던 공사판인데, 돈줄이 막히면 눈앞이 캄캄해지는 것이다. 한번은 절강(絶江, 강의 흐름을 끊음) 공사비 300만 환이 없어 애가 타던 김홍철이 전북 장수에서 요양 중이던 정산 종법사를 찾아가서, 절박한 사정을 털어놓다가 제 설움에 그만 울음을 터뜨리기도 했다. 이렇게까지 해서 근근이 진행하는 일인데, 현실과 맞지 않는 대산의 조언이 때로는 김홍철에게 서운하게 들린 것이 아닐까 싶다. 앞에 말한 바 있듯이 김홍철이 정산에게 찾아가 대산을 두고 「동남풍44만 불면 못 견딘다」고 불만을 터뜨렸다는 것이 그 증거다. 적벽대전에서 제갈량이 동남풍을 불렀다 하듯이, 강증산 역시 동남풍을 불렀다 하니 말인데, 어쨌건 김홍철에겐 거슬리는 언행을 하는 대산이 못마땅했다. 대산이 그래도 고문이라고 차마 '김 아무개 때문에 못 살겠다' 하지 않고 돌려서 '동남풍 운운'했으니, 김홍철로선 한껏 예를 차린 것이겠다. 적어도 재방언공사에서만은 김홍철이 대산에게 별로 마음의 빚이 없던 듯, 수기에서 종법사부터 임원이며

---

44 제갈량의 동남풍이든 강증산의 동남풍이든(『전경』, 예시24), 대산이 제갈량의 후신이자 강증산의 후신이라 하니 어느 쪽으로 하든 걸린다. 그러나 정산이 대산을 증산의 후신이라 했으니, 김홍철은「당신이 증산의 후신이라고 한 대산이 내 골치를 아프게 해요.」그런 뜻으로 쓴 것일 수 있다.

인부에 이르기까지 골고루 감사를 표하면서도, 1년여를 함께 한 고문 대산에게는 인사치레로나마 고맙다고 하지 않는 것은 물론 아예 언급조차 꺼린 눈치다. 그러나 대산은 달랐으니, 오히려 김홍철을 극찬했다.

> 1차 방언공사 시에 언답에 구멍이 나 물이 새어들어 둑이 다 무너지게 생겼을 때, 팔산 님께서 문짝을 짊어지고 가서 몸과 함께 막아서 큰 고비를 넘긴 일이 있었는데, 2차 방언공사 시에도 형산 법사님이 그런 일을 당하여 또 몸으로 막으셨다. 그때 열 가지 정도의 기적이 있었다. 관계하던 관리들이나 부락민들이 모두 하늘이 돕지 아니하고는 이렇게 될 수 없다고 모두들 놀랐었다. 성사(聖事)는 천지가 도와서 되지 그냥 되는 것이 아니다. 사람의 힘으로 되는 것이 아니다. 너희들 단 마음과 흰 마음[45]을 가지고 가라. (『법문집』, 345쪽.)

이래서 후일 형산(김홍철)이 대산에게 절대 충성을 바친 것은 아닐까 모르겠다. 그건 어쨌건 영산이 공기가 좋고 물이 좋아[46] 그런지 장인중도 여섯 달 만에 건강을 찾았고, 대산도 거기서 2년 있는 동안 건강이 상당히 호전되었다. 그리고 대산이 여기서 한 가지 배운 것이

---

45 『논어』 팔일편 양씨 주(註)에 나오는 '甘受和白受采(감수화백수채)'가 전거이니, 요컨대 김홍철의 마음 바탕이 워낙 좋아서 성공했다는 뜻이다.
46 병중인 장인중을 영산으로 데려갈 때 대산은 "건강이 안 좋다고 하니 영신으로 가자. 영산이 공기도 좋고 물도 좋으니 요양도 하자. 그러면 병도 쉽게 나을 것이다." 하고 달랬다고 한다.

있다. 방언에서 둑을 쌓을 때 석축을 쌓고 시멘트를 발라서 했는데, 어느 노인 기술자가 석축을 쌓는 것을 보고, '나도 기술 하나를 가져야겠다' 하는 생각이 든 대산은 돌을 어떻게 쌓아야 무너지지 않고 튼튼한가를 연구하며 몸소 익혔다는 것이다. 뒤에 말할 기회가 있겠지만 대산은 여기서 배운 돌담 쌓기 기술을 여러 차례 써먹을 기회가 있었다.

햇수로는 4~5년 걸렸지만, 농번기를 피하고 가다 쉬기를 반복했으니, 정미(正味) 3년이라 치고라도 이 긴 공사를 어렵사리 끝맺었다. 자금이 3천 5백만 환 들었고, 재방언으로 늘어난 땅은 2만 7천 평 정도다. 1959년 말 완공을 보고 이듬해 1월에 역사적 준공식을 치렀다. 대산은 〈재방언의 노래〉라는 작품을 《원광》 32호에 발표했다. 연시조 비슷한 것인데 문학성을 따질 것은 못 되지만, 대산 입장에선 어떻게든 준공의 기쁨을 표현하고 싶었던가 보다.

재방언이 끝나자 대산에게는 정산 종법사의 '영산성지 개척'이란 사업안을 성취할 사명이 주어졌다. 종법사의 뜻을 받든 대산은 자신이 요양 중임에도 성지의 요인들과 힘을 합쳐 적극적으로 성지 개척에 매진하였다. 탄생지와 대각지, 삼밭재 등 교도들의 희사와 협조를 통하여 대지와 임야를 매입하고, 이어서 도로 개설, 녹화 조경, 건축과 시설 등을 성공리에 추진하여 성지 개척이란 불사를 성취하였다.[47]

---

47   박정훈, 『정산종사전』, 496쪽 〈영산성지개척사업〉 참조.

이해(1960) 7월 29일, 대산의 모친 안경신이 고향 좌포에서 열반에 들었다.

나는 공사하는 전무출신, 아버님 열반 당시 집에 가지를 못했다. 선공후사의 원칙 아래 그 당시 복잡한 일들이 있어 못 가고 종재식 때에야 고향에 가 아버님 천도를 위해 정성을 올릴 수 있었다. 부모님 회갑 때에도 물론 참석을 하지 못했었다. (『구도역정기』, 39쪽.)

장녀 복균(1936), 차녀 복환(1938), 삼녀 복혜(1941), 장남 성은(1944), 차남 성관(1948), 사녀 복인(1954) 등 여섯 남매가 줄줄이 태어날 때도, 그들의 성장 과정에도 도무지 아비 노릇을 한 기억이 없이 아내에게 맡겨 키운 처지이지만, 공인으로서 전무출신으로서 그는 처자식에게뿐 아니라 부모에게도 도리를 다하지 못했다. 투병 중이라 부모의 환갑에도 장남 노릇을 못 했고, 더구나 아버지 초상(1940.1.5.)에도 교무부장(→교화훈련부장)으로서 총부를 떠날 처지가 못 됐었다. 그런 아픔이 있었기에 대산은 어머니의 임종을 지켰고, 열반을 당하여서는 제대로 장례를 모시고 싶었던 것 같다. 다행히 교정원장 직을 놓았고, 재방언도 마치었고, 이제 드물게 시간적 여유를 누릴 수 있는 세월이다.

어머니 안경신은 아들일망정 대산에게 하대하지 않고 존칭을 썼다. 아들이 인사를 하러 오면 마루 아래로 내려가 맞이하여 올라왔고, 설을 하면 그냥 받지 않고 맞절을 했다. 그렇게 존숭히 여기는 아들인지라 아들이 전해준 성리 표준 「음양이 없는 땅 한 조각, 메아리

없는 한 골짜기, 뿌리 없는 나무 한 그루」를 연마하면서 좌선과 염불을 생활화했다. 열반 때에도 〈솔성요론〉 16조 중 15조까지 외우다가 잠자듯 떠났다고 한다.[48] 대산은 종종 부모에게 죄송한 기억을 떠올린다. 아버지가 총부에 있는 복숭아를 잡숫고 싶어 하시는 걸 알면서도 사정상 끝내 복숭아를 갖다 드리지 못했던 것, 그리고 어머니가 성리 표준에 대해 세 번이나 물었음에도 「성리란 본인이 연마하여 깨쳐야지 남이 함부로 알려주면 안 된다」던 스승 소태산의 가르침을 따르느라고 그 대답을 못 해 드린 것이 그것이다.

대산은 고향 좌포에서 장례를 치르고 이어 초재까지 모신 후 가까운 절 만덕산 미륵사에 가서 한 달을 머물렀다.

이 무렵 미륵사는 거의 폐사 상태로 돌담장이 다 무너져 있고, 상주하는 스님도 없이 보살 할머니 한 분이 지키고 있을 뿐이었다. 대산은 몇 사람 남녀 시자들을 거느리고 거기 머무르며, 산행도 하고 야생 조류와 교감도 하고 계곡에서 목욕도 하면서 정양하다가, 재 때는 좌포교당으로 내려와 재를 모시고 다시 올라가는 식으로 육재까지 머무른 것으로 헤아려진다. 대산은 무너진 담장을 보면서 영산 재방언 때 배운 돌담 쌓기 기술을 발휘할 때가 됐음을 깨달은 것 같다. 그는 힘겨운 부분은 동네 일꾼의 도움을 받으면서 한 달 머무는 동안에 돌담을 깔끔하게 쌓았다.[49] 절을 빼앗으려는 것으로 의심했던 보

---

48 〈솔성요론〉이 아니라 『정전』 사은 장 〈천지보은의 조목〉 8조목을 다 외우며 입적하였다는 설도 있다. (『좌포교당 77년사』, 225쪽.)
49 미륵사에서 담쌓은 법설은 『법문집』, 166~167쪽 및 240쪽에 상세히 나온다.

살 할머니는 돌담을 다 쌓고 약속대로 물러가는 대산을 보자 감격하여 대접이 극진하더라고 했다.

그런데 궁금한 것은 대산이 굳이 미륵사에 와서 한 달이나 머문 이유다. 담쌓기는 절에 들어간 뒤에 소일 삼아서 했다고 했으니, 미륵사 체류와 인과 관계는 없다. 좌포 사가에 묵을 공간이 없어서도 아닐 텐데 왜 미륵사로 갔을까? 유추하건대, 대산은 좌포에서 초재를 지내고 무료하게 더 머무르기가 난감했을 것이다. 그는 늘 하던 대로 정양(삼림욕 등 자연치유)차 미륵사로 가서 이재부터 육재에 해당하는 기간을 머물며, 마침 무너진 담을 고쳐 줌으로써 한 달 신세 지는 대가를 치르고 내려왔고, 종재는 참석자들의 불편을 덜어주고자 총부에 와서 모신 것으로 볼 수 있다. 여기에 의미를 보탠다면, 대산이 미륵사를 두고 한 평가에서 찾을 수 있다.「대종사님께서 만덕산을 찾으신 것은 진묵 스님이 만덕산의 미륵사를 다녀가셨기 때문입니다. 미륵사에 아기 업은 여자, 상투 꽂고 갓 쓴 부처님을 그려 놓은 것은 앞으로 거사불이 많이 나온다는 것을 시사한 것입니다.」(『대산종사수필법문집』1987.7.15.) 여기에 덧붙인다면, 대산의 미륵사 체류 1개월이 소태산의 금산사·월명암 체류와 정산의 대원사·월명암·미륵사 체류의 '따라 하기'라는 뜻도 있을 법하다.

한편 대산은 영산에 머무를 동안에도 『정전』을 연구하여 후에 『정전대의(正典大意)』와 『교리실천도해』라고 명명한 저술들을 구상하였고, 정산이 강령을 잡아 준 〈대종사 십상〉을 〈석가불 팔상〉과 비교하며 연마하였다.[50] 이 작업에 어느 정도 자신이 붙은 대산은, 초여름쯤[51]에 영산을 떠나 변산반도 앞바다에 있는 하섬[52]으로 들어간다. 일찍이 소태산이 점지한 인연지이니 요양처로도 맞춤하지만, 거기서 이 저술들을 좀 더 다듬을 겸 젊은 교무들에게 강론하기 위해서였다. 1961년 7월까지 3개월 가까이 『정전대의』를 교재로 공부했는데, 전 기간을 동참하지 못한 경우도 있긴 하지만, 동참한 교무들은 이병은, 박은국, 김이현, 백지명, 송자명, 전이창, 정양진, 정진숙, 이형원 등 좀 더 많았던 모양이다. 특히 김이현은 대산의 강의를 꼼꼼히 기록으로 남겼다. 하섬에 머무는 동안 몇 가지 전설적 일화들이 전하고 있는데 그중 두어 가지를 소개하고자 한다.

천여래 만보살이 배출되기를 염원하면서 기도를 정성껏 모셨다. 그랬더니 대종사님과 정산 종사님께서 매일 밤 현몽하시어 때로는 꾸중도 하시고 때로는 칭찬도 하여 주셨으며, 또 어떤 때에는 석불 2, 3백 개가 나타나 그중 하나가 미륵불이라고 하며 나와 같이 사진 촬영을 하자고 하였다. 내가 키가 작으므로 당신이 낮은 데 서야 한다고 하며 사진을 찍는

---

50 대산은 《원광》 33호(1960. 7.)와 34호(1960. 12.) 2회에 걸쳐 〈대종사 십상〉을 발표하였다.
51 김이현 교무는 「그 무렵에 《원광》 지에 대산 종사님의 삼학회전법문이 발표되었다. (…) 그리하여 영산보다 한가한 변산 하섬에서 받들기로 결정이 되었다. 그때는 마침 겨울철이라 이현이도 같이 가라는 형산 종사님의 배려…」(『조불…』 I , 402쪽.)라고 했는데, 다른 자료와 어긋나는 부분은 택하지 않았다. '삼학회전법문'은 《원광》 18호(1957. 3.)와 20호(1957. 9.)에 실린 교리특강 〈삼학공부〉를 가리키는 것으로 보인다.
52 하섬[荷島]은 전북 부안군 변산반도 내해에 위치한 섬으로, 면적은 약 3만 5천 평이다. 1954년 원불교에서 매입한 후 경전 결집, 교도 훈련 등에 쓰였다.

꿈을 꾸다가 잠이 깼다. 또 한 번은 이 하섬의 밭에서 용이 수없이 등천하는 꿈을 꾸었다. 꿈은 꿈이나 용은 부처님을 상징하는 것이므로 많은 불보살이 배출되고 큰 기운을 받는 것이 아닌가 생각했었다. (『대산종법사법문집』3, 30쪽.)

이것은 대산이 꾼 영몽 이야기다. 그는 결정적인 타이밍에 영몽을 꾼 경험이 전에도 있었거니와 이번에도 그런 모양이다. 정화사 이공전 사무장도 결국 하섬에 들어와서 교서 편수 마무리를 했지만, 대산이 『정전대의』를 강독하면서 꾼 이 꿈은 하섬을 인연지로 하여 경(經)과 논(論)이 성취되면서 숱한 인재(불보살)들이 나오리란 예지몽이 된 셈이다.[53]

하섬이란 데는 물이 나올 데가 없다. (…) 대산 종사님께서 하루는 "우물을 하나 파자." 하시고 자리를 정해 주셨다. "여기를 파라." (…) 근 한 달을 파고 나니 바위가 나왔다. "바위가 나왔는데 어떻게 할까요?" 하고 여쭈니 "바위를 뚫어라." 하셨다. (…) 하루 종일 곡괭이로 바위를 뚫어 보았지만 조금밖에 안 파졌다. 그러니 옆에 있던 사람들도 지쳐 일할 용기를 안 내고 일꾼들은 농사철이라 모심어야 한다며 다 가버렸다. 동산(*이

---

[53] 다음은 이현도 교무가 들은바 대산의 말이다. "내가 그때 정신이 맑아졌었는가 보다. 아! 저녁에 잠을 자는데 하섬이 용이 되더라. 몇백 마리인지 몇천 마리인지 몇만 마리인지 모르겠더라. 한두 마리만 봐도 좋겠지? 몇천만 마리인지 몰라. 하섬 전체가 용이 되더라. 그런데 그 용이 승천을 했단 말이다. 하늘을 날았단 말이다. 그러니 안 좋겠냐?" (『조불…』I, 158~159쪽.)

병은 교무) 님이 난처하여 다시 여쭈었다. "아무래도 우물을 못 파겠습니다." 하고 말씀드리니 "어서 파라. 해가 지기 전에 결정 나겠다." 하시는 것이었다. (…) 몇 번을 힘을 다해 두드리니 바위 속에서 물구멍이 생기며 물이 솟기 시작했다. 해는 넘어가고 물이 나오기 시작했다. (…) 대산 종사님께서 그 샘물 이름을 '은생수(恩生水)'라고 명명하여 주셨다. (『조불…』Ⅰ, 159~160쪽. 이현도)

영통을 한 대산의 초월적 예지를 보여주는 얘기다. 부차적인 얘기지만, 여기서 샘을 파는 데 걸린 시간이 며칠이냐 하는 것이 궁금하다. 대산은 7일 만에 팠다 했고(『대산종법사 법문집』3, 40쪽.), 굴착 작업을 담당했던 동산 이병은은 10여 일 걸렸다 했고(『진리는 하나 세계도 하나』, 60쪽.), 기산 이현도 교무는 한 달 걸렸다고 했다. 이현도는 다른 글(《원불교신문》 2013.4.26.)에서는 몇 달을 파도 물이 나오지 않았다고도 했다. 필자가 굳이 이걸 따지는 것은 사실(史實)을 왜곡하여 부풀리거나 미화함으로써 진실이 은폐된다면, 이는 훗날 교단의 기록이 신뢰를 잃고 불신에 빠지게 되리란 우려 때문이다. 대산은 이를 일찍감치 간파하여 경고장을 날리고 있다. 「만일 올바른 역사가 나와 있지 아니하면 신비에 빠지거나 이상한 신화가 남게 될 것」(『대산종법사 법문집』3, 19쪽.)이라고.

대산이 한번은 일행을 데리고 소태산과 정산의 인연지인 변산 월명암으로 소풍을 갔다. 거기서 일박하면서 겪은 일도 화제성이 있다.

천서인가 비서인가

예로부터 초인적 능력자의 카리스마나 신이한 능력을 뒷받침하는 것으로, 그가 누구로부터 천서(天書, 하늘이 내려보낸 문서나 책) 혹은 비서(祕書, 비밀스러운 문서나 책)를 받아 본 결과라고 하는 식의 화소를 지닌 설화는 고소설이나 역사물에 자주 등장한다. 이것은 성자들의 생애에서도 종종 발견되는데, 더러는 영서(靈書), 신서(神書), 비기(祕記) 등으로 불리기도 한다.

동학에서는 1855년(을묘) 봄에 수운 최제우가 방안에서 책을 읽고 있을 때, 이승(異僧)이 찾아와 해석을 의뢰하면서 책을 보여주었다는 이야기가 있다. 이른바 을묘천서다.

증산교에서는 증산 강일순이 1895년(을미) 봄에 두승산 시회(詩會)에서 어느 노인으로부터 받은 신비한 책이 있었다고 했다.

원불교에서는 소태산이 1916년(병진) 4월 7일 새벽에, '기골이 장대하고 풍채 헌앙한 도승'에게서 『금강경』을 받는 영몽을 꾸고 나서 불갑사의 『금강경』을 얻어다 보았다 했다.

또 2세 교주 정산 송규는, 소태산을 만나기 전에 강증산의 딸 강순임에게서 '훗날 이것을 찾아갈 임자가 있을 것'이라며 증산이 천장에 감추어 두었다던 책을 받는데 이것이 『정심요결』이다.

그런데 3세 교주 대산 김대거에게도 비슷한 구조로 된 일화가 있으니 신기하다.

1961년, 대산이 변산 월명암에 가서 하루를 유하게 된다. 마침 그날

절에는 스님들이 모두 출타 중이고 나이 든 화주와 열서너 살 된 사미승만 있었는데, 한밤중 사미승이 토사곽란이 나서 죽게 생겼다. 대산은 서울출장소장 시절 사관 트는 방법을 배워둔 바 있었기에 곧 침으로 이를 시행하니 사미승이 살아났다. 그러자 그가 고마운 뜻을 표하고자, 스님이 비장한 책 『부설사대불집(浮雪四大佛集)』을 다락에서 꺼내다 보여주었다. 부설거사 일가의 성도담인데, 이것은 대산이 처음 보는 책이었다. 대산은 반가운 마음에 아주 흥미롭게 읽었다고 한다. 기왕에 알려진 부설거사 설화와는 어떻게 다른지 모르나 '처음 대하는 책'이라느니 '아주 흥미롭게 읽었다'느니 한 말에 주목하게 된다.

『금강경』이 소태산에게 석가불이 성중성임을 깨닫게 하여, '장차 회상을 열 때 불교를 주체로 삼겠다'고 결심하게 하였고, 『정심요결』이 정산에게 원불교의 정신수양 방법에서 도교를 벤치마킹하게 했듯이, 『부설사대불집』이 대산에게 재가출가 무차별법을 추진할 영감을 주지 않았을까 생각한다.

VI
3세 종법사 김대거

소태산의 하늘, 정산의 땅

　대산이 『정전대의』와 『교리실천도해』의 초안을 마쳤다. 후에 대산은 『원불교교전』(정전과 대종경) 및 『정산종사법어』와 더불어 자신이 편찬한 두 책을 보태면 원불교 법은 다 나온 것이요 이들이 만대에 전할 법이라고 했다.[1] 대산의 저술은 물론 독창적인 저술이 아니라 소태산이 낸 교법을 해설하고 정리한 것이지만, 자부심이 대단했다. 그 사이 세상은 정치적 사회적 격동기를 지냈으니, 영산에서 4·19혁명의 소식을 들었고, 하섬에서 5·16군사정변 소식을 들었다. 대산이 그 소용돌이에 몸담을 일은 없었지만, 시대의 흐름을 예의 주시하며 교단의 앞길을 전망하였다.

　1961년 7월 26일, 대산은 하섬에서 이병은을 데리고 나와 총부로 향하니 이때는 '은생수' 우물을 파서 하섬의 현안이던 식수 문제를 해

---

1 「이제 법은 다 나왔다. 『교전』과 『정산종사법어』『정전대의』『교리실천도해집』은 만대의 법이니라.」(『진리는 하나 세계도 하나』, 226쪽.)

결한 바로 이튿날이다. 좀 늦게 합류한 이병은은 두 달 만에 나온 것이지만, 대산은 석 달 가까이 체류한 것 같다.

이 무렵 정산 종법사의 병환은 점차 심각해지고 있었다. 4월에 개교 46주년 축하식과 더불어 종법사의 회갑경축식을 거행한 지 두어 달인데, 정산은 식사를 거의 하지 못했다. 7월 6일 이리중앙병원에 입원했다가 이리 동산동에 있는 동산선원으로 옮겨, 2개월 기한을 정하고 요양에 들어갔다. 병세가 악화하여 9월 3일 다시 이리중앙병원에 가서 위액검사와 엑스레이 검사를 받았지만, 아무래도 안 되겠다 싶어서 서울대학병원으로 옮겨 입원한 것이 9월 10일이었다.

하섬에서 나온 대산이 동산선원에서 요양 중인 정산 종법사께 문안하니, 그 와중에도 정산은 대산에게 계룡산 신도안으로 들어가라고 당부했다. "왜 신도안에 안 들어가는가? 어서 가소. 어서 가!"(『대산종법사 법문집』3, 30쪽.) 그러나 대산은 무턱대고 신도안으로 들어갈 수가 없었다. 비빌 언덕이 거의 없는 불모지인데 종법사는 대산에게 자꾸 신도안으로 들어가라 하니 답답할 노릇이다. 대산은 영남지방으로 내려가 부산진교당을 베이스캠프 삼고 한 달가량 교당들을 순회했는데, 하섬에서 마무리한 『교리실천도해』 강의와 〈인간 불타〉 설법 등 인기가 많았다고 한다. 부산진교당에 20일 머물 때는 열일곱 군데서 법사로 초청받을 정도였으니, 교도들의 시봉금과 성금이 제법 모였다.

서울대병원에 입원한 상태에서도 정산은 대산에게 신도안 개척을 당부하는 전갈을 두 차례 보내왔다. 한 번은 편지를 보내어 어서 신도안으로 들어가라고 했고, 또 한 번은 시자 김정관을 직접 보내어 거듭 재촉했다. 대산 일행은 대구교당으로 자리를 옮겼다. 부산만큼은 아니라도 대구에서 각종 행사에 임석하고 설법을 담당하면서 교도들의 성금이 답지했다. 이 돈들을 기금으로 하여 신도안을 개척하리라는 결심으로 순회를 계속하였다.

정산 종법사 입원 열흘째인 9월 19일에 종합 진찰 결과를 받고 보니, 악성 위종양으로 판명이 났고, 가급적 이른 시일에 수술하라는 권고가 있었다. 이 결과가 대구로 통보되고 상경하라는 독촉이 오자, 대산 일행은 9월 20일 급히 상경하였다. 대산은 이병은을 데리고 서울출장소장 시절 머물던 한남동 보화원(정각사)으로 가서 숙소를 정하고, 병원에 오가며 정산의 간병을 도왔다. 큰 도움이 되기야 할까마는 매일 남산에서 약수를 대두 병에 두 개씩 받아 병원으로 날랐다고 한다. 9월 25일, 수술을 하였으나 결과는 절망적이었다. 정산은 입원 72일 만에 퇴원하여, 큰딸 영봉이 주임교무로 있던 서울교당에서 사흘을 쉬고 11월 24일 총부로 내려왔다.

병세가 돌이킬 수 없음을 알고, 임종이 다가오는 기미를 눈치챈 정산은 두 가지를 끊임없이 독촉했다. 하나는 소의 경전인 교전(『정전』과 『대종경』) 편수의 완결이고, 또 하나는 신도안 개척이다. 교전 편수는 소태산의 유촉이기도 하지만, 누구나 공감할 수 있는 당면과제다. 종법사 취임 후 발표한 사대경륜에도 교재 정비가 일 번으로 들어있으니 당연하다. 그런데 신도안 개척은 아부래도 뜬금없다. 소태산의 유시가 있었다고도 하지만 신빙성에 의문이 가고, 오히려 신도안 개척의 정당성을 확보하려는 속내가 읽힌다. 교전 편수는 공론화를 거치며 대종경편수위원회라든가 정화사라든가 하는 전담 기구도 설치

했지만, 신도안 개척은 '은밀히'라고까진 말 못 해도 주로 대산 김대거와 시자 및 재정 담당 등 몇몇 인사들에게만, 사적으로 부탁하듯이 진행되었다.

정산의 속내는 무엇일까? 정산은 조급증을 발하여 교재 정비를 독촉하고, 12월 24일에 『정전』과 『대종경』의 완결을 촉구하는 특별 유시를 내린다. 대산 등을 정화사 감수위원으로 임명하고, 새해 4월 이내로 편찬을 완결하라, 시한까지 정하고 재촉했다. 그러는 일방, 사적으로 대산을 보면 정색하고 신도안을 당부했다. 대구에서 있다가 종법사가 위독하다는 소식을 듣고 서울대학병원으로 달려갔을 때도 "지체 말고 어서어서 신도안에 들어가라." 다그쳤었다. 물론 대산도 왜냐고 묻지는 않았고, 정산도 이유를 설명하지 않았다. 문답 없이도 이심전심으로 소통하고 있었던 것일까? 수술 후 서울대병원에 더는 지체할 의미가 없어서 퇴원하고, 총부로 돌아오기 전 서울교당에 와서 머무를 때다. 대산이 일행과 함께 가자 접견을 허락하더니, 역시나 하는 말씀이 "지체 말고 어서어서 신도안에 들어가 터를 잡소." 하는 당부였다. 이 무렵 정산이 대산에게 신도안 들어가라 당부하면서 강조한 말의 뉘앙스가 묘하다. 「신도는 경제를 먼저 세우고, 그리고 범위를 넓게 잡아라.」 했다. 터를 잡아라, 넓게 잡아라, 이런 말은 꼭 부동산 투기를 하는 사람들이나 할 법한 말 같은데, 정산은 열반을 앞두고도 "크게 크게!"를 강조할 만큼 넓은 토지의 확보를 주장했고, 또한 '경제'를 세우라고 했으니 알고도 모를 일이다.

신도안 인연은 소태산의 계룡산 탐방으로부터 시작되었다. 소태산이 현지 회원 이원리화의 안내로 이공주, 전음광 등과 신도안을 찾은 것이 1936년 4월이었는데,[2] 이때 소태산이 신도안 활용 구상이나 불종불박(佛宗佛朴)이란 글씨가 새겨진 바위의 유래 등에 대해 언급했다는 것은 신뢰가 덜 가지만[3], 적어도 정산 종사가 신도안이나 불종불박에 대해 확고한 신념을 가지고 있었던 것만은 사실로 보인다.[4] 그야 어쨌건 신도안에 불법연구회(원불교)가 자리 잡기 시작한 것은 소태산의 탐방에 이어진 사건이니까 퍽 선구적이다. 당시 영호남 외에 중부 지방에는 교당이 오로지 경성지부(서울교당) 하나뿐이던 시절인데 어떻게 계룡산 속에 기관(교당)을 설치할 생각까지 했는지 희한한 일이긴 하다.

남선교당(→신도교당) 창립주인 이원리화의 〈계룡산탐방기〉(《회보》 31호, 1937.1.)에 따르면, 회원 홍대인각의 특지로 불법연구회 계룡산 수양원을 마련하고 동지 5~6인으로 더불어 거기서 하선을 치렀다. 그뿐만 아니라 이를 기념하기 위하여, 음력 8월 3일 수양원 선원 일행이 임시교무 서대원을 모시고 불종불박 바위가 있는 신도안 대궐터 일대를 탐승하였다는 것이다. 기록대로라면 소태산이 다녀간 즉시로 홍대인각의 희사로 논산군 두마면 남선리에 집을 사서 수양원 간판을 붙인 모양이고, 거기서 당장 임시교무를 모시고 여름 정기훈

---

[2] 1943년에도 1차 더 방문한 바가 있다지만 정확한 상황은 전해지고 있지 않다.

[3] 박정훈이 『정산종사전』(500~501쪽)에서 근거 제시는 없이, 「이때 대종사께서는 앞으로 인연이 닿으면 이곳에 수도 도량을 만들도록 당부하시었다.」라고만 하였다.

[4] 『정산 송규 평전』 323~324쪽 참조. *'불종불박'에 대해서는 「미래는 불법이 주도하는 세상이 될 것인데 그때 주세불은 박 씨(박중빈)다.」라는 해석이 붙는다. 이는 무학대사의 예언이라 한다.

련까지 치렀으니 대단하다 하겠다. 그러나 이어지는 소태산의 열반, 일제의 패망과 해방, 6·25전쟁 등의 혼란 속에서 있는 듯 없는 듯 세월은 갔고, 1959년 4월에 정녀 심익순이 교무선(*교무자격 훈련)을 미처 마치기 전임에도 정산 종법사의 독촉을 못 이겨 남선교당에 부임한다. 남선리는 대궐터가 있는 부남리에서 2킬로미터 떨어져 있었는데 정산은 굳이 대궐터, 좀 더 콕 집어 불종불박이 놓여 있는 땅을 사라고 명했다. 송대에서 요양 중이던 종법사가 어느 날 재무부장 성산 성정철 교무를 부르더니, 신도안 가서 땅을 살 수 있는지 알아보고 오라고 했다. 성정철이 현지인(남선교당 교도)에게 부탁하고 온 얼마 후, 마침 불종불박 바위 바로 가까이 있는 집이 나왔다는 소식을 받았다. 종법사에게 보고하자 즉각 사라는 명이 있기에 달려가 집을 산 것이 계룡산 삼동원의 시초다.

　이로부터 남선리 아닌 부남리 대궐터 땅을 매입하기 시작한다. 종법사가 시봉금 중 일부를 먼저 내놓고 보화당한약방, 원광대 등 기관들이 후원금을 내놓았고, 대산도 그동안 시봉금과 성금 받아 모은 것을 내놓았다. 당시 부산진교당 윤주현 교무와 대구교당 이경순 교무가 힘을 많이 보탰다고 한다.

1959년 10월 24일, 부남리 64번지 대궐터의 불종불박 바위 뒤에 있는 초가 1동을 7만 환에 매입하였다. 그리고 1960년, 대궐터에서 2킬로미터 떨어진 남선교당을 이곳으로 옮기도록 조처, 1960년 9월 1일에 신도교당이 설립되었다. 그리고 남선교당 교무 심익순이 신도교당 교무로 전임되었다. 이어 앞집 담장에 불종불박 바위가 걸처진 방 1칸 부엌 1칸뿐인 움막집을 3만 환에 매입하여 철거, 도량을 확장하였다. 불종불박 오두막집은 교당이라 할 수 없을 정도로 옹색하였다. 엿을 곱던 집이라 온통 집안이 굴속 같았다. 당시 대궐터 마을은 30호 남짓이었다. (『동산에 달 오르면』, 77쪽. 박용덕)

불종불박 바위가 있는 대궐터 땅과 오두막집을 매입하여 신도교당 간판을 걸고, 새내기 교무이지만 당찬 심익순을 순교로 발령했으니 그런대로 격식은 갖추었건만, 정산은 계속하여 대산에게 신도안에 들어가라고 성화다. 심익순에게도 여러 번 당부했는데 「나중에는 정산 종사님께서 진노하시면서 대산 종법사님을 하루빨리 신도안으로 모셔 가라고 하셨다.」(『우리 회상의 법모』, 131쪽.) 어른이 다 뜻이 있어 그러시려니 하면서도, 당장 몸 붙일 데가 마땅치 않고 입에 풀칠할 일도 만만치 않다. 이제 비빌 언덕은 마련했으니 들어가란 뜻인가? 헤아리건대 심익순 아니라 법력과 역량이 큰 그 누가 신도안을 자원했더라도, 정산은 포기하지 않고 대산을 기어이 신도안에 몰아넣기로 작심한 것이었으리라. 그것은 소태산이 정산을 영산에 묶어놓고서야 마음이 놓였던 것과 비슷한 심정이 아닐까 싶은데, 정산은 건강조차 부실한 대산이 말뚝처럼 그냥 서 있기만 하더라도 좋으니, 그를 굳이 신도안에 데려다 놓아야 직성이 풀렸으리란 생각이 든다. 성산 성정철 교무도 정산이 신도안에 그리 집착하는 이유, 굳이 대산을 거기다 갖다 놓으려 애쓴 이유를 몰라 애쓰다가 「대종사님께서 정산 종사님께 유촉하신 것이 아닌가 생각해 보기도 하고」 혹은 「아마도 우리가 알 수 없는 깊은 뜻이 담겨 전해지신 것이 아니었는지?」 하고 고개를 갸웃거렸다. (『구도역정기』, 257쪽.)

　어쨌건 이 사정 저 사정으로 선뜻 신도안행을 못 하던 대산은 1961년 11월 하순, 마침내 이병은 등을 데리고 신도안 부남리 불종불박 바위 옆에 있는 오두막집으로 들어갔다. 정산은 열반 2개월을 앞두고 대산 김대거라는 대붕을 올가미로 얽어 신도안이란 장(檻) 안에 가두는 데 겨우 성공한 셈이다.

　신도안에 들어간 대산은 그 불가피성을 시자에게 이렇게 설명했다. 「우리가 이곳에 오게 된 것이 우연한 일이 아니다. 3년 전부터 법사님(*정산 종법사)께서 이곳에 대한 말씀이 "시급하다." 하셨다. 우리 교세가 이곳에서 힘을 타게 된다는 말씀이다. 현재의 형편으로는 이곳에 올 처지가 못 된다. 종법사 환후로나 교당(*신도교당) 일로 보아서. 그러나 법사님의 위력으로 보내셔서 오게 된 것이다. 이곳에 대한 목적이 크다. 용화회상 건설의 준비 공작이다.」(『진리는 하나 세계도 하나』, 89~90쪽.) 이는 동산 이병은의 일기(1961.12.10.)에 나오는 대목이다.

　1962년 새해 들어서 정산 종법사의 병세는 악화일로였다. 1월 21일, 총부 안에 있던 대중이 모여들었다. 정산은 "마음공부 잘하여서 새 세상의 주인 되라." 당부하고, "누가 한번 삼동윤리를 설명해 보라." 하여 대산이 동원도리, 동기연계, 동척사업(한 울안 한 이치에 한 집안 한 권속이 한 일터 한 일꾼으로 일원세계 건설하자)을 간결하게 설명했다. 한 번이 끝나자 다시 하라고 요구했고, 두 번이 끝나자 다시 한번 더 하라고 했다. 그리고 "삼동윤리를 잘 지켜서 천하윤리 만고윤리가 되게 하라." 부촉했다. 이공전이 "삼동윤리가 곧 법사님 게송이 되겠습니까?" 물으니 "그렇다!" 하고 이의 실행을 재차 당부했다. 그리고 『범범록』에는 기록이 빠졌는데 『동산에 달 오르면』(83쪽)에는 항타원 이경순과의 최후 대화가 나온다. 「선종법사님께서 삼동윤리를 나(*김대거)에게 풀어 말하라고 하명하시어 내가 거듭 세 번이나 모인 대중에게 전하였으며, 이어 항타원 종사가 말씀을 올렸다. "법사님 게송으로 받드오리까?" "그리하라." "신도안은 장차 어떻게 하오리까?" "크게! 크게!" 그 말씀 하시고 열반에 드셨다.」 원기 47년(1962) 1월 24일 오전 9시 30분, 정산은 마침내 열반에 들었다. 향년 61년 5개월, 법랍 45년, 종법사 재임 18년 8개월 만이다.

> 원기 47년 1월 24일 정산 종사 열반하시어 교단전체장. 5일장 발인식을 마치고 유해를 모시고 동산동 화장막으로 갔다. 마지막 영결식을 마치고 유해가 화구에 들어가기 직전, 대중은 다 같이 슬퍼 오열하였다. 그때 대산 종사를 모시라 하여 나(*김인철)는 대산 종사를 모시고 밖으로 나왔는데 "이리교당으로 가자." 하시어 도보로 걸어가는데, 중간쯤 가시다 뒤를 돌아보시니 화장막 굴뚝에서 연기가 무럭무럭 솟고 있었다. 대산 종사 이를 보시며 엉엉 소리를 크게 내시며 한참을 울고 나신 뒤, 눈물을 닦으시며 "내가 정산 종사와 세 번 바꿈질을 하였다." 하고 말씀하셨다.
> (『일원문화 꽃 피어라』, 428쪽. 김인철)

소태산이 열반에 들었을 때조차 냉정하리만큼 침착했던 대산이 정산의 열반에 이렇게 통곡을 한 것은 의외다.

○ 대종사님과 정산 종사님이 아니시면 어찌 오늘이 있었겠느냐. 은혜가 망극하다. 머리털을 뽑아 신을 삼아 드려도 크신 은혜의 만분의 일도 못 갚는다. (『불불계세의 유서 깊은 도량』, 56쪽.)
○ 대종사님을 이별한 후 정산 종사님께서 키워주시고 이끌어 주신 은혜 세세생생 잊지 못할 것이다. (『대산종법사 법문집』3, 15쪽.)
○ 대종사님은 우리 마음을 낳으신 부모요, 정산 종사는 우리를 길러주시고 키워주셨나니라. 그러니 생아자(生我者, 나를 낳아 준 분)도 부모요 양아자(養我者, 나를 길러 준 분)도 모두 부모다. (『진리는 하나 세계도 하나』, 277쪽.)

소태산과 정산과 대산의 3세대 관계 프레임엔 두 종류가 있는 것 같다. 하나는 천부(天父, 소태산) 지모(地母, 정산) 인자(人子, 대산) 즉 천·지·인 혹은 부·모·자로 보는 것이니 소태산을 영부·생아자, 정산을 법모·양아자로 놓아도 그렇다. 「대종사 열반에 드심에 정산사는 양부모시었다.」(『진리는 하나 세계도 하나』, 142쪽.)라고 한 고백도 마찬가지다. 걸음걸이로 볼 때, 소태산은 가장답게 뚜벅뚜벅 걷고, 정산은 새댁처럼 사뿐사뿐 걷고, 대산은 아기처럼 아장아장 걸었다고 비유한다면 외람되다고 할까. 대산은 노년에도 아장아장 걷는 것 같다고 말들 한 걸 보면, 이런 프레임이 의미가 있다고 본다. 부모가 자식에게 희망을 걸듯이, 소태산과 정산은 회상을 번영시킬 동량으로 대산을 아기 기르듯 키운 것이고, 대산은 부모의 기대를 저버리지 않고 효도를 다하기 위해 혼신의 힘을 기울인 것이 아니겠는가 싶다.

또 하나의 프레임은 소태산을 아버지로, 정산을 형으로, 대산을 아우로 푸는 방법이다. 이렇게 놓으면 소태산을 '법사부(法師父), 심사부(心師父), 은사부(恩師父)'로 한다는 것이나, 정산을 '법사형(法師兄), 심사형(心師兄), 은사형(恩師兄)'으로 한다는 대산의 말과 잘 맞아떨어진다.[5] 요컨대 정산과 대산의 관계가 모자 관계냐 형제 관계냐 하는 것인데, 실제로 대산에게는 그런 이중적 정서가 있었던 것으로 보인다.

필자가 주목하는 것은 '세 번 바꿈질'이다. 도인들은 이른바 '꼬리를 잡히지 않기 위해' '들키지 않으려고' 보통은 범상하게 상식선에서 논리에 맞는 언행을 하지만, 어느 순간 번뜩이듯 초월적 언행이 튀어나온다. 범부들은 무심코 지나치거나 껍데기에 집착하지만, 눈치 싼 도인은 여기서 천기(天機)를 읽을 것이다. 스승이나 어머니 혹은 형님 같은 정산이 죽어서 화장막 굴뚝의 연기로 사라지는 순간을 지켜보다가 통곡까지 한 뒤끝이기에 그 순간은 각별한 타이밍인데, '세 번 바꿈질'을 한 사이라는 수수께끼 같은 말을 어찌 지나칠 수 있으랴. 그런데 이 말뜻을 두고 항산 김인철은 다시 묻지를 않았고, 대산 역시 추가로 설명하지 않고 있다. 그들은 충분히 소통한 것일까?

'바꿈질'은 모든 한국어 사전에 「물건과 물건을 바꾸는 짓」이라 나오지만, 정산과 대산이 무슨 물건을 세 번 바꾸는 짓을 했다는 말인가 알 수 없다. 필자가 유추컨대 물건이 아니라면 '관계나 역할'을 바꾸었다는 뜻으로 보인다. 그리고 그 바꿈의 간격은 결코 단생(이생)만의

---

5 「대종사님과 선종법사님께서 나를 찾아 주시고, 맞아 주시고, 이끌어 주시고, 키워 주신 법사부(法師父), 심사부(心師父), 은사부(恩師父)요, 법사형(法師兄), 심사형(心師兄), 은사형(恩師兄)이시라면⋯」(『대산종법사 법문집』4, 267쪽.) *사부는 스승을 높여 일컫는 말이고, 사형은 한 스승 밑에서 자기보다 먼저 제자가 된 사람을 가리킨다.

문제가 아니라 다생(전생)의 일일 것이다. 여기서 떠오르는 대산의 말이 「대지 우주 만물의 섭리는 사계절의 순환처럼 성하면 쇠하며, 음과 양이 품 바꿈을 하게 마련」(『한국 언론이 본 대산종사』, 75쪽.)이라 했다. '품 바꿈'을 '역할 교대' 정도의 뜻으로 볼 수 있다면, 정산과 대산이 여러 생에 걸쳐 역할 교대를 세 번 한 사이라고 풀 수 있잖을까 싶다.

사람끼리의 품 바꿈, 도인끼리의 품 바꿈이라면 얼른 생각나는 게 혈연관계나 사제관계다. 예컨대 송훈동(정산 조부)이 다시 태어나 이공전으로 와서 정산의 시자가 되었다는 게 사실이라면, 이들은 조손 관계라는 혈연에서 사제관계란 법연으로, 즉 손자가 스승으로 할아버지가 제자로 한 번 품 바꿈을 한 것이 된다는 말이다. 그렇다면 정산과 대산은 여러 생을 거치면서 엎치락뒤치락 세 차례 역할 교대를 하면서 이생에 와서는 법형(혹은 스승) 정산과 법제(혹은 제자) 대산의 관계로 엮였다는 뜻이다. 필자의 수수께끼 풀이가 맞는지는 자신이 없지만, 요컨대 정산과 대산의 관계는 이생에 처음 만나 맺은 것이 아니라 과거 여러 생을 지내면서 떨어질 수 없는 인연으로 엮였다는 뜻으로 보이는데, 아무래도 그 사이에서 매개자 혹은 접착제 역할은 또 소태산이 했을 법하다.

사람의 시대

정산 종법사의 열반 후속 조처는 당연히 장례 절차와 동시에 후임 종법사 선출이었다. 소태산은 일찍부터 후계자를 점찍어 두었다고 할지라도 현시적으로 지명하지는 않았다. 그것은 〈불법연구회규약〉에 따라 '선정'(선출)하도록 돼 있기 때문이다. 그러나 교단에서는 일제강점기의 비상시국을 감안하여 회규에 따른 종법사 선출 절차를 생략하고 편법으로 추대하는 방식을 취했다. 만년의 정산은 후계자 질문이 나올 때 특정 개인을 전제한 후계 언급을 하지 않았다. 누군가[6] 대산을 후임으로 봄이 옳은가를 물어보았을 때조차 "네가 마음으로 지지한 사람이 당선이 되면 힘껏 밀어 드리고, 다른 사람이 당선되면 역시 잘 받들면 된다. 공의가 존중될 것이다. 그것이 우리 교단의 힘이 아니냐." 하는 말로 중립을 지켰다고 한다. 이는 「종법사는 출가위 이상 수위단원을 피선자격으로 하여 수위단회의 추천을 득하여 중앙교의회에서 추대함.」(〈교헌〉 30조)이라 정한 교헌의 규정에 따라야 하기 때문이기도 했지만, 정산 개인으로서도 자신의 종법사 피선 당시 쓰였던 편법으로 인하여 겪은 상처의 경험을 잊지 않았을 것이다.[7]

건강상 이유로 비록 현재는 일을 놓고 있는 편이지만, 직전 5년간 교정원장 직을 수행한 데다 현역 수위단 남자 중앙위에 있는 대산으로서는 차기 종법사 선출이란 급선무를 외면할 처지가 전혀 아니다. 다음은 주타원 윤주현의 기술이다.

---

6 이 '누구'는 양산 김중묵 교무로 보인다. (원기 79년 법무실 작성 〈천지대공사 대사 결정〉 8쪽.)
7 『정산 송규 평전』, 236~237쪽 참조.

마침 대산 종사님께서 밤늦게 다비장에서 항산 김인철 종사님과 함께 들어오셨다가 새벽에 나가시는데, 두 분이 나가시기에 "어디를 가세요?" 하고 여쭈니 "신도안에 가요." 하셨다. 당시 눈이 많이 와서 어떻게 가시느냐고 여쭈니, 대산 종사님께서 가야 한다고 하시고 가셨다. 그래서 대산 종사님께 "안 가시면 좋겠어요. 안 가시면 좋겠어요." 하고 말씀드리니, "괜찮다, 괜찮아." 하시며 편지를 한 장 주셨다. 항타원 이경순 종사님이나 용타원 서대인 종사님 만나면 드리라고 하셨다. 그래도 "안 가시면 좋겠어요." 하니, "괜찮다, 사흘만 지내면 되니 괜찮다." 하셨다. (『조불…』Ⅰ, 173~174쪽.)

〈교헌〉 20조엔 「종법사가 궐위될 때에는 10일 이내에 그 후임을 선거하고, 1개월 이내에 소정 절차에 의하여 추대하여야 한다.」로 되어 있었다. 그렇다면 후계 종법사 선거는 2월 3일까지 마쳐야 하는데, 전 종법사 정산의 다비가 끝난 날이 1월 29일이니 남은 기간은 5일에 불과하다. '사흘만 지내면'으로 보아 후계 선출일은 2월 1일로 이미 결정되어 있었음을 알 수 있거니와, 여분이 이틀밖에 안 남은 빡빡한 일정이다. 이 중요한 시기에 수위단 중앙단원으로서 총부를 떠난다는 것은 설명이 안 됨에도, 대산은 왜 선거에 불참하기로 하고 신도안으로 향했을까.

이경순이나 서대인은 대산이 개인적으로 가장 신뢰한 여자교무이기도 하지만, 두 사람 중 아무한테라도 전하라 한 것은 그 '편지 한 장'이 사신이 아니라는 증거이기니와, 앞뒤 내용으로 보아 교난 일을 부탁하는 것이요, 당시 시급을 요하는 사안이 종법사 선출이니만큼 이 편지에 담긴 내용 역시 종법사 선출과 유관하리란 짐작이 가능하다.

    총부로 와서 용타원님과 항타원님께 편지를 전해드리니 사형주전(師兄主前)이라고 써 있는데, 항타원님은 성질이 급하셔서 "세상에 이렇게 가버리시는가?" 하시며 화를 내셨다. "세상에 자네한테 이 쪽지 하나 주고 가셨는가?" 하셔서 "모르겠습니다." "어디로 가셨는가?" "신도안에 가신다고 하신 것 같습니다." 하니 막 화를 내셔서 나는 죄지은 것같이 벌벌 떨었다. 그렇게 사흘이 되니, 수위단회가 열리어 대산 종사님이 종법사로 당선되셨다. 그래서 항타원님이 나한테 쫓아오셔서 "미안해, 미안해!" 하시며, "내가 모르고 그랬어. 안 계시어 훨씬 나았어. 안 계셔서 사양의 도를 다하시고 법위를 받았으니 얼마나 좋은 일이야. 자네가 잘했어." 하고 큰 칭찬을 하셨다. (『조불…』I , 175쪽.)

    흔히들 3세 종법사로 대산 김대거가 승계한 것은 당연한 것이요 대중도 사전에 다 알고 수긍하였다는 듯이 말들 하지만, 꼭 그렇지도 않았다. 아산 김인용 교무는 「당시 대중들은 대산 종사님은 젊으시니까 정산 종사님이나 주산 종사님만을 출중하신 분으로 여겼던 분위기였다.」(2004.1.10. 원로원 대담에서) 했는데 맞는 말이다. 문제는 주산 송도성의 급서와 대산의 건강 악화로 정산 이후의 대안이 불투명해진 데 따른 혼란이다. 정말 대산 승계가 대중의 공의에 부합한 것이었다면 항타원(이경순)이 대산의 신도안행에 그렇게 화낼 일도 아니고, 종법사 당선 이후 "안 계시어 훨씬 나았어."라고 좋아하지도 않았을 것이다. 항타원은 대산이 총부에 머물러 음양으로 득표 공작을 하지 않으면 선거의 풍향계가 '저쪽'으로 넘어갈 수도 있겠다는 위기감을 느꼈던 것이다. 그러면 가상의 라이벌 '저쪽'은 누가 될 수 있는가?

전해 오는 말을 빌리면, 당시 대학 관련자들을 중심으로 하여 박광전(길진) 추대론이 나오기도 했다고 한다. 교조 소태산의 장남에, 일본 동양대에 유학한 엘리트에, 교립 원광대 학장에 인물까지 훤칠한 박광전이지만, 종교가의 세습에 대한 반발도 있었거니와 본인도 대학 교육에 전념할 뿐 종법사 위에 욕심을 내지 않았다. 상산 박장식, 성산 성정철, 형산 김홍철, 구타원 이공주, 육타원 이동진화, 공타원 조전권 등 남녀 원로급들도 있지만 감히 종법사 위에 도전할 역량이나 의욕을 가진 이들은 거의 없다. 여자는 아직 거부감이 있고, 또 영남 출신이나 서울 출신은 후광이 없으니 안 되고, 어차피 호남 판이다. 그러면 대산에 도전할 만한 또 다른 호남 주자가 있을까? 있다. 다만 한 사람 그 자리에 앉을 만큼 인망이 두터운 이가 응산 이완철이다. 이미 교단 조직의 제2인자 자리인 교정원장으로 있던 그는 정산 종법사 열반 후〈교헌〉16조「종법사가 유고할 때에는 교정원장이 그 권한을 대행한다」는 규정에 따라 종법사 권한대행을 맡고 있다. 나이가 지긋한 데다가 영광군 묘량면 신흥리 출신이다. 응산이 1897년생으로 34세 늦깎이다 보니 1914년생으로 16세 올깎이인 대산에게 법랍으로는 1년이 밀린다고 하나, 종교가의 보수적 성향으로는 66세의 응산 쪽이 49세의 대산에 비해 중량감으로 평가받을 수도 있고, 지연으로도 근원성지 영광 출신이라는 점은 응산이 따고 들어가는 점수다. 게다가 대산은 건강이 여전히 불안하다. 정산 종법사 9년

병치레에 학을 뗀 대중의 심리로 보더라도 소문난 병객인 대산을 종법사로 모시기는 썩 마음 내키는 일이 아닐 수 있다. 법력으로야 대산이 일찍부터 대중의 평판에 오르내린 처지이지만, 지연과 혈연으로 따지면 응산 쪽이 유리하다. 일산 이재철이 선도한 함평이씨 출가자들이 다 혈연이지만 응산 개인의 인연으로 좁혀 보아도 그렇다.[8] 그러니 선거권자인 수위단 구성으로 보더라도 "우리 영광 사람(혹은 우리 함평이씨)도 종법사 한 번 할 때가 안 되었나?"라고 말할 만도 하다. 그리고 대중의 세정을 알아주고 자애롭게 거둬주는 일이라면, 여자로서는 이동진화요 남자로는 이완철이 일급 멘토이어서 총부 찾아오는 지방 교무들이 총부 오면 으레 응산을 찾아뵙고 온갖 하소연을 하고 위로받는다 하지 않던가. 대산은 혼자 내공을 쌓는 일은 많으나 요양 다니느라 대중과 접촉할 기회 자체가 적었으니 언제 인심을 얻었겠는가.

판세는 대산과 응산의 2파전인데, 대산이 일찌감치 신도안으로 퇴각하니 이는 대중에게 경합을 포기하는 것처럼 비칠 수 있다. 저쪽은 지지층이 뭉쳐 응산을 옹립하고자 기세를 올리는 판에 대산이 이리 저자세로 나오니, 성격이 괄괄한 이경순으로선 애가 닳지 않을 수 없다. 그런데 결과적으로 수위단회가 대산을 종법사로 선출하였다. 이경순이 「안 계셔서 사양의 도를 다하시고 법위를 받으시니」라고 한

---

8 「불덕산 함평이씨의 출가 인연들은 이들 조카와 손자뻘뿐만 아니었다. 그 외 이러저러한 외척, 직간접적인 인연들까지 포함하면 족히 백여 명을 헤아리는 출가 인연들이어서 응산은 그들을 볼 때마다 미덥고 자랑스러웠다.」(박용덕, 『불덕산의 인연들』, 268~269쪽.)

것은 대산이 총부에 머물러 응산과 경합하는 모양새를 보이기보다는 신도안에 들어감으로써 응산에게 종법사 위를 사양하는 듯 체면을 살리고 종법사 위는 또 그것대로 받은 것이 그야말로 명분과 실리를 다 챙긴 '신의 한 수'였다는 해석으로 보인다.

그렇다고 이러쿵저러쿵 선거 뒷말이 없을 수는 없다. 그렇다면 응산과 대산이 종법사 선거에 임하는 자세는 과연 어땠을까?

응산이 자신을 종법사로 추대하고자 하는 지지자들을 만류한 흔적이 없을진대 응산이 종법사라는 영광스러운 자리를 처음부터 외면한 것은 아닐 듯하다. 적극적으로 그 자리를 쟁취하려는 의지는 없었을지 몰라도 추대된다면 또한 굳이 마다할 의사는 없었던 것으로 볼 수 있다. 그것은 응산 개인의 권력 의지이기보다 근원성지 영광의 자존심, 혹은 막강한 진용을 갖춘 함평이씨 일문의 희망이 되었기 때문이기도 하다. 그러나 개인으로서 응산이 종법사 위를 탐냈을 가능성은 희박하다. 응산은 정산 열반 1년 전인 1961년 1월에 건강 문제로 교정원장직 사의를 표한 바가 있다. 1958년 교정원장 대산의 사임으로 대리직을 맡았던 응산이 잔여 임기 1년을 마치고 이듬해(1959) 4월, 3년 임기의 교정원장으로 선출된 지 불과 2년이다. 수위단회에서는 응산의 사의를 수용하지 않고 기획위원회(위원장 박광전)를 조직하여 임기 동안 응산을 보좌하는 선에서 타협, 겨우 그 직을 유지하고 있던 처지이다. 응산은 지병이 있었는데[9] 환갑을 지내면서 증세가 심해져서 요

---

9 「가슴이 답답한 증세였다. 아랫배에서 올라오는 울기가 항상 가슴에 맺혀 있었다.」(『불덕산의 인연들』, 269쪽.)

양을 해야 했다. 교정원장 직을 수행할 수 없을 정도의 66세 응산이 다시 종법사 직을 탐낸다는 것은 설득력이 떨어진다. 당시 66세는 상당한 고령으로 치부되던 시절 얘기다.[10] 하기야 함평이씨 쪽으로 보자면 응산 말고도 고산 이운권(1914~1990)이란 대안이 있긴 했다. 대산과 동갑인 고산은 학식과 법력으로 보아 응산의 대안으로 손색이 없었으니까.

한편 대산은 어땠을까? 대산은 출가 당시부터 '한번 툭 튀는 사람'이 되겠다는 신념으로 웅비의 꿈을 키우는 당찬 일면과, '일생을 남모르게 조용히 정진하며 살려고' 강연도 싫어하고 선방도 피하는 소극적 일면이 병존하는(『구도역정기』, 22~23쪽.) 성향이었다. 그렇지만 소태산과 정산으로부터 일찍이 후계자 수업을 받은 대산이 종법사 욕망이 없었다면 이상하다. 젊은 날 쓴 〈입지시〉에서 「人生出世無功績(인생출세무공적)/ 斯我平生何免愧(사아평생하면괴)」(인생으로 세상에 나서 공적이 없이 죽는다면 이 나의 평생에 어찌 부끄러움을 면할손가?) 라고 한 것이 어찌 숨어서 도나 닦자는 뜻이겠는가. 필자는 〈입지시〉를 대할 때면 곧잘 남이(南怡, 1441~1468) 장군의 〈북정가〉 중 「男兒二十未平國(남아이십미평국) 後世誰稱大丈夫(후세수칭대장부)」(사나이 이십 세에 나라를 평정 못 하면 후세에 누가 대장부라 하리오.)를 연상한다. 대산은 젊은 시절, 영통으로 소문난 이인의화가 소태산에게 이렇게 고했던 것을 기억하고 있었다. "주산은 음계의 인가는 났으나 양계 인가가 미필이오나, 정

---

10 통계청 자료에 따르면, 한국인의 기대수명이 2020년에 83.5세이지만 1960년에는 52.4세였다.

산·대산 두 분은 여래위에 올랐습니다."(『진리는 하나 세계도 하나』, 109쪽.) 대산은, 어차피 주산(송도성)은 안 되니까, 타순이 정산 다음에 자기임을 일찌감치 알고 있었을 것이다.

그러나 그의 발목을 잡는 것은 건강 문제다. 여기서 그는 30세 폐결핵 투병 때의 심경을 소환했을지도 모른다. 「나는 일체를 천지에 맡겨버렸다. (…) 내가 필요한 사람이라면 진리께서 우주의 대권을 부여해 주시고, 만 생령 위해 일할 수 있도록 해주시리라는 간절한 기도를 올렸다. 진리는 살리고 죽이는 일을 알아서 하실 것이므로 굳이 살려달라는 기도는 하지 않았다.」(『구도역정기』, 42쪽.) 대산은 신도안으로 들어가면서 똑같은 기도를 했으리라 믿는다. 종법사 위를 주시거나 말거나 그것은 진리의 뜻에 따를 뿐이다. 「정산 종사님께서 내게 종법사 되라는 말씀은 안 하시고 신도안 개발을 하라고만 말씀하셨다.」(『조불…』I, 177쪽.) 대산은 정산의 이 메시지대로 했을 뿐이다. 어쩌면 하늘이 대산을 시험한 것이 아니라 대산이 하늘을 시험한 것일 수도 있겠다.

낭설일지 모르나 또 다른 소문은 정광훈 교무를 사이에 두고 있다. 수위단원이기도 했던 중산 정광훈(丁光薰, 1917~1977)은 영광군 백수면 출신으로 응산과는 지연으로 통하고 대산과는 의형제로 가깝게 지냈으니 응산은 응산대로 대산은 대산대로 외면 못 할 사이인지라 중개자가 됐을 법하다. 응산과 대산 양측에선 선거 전에 물밑 접촉을 하며 한쪽의 양보를 끌어내려고 했는데, 정광훈이 총부(응산)와 신도안(대산)을 왕래하며 대산에게 양보 의사를 타진하러 갔을 때 일이다. 대산이 정광훈과 함께 심고를 모시자 구름 한 점 없던 맑은 하늘에서 비바람이 몰아치면서 천지가 뇌성벽력으로 진동하고 계룡산이 우꾼우꾼 소리를 냈다는 것이다.[11] 심고를 마친 대산이 말했다. "이 일은 개인이 하라고 해서 하고, 말라고 해서 말고, 맡고 싶어서 맡고 안 맡고 싶어서 안 맡는, 그런 사량(思量)으로 되는 자리가 아니요, 진리와 대종사님 성령께서 결정하시는 일이다."(『대산종법사 법문집』3, 32쪽.) 그래서 결국 양보 없는 투표가 실시되고 대산이 종법사가 되었다. 종교에서는 종종 신화(mythos)가 역사(logos)를 압도한다.

대산이 종법사로 선출되자 정광훈이 신도안으로 달려가 대산을 모시고 총부로 왔다. 대중들은, 특히 나잇살이나 먹은 원로들은 엊그제까지 아우님 조카님 하던 40대 대산을 갑자기 종법사로 대우하기가 멋쩍었기에 우물쭈물하고 뻣뻣이 서서 맞이하였다. 그러자 응산이 맨 먼저 신임 종법사 대산 김대거 앞에 나아가 오체투지하고 큰절을 올렸다. 그제야 나머지 대중들도 따라서 큰절을 올렸다. 응산의 큰딸 이태연 교무와 대산이 1914년 갑인생 동갑인 데다가, 상대가 직전까지 대권을 놓고 경합하던 처지인지라 정서상 쉽지 않을 테지만, 응산은 흔적 없이 그 일을 해낸 것이다. 그래서 대산은 두고두고 응

---

[11] 이 대목과 관련 있는 내용이 『대산종법사 법문집』4, 192쪽과 194쪽에 거듭 나온다. 다만 종법사 신출이란 말 대신 「그때 중산 법사가 교단 중요 문제를 의논하러 총부에서 왔다」고 우회적으로 표현했다. 항산 김인철의 회고담(『일원문화 꽃 피어라』, 428~429쪽.)에서도 같은 내용이 나온다.

산을 법가지(法可止)¹²의 표본으로 찬양했다. 일설에는, 1965년(10.6.)에 감찰원장 응산이 69세로 열반에 들었을 때, 종법사 대산이 식음을 중단하고 모든 이의 면회를 거부하며 방에서 나오지 않았다(『좌포교당 77년사』, 266쪽.)고 하는데 이것이 사실이라면, 응산에 대한 대산의 법정이 얼마나 각별했던가를 알 만하다.

원기 47년(1962) 1월 31일, 대산 김대거는 〈교헌〉에 따라 수위단회에서 제3세 종법사로 선출되었고, 교정위원회의 인준을 얻은 후 중앙교의회 추대 절차를 거쳐, 같은 해 2월 23일 총부 대각전에서 추대식을 치렀다. 천지인 프레임으로 보건대 소태산의 하늘 시대, 정산의 땅 시대를 거쳐 바야흐로 대산의 사람 시대가 막을 올린 것이다. 그러나 주인공 대산은 그리 환희와 희망에 벅찬 심경은 아니었던 것 같다. 소태산 대종사 열반 후 3년쯤 지나서 정산이 대산에게 말했다. "내가 기운이 도네." 열반 후까지도 소태산의 기운에 눌려서 기를 펴기 어렵더란 것이다. 대산은 훨씬 후에 정산에게 말했다. "8년이 지나니 기운이 다릅니다." 열반한 소태산의 보이지 않는 기운의 누름이 정산에겐 3년이었지만 대산에겐 8년이나 걸렸던 셈이다. 열반한 정산의 기운은 또 얼마나 그를 누를지 모른다. 모진 추위 서릿발에 들뜨거나 이상 난동에 웃자란 가을보리를 눌러주지 않으면 보리농사는 실패다. 새봄에 싱싱한 청보리를 맞이하려면 한겨울에 보리밭을 꾹

---

12 직역하면 '주법(主法)에 그친다'이니, 상대가 지위로 보아 윗사람이면 자기보다 나이나 법력이 못 미치더라도 자신의 우월함을 감추고 상대를 웃어른으로 받들어 모신다는 뜻이다. 대산은 법가지의 표본으로 응산 이완철과 육타원 이동진화를 종종 언급했다.

꾹 밟아주지¹³ 않으면 안 된다. 대산이 「스승이 가르쳐 주신 은혜가 큰 것이 아니라 눌러주신 은혜가 더 큰」 것임을 깨달은 것도 그 스승이 가신 지 얼마나 지나서였던가.

추대식 날, 개식 시각이 다가오는데 신임 종법사의 행방이 묘연하여 담당자들은 어리둥절했다.

대산은 식전(式典) 준비에 바쁜 후진들을 피해 혼자 소태산 성탑으로 와서 심고를 마치고 그 옆에 있는 송대를 한 바퀴 돌았다. 소태산이 일본 경찰을 접대하던 곳, 정산이 요양하던 곳, 대산이 폐결핵 말기의 김서룡을 부둥켜안고 각혈을 받아주던 곳이 송대다. 대산은 송대 뒤 방죽가에 서서 생각에 잠겼다. 「나는 대종사님과 선종법사님이 기초해 놓으신 교단과 법을 전하지 않거나 못 전하면 큰 죄인이 되겠기에 할 수 없이 그 위에 오른 것이다.」(『진리는 하나 세계도 하나』, 226쪽.) 「대종사님께서 못자리를 꾸미시어 파종하셨고, 정산 종사께서 그 못자리판을 매고 가꾸셨고, 나의 일은 넓은 들판에 이앙을 하는 것과 같다.」(앞의 책, 109쪽.)

이광정 교무가 헐레벌떡 찾다 보니, 대산이 송대 뒤 수도원 앞 방죽가에 우두커니 서 있는 게 아닌가. 서둘러 송대 방에 들어가 법복을 입히고 대각전으로 안내하여 들어가니 겨우 추대식 시각에 댈 수 있었다.

---

13   보리밟기는, 추운 겨울 날씨 때문에 보리밭이 얼어서 부풀어 오르거나, 너무 따뜻하여 보리가 웃자라는 것을 막음으로써 보리의 성장을 돕는 농사법이다.

계룡갑천하(鷄龍甲天下)

소태산이 어떤 언질을 주었는지는 모르나 정산은 대산에게 그리도 간절히 신도안 개척을 당부했다.[14] 계룡산은 통일신라시대 오악 중 서악으로 나랏제사의 대상지였고, 근세에는 조선초 계룡산 천도설,『정감록』에 근거한 정씨왕국설, 민중적 열망을 반영한 정도령신앙 등이 계룡산을 신성시하는 지리적 팬덤 현상을 유발한 것 같다. 그건 그렇다 쳐도 정산이나 대산의 신도안 집착은 어떻게 설명해야 좋을까?

신도안[15]은 행정구역상으로 논산시 두마면 석계리, 정장리, 부남리, 엄사리, 용동리, 남선리와 대전 유성구 송정동 일부에 걸쳐 있는 땅이었다. 그간 행정구역 개편에 따라 논산시 두마면에서 계룡시 남선면을 거쳐 현재는 계룡시 신도안면(新都案面)에 속한다. 해발 500m 내외의 구릉성 산지로 둘러싸인 가운데 남쪽만이 트인, 동서 약 4km에 남북 약 3km인 분지이니, 현재 신도안면의 공식 면적인 27.37km²보다는 훨씬 좁다. 1920년 동학계 종단인 시천교(侍天敎→上帝敎)의 제3

---

14 정산의 신도안 개척 의지에 대해서는 필자의『정산 송규 평전』322~325쪽에 상당한 설명이 있었기에 여기서는 중복된 논의를 되도록 생략한다.

15 조선조 태조 이성계가 한양으로 도읍을 옮기기 전에 도읍지로 점찍고 궁궐 등의 토목공사를 진행했었던 터라 新都案(신도안) 즉, 새로운(新) 도읍(都) 후보지(案)란 뜻으로 쓰인 명칭이란 설도 있고, 新都內(신도내)의 뜻으로 쓰인 신도안이라 풀기도 하고, 더러는 新都安(신도안)이라 적기도 한다. 계룡 천도는 애초 무학대사의 의도였다는 설도 있고, 반대로 계룡산 천도를 한양으로 돌린 것이 무학대사였다는 설도 있다.

세 교주 김연국이 황해도와 평안도의 신도 2천여 명을 이끌고 계룡산 밑 용동리에 자리 잡으면서 신도안 일대에 신앙촌이 형성되기 시작하였다고 한다. 그러나 속칭 대궐터로 불리는 곳은 용동리가 아닌 부남리이고, 그중에도 불종불박 바위를 중심에 두고 개발을 독촉한 것은 온전히 원불교(정산 내지 대산)의 강력한 의지다. 여기서 나름대로 원불교의 신도안 개척 이유를 설명한다면 두세 가지로 유추할 수 있다.

첫째, 후천개벽사상과의 관계다. 수운 최제우 이래 도드라진 것이지만, 불교의 미륵하생신앙이나 정도령 출현을 기대하는 정감록신앙[16]은 물론 기독교의 말세 재림신앙이랑 정역[17]의 개벽운도신앙까지, 팽배한 후천개벽의 기대가 계룡산으로 상징화하였기에 원불교도 여기에 합세한 것이란 생각이다. 1982년 철거 무렵의 통계를 보면 불교계, 무속계, 유교계, 단군계, 기독교계, 계통불명까지 종교단체 수가 일백을 헤아렸음은 시사하는 바가 있다. 대산이 증산교의 성지 모악산(원평)이나 동학(시천교)이 터잡은 계룡산(신도안)에 애착을 두는 것이 바로 이 후천개벽사상과 유관할지도 모른다. 「정산 종사께서는 이곳 신도안이 원불교와 깊은 인연이 있는 곳이며, 불종불박의 주인공

---

16 『정감록』에 「班常無序(반상무서) 禮滅射盡然後(예멸사진연후) 世事可草矣(세사가초의)」, 즉 「양반과 상놈의 순서는 없다. 예법(禮法, 성리학적 가치체계)이 멸한 연후에 새 세상이 만들어진다.」했다면, 이는 동학의 '시천주·사인여천·인내천'의 개벽사상과 연관되어 보인다.

17 正易. 19세기 후반 일부(一夫) 김항(金恒)이 주역의 계승과 극복을 통해 제시한 역사상(易思想)으로 우주사적 비밀인 선·후천 개벽원리(開闢原理)를 규명한 것이라 한다.

은 곧 원불교와 소태산 대종사라 믿으시었다.」(『정산종사전』, 501쪽.)에서 보듯이, 정산은 후천개벽의 완성이 원불교의 사명이라 믿고, 그 사명을 '불종불박'의 상징적 포인트에서 시작하려 하지 않았던가 싶다.

둘째, 전통적 풍수지리와의 관계다. 정산 종법사가 어느 날 풍수를 아는 충산 정일지(丁一持) 교무에게 계룡산 지세를 둘러보라 하자 현장을 다녀온 정일지가 별것 아니라고 보고했더란다. 그러자 정산이 노하여 굉장히 꾸중하였다는데, 그 후 정일지가 다시 계룡산 상봉에 올라가 비로소 대지(大地, 좋은 터)임을 알아보고 고쳐서 보고하니까 이번엔 정산이 대단히 기뻐하였다고 한다. (『구도역정기』, 68쪽.) 정산은 한 번도 가보지 않은 계룡산 신도안을 두고 풍수적 확인을 하고 싶었던 것이다. 계룡산은 무학대사에 의해 금계포란형(金鷄抱卵形)과 비룡승천형(飛龍昇天形)으로 해석되면서 두 가지 모양을 모두 따서 계룡이라 명명했다는 전설[18]도 있지만, 계화위룡갑천하(鷄化爲龍甲天下, 닭이 변해 용이 되니 천하의 으뜸이다)가 회자되리만큼 풍수적 평가를 받고 있다. 대산은 계룡산이 명산인 이유를 여래봉, 삼불봉, 상봉, 연천봉, 양정고개 등 구체적 지형과 지세를 거명하며 해설하기를 즐겼다.

셋째, 둘째의 연장선에 있는 것이겠지만, 앞에서도 말했듯이 대산은 용화회상 건설의 준비 공작이 신도안 입성의 목적이라 했고, 신도안을 인재 양성의 훈련 도량으로 삼으리란 포부를 가졌다. 그것이 왜 하필 신도안이어야 하느냐 하는 의문은 따라다니지만, 정산과 대산

---

18 이것은 속설일 뿐이다. 이미 신라 시대부터 '계룡산'으로 불렸기 때문에(『삼국사기』 권 32, 잡지1), 조선 초 무학대사한테서 명명의 근거를 찾는다는 것은 무리다.

의 신도안 개척의 대외적 혹은 대내적 명분이 이와 관계 깊다. 1962년 7월 10일, 대산은 계룡산 상봉을 오르다가 이런 말을 했다.「億兆蒼生開福處(억조창생개복처) 千佛萬聖發芽地(천불만성발아지)」즉, 계룡산은 억조창생의 복을 여는 땅이니 천 명의 부처, 만 명의 성인이 나올 곳이란 뜻이다. 범부들로서야 도무지 무슨 말을 하는 것인지 아리송하지만, 깨친 어른이 그렇다고 하니 그런 줄로 알 수밖에 없다.

정작 소태산의 법설은 이보다 설득력이 있다. 한 사람이 소태산에게「우리나라 전래의 비결에 "앞으로 정도령이 계룡산에 등극하여 천하를 평정하리라." 하였사오니 사실로 그러하오리까?」묻자, 소태산이「계룡산이라 함은 곧 밝아오는 양(陽) 세상을 이름이요, 정도령이라 함은 곧 바른 지도자들이 세상을 주장하게 됨을 이름이다.」[19]라고 답했다. (『대종경』변의품33) 이는 불종불박에 대해서도 그렇다. 범타원 김지현 교무는 이렇게 증언한다.

어떤 사람이 충남 계룡산 신도안 대궐터에 '불종불박'이라고 새겨진 바위가 있는 것을 보고 말했어. 대종사님이 박 씨이고 불교니까 대종사님이 미륵불이고 여기가 용화회상이라는 것이야. 이에 대종사님께서 "박 씨가 나뿐이냐? 박 씨라고 해서 미륵불이라고 하고 불교라고 해서 용화회상이라고 하면, 박 씨끼리 싸움 붙이는 것이다. 박 씨라고 해서 미륵불이라고 하지 말고 내가 미륵불이 하는 일을 하는가, 원불교(*불법연구회)에

---

19 정산도 유사한 말을 했다.「계룡산에 정 씨 왕이 난다는 것은 닭이 울면 날이 새고 바른 법이 나타난다는 뜻이다.」(『정산종사 한울안 한이치』6-63)

서 용화회상이 하는 일을 하는가를 보아서 나를 미륵불이라 우리를 용화회상이라고 하면 받아들이지만, 나를 박 씨라고 해서 미륵불이라고 하면 받아들이지 않는다"고 하셨어. (『교화대불공』, 167~168쪽.)

 종법사에 취임한 대산 김대거는 수위단에서 선출한 교정원장 박장식, 감찰원장 이완철에게 총부를 맡기고 곧장 신도안으로 들어갔다. 윤주현의 진술인즉「그때는 신도안 가는 것을 교단 간부들도 다 반대했다. 미신 소굴이라고. 그래서 날 불러다가 신도안에 가지 말라고 야단을 치시면 내 마음에 (야단치는 사람들이) 미운 생각이 들었다.」(『조불…』Ⅰ, 175쪽.)라고 했지만, 멀쩡한 총부 조실을 두고 계룡산 신도안 오두막으로 들어간 종법사는 그의 신도안행에 대해 간부들조차 설득하지 못했다. 「내가 종법사 자리에 소홀하더라도 선법사님 부촉 말씀은 저버릴 수 없다」는 결기는 장할지 모르나, 정산과 대산 사이에 주고받은 다짐이야 오히려 사적 약속이고, 종법사로서 중앙총부에 좌정하고 교단을 지휘해야 하는 것은 공적 약속이 아니겠는가.
 총부 교정원에서도 종법사가 열악한 재정에도 불구하고 임의로 딴살림을 냈으니, 달리 경제적 지원을 해주지 않았거나 혹은 못했다. 당장 먹을거리가 없어서 아침에는 시래기밥이나 무밥, 점심은 감자나 옥수수로 때우고 저녁에는 서속죽(기장쌀이나 좁쌀로 쑨 죽)을 먹었다. 그러면서도 돈이 생기면 밭을 사고 임야를 매입하였다. 총부에선 자연히 시비가 분분했다. 저러다 총부로 돌아오겠지 싶었는데, 정작 종법사는 일을 저지르고 판을 더 크게 벌이니 어쩌겠는가. 대산이라고 하여 총부 대중이 자신을 못마땅해하는 것을 모르기야 하겠냐만, 그의 대처 방식은 이른바 '산송장'이었다. 「제가 30년 동안 산송장 노릇을 하겠다고 아침에 서원 올리고, 저녁에 심고 모실 때 생각해 보면, 하루도 산송장을 못 해서 죄송하다고 기도를 하였습니다. 앞으로도 산송장으로 살겠습니다. 죽은 송장은 때려도 아픈 줄도 모르고 누가 화가 나게 해도 화낼 줄도 모르는데, 분명히 때리면 아픈 줄도 알고 화나면 화난 줄도 알지만 참는 게 산송장입니다.」(『조불…』II, 349쪽.)

숙소라곤 불종불박 바위 옆의 오두막 하나에 작은 방 세 칸뿐인데, 이것이 신도지부 법당이요 조실이었다. 칸막이 방에 한 칸은 조실, 다른 한 칸은 법당 겸 법무실로 사용하였으며, 나머지 방은 여자 숙소로 이용되었다. 선 종법사 정산에 대한 보은을 강조하기 위한 것이라지만, 세 칸 오두막을 거창하게 보은전(報恩殿)[20]이라고 이름한 대산은 매일 새벽이면 산책과 기도를 하고, 낮에는 산행하거나 대궐터에 방치된 주춧돌 정돈을 지휘했다. 대산의 명을 받들어 이병은이 주춧돌 세우기에 나섰을 당시, 처음엔 불종불박 외에 주춧돌 4개가 전부였지만, 주변 땅을 매입하는 대로 5백 년 방치되었던 주춧돌을 찾아 바로 세우니, 나중엔 백여 개[21]나 되었다. 이어서 대산은 영산 재방언공사에서 일하던 노인에게 배운 돌담 쌓기 기술을 여기서 발휘할 때라고 생각한 모양이다.

---

20 전이창 교무는 '조불전(造佛殿)'으로 기억하고 있다. (『조불…』I, 205쪽.)
21 이병은 교무는 똑 부러지게 108개(『동산에 달 오르면』, 88쪽.)라 했으나, 90여 개에서 110여 개에 이르기까지 통계에 혼선이 있다. 관리 기관인 계룡시에서는 115개를 지방문화재로 등록했다 한다.

담을 쌓을 때 기초를 튼튼히 해야 높이 쌓아도 안 무너진다. 큰 돌은 제일 밑에 놓고, 다음 큰 것은 적당히 서로 물리게 하고, 가운데는 동글동글한 돌을 넣고 제일 위에는 작은 돌로 끝맺음을 해야 한다. 둥근 돌이 가장자리에 나오면 둥글기 때문에 튕겨 나오기 쉽고 빠지기 쉬우므로 담이 무너진다. 그런데 가운데 넣어 쌓으면 큰 몫을 하게 된다. 담을 쌓을 때 일한다고 생각 말고 영겁을 쌓는다고 생각하라. 차분한 마음으로 내가 만대를 통해 어떻게 나아갈 것인가 하고 생각하라. 서로서로 얹혀서 물리게 쌓아야 한다. 우리 회상의 동지들도 서로서로 물리고 얹혀서 쌓아야 서로 무너지지 않는다. 그렇지 아니하고 저 혼자 동글동글해서 빠져나간다든지, 밑에 놓일 것이 위에 놓이거나 위에 놓일 것이 밑에 놓여도 안 된다. 나도 담쌓는 법을 영산 방언공사 때 배웠으므로 담쌓는 것을 보면 법 있게 잘 쌓는지 못 쌓는지를 알 수 있다. 담을 다 쌓고도 끝마무리를 잘해야 한다. (『대산종법사 법문집』3, 338쪽.)

제주도 출신 김성호 교무가 처음 전무출신을 하려니 자동차 대형 면허 외에는 내세울 학식도 가진 기술도 없었다. 대산은 주눅 든 김성호의 손을 잡고 법문을 해주었다. "돌이 여러 종류가 있으나 자갈 하나라도 버릴 것은 없다. 돌을 다루는 이가 요령 있게 적재적소에 잘 배치하여 쓰면 하나도 버릴 것이 없느니라. 속담에 사람은 천층만층 구만 층으로 많은 계층이 있다." 김성호는 자기가 아무리 못났어도 자갈 하나의 구실이야 못 하겠나 하여 출가의 용기를 냈다고 한다. (『조불…』Ⅱ, 547쪽.)

대산은, 돌담을 쌓을 때 돌을 쌓는 것이 아니라 회상을 쌓는 것이요, 돌 하나하나를 교도로 알고 정성스럽게 아끼고 영생을 개척해 주는 마음으로 쌓는다고 했다. 담을 쌓을 때 돌이 많이 있어도 쓰일 곳에 쓰이고 놓일 곳에 놓여야 하는데 그렇지 못하면 무너지고 만다. 그 당시에 손쉽다고 쌓기 좋은 돌만 쌓고 나쁜 것은 버려도 안 된다(『대산종법사 법문집』3, 337쪽.)고도 했다. 그런 의미에서 대산은 스승에게 온전히 맡기고 그 쓰임에 불평하지 않는 심법을 신성의 모범으로 보았다. 소위 전탈전여, 진리에게 혹은 스승에게 다 바칠 때 또한 다 받을 수 있다는 논리다. 대산은 서울출장소장을 할 때와 중앙선원장을 할 때의 상처를 곧잘 소환한다. 즉, 그는 서울출장소장(1949.3.)이나 중앙선원장(1961.12.)의 직을 그만둘 때 자기 뜻은 사전에 묻지도 않은 채 해임됐다. 당연히 서운할 일이로되, 그는 스승이 그럴 만한 뜻이 있어서 한 일이니, 털끝만 한 불만도 품지 않았다는 것이다. 그것처럼 전무출신은 진리, 교단, 스승의 부림에 복종하라는 것이다. 돌은 담쌓는 사람이 알아서 다루듯이, 재목도 제가 아무리 잘났다 해도 목수를 만나지 못하면 크게 쓰이지 못한다. 좋은 목수를 만났으니 나무가 재주 부리려고 하지 말고 맡겨 버려라, 했다. 소태산은 이것을 목침[22]으로 비유했다.

○ 대종사님(이) 그 말씀 많이 하셨다. 옳은 스승 만났고 옳은 회상 만났을 때에는 그냥 목침같이 맡기라고 그러셨다. 목수가 목침을 깎든지 뒤

---

[22] 나무토막으로 만든 베개. 성인 남자들이 여름철에 즐겨 썼는데 서랍을 달아 쓰는 퇴침도 있다.

집어놓든지 어디다 못질하든지 맡겨 버려야지, 나 안 하련다고 하면 일을 할 수가 없다. 대종사님 말씀에 일생 안 태어난 폭 잡고 나한테 속아만 봐라. 속아보면 나보고 허망하다고 안 할 것이다. 그것 한 번 돌리기가 어렵다. 워낙 영리해서 줄까 말까 하면 법도 줄까 말까 한다. 목침만 되어버리면 성공은 거기에 있다. (『법문집』, 59쪽.)

○ 전무출신 하고 난 후에는 목수가 대들보로 쓰든 서까래로 쓰든 흙으로 쓰든 목수에게 맡겨야 한다. 전부 서로가 대들보만 되려 하면 어떻게 되고, 윗가지[23] 노릇은 누가 하나. 입지(立志)하고 나올 때부터 끝마칠 때까지 노력할 뿐이다. (『진리는 하나 세계도 하나』, 349쪽.)

목침과 옹기그릇

신도안 초기에 방이 없어서 불종불박 바위 앞에 있던, 돌과 흙으로 벽을 친 변소를 뜯어서 방을 만들고 대산이 거기를 조실로 삼았는데, 목수 같았던 대산은 목침처럼 일한 이병은을 두고두고 칭찬했다. 「아궁이에 불이 잘 들어가지 않았다. 그래서 이쪽으로 아궁이를 냈다 저쪽으로 아궁이를 냈다 하기를 그 추운 겨울 석 달 동안 되풀이했다. 그래도 일호의 불평이 없이 내가 시키는 대로 듣더라. 구정 선사는 하룻저녁(에) 솥을 아홉 번 걸었지만, 동산은 석 달 동안 오늘은 이쪽으로 내일은 저쪽으로 얼음물에 발로 흙을 이겨가며 아궁이

---

23 외(椳)를 엮는 데 쓰는 가느다란 나뭇가지·수숫대 등. 외는 흙을 바르기 위해 벽 속에 엮어 넣는 가느다란 나뭇가지다.

를 수도 없이 고쳤다.」(『동산에 달 오르면』, 343쪽.)

소태산은 스승과 제자의 관계를 목수와 목침(목재)에 견주었는데, 이와 유사하게도 기독교에선 창조주와 피조물의 관계를 토기장이와 옹기그릇(진흙)으로 비유하고 있다. 물론 뉘앙스가 다르긴 하지만, 『구약』에서 하느님은 이스라엘을 향하여 「내가 이 옹기장이처럼 너희에게 할 수 없을 것 같으냐? 이스라엘 집안아, 옹기장이 손에 있는 진흙처럼 너희도 내 손에 있다.」(〈예레미야〉 18:6) 하고, 「토기장이를 어찌 진흙같이 여기겠느냐. 지음을 받은 물건이 어찌 자기를 지은 자에 대하여 이르기를, 그가 나를 짓지 아니하였다 하겠으며, 빚음을 받은 물건이 자기를 빚은 자에 대하여 이르기를, 그가 총명이 없다 하겠느냐?」(〈이사야〉 30:16) 한다. 이를 바울이 받아서 쓴 것이 『신약』에도 나온다.

「이 사람아 네가 뉘기에 감히 하느님을 힐문하느뇨? 지음을 받은 물건이 지은 자에게 어찌 나를 이같이 만들었느냐 말하겠느뇨. 토기장이가 진흙 한 덩이로 하나는 귀히 쓸 그릇을, 하나는 천히 쓸 그릇을 만드는 권(權)이 없느냐.」(〈로마서〉 9:20)
이 밖에도 「금과 은의 그릇이 있을 뿐 아니요 나무와 질그릇도 있어 귀히 쓰는 것도 있고 천히 쓰는 것도 있나니 그러므로 누구든지 자기를 깨끗하게 하면 귀히 쓰는 그릇이 되어 거룩하고 주인의 쓰심에 합당하며…」(〈디모데후서〉 2:20) 등이 있다.

비슷한 비유가 어떻게 달리 쓰였는가를 천착하면 기독교와 원불교의 교리적 대비까지 가능할 듯하니 자못 흥미롭다.

    세상이나 교단에서는 대산이 신도안에서 하는 일을 하찮게 보거나 고작 머리나 갸웃거리지만, 대산은 항상 거창한 의미를 부여한다. 대산은 돌담 쌓는 일을 친히 감역하면서「길 고치고 돌담 쌓고 땀 흘리는 것이 세계의 역사, 종교 역사를 뒤집어놓는 일」(『진리는 하나 세계도 하나』, 214~215쪽.)이라고 했다. 그는 세상이 자기를 몰라주는 것을 답답해하면서도 누가 뭐라 하거나 말거나 자기 할 일만 한다. 「나는 영겁과 삼천대천세계에 뜻을 두고 일정한 궤도에 의해 계획하며 일을 해가고 있는데, 사람들은 나를 아무것도 하는 일 없으며 아무 물정도 모르는 영감으로 보는 사람들이 있구나. 모르면 별수 없는 일이거니와 답답한 일이다. 이 일을 그 누가 아는지 모르겠다.」(『진리는 하나 세계도 하나』, 252쪽.)

    1962년 12월에 대산 종법사는 이병은을 신도교당 교무로 발령하고, 그에게 지역사회 청소년을 위하여 야학원을 설립하라고 명하였다. 야학 교사는 김학인, 박성기, 김은준, 이성조 등이 맡아 하였다. 이후 7년간 850명의 청소년을 교육시켜 배출하였지만, 대산은 이런 것을 단지 청소년 교육으로만 보지 않고 역시 남다른 의미 부여를 한다. 「종교가 말운에 처해서 최하에 떨어졌는데, 이것들(*각종 종단)이 모두 신도안에 모여 있으니 이곳에서 먼저 이것들을 건져내야겠다」(『진리는 하나 세계도 하나』, 183쪽.)고 했다.

    처음, 원불교의 신도안 입주를 보는 사회의 눈은 냉랭했다. 울긋

불긋한 장식과 깃발이 걸린 골짜기에 고사떡과 돼지머리를 머리에 인 아낙네의 발길이 이어지고 이상한 옷차림의 사내가 알아들을 수 없는 주문을 외고 다니는 곳으로 일부러 찾아 들어갔으니, 똑같은 사람(종교) 취급을 받는 것이 당연했다. 6·25전쟁 이후부터 신도안에는 또 심신장애자, 깡패, 무술인, 괴짜 도사 등이 득시글거렸고, 고아원이 3개나 있을 만큼 떠돌이 청소년도 많았다. 원불교도 유사종교와 같은 오해를 받았지만, 여타 종단들처럼 미신이나 무속과 뒤섞인 희한한 신앙이 아니라 산업교화로 접근했다. 약초(작약, 목단) 재배를 하고, 방죽을 막아 천수답을 수리답으로 만들고, 소·돼지·닭 등 축산을 하고, 흙벽돌을 손수 찍어 법당과 야학원 숙소를 지었다. 더구나 방황하던 청소년을 모아들인 야학원이 성공하면서 주위 사람들로부터, 말은 없으면서도 큰일을 하는, 사회를 구제할 참된 종교라는 신뢰를 얻게 되었다. 처음에 이상한 눈초리로 바라보던 사람들까지도, 이제는 신도안의 참 주인이 비로소 나타났다고들 말하게 된 것이다. 오랫동안 이곳을 지배해온 미신과 무지도 원불교 교화의 빛을 받아 차츰 정화되어 갔다. 「신도안 대궐터 주춧돌을 바로 세우면 세계평화 이루어지고, 정토사 갓 쓴 부처님이 하얘지면 무수한 불보살 나온다더라.」이것은, 원불교가 불종불박 바위를 비롯하여 백여 개의 주춧돌을 세우는 걸 보고, 또 삼동원 이웃 정토사(淨土寺) 마당에 있는 검은 돌부처가 머리부터 점차 희게 변하는 것이 『정감록』의 예언 「鷄龍白石(계룡백석)」(계룡산의 돌이 하얘진다)에 부합한다는 소문이 돌면서, 신도안 주민들 사이에 회자되던 말이다. 당시 신도안 사회 분위기를 짐작할 만하다.

대산의 가르침에 따라 이병은은 신도 훈련지에 대한 원대한 계획을 잡아 나아갔다. 『동산에 달 오르면』(114~117쪽.)에 보면 이런 식이다. 동쪽에는 삼동정사(三同精舍)를 세워 도학과 과학을 병진할 수 있는 연구소로 삼고, 서쪽에는 천양원(天養院)을 세워 수도인이 천심을 기르는 수양원을 삼고, 남쪽에는 개판농장(改版農場)을 세워 영육쌍전과 이사병행의 실천도량을 삼고, 북쪽에는 만성전(萬聖殿)을 세워 동서고금 성인들을 추모하는 사당을 만들고, 중앙 위치에는 삼동원 본관[中和院]을 세워 세계 종교의 대동 화합을 도모하는 중심으로 한다는 것이다.[24] 이를 실현하기 위해 설계가 구체화하니, 삼동정사 부지로 1만 평 땅을 마련하고, 천양원 기지는 서용추 골짜기에 3천여 평을 확보하여 포플러, 은행나무 등 삼림을 조성하고, 개판농장 터로 하천부지 1만 평에 삼포를 경작하고, 만성전 부지로 6,570평을 매입하는 등 구체적 그림이 그려지고 있었다. 이 무렵 대산은 삼동원 부지를 십만 평 확보하라고 했다지만, 밖에서 보기엔 대산의 삼동원 큰 그림을 이해하기 어려웠다.

모 지방의 이 사장[臥龍시]이 신도안에 와서 삼동원 대지와 여러 가지 계획을 듣고 "대종사(*대산 종법사) 님은 욕심도 많으십니다. 곳곳에 땅을 수없이 많이 사고 큰 계획들을 세우셨으니 이대로 가면 세계를 다 차지하실 것 같습니다." 하더라. (『대산종사수필법문집』, 1975.8.23.)

---

[24] 이는 대산의 오방(五方) 구상 「동유삼동림(東有三同林) 서유천양원(西有天養院) 남유대농장(南有大農場) 북유만성전(北有萬聖殿) 중유중화원(中有中和院)」에 따른 것이다.

신도교당과 별도로 수위단회에서 삼동수양원(→삼동원)의 발족을 승인하면서 이병은 등은 더욱 기세가 올랐다. 필수 시설물 1차 신축을 끝낸 1964년 여름부터 각종 훈련을 실시하여 교역자 300, 기관장 200, 학생·청년 1,000, 일반교도 5,000, 연 6,500명의 훈련을 성공적으로 치러냈다. 한편 1978년에 훈련 숙소 3동, 부속건물 등 573평을 증축하여 수양, 훈련 시설을 보완하고 나자, 장소나 빌려주고 혹 진행이나 협조하던 외부 훈련도 삼동원 주관 프로그램에 따른 주체적 훈련으로 전환하였다. 1만 5천 명 일반교도 훈련은 물론이려니와, 새마을중앙연수원교관단 훈련(1979), 함열천주교 피정(1980), 전국방송통신대 간부훈련(1981) 등도 위탁받아서 해냈다. 이뿐만 아니라 원불교 예비교역자 양성기관으로서 30여 명의 전무출신을 배출하는 성과도 올렸다.

그러나 대산 종법사가 건강 악화로 신도안을 떠나 요양하는 기간이 길어지고, 삼동원장 겸 법무실장인 이병은이 과로로 쓰러지거나 장염에 걸리면서, 기세등등하던 삼동원에 어둠의 그림자가 덮이기도 했다. 결정적인 타격은 1983년 정부의 계룡대 이전사업(6·20사업)으로 신도안 퇴거 통고를 받았을 때이다.

1961년 신도안 대궐터(부남리 64번지)에 4만 환으로 오두막집 한 채를 매입하면서 시작된 신도안 개척이 1984년 완전한 철수까지 20여 년에 서둔 성과는 무엇인가. 대지 14,000평, 임야 10,000평, 전답 30,000평, 하천 3,000평 합계 5만 7천 평, 건물 14동(1,900평)에 돼지 140마리, 목단 10,000주(1,500평) 등의 가시적 기록만이 보상 대상이었을 뿐, 천불만성을 낳을 도량이란 꿈은 정말 꿈처럼 사라졌다. 이 과정에서 20년 가까이 헌신하던 제자 이병은 교무가 간암 투병 끝에 56세(1980년)로 세상을 떴음은 또 하나의 큰 손실이었다.

대산은 종법사의 신도안 장기 체류의 당위를 직전 종법사인 정산의 당부라든가, 인재양성의 훈련지 개척이라든가 등 갖은 이유를 댔고, 또 그런 것들이 대산의 대의명분으로선 맞지만, 다른 하나의 이유, 대산의 프라이버시라고나 할 숨겨진 사정이 없지 않았던 것으로 보인다. 종법사로서 대산 말년의 일기(1994년 9월 26일)에 실려 있는 고백은 실로 놀라운 반전이다.

> 내가 대중의 공의에 의해 종법사에 취임하자 일부 반대하는 측도 있었다. 그래서 몇 년간은 삼동원(신도안)에서 대종사님과 선 종법사님의 기운을 받으려고 하였던 것이다. 세상일이 다 그런 것이 아니겠느냐. 너무 일방적이면 억지일 뿐이다.」 (원기 79년, 법무실 작성 〈천지대공사 대사결정〉 부속서류, 63쪽.)

정치적 천도(遷都, 도읍을 옮김) 효과를 통하여 반대파의 기를 누르듯이, 종교적 피정(避靜) 효과를 통하여 자강(自彊, 스스로 몸과 마음을 힘써 가다듬음.)의 기를 북돋운 셈이라고나 할까. 대산의 세계평화 삼대선언 구상도 여기서 나왔다고 한다.

VII
영육쌍전

투병과 건강 화두

교조 소태산은 해수(咳嗽, 기침)를 지병으로 가지고는 있었다지만 평소 건강했고, 발병 후 겨우 보름을 넘기고 열반에 들었다. 2세 종법사 정산은 건강한 편이었지만, 만년은 9년의 투병 끝에 극심한 병고를 겪고 나서 열반에 들었다. 3세 종법사 대산은 30세에 발병한 폐결핵으로 이후 평생 전전긍긍하는 투병 생활을 이어갔지만, 81세 퇴임 후 상사의 신분으로 85세에 열반에 들었다. 정산 이래 원불교에서는 종법사의 병약함이 교세 발전의 걸림돌이라서 건강 문제가 교단적 과제요 화두였다. 꼭 건강만을 두고 한 것은 아니지만, 소태산은 『불교정전』(1943)에 영육쌍전(靈肉雙全)을 표어로 내세웠으니, 이것이 소태산 및 원불교의 중도주의라 할 겸전사상의 진수이기도 하다.

어린 시절 대산은 건강도 좋고 힘깨나 썼다는 이야기들을 전한다. 씨름도 잘했고, 자전거 타기와 승마도 즐겼다고 한다. 대산이 총부에서 출가생활을 할 당시에 대중들이 운동을 했다는 증언도 있다.

그때는 운동장도 없고 낮에는 시간이 없어 밤에 운동을 하는데, 샤쓰(*서츠) 바람으로 황등까지 뛰었는데 교무로 계시던 삼산, 사산, 도산 선생님들이 주산, 혜산, 박대완 선생님들과 같이 뛰었다. 하루는 길목에 나와 지키시던 대종사님께서 꾸중을 하시며, 밤중에 젊은이들이 미치더라도 늙은 사람들은 안 미쳐야 하는데 큰일 났다고 하시었다. 그 후로는 정식으로 인허(를) 내려주셨지. (『대산종사수필법문집』, 1975.5.2.)

밤중에 체력단련 삼아 달리기를 한 모양인데, 소태산이 꾸중한 것은 원로들이 젊은이들과 같이 행동했음을 나무란 것으로 보인다. 1885년생 영산 박대완을 비롯하여 사산 오창건(1887), 삼산 김기천(1890), 도산 이동안(1892) 등이 혜산 전음광(1909), 주산 송도성(1907), 대산 김대거(1914)와 같이 달리는 것이, 심하게는 10대와 40대가 함께 달리는 것인지라 무리라고 본 것이다. 대산이 당시를 마흔만 돼도 노인 취급을 하던 시대라 했듯이, 체력적으로 불균형이 심하기는 했던 게 분명하다. 아무튼 제대로 먹지도 못하면서 건강을 위해 단체로 운동을 했다는 사실은 중요하다.

소태산은 주로 걷기 운동을 많이 한 것으로 보인다. 이백철 교무는 「대종사님께서는 어떻게 부지런하시던지 한때 그대로 계신 적이 없이 온 집안을 다 다니셨다. 대각전, 식당, 공회당, 본원실이고 다니셨는데 대종사님 외에 그렇게 다니는 분은 없었다」(『조불…』I, 309쪽.)고 회고했다. 대산도, 사람이 발을 써야 하며 그래야 병도 없고 몸도 건강하여 일도 잘하는 것이라고 늘 주장하고, 말년에도 일과에 반드시 산책을 넣었지만, 젊을 땐 테니스를 자주 쳤다고 한다. 이백철은 대산이 젊은 시절에 송대 앞 운동장(→연못)에서 아래위 하얀 옷을 입고, 라켓을 들고 선 그려가며 상산 박장식 교무와 테니스(*연식 정구)를 하는 모습이 참 멋있었다고 회상한다. 늙어서는 대산이 탁구를 즐겼는데, 아마 테니스 치던 때의 기분을 탁구로 달랬던 것이 아닌가 싶다.

대산은 치명적 신병이 두 가지 있었으니 하나는 30대에 온 폐결핵이지만, 또 하나가 27세 봄에 한 번 불어닥쳐서 6개월 동안 뜸 만 방을 떠서 이겨냈다던 위장병이다. 돈암동이나 양주에서 요양할 때의 사정을 보더라도 위장병과 폐결핵이 때로는 교차하기도 하고, 간혹 두 가지 병마가 합세하여 공격하는 방식을 취한 것 같다. 신도안에 머물며 열심히 건강관리를 해서 폐 쪽은 어느 정도 달래 놓았는가 싶었는데, 그동안 잠잠하던 위장병이 득세하며 공세를 취했다.

> 대산 종사님께서 종법사위에 오르시기 전에는 태 선생이라고 이북에서 피난 나온 한의가 있었는데 그분이 치료를 해드렸다. 그리고 종법사위에 오르신 뒤에는 주위에서 나에게 그 어른 주치의로 알고 보살펴드리라고 하여 그 뒤부터 죽 해드렸다. 위에 오르신 직후에도 폐도 안 좋고 위도 안 좋으시고 체력이 전체적으로 약하셨다. 이 어른 처음에 체질을 보니 장부(臟腑)는 냉(冷) 장부셨다. 속이 냉해서 차신데, 속이 냉하면 위부터 안 좋다. 사상(四象)으로는 소음 장부이고 외부의 심리작용 하시는 것은 태양의 성격이셨다. 태양은 외부로는 금기성국(金氣成局)에 용지성(龍之性)이셨다. 금으로 체국을 하셨는데 심리작용 하는 것은 용의 성질이라, 속이 냉한 것은 소음 장부고 외부 활동 하시는 것은 태양 체질이라는 것이었다. (『조불…』 I, 281쪽.)

주치의 한의사인 안산 장인중의 의견이다. 사상을 체질 하나로 말하지 않고 장부와 심리를 분리하는 데다 다시 금기성국이니 용지성이니 하여 다소 복잡하다.[1] 요컨대 육신(장부)은 소음, 성격(용심)은 태양이라 할 수 있는데, 여기서 말하려는 바는 대산의 장부가 소음이라서 소화기능이 취약하다는 것과, 대산의 용심은 태양이라서 리더십이 강하다는 것으로 보인다. 관타원 김관현 교무는 '사상 체질로 성격은 소양, 장부는 소음, 활동은 태양'이라고 짚었는데(『조불…』II, 556쪽.) 장인중과 달리 성격과 장부와 활동을 따로 나누어 조금 헷갈린다. 말이 나온 김에 하는 말이지만, 대산 주변의 한의들은 장인중을 비롯하여 대개 사상의학[2]을 주장하는 이들이었고, 대산 역시 한의 이도경에게 배운 사상의학을 신봉했다. 「사상방(四象方) 교수는 커다란 계획으로 하는 것이다. 내과는 한방이라야 하고 외과는 양방으로 하자.」 「한국에서 도덕만 권위가 있는 것이 아니라 한약(*한방)도 세계의 권위를 가지게 되리라.」 「한 손으로는 교전을, 또 한 손으로는 사상방을 들고 정신과 육신을 치료하는 방문[3]으로 하겠다.」 (『진리는 하나 세계도 하나』, 191~192쪽.) 등을 보면, 대산은 사상의학을 의학만이 아니라

---

1 사상의학[四象體質醫學論]에서 '金氣成局, 龍之性'은 태양인에 해당한다. *태양(金氣成局, 龍之性), 태음(水氣成局, 牛之性), 소음(木氣成局, 驢之性), 소양(火氣成局, 馬之性). 장인중은 정산 송규에 대해서도 똑같이 '金氣成局, 龍之性'이라 말한 바 있다.
2 조선 고종 때의 의학자 이제마의 한의학설로, 사람의 체질을 태양인, 태음인, 소양인, 소음인으로 나누어 각각의 체질에 맞게 약을 써야 한다는 이론이다. 사상의학에 대한 대산의 관심은 제4세 종법사 좌산 이광정에게 전해지고, 김종진 교무(전 한국한의학연구원장)에게로 이어진다.
3 방·방문이 약방문·처방(전)과 같은 뜻으로 쓰임.

철학적, 종교적 단계에까지 끌어올리고 있음을 알겠다. 대산은 일원의학이란 용어도 썼는데 거기에는 서양의 양방과 더불어 동양의 한방, 자연치유 및 양생법을 포함하고 있는 것으로 보인다.

신도안에서 대산의 위장 건강이 심각한 위험에 처했다. 대산은 생사의 위경에 처하자 1966년 1월, 대구교당 이경순 교무의 주선으로 대구 서성로교당으로 거처를 옮겼다. 대구교당 교도이자 위장병 전문의로 소문난 후암내과 권오석(현각) 원장의 집중 치료를 받기 위한 것이다.

○ 제일 많이 편찮으실 때가 신도안에 계실 때였다. 주위에서 걱정들을 참 많이 하셨다. 그런데 또 속이 더워서, 그동안 약 자신 것이 덥게 자셨다. 꿀도 많이 자시고, 인삼 든 약을 많이 드시고, 더운 것이 누적되어 음식물이 들어가면 더워서 소화를 못 시키셨다. 음식물을 자셨다가 속이 뜨거우니 토하셨다. 열거증이라고 몸에 뜨거운 것이 걸려 있다. 그래서 대구 후암내과까지 모시고 가서 치료도 몇 달 하시다가 오셨다. (…) 늘 후암내과 약을 드셨고, 다녀오신 뒤로는 한약도 삼을 안 쓴 약으로 해서 치료를 하셨다. (『조불…』Ⅰ, 282~283쪽. 장인중)

○ 대산 종사님께서는 건강이 너무 안 좋으셔서 종법사위를 양위해야겠다는 생각도 해보시고, 또 생사 문제를 결정해야 하겠다는 생각까지 하실 정도였다. (…) 진지를 드시는 일이 다시(茶匙, 찻숟가락) 하나에 밥을 뜨신 다음에 그것도 한 번에 넣지 못하시고 몇 알만 그중에서 넣고 방을 왔다 갔다 하시면서 드시는데, 몇 다시를 드시지 못했다. 물도 잘 넘어가지 않으므로 한 수저를 넣으셔서 씹으시며, 방을 왔다 갔다 하시어 한

시간 이상을 잡수시고 넘기셨다. 그때에 권 내과 원장이 미음을 끓여 짜가지고 그 물을 코에 호스를 대어서 주사기로 넣어 드렸다. (『조불…』I, 345~346쪽. 황직평)

주목할 것은 53세의 대산이 종법사위를 내려놓을 결심, 아니 삶을 포기할 결심까지 할 만큼 병세가 심각했다는 것이다. 절처봉생(絶處逢生)[4]의 이치가 있다고는 하지만, 후암내과 치료를 3개월 받으면서 병세가 다소 호전되어 다시 신도안으로 돌아왔다. 1968년 봄에는 이리(→익산) 금강리[5] 교도 집을 빌려 3년을 요양하고, 1972년 4월에 신도안으로 돌아왔다. 그 사이에도 양방뿐 아니라 한방으로도 탕약을 하루 두세 번씩 복용하였는데, 이후 눈에 띄게 좋아진 것은 1973년부터라고 할 수 있으니, 이후로는 부산이나 제주도 같은 장거리 여행도 가능해졌다고 한다.

중요한 것은 대산의 투병 태도가 9년 투병 정산과 확연히 달랐다는 점이다. 정산은 당신이 당한 병환을 소극적으로 회피함에 매달렸다면, 대산은 극복 방법을 적극적으로 모색했음이다. 대산 종법사의 투병 생활이 30대의 폐결핵에 이어 극한의 위기를 거듭 겪으면서 원

---

[4] 명리학 용어로 '완전히 끊어진 자리에서 살길이 열린다'는 뜻이니, 죽을 것 같은 절체절명의 위기에서도 반드시 귀인을 만나거나 우연히 살아남게 된다는 말이다. 「절처봉생지리(絶處逢生之理)가 있다. 크게 버림받고 크게 실패하고 크게 병들어 고생했던 사람이 한 마음 각성할 때 재생의 도를 가지게 되느니라.」(『진리는 하나 세계도 하나』, 196쪽. 대산 법문)

[5] 금강리 외에도 각종 기록에 수도산, 동산동, 신성마을, 신 면장댁, 동이리교당 교도회장 별장 등으로 나온다.

불교 교단 전반에 건강 화두가 일상화하였다. 종법사가 앞장서서 건강생활을 실천하고 교도들이 이를 따라가는 분위기가 형성되었다. 몇 가지 내용을 살펴보기로 하자.

첫째, 설법을 통해 교도들의 일상 수행에 건강법을 생활화하도록 촉구한 것이다. 이미 영산에서부터 병을 다스리는 〈정양오칙(靜養五則)〉이라 하여 「크게 안정할 일(大安定), 음식을 존절히 할 일(節飮食), 병과 약을 잊을 일(忘病藥), 보고 듣는 것을 삼가고 적당한 운동을 할 일(斷見聞), 사려를 하지 말 일(勿思慮)」을 당부하고, 혹은 건강 기본원리인 〈5대정도(五大正道)〉라 하여 「올바른 정신생활(正心), 올바른 숨쉬기(正息), 적당한 노동(正動), 적당한 영양 섭취(正食), 적당한 휴식과 수면(正眠)」을 권장하며, 다시 정식(正食)의 식이법을 자연식, 조화식, 완전식, 선택식 등으로 구체화한다. 여기에 육다(六多) 혹은 육소(六少)의 건강법을 제시한다. 육다는 「다동(多動) 다정(多靜) 다접(多接) 다망(多忘) 다방(多放) 다활(多活)」 육소는 「소식다작(少食多嚼) 소언다묵(少言多黙) 소사다망(少思多忘) 소의다욕(少衣多浴) 소욕다허(少慾多虛) 소심다활(少心多活)」 등이니 겹치는 것들도 있다. 대개 세속에서 떠돌아다니는 것들에 손질을 한 것이 많지만 색다른 것도 있으니, 오장육부를 재생시키는 법이라는 〈오단호흡(五段呼吸)〉 같은 경우다. 흉식(胸息) 완전식(完全息) 태식(胎息) 종식(踵息) 휴식(休息) 등 다섯 가지 호흡법을 단계적으로 실시하는 것이다. 그런데 대산은 이런 것들을 그냥 주섬주섬 긁어모으는 것이 아니라 오랜 세월 동안 체험적 과정과 창의적 연구를 거쳐서 확정하는 것이다. 그리고 목재나 수석에 새기거나 붓으로 쓰거나 혹은 종이에 인쇄 복사하여 이 사람 저 사람, 여기저기에 부지런히 배포하며 건강법, 건강훈(健康訓)을 실천적으로 보급했다.

둘째, 선(禪)을 건강법으로 다양화하고 활성화했다. 본래 소태산의 정신수양 과목에는 염불과 함께 좌선이 들어있는데 좌선의 공덕 10가지 중에는 '병고가 감소되고 얼굴이 윤활하여진다'는 덕목이 있다. 그러나 대산은 30대에 병고를 겪고 난 후에는 척추를 제대로 쓸 수 없어서 좌선을 오래 하는 것이 불가능했다. 그래서 마산에 가서 요양할 때 좌선을 대치할 네 가지 선법, 즉 앉아서 하는 좌선 외에 서서 하는 입선, 누워서 하는 와선, 걸으면서 하는 행선[6] 등을 연구하여 실행하고 교도들에게도 권하였는데, 꽤나 구체적이다. 앉아서 하는 좌선은 앉은 자세를 평좌, 반가부좌, 가부좌 중에서 하되, 손을 합치면 열이 나니 한 손은 단전 밑에 다른 한 손은 무릎 위에 올려놓고 비교적 짧게 한다. 입선은 두 다리를 적당히 벌리고 서서 한 손은 위로 쳐들어 하늘을 가리키고 한 손은 아래로 내리어 땅을 가리키며 한다. 와선은 오른쪽으로 눕되 배를 땅에다 깔고 베개를 얕게 베고 한다. 행선은 걸을 때 팔자걸음으로 걷지 말고 되도록 발끝이 일직선으로 향하게 하되 발뒤꿈치부터 땅에 닿게 하는 것이 좋다. 행선은 흔히 선보라고도 하는데 양주, 원평 등지에서 산행할 때 행하던 보법이다. 체질과 여건에 따라 선택하되, 기본은 「자세는 긴찰곡도(緊紮穀道) 요

---

[6] 불교에서는 「각처를 돌아다니며 선을 닦음」을 뜻하거나 혹은 경행·포행(좌선할 때 피로를 풀고 졸음을 쫓기 위하여 일정한 곳을 천천히 거니는 일.)의 뜻으로 쓰기도 하는 모양이나, 대산의 행선은 좀 더 적극적인 의미로 쓰인다.

골수립(腰骨竪立)⁷, 강령은 수승화강(水昇火降) 식망현진(息忘顯眞), 표준은 적적성성(寂寂惺惺) 성성적적(惺惺寂寂)」을 떠나지 않고 단전주 방식을 유지한다. 그야말로 앉으나 서나 누우나 걸으나 선이요, 거기다 일할 때는 사상선(事上禪)이니 이것이 진활선(眞活禪)이라 곧 무시선 무처선이 된다.

대산은 신도안에서부터, 요가를 잘하는 면산 김성진 교무에게서 배운 요가를 열심히 했는데 후에 요가선이란 개념으로 정리하기도 했다. 앉아서 하는 도인요가와 서서 소리를 위주로 하는 발성요가, 호흡을 위주로 하는 오단호흡, 몸을 굽혔다 폈다 하여 몸에 활력을 불어넣는 전신요가 등으로 구분한다고 했는데, 중요한 것은 선요가가 단순히 몸을 유연하게만 하는 요가가 아니라 선과 요가의 병행을 통해 몸 공부와 마음공부를 함께 할 수 있는 수행 방법, 즉 몸의 건강뿐 아니라 마음의 각성을 얻는 선공부로 진화한다는 점이다.

셋째, 배타성 없는 양생법으로 개발의 문호를 무제한으로 넓혔다.

대산은 노년에도 각탕⁸과 지압, 요가, 산책 등을 일과처럼 행했지만, 어느 분야에서건 건강에 도움이 된다면 가림 없이 갖다 썼다. 신도안 등지에서 교도들이 오면 야외에 법석을 마련하고 건강법을 가

---

7 「긴찰곡도는 입은 다물고 항문은 좌우로 흔들어서 잘 조이는 것이며, 요골수립은 머리와 허리를 곧게 하여 몸을 반듯하게 세워 바르게 앉는 것이다.」같은 해설이 있긴 하지만 의견이 분분하다.

8 脚湯. 족욕과 좌욕의 중간 단계로서, 따뜻한 물에 무릎까지 다리를 담그는 목욕법이다. 대산은 새벽에 일어나면 먼저 세수하고 발 닦고 나서 각탕을 10~20분간 한 후 좌선에 들어갔다고 한다.

르치는 경우가 흔했는데, 대산은 몸소 시범을 보이기도 하며 적극적으로 건강법 전도사를 자처하였다. 예컨대 야단법석에서 어느 때는 껌을 씹는 것이 건강에 좋다고 하여 출·재가 교도들이 저마다 껌 씹는 모습을 연출하기도 하고, 웃음이 소화에 보약이라며 다 함께 웃는 연습을 반복하기도 하고, 박수가 건강에 좋다고 모임 때마다 헤픈 박수를 치기도 한다. 혹은 법륜대(法輪臺)[9] 사용법이나 도인법(導引法)[10] 이나 요가의 자세를 설명한다. 야외에서 모이면 대중과 산행하기를 즐기며 행선의 공덕과 삼림욕 등 '네 가지 목욕법'에 대하여 설하는 식이다. 고매한 경강, 아니면 고민 상담 식 설법을 기대하고 왔던 이들에게는 아쉬움이 남겠지만 말이다.

그런데 선의 자세로 굳이 긴찰곡도, 요골수립 같은 생소한 단어를 쓴다든가, 건강을 위한 휴식법에 포도잠거, 괄랑순회, 도광산채[11] 등을 언급하는 것은 세대 불문하고 알아듣기 힘들다. 언제는「글은 말의 표현이요 마음은 진리의 상징이므로 글을 어렵게 써서 학인들을 괴롭힐 일이 아니다.」(『진리는 하나 세계도 하나』, 110쪽.) 이런 말씀을 하면서 왜 굳이 난해한 용어를 써서 '학인들을 괴롭히는가' 하는 생각이 드는 것도 어쩔 수 없다.

---

9 발바닥 혈 자극을 위해 매끈하게 원통형으로 깎은 나무토막. 굴림대.
10 도가에서 무병장수를 위하여 행하는 신체운동과 호흡법으로 구성된 건강법.
11 「포도잠거(抱道潛居) 도를 품어 안아 잠기고, 괄낭순회(括囊順會) 입주머니 돈주머니를 닫아 가지고 때를 기다리고, 도광산채(韜光鏟彩) 헛된 허세를 감추고 반짝이는 모든 무늬를 없애고…」등등.

박학(博學)과 심사(深思)

소태산은 학문이 짧았지만, 정산은 한학에 조예가 깊었다. 대산을 정산과 비교할 일은 아니지만, 아무튼 대산은 박식했다.

우리 동네 글 가르치는 이들 보니 별것 아니어서 '까짓거 글 안 배우련다' 해서 난 글을 안 배웠는데, 남을 가르치려면 출장 다니면서 선생 노릇 해야 되는데 안 배울 수가 없어서 좀 배우니 곧 문리가 생겨. 그래서 기왕 할 것 같으면 철저히 무엇을 몇 군데 해 놔야겠다 했더니, 대종사님께서 "너는 나보다 글이 나으니 그것 가지고 하지, 뭐 더 배울 것 없다." 하셔서 그 말씀을 듣고는 노자, 장자, 그런 것 섭렵하고 묵자를 보는데 딱 스톱시켜 버렸다. 그때 내가 글로만 빠졌으면 소동파나 이태백이나 그런 사람같이 글로만 자랑하는 이가 되지 별것 없겠더라. 하여튼 지금은 안 볼 수가 없어. 다른 사람을 가르치려니까. 그런데 너무 과히 말고. (『최초법어부연법문』 16쪽.)

요컨대 소태산의 지시도 있고 하여 고전 공부에 별로 힘쓰지 않았지만, 남을 가르치는 선생 노릇을 하려다 보니 부득이 책을 보고 공부하게 되더란 것이다. 그 공부가 주로 한문을 통해서 하는 것이다 보니 한학이 깊어진 것이고, 한학이라는 게 문·사·철(文史哲)이고 유·불·선이다 보니, 박학하게 된 것이다. 물론 현대적 학문과는 일정한 거리가 있는 것도 사실이긴 하지만, 중국의 한서 고전에만 매몰되지는 않고 폭넓은 독서와 연구를 한 듯하다. 그것이 「현재 모든 종교의 교리를 정통하며」(『정전』〈법위등급〉 5)를 넘어 일원주의로 향한 사상적 회통에 수렴되었을 것이다.

소태산이 대각을 이루고 각종 종교의 경전을 열람했듯이, 대산도 『여래장』의 2부(연도수덕), 3부(파수공행)에서처럼 유·불·선의 갖은 경서뿐 아니라 기독교, 동학, 증산교의 경서, 『천부경』 같은 대종교의 경서에, 『소서』 같은 비결, 심지어는 〈궁을가〉〈호남가〉 같은 가사에 이르기까지 연마하고 참고했다.

공자는 「배우기만 하고 생각하지 않으면 쓸모없고, 생각만 하고 배우지 않으면 위태롭다(學而不思則罔 思而不學則殆.」(『논어』 위정편15) 했지만, 대산은 학(學)도 넓고 게다가 사(思)가 깊지 않았을까 싶다.

유업을 계승하며

대산이 종법사에 취임하던 해는 원기 47년(1962), 즉 소태산이 영광에서 대각을 이루고 낙원세계 건설의 꿈을 꾼 지 불과 반세기도 되지 않았다. 신종교는, 유구한 역사의 축적된 권위를 누리는 보수적 기성종교와는 달리 시대적 변화에 민감하게 반응하는 역동성이 강점이다. 교단의 대표요 상징인 종법사, 사십 대의 젊은 대산에게 기대하는 것 역시 건강하고 발랄한 모습에 열정적이고 역동적인 활동상이 아니겠는가. 대산을 대상으로 전기적 서술을 하는 이들이 하나같이 겪는 곤혹스러움이 하나 있다. 바로 폐결핵, 위장병 등 질병에 시달리면서 한도 끝도 없이 전국의 요양지를 순례하는 등 투병하는 사연을 주저리주저리 늘어놓아야 한다는 것이다. 대중이 보고 싶은 것은 결코 그런 병약한 모습, 따분한 이야기가 아니다. 교도들도 희망과 환희심을 가지고 교단 발전에 협력하고 동참할 동기유발이 필요한 것이다. 그런 의미에서 앞으로는 대산의 병약한 모습은 되도록 건너뛰고, 이면에서 정중동으로 그가 얼마나 큰 포부와 역량을 가지고 열정적으로 활동하였는가를 보여주고 싶다.

흔히들 '공부(성불)와 사업(제중)'이라는 양면을 말하지만, 이는 때로 두 마리 토끼 같은 것이어서 한 가지 일에 전력투구하는 것만 못할 수도 있다. 그런데 투병 중에도 대산은 이 두 마리 토끼를 잡는 묘수를 발휘했으니 김삼룡(정용, 원광대 제2대 총장)의 「대산 종사님께서는 도학으로 도가의 공부뿐만 아니고 사업가로서 역량도 내가 상상할 수 없을 만큼 크셨다」(『조불…』I, 233쪽.)고 한 말이 그것을 가리킨다. 다음은 종법사로서 그가 추구한바 교도들을 공부시키는 '교화'와 세상에 구세 경륜을 펴는 사업으로서 '교육'을 본보기로 들어보겠다.

소태산의 열반에 이어 종법사위에 오른 정산 송규는 자신의 경륜을 내세우기보다 스승의 경륜 혹은 유업을 계승 발전시키는 일을 우선시했다. 일제 말의 탄압을 이기고 회체를 유지하는 일에 전전긍긍하던 정산은 해방의 혼란과 6·25전쟁의 난국을 겪으면서, 혹은 9년 병고를 견디면서 무슨 일을 했던가. 교명 변경이나 교헌 제정을 통해 주세 교단의 정체성을 확립하고 성탑, 성비 건립을 통해 소태산이 주세불임을 선언하고, 교화·교육·자선의 3대 사업을 추진하고, 무엇보다 『정전』 『대종경』 등 교서 정비에 매진하였다. 3세 종법사로서 대산은 스승 소태산의 유훈을 잊지 않을 뿐 아니라, 전임 정산 종법사의 유업을 계승해야 할 책임감을 절감했을 것이다. 거기에 덧붙여 정산이 열반을 앞둔 때조차 신신당부한 신도안 개척을 두 어깨에 짊어질 수밖에 없었다.

취임 후 대산 종법사는 교단의 행정에서 세세한 내용을 간섭하지 않는 대신, 대체만 잡아 주고 방향만 지시할 뿐 거의 다 교정원에 맡겼다. 다만 그 방향과 그 대체는 대산의 소리 없는 통솔력과 보이지 않는 교단 설계로 물밑에서 빈틈없이 추진되고 있었으니, 다만 범부들의 눈에 잘 띄지 않았을 뿐이다. 역시 병고에 시달리던 대산으로선, 9년간 병마에 시달리면서도 할 일을 놓지 않고 진력했던 전임 종법사 정산을 보며 익힌 학습효과가 있었으리라. 대산 역시 소태산의 경륜인 교화·교육·자선이란 3대 사업목표를 소리 없이 추진했다. 소태산이 제시한바 '4, 5십 년 결실, 4, 5백 년 결복'이란 예언에 따라, 이른바 '개교반백년기념성업'이란 타이밍이 시너지 효과를 견인할 만했다.

먼저 교화 목표를 보자. 교화의 우선은 교재(경전) 정비다. 정산이 병상에서도 독촉해 마지않던 교서 편찬은 정작 정산 열반 후 대산의 뒷받침으로 결실을 보게 된다.『대종경』편수를 비롯한 편찬사업은 정화사 사무장 이공전이 서둘러 추진했고, 대산 종법사는 정신적으로 혹은 재정적으로 뒷받침했다. 정산 열반 후 8개월에『정전』『대종경』합본으로『원불교교전』을 발간한 것을 첫 신호로 하여『불조요경』(1965)과『예전』·『성가』합본(1968)을 냈다. 이어 소태산의 어록『대종경』에 버금가는 정산 종사의 어록을 편찬토록 하니, 이것은 1부〈세전〉, 2부〈법어〉로 편집하여 열반 후 10년인 1972년에『정산종사법어』로 결실을 보았다. 이후에도『원불교교사』『원불교교헌』으로 이어지지만, 20년의 대장정을 마치는 자리에서 이공전이「모든 교서들을 차례로 감수 감정해 주시고, 어려운 고비에 많은 법력을 밀어주신 2대 총재[12] 대산 스승님」을 특정하여 찬송과 감사를 드린 것은 의례적인 인사만은 아니었다.

1963년, 종법사 취임 2년 차에 대산은 정화사에 맡긴 교서 정비와는 달리 몸소 전력을 기울인 것이 교화 단위 세 가지의 몸집 불리기다. 대산은 교화 삼대 목표를 제시하고 개교반백년기념사업회를 발족시켰다. 교화 삼대 목표란 ①교도 불리기(연원 달기) ②교화단 불리기 ③교당 불리기(연원교당 만들기)이니, 2년간씩을 1기로 잡아 원기 55년(1970)에 제4기를 마치고 1971년에 기념대회를 축제 분위기에서 치르기로 다짐했다. 이 중 교당 불리기만을 놓고 보더라도 대산 시절에 엄청난 성과를 거둔 것을 확인할 수 있다. 그는 조실 벽에 교당이 없는 지역마다 그 지명을 써 붙이시고 교당 세우기를 염원하면서, 각 지역 교구장과 또 교당을 낼 만한 교무들에게는 교당 신설에 정성을 다하도록 당부를 거듭했다. 대충 계산해 보더라도 소태산 종법사 시절(19년)에 교당 수가 대략 25개 정도였고, 정산 종법사 시절(19년)에 불어난 교당 수가 50개 미만이었음에 비해 대산 종법사 시절, 같은 19년(1962~1980)까지만 보아도 새로 불어난 교당 수가 무려 200개[13]에

---

12 정화사 초대 총재는 정산 종법사이고, 정산 열반 후엔 대산 종법사가 2대 총재가 되었다.
13 『원불교대사전』〈원불교사 연표〉에 나온 기록을 기준으로 한 것인데, 새로운 교당의 탄생을 두고 '설립, 설립 승인, 설립 봉불, 첫 법회…' 등으로 다양한 용어를 씀으로 해서 정확한 통계 처리에 어려움이 있음을 감안했다.

이른다. 이건 물론 시대적 상황이나 교화 환경이 같지 않으니까 기간만으로 단순 비교해서는 안 되고, 또 소태산이 일궈온 성과 혹은 정산이 일궈온 성과를 바탕으로 성취한 결실이지만, 그런 걸 다 감안하더라도 대산 시절의 교화 성과를 평가하는 데 인색해서는 안 된다고 본다.[14]

다음 교육 목표를 보자. 교육기관 설립과 발전을 위한 대산의 노력이 교화 목표만큼 드러나지는 않았지만, 원광대학의 사례를 들어 보기로 하자.

소태산과 정산의 집념과 교단적 숙원으로 해방 이듬해 유일학림으로 출발하여, 1951년에 설립 인가를 받아 개교했던 원광초급대학이 불과 2년 후인 1953년에 4년제 대학으로 인가를 받아냈다.[15] 그러나 1961년 5·16군사정변 후 그해 당장 대학정비령에 의해 각종학교로 격하되는 수모를 당했으니, 대산이 종법사위에 올랐을 당시 물려받은 원광대학은 이미 '대학'이란 이름으로 학생모집조차 할 수 없이 초라한 신세였다.[16] 각고의 노력 끝에 원광대학이 4년제 원광대학으로 복귀한 것은 1964년이었고, 그로부터 8년 만인 1972년에 와서 드

---

[14] 반백년기념사업회 발족(1964)부터 기념대회(1971)까지의 성과만 보면, 교도불리기 운동으로 이 기간에 약 8만 명의 교도가 증가했고, 교화단불리기는 1,457단이 증가했고, 교당불리기는 90여 개의 새 교당이 창설됐다. 이 추진운동으로 교세가 2배 이상 확장된 것이다. (《원불교신문》 2013.6.7.)

[15] 4년제 대학 초기엔 원불교학과(200명)와 국문학과(200명) 두 학과뿐이었고, 1970년대에 와서야 종합대학에 걸맞은 학과 증설이 이루어졌다.

[16] 1961년 11월, 대학정비령에 의해 1962학년도 학생모집이 중지되었고, 1962년 12월부터는 학교명이 원광대학림(각종학교)으로 격하되었다.

디어 종합대학이 되었다.

소태산은 공부와 사업의 강령으로 이소성대(以小成大, 작은 데서 시작하여 큰 성과를 거둠)를 강조했지만, 원불교의 사업이나 기관치고 제대로 조건을 갖춘 후 발족한 것이 거의 없다. 특히 학교 설립이 그랬다. 한때 전북 지역에서 '멸치도 생선이냐 원광대학도 대학이냐'[17] 하는 조롱이 회자할 정도로 열악하던 대학이 절치부심 8년 만에 종합대학으로 승격한 것은 학장 박길진(광전)을 비롯한 교직원들의 헌신이 있었지만, 대산 종법사의 적공과 배려 또한 적지 않았다. 정부 측 요구에 따라 1965년부터 원광대가 재단법인 원불교로부터 분리되어 학교법인 원광학원으로 독립했지만, 분리 이전은 물론 이후에도 대학 운영이 원불교 재단에 의지하는 바가 컸다. 대산 종법사로서는 대학 재정에 대한 직접적 기여에는 한계가 있는 대신 법력으로 밀어주고 인사를 통해 힘을 보탰다. 특히 폭넓은 인맥을 동원하여 외곽에서 지원하는 탁월한 수완이 있었다. 종합대학 승격이나 의대 설립 같은 경우 숨은 사연들이 많이 있으니, 김삼룡은 「대학에 종사하는 우리들보다 더 전심전력으로 종합대학교로의 승격과 병원 설립에 탄탄한 밑받침을 해주신 것」이라고 회고했다.

당시는 단과대학과 종합대학은 여러모로 차별이 심했다. 총학장 회의가 있을 때면 원광대학 학장은 전북대학교 총장 앞에 기가 죽을 수밖에 없었으니, 박길진 학장을 모시고 갔던 김삼룡은 「체구도 크시

---

17 갖춘 버전은 「멸치도 생선이냐? 호박꽃도 꽃이냐? 목천포(익산, 전주 사이의 작은 포구)도 항구냐? 원광대도 대학이냐?」이었다는 설도 있다.

고 인품도 좋으신데 저 뒷전에 앉으셨다. 너무너무 죄송했다」고 회고했다. 이는 곧 원광대학의 초라한 사회적 위상을 드러낸 것이다. 그래서 초급대학 강등에서 1964년 4년제 대학 복귀도 힘겨운 일이었지만, 1972년 종합대학에 승격하고 박길진에게 초대총장이란 명예가 주어졌을 때 그 기쁨은 컸다.

이밖에 교육에 관해 주목할 것은 대산 종법사 시절 유치원과 어린이집이 엄청나게 불어났음이다. 정부 시책에 부응한 성과이긴 해도 웬만한 교당에는 부설 유치원 및 새마을유아원(어린이집)이 1백 수십 개까지 불어났다. 또한 소태산 시절부터 공들여 온 한의원이 경영의 노하우를 축적하면서 보화당한의원이니 원광한의원이니 하는 이름으로 신설이 활발해졌다. 이들에 대해서는 다시 말할 기회가 있을 것이다.

대산 종법사 시대의 첫 번째 마디는 1971년 이른바 원불교반백년기념대회라 할 것이다. 앞서도 말한 바 있듯이 소태산이 교운을 예시하여 '4, 5십 년 결실이요 4, 5백 년 결복이라' 한 것이 반백년기념의 근거이지만, 4, 5십 년의 후자를 근거로 5십 년을 기념한 것도 아니고 55년을 완결 연도로 잡고 원기 56년(1971년)에 기념대회를 했으니, 그만큼 4, 5십 년의 성과가 미진했다는 뜻이기도 하다. 그것은 일제강점기-해방-6·25전쟁으로 이어지는 비상한 시국을 놓고 볼 때 굳이 아쉽다고 할 일만도 아니다.

개교반백년기념사업회의 발족은 원기 49년(1964)이었고, 개교반백년기념대회는 원기 56년(1971) 10월 7~12일 중앙총부와 영산성지에서 열렸다. 총부 행사에는 전국 2백여 교당과 기관에서 4만여 명의 교도와 국내외 각계 인사 2백 명이 참석했는데, 이는 교단 사상 최대 규모의 행사였다. 이 자리에서 대산 종법사는 그의 게송「진리는 하나, 세계도 하나, 인류는 한 가족, 세상은 한 일터, 개척하자 일원세계」[18]를 발표하니, 이것은 소태산의 일원사상과 정산의 삼동윤리를 계승한 것이었다.

가시적인 성과를 내려고 서두르고 욕심을 부리다 보니 시행착오도 생기고 실수를 범하기도 했다. 그래도 기념대회가 열리던 1971년을 전후하여 총부에서 반백년기념관과 영모전의 봉불 및 낙성식을 했고, 정산종사성탑 제막식을 했으며, 영산 노루목에는 대종사대각성비인 만고일월비를 세웠다. 한편 정화사 편찬으로『불조요경』(1965)과『예전·성가』(1968)를 낸 데 이어『정산종사법어』(1972)를 간행했고, 전팔근 교무 번역으로 영문판 원불교교전(『THE CANONICAL TEXTBOOK OF WON BUDDHISM』)을 낸 것은 큰 보람이다. 아울러 이 해를 넘기지 않고 원광대학의 종합대학교 승격이 확정되었음은 때맞은 경사였다.

아울러 기억해야 할 일은 남자 전무출신 배우자들의 모임인 정토회의 활동상이다. 그야말로 음지, 눈에 잘 띄지 않는 곳에서 남편(전무출신)들의 공부와 사업을 뒷받침한 정토들의 공로를 잊을 수가 없다.

---

[18] '개척하자 일원세계'는, 대외적 메시지로서 좀 더 대중성을 갖도록 배려한 듯 후에 '개척하자 하나의 세계'로 바뀌었다.

정토보다 정녀

여자 교도들 사이에 「정토(남자 전무출신 부인)가 되느니 차라리 정녀(전무출신 독신녀)가 되겠다.」는 말이 있다. 정토 노릇 하기보다 정녀 노릇 하기가 오히려 쉽다는 뜻이다. 돈도 없고 대우도 없는 정토의 신분을 논하는 일은 교단에서 아직도 뜨거운 감자다.

소태산 대종사는 당시 전무출신 권장부(→정토회원)들을 출가교역자와 다름없이 관리해 주었다. 전무출신 권장부들이 가정을 책임질 수 있게 상조조합에서도 후원하였는데, 초기 정토 다수가 상조조합에서 융자받아 생활 방도를 마련하였다. 이때 박길선(송도성 교무 정토), 권동화(전음광 교무 정토), 이영훈(김대거 교무 정토), 임영전(박광전 교무 정토) 등이 과수원 등을 운영할 수 있었던 것도 그 혜택이었다.

정산 종법사는 원기 40년(1955) 6월, '진흙 속의 연꽃이 되라'고 부촉하며, 전무출신 권장부들의 모임을 창립하여 정토회(正土會)라 명명하였다. 그 후 대산 종법사는 원기 60년(1975) 4월 정기총회에 정토회 선서문을 내렸는데, 그중엔 「우리는 영겁을 이 공부와 사업을 떠나지 않고 스스로 대지(大地)가 되고 연꽃이 되어서 이 회상과 전 생령을 위하여 무명 성자의 뒤를 따르겠나이다.」라든가, 「우리는 불보살을 모시고 불보살을 기르며 스스로 천하 살림을 하여 가는 불보살이라는 신념과 사명감을 가지고 일반 대중과 교우의 모범이 되겠나이다.」같은 법문으로 격려하였다.

대산 종법사는 1977년 사대봉공회를 발족하면서 이를 활성화하고자 정토회로 하여금 교단의 대표적 금융기관인 원광새마을금고

(1979)를 설립하게 하였다. 정토회는 또한 원친회(전무출신 자녀들의 모임)를 맡아 후원하며, 여기서 전무출신 지원자도 많이 배출하였다. 그중에도 원친회 출신들이 교단의 교육기관들을 창설하고 발전시키는 데 많이 이바지하였음은 특기할 일이다. 또한 정토장학회를 설립(1975)하여 전무출신 자녀들(유치원아, 초중고생, 대학생)에게 매년 공교육비 일부를 지원하고 있다.

정토회 역사 속에 초기 정토들의 혈심혈성은 말로 다 할 수 없었거니와, 초대회장 박길선(주산 종사 부인), 초대부회장 이영훈(대산 종사 부인) 및 임원진들의 헌신이 밑바탕 되어 오늘과 같이 저력 있는 기관으로 우뚝 설 수 있었음은 기억되어야 한다. (원불교 정토회100년사 『그 서원 그 자취로』, 원불교출판사, 2015.)

넓어지는 보폭

어린 시절부터 '평화'를 화두 삼고 산 때문일까, 대산은 인화를 중시하며 대인관계에 비중을 둔 것으로 보인다. 다만 건강을 잃고 대외 활동을 뜻대로 할 수 없다 보니 인간관계가 제한될 수밖에 없었을 것이나, 그런대로 요양지에서조차 대내외적으로 인간관계는 항상 유념했던 것으로 보인다. 태생적으로 그런지 노력의 결과인지 모르나 주변에서는 대산을 퍽 사교적, 친화적 성격의 인물로 기억하고 있다.

○ 내가 어렸을 때 대산 종사님께서는 나를 보시면 어린아이 건들 듯이 건드시기도 하시고, 농담도 하시고 참 예뻐하셨다. 그때 대산 종사님의 특징은 유머도 하시고 예뻐하시고, 등을 쓰다듬어주시기도 하여 그때의 정이 마음에 남아 있다. (『조불…』I, 330쪽. 이철행)

○ 대산 종사님은 인자하고 자애스럽게 보였으나 가끔 뵈면 웃으시면서 배 같은 데를 쿡쿡 찌르시곤 하셨다. 처음에는 당황스럽고 놀라기도 했지만, 그것이 더 가깝게 사랑해주시는 것임을 알았다. (『조불…』I, 226쪽. 김정용)

○ 교도회장을 하며 향타원 종사님께서 대산 종사님께 많이 데리고 가주셨다. 가면 종사님께서 말씀보다도 가만히 손을 쥐시고 손을 놓아주시지 않았다. 서용추(*계룡산 소재)에 가면, 내 옆에 오서서 손을 꼭 잡고 같이 가셨다. (『조불…』I, 274쪽. 고문국)

대산의 친화성으로 첫손가락 꼽을 것은 스킨십인 듯하다. 피부와 피부의 접촉을 통한 교감인 스킨십은 친밀감, 신뢰감, 유대감을 강화하는 수단으로 더할 수 없이 좋다고 한다. 사람과 사람은 물론 사람과 동물, 동물과 동물 간의 스킨십이 애정 교류의 방법으로 쓰인 실례가 숱하게 많다. 이 스킨십을 절로 익힌 듯 대산은 손잡기가 기본이고, 젊은 날엔 상대를 툭툭 치거나 배를 쿡쿡 찌르기까지 했다. 이런 스킨십은 종법사 된 후 교도 접견 때면 일상화되어, 재가출가나 남녀노소를 가리지 않았다. 대구교당의 여자 교도는 대산 사후에 「어느 해는 눈이 많이 내렸다. "눈이 많이 왔는데 오느라고 고생했겠다." 하시며 (…) 반겨 주시고 손도 잡아 주시고, 올 때는 나오셔서 등도 쓸어 주시던 종법사님이 지금도 생생하게 떠오른다.」(『조불…』II, 399쪽. 강인선) 하고 추모하였는데, 여기서도 스킨십의 탁월한 효과가 잘 드러나 보인다. 교도 아닌 정치인 조세형도 「인자하신 분으로, 따뜻하시고 자상하신 분으로 자리했다. 저를 만나시면 그냥 손을 어루만져 주셨다. 겨울에는 건강이 좋지 않으서서 장갑을 끼고 계셨는데 그 장갑 낀 손으로도 나의 손을 꼭 쥐어 주시고 옆에 앉으라고 하셨다」(『조불…』II, 122쪽.)고 회상했다. 스킨십이 정서와 두뇌 발달을 촉진하고 스트레스를 감소시킨다는 연구 결과도 있지만, 필자도 대산과의 스킨십 기억이 있다. 어느 큰 집회에서 필자가 단상에 불려 올라갔고 서 있던 대산이 필자의 손을 잡아 주었는데, 대산은 단상에서 내려와 실외로 이동하여 기념 촬영을 마칠 때까지 10분쯤 손을 놓아주지 않았다. 필자는 좀 당황하였지만, 후에 안 일인즉, 왼쪽 폐가 기능을 상실한 후 그쪽이 항상 허전하여 서거나 걸을 때는 남의 손을 잡고 있어야 안정이 된다고 했다. 그러니까 대산은 이런 손 잡기를 통해 자신은 신체적 안정감을 누리는 대신에 상대에게는 친밀감을 얻어가도록 하는 이중적 효과를 거둔 셈이다.

○ 김대거 종법사는 언뜻 보기에 시골 할아버지를 연상케 하는 외모, 특히 왜소한 체구는 겸손한 신앙인의 모습을 나타내 남녀노소의 마음을 끄는 강점으로 작용하고 있으며, 즐겨 쓰는 챙 없는 털모자 역시 친근함을 배가시켜 준다. 《종교신문》(1990. 11. 21.), 『한국 언론인이 본 대산 종사』, 133쪽에서 재인용)

○ 대산 종사의 옷 입는 모습은 수수하기보다 촌스러웠다. (…) 오랜 지

병으로 폐가 약하고, 습기와 추위에 약하여 헐렁하고 긴 웃옷을 겉옷으로 즐겨 입으셨다. 겉옷 안에는 속옷을 여러 겹 껴입으셨다. 양말도 두 켤레나 신고, 장갑도 사시사철 끼고, 마스크도 여름철만 빼고 거의 착용하셨다. (…) 내가 보기에는 영락없는 촌로였고, 이웃집 할아버지였고, 무능 무지 무덕한 천하 농판이었다. (『큰 산을 우러르며』, 312~313쪽. 주성균)
○ 얼마 후 신도안에 대산 종사님을 뵈러 갔다. 산촌 할아버지 같은 조그마한 영감님이 찢어진 고무신을 신고 계셔서 처음에는 우습게 보였다. (『조불…』 I , 193쪽. 조대진)

대산의 친화성으로 둘째손가락 꼽을 것이 서민적 용모와 태도 아닐까 싶다. 청소년기의 사진을 대하면 눈매엔 촉기가, 입매엔 다부짐이 느껴진다. 그러다가 병마에 시달리던 삼십 대 사진을 보면 애처로울 만큼 초췌한 느낌이 올 뿐이지만, 종법사 취임(49세) 무렵엔 또 다른 느낌이다. 필자가 그 여름 서울교당에서 만난 종법사 대산은, 안색이 좀 누르긴 해도 티 없이 맑은 상호에 하얀 모시 두루마기를 입고 앉아서 교도들의 하례를 받는 모습이 신선 그대로였다.

그러나 중년 이후, 청장년의 예기(銳氣)가 순화된 대산은 보다 푸근하다 할까, 작달막한 키에 평소 허름한 무명옷, 털모자, 털신 혹은 고무신 같은 차림을 즐겼으니 '시골 할아버지'라는 지적이 꼭 맞았다. 말이 나와서 말이지만 대산은 일찍부터 늙은이 혹은 할아버지였다. 1949~50년 무렵 원평에서 요양할 때, 하루는 저녁 늦게 대원사에 들렀더니 절집 사람이 밥을 차려다 주면서「(혼잣말로) "이 늙은 자가 밥을 먹을라면 일찍 오지 이렇게 늦게 와서 사람 괴롭게 한다." 하더라.」(『불불계세의 유서 깊은 도량』, 64~65쪽.) 했다. 이때 대산의 나이가 40세 미만이었는데 '늙은 자'로 불린 기억이 맞는다면 얼마나 어이없는가. 전에 소개한 바 있듯이, 이 무렵 지은 한시에「千年古寺一燈明(천년고사일등명) 老僧閑坐聽水聲(노승한좌청수성)」(천년 고사에 한 등이 밝은데, 노승이 한가로이 앉아 물소리를 듣더라) 하는 대목이 나오는데, 여기 '노승'도 알고 보면 대산이 자신을 객관화한 것이다. 다음은 원평에서 요양하며 산행할 때 대산이 겪은 이야기다.

> 1년을 하고 나니 원평에서 80리 되는 곳에 한번 가고 싶은 생각이 나서 밥을 세 끼 싸서 가는데, 젊은이들이 뛰어가면서, 이 할아버지 이렇게 가다가는 평생 못 가겠다고 비웃으며 앞으로 뛰어가는 것이었다. (『대산종사수필법문집』1988.8.7.)

대산은, 그 시절이 40세만 돼도 노인 취급 혹은 할아버지 취급을 받던 때[19]라고 말한 적이 있긴 하지만, 85세의 노인(할아버지)으로 열반한 대산은 40세 전후부터도 그렇게 자처했고, 행색 또한 노인 혹은 할아버지 차림으로 산 것 같다.

소태산이나 정산의 카리스마는 용모에서부터 풍긴다. 소태산이 부성적 근엄함에서 승하다면 정산은 모성적 자애로움에서 앞선다는

---

19   원기 67년(1982) 5월 30일 원평 제비산에서 (대산이) "대종사님 때에는 나이가 40이 되면 노인 취급을 받았다. 그때의 40이 지금의 60과 거의 맞먹을 것이다." (주불…』Ⅱ, 405쪽.) 했다. 『대종경』 천도품 1장에 「…나이가 사십이 넘으면 죽어 가는 보따리를 챙기기 시작하여야…」 하는 말씀이 등장한 배경도 같을 것이다.

차이는 있을지라도, 그분들은 용모만으로도 상대를 압도하는 카리스마와 흡인력이 있다. 대산은 그들과 비교하면 평범하다. 소태산도 정산도 따를 수 없던 대산은 역으로 서민적 평범함, '시골 할아버지'의 친근한 이미지로써 승부를 보기로 작정한 것일까. 작은 체구에, 노년으로 갈수록 결은 삭고 표정까지 수더분하여 누가 봐도 만만하게 보이니까 접근하기 쉬웠을 것이다.

친근감이 넘치는 대산 종법사의 첫인상에서 거리감을 전혀 느낄 수 없다. 성직자로서의 굳은 표정보다 온화한 미소와 자상한 배려는 내방객의 불편한 좌석에까지 미쳐, 자상한 할아버지 곁에 응석둥이로 앉아 있는 느낌이다. (《월간 전라》 1990. 2. 박천석)

대산의 일상생활(의식주)은 상상외로 소박, 검소하다고 말들 하지만, 한 종교학자는 대산의 이런 평범한 태도를 색다르게도 그 부인 이영훈을 통해 방증하고 있다.

댁을 찾아 문을 열고 들어갔는데, 이건 한 종교의 교주의 부인이 거할 만한 곳이 아니었다. 그냥 여염집 같았기 때문이다. 옆에 있는 집과 다를 바가 하나도 없었다. 또 나오신 사모님도 그저 동네 옆집에나 살고 있을 만한 아주 평범한 아주머니(할머니?)였다. 그때 나는 또 한 번 깜짝 놀랐다. 아니 그래도 한 종교의 수장의 부인이 사는 곳인데 어떻게 이렇게 평범할 수 있을까? 그런 지위에 있는 분의 부인이라면 많은 특권을 누릴 수 있을 텐데 어떻게 이렇게 겸손할 수 있을까 하는 생각이 강하게 들었다.

(…) 그때 나는 원불교가 경이롭다 못해 소름이 끼쳤다. 이렇게 최고위에 있는 분들이 겸손한 종교는 그때는 물론 아직까지도 보지 못했기 때문이다. (『한국 언론인이 본 대산 종사』 33~34쪽. 최준식)

대산은 감상담 발표자나 질의응답 답변자에게는 아낌없는 칭찬을 하고 으레 "잘했다. 박수 치자!" 하고 앞장서 박수를 유도해서 격려했다. 단독이나 소수인과의 접견 때는 또 으레 선물을 주었는데, 수제 염주(단주)가 인기 품목이었다. 시자들과 함께 모감주 열매, 보리수 열매, 가래 열매, 개복숭아 씨, 가죽나무, 측백나무, 향나무 등의 재료를 그라인더로 깎고 드릴로 구멍 뚫고 끈을 꿰어 마무리한 뒤, 기를 불어넣듯 기도 염원을 하고 나면 단주가 하나씩 탄생한다. 가장 많이 쓰인 모감주 열매는 영광 불갑산에서 몇 가마니씩 따다가 껍질 벗겨 염주로 만들기도 했다. 염주 말고 목판이나 수석에 쓴 휘호, 종이에 복사한 법문 같은 것들도 있었는데 돈 안 들이고 만족감을 주니, 요샛말로 가성비 높은 선물이었다.

이런 친화력과 외교적 마인드로 대인관계, 대종교 관계의 보폭을 넓히기 시작한 게 1971년 반백년기념대회를 치르면서가 아닐까 한다. 원광대학 운동장에서 열린 기념식에 참석한 외빈은 200여 명으로 국내에선 3부(행정, 입법, 사법)의 요인, 종교계 대표, 언론인 등이 참석했고, 해외에서도 미국, 중국, 일본 등지의 종교인들이 다수 참석하였다. 군소 종단의 한계를 벗어나지 못한 원불교의 행사에 이렇게 많은 외빈을 동원할 때는 자금과 함께 섭외 능력이 필요하다. 해외 종교인이라 해봤자 세계종교개발연구소라는, 정체성이 모호한 단체의 사무장인 미국인 리처드 가드, 일본 불교잡지 《부디스트》의 발행인인 야마나카(山中龍淵) 정도가 귀빈이지만, 그 정도도 원불교로서는 쉬운 일이 아니었다. 아직도 일제 식민지 시절 '유사종교'로 취급받던 트라우마가 남아 있는 원불교로서는 국내와 국제사회에서 공인된 종교로, 건실한 새 종교로 인정받고 싶은 열망이 있었을 것이다. 소태산 당대(1919년)의 법인기도가 하늘의 인증을 받는 의식이었다면, 반백년기념대회를 통해서는 국내외에서 원불교의 존재가치를 인정받는 행사였다고 할 만하다.

기념식에서 주목할 것이 있다. 대회사와 치사에 이어 4개 항의 결의문을 발표했는데 1) 세계평화에 앞장서자, 2) 차별이 없는 평등세계 구현하자, 3) 세계적 정신운동을 달성하자, 4) 국제적 종교연합기구를 만들어 종교의 융통을 도모하자 등이다. 4개 항이 다 '세계(국제)'라는 관념을 담고 있지만, 특히 1)번과 4)번을 보면 이후 대산이 집념을 가지고 추진한 종교연합(United Religions) 기구 결성의 의지를 읽을 수 있다.

대산은 먼저 국내 종교들의 연합기구가 필요함을 역설하였고, 서울사무소(소장 이운권)는 '종교인 종교이론의 공동광장'을 표방하는 월간지 《종교계》를 1965년 2월에 창간하면서[20] 종교연합기구 발족을 견인하고 그 대변지가 되고자 했다. 그해 12월 창립총회에서 한국종

---

[20] 실질적 기획은 한산 이은석 교무가 했는데, 경제적 뒷받침이 부족하여 7호로 중간되었다. 국내에 원불교를 홍보함과 동시에, 종교 간의 대화와 협력 분위기를 조성하는 구실을 한 것으로 평가된다.

교연구협회(→한국종교인협회→한국종교협의회)를 결성하니, 원불교는 창립 멤버(불교, 유교, 원불교, 천도교, 천주교, 개신교)로 참여하였고[21] 가장 적극적으로 활동하였다.

순서가 바뀐 느낌이지만, 원불교는 1967년에 대한불교총연합회(→한국불교종단협의회)가 출범할 당시 여기에 12개 회원 종단 중 하나로 참여했다. 독립 교단으로 6대 종교협의회 구성원이면서 다른 구성원의 하위 조직인 불교종단협의회의 멤버로 들어간다는 것은 모순이지만, 각종 국제불교 모임에 참여하려면 불교와 선을 긋기는 또 어려운 일이니, 이것은 딜레마였다. 불교종단협의회에 가입한 인연으로 원불교는 세계불교도우의회(WFB) 등 국제적인 불교 단체활동에 불교와 함께 참여할 수 있었다. 다만 〈불교재산관리법〉[22]을 회피하고자 원불교가 불교종단협의회를 탈퇴함으로써 두 교단 사이가 소원해지는 것은 불가피했다.[23]

1971년 반백년기념대회에 개신교, 천주교 등과 함께 불교 대표도

---

[21] 1968년 12월 21일, 천도교 강당에서 개최된 한국종교인협회 제4회 정기총회에서 각 종단대표로 의장단이 꾸려져서 공식적인 7대 종교의 연합체로 발족하였다. 이때 구성된 의장단은 개신교 강원용 목사, 불교 이청담 총무원장, 원불교 김대거 종법사, 대종교 안호상 박사, 천도교 최덕신 교령, 천주교 김수환 추기경, 유교 이정호 선생 등이었다.

[22] 5·16군사정변 직후(1962. 5. 31.) 국가재건최고회의에서 대처승·비구승 간의 분쟁을 방지하고 불교 재산을 보호한다는 명분으로 제정한 법률이지만, 불교단체의 재산 및 시설의 관리 운영에 관하여 규정하는 비민주성이 문제였다. 법의 위헌성과 종교 간 형평성 문제로 1987년에 〈전통사찰보존법〉으로 대체되었다.

[23] 대산 종법사 사후의 일이지만, 원불교가 2020년 9월 WFB(세계불교도우의회) 대회를 서울에 유치해 놓고도 국내 불교계의 반대에 부딪혀서 개최권을 반납한 사례는 불교와 원불교의 갈등이 아직 진행형임을 보여준다.

초청되어 총무원장 이청담 스님이 참석하였다. 필자의 기억으로는, 이때 청담이 인터뷰에서 불교는 문수보살의 역할을 하고 원불교는 보현보살의 역할을 하며 협력하자고 손을 내밀었다. 청담이 불교를 대지(大智) 문수보살로 대변한 건 불교가 '성불' 쪽에 비중을 둔 종단이고, 원불교를 대행(大行) 보현보살로 대변한 건 원불교가 '제중' 쪽에 비중을 둔 종단이라고 비교한 듯도 한데, 아무튼 원불교의 실천불교적 성격을 상보적 강점으로 인정하고 협조를 구한 것 같다. 그러던 그가 익산 총부를 다녀간 지 한 달 지나서 돌연 입적하였으니 참으로 아쉬운 일이었다.

1970년에는 일본에서 열린 제1차 세계종교자평화회의에 대표를 파견하여 세계종교연합기구 창설을 제의하는 종법사 메시지를 전달한 바 있고, 1972년(10.1.)에는 천도교 최덕신 교령을 총부로 초청하여 형제 종단으로서의 우의를 다졌고, 같은 해(12.12.) 일본 신종교단체 일등원(一燈園)의 총책 니시다 타케시(西田武)가 총부를 내방한 바 있고, 1973년(5.25.)에는 빌리 그래함 전도협회 하워드 존슨 목사 일행이 총부를 예방하였다. 1974년(8.14.)에는 대산 종법사가 2년 전 최덕신 교령이 익산 총부를 방문한 데 대한 답방으로 천도교 중앙총부를 방문하는 등 개벽 종단끼리의 협력을 다짐하였는데, 대통령 박정희와 불화한 최덕신은 1976년 미국으로 떠난 후 끝내 월북함으로써 아쉬운 후일담만 남기고 말았다.

1977년(11.15.), 한일종교협의회 일본 측 대표 미야케 도시오(三宅世雄) 등 15인이 찾아와 면담할 때 대산은 다시 국제종교연합기구(UR) 창설의 필요성을 설득한다. 1978년(10.24.)에는 로마 교황청 대사 루이지 도세나 대주교를 총부로 초청한 대산이 인류의 평화를 책임질 종교 유엔(UR)의 탄생에 힘쓰자고 설득했다. 1978년(10.29.)에는 미야케 도시오가 일본 신종교인 금광교(金光敎) 천미교회 주교의 신분으로 또 와서 대산으로부터 UR 창설 등 이른바 세계평화 삼대제언을 다시 들어야 했다.

세계평화 삼대제언

대산은 인류의 영원한 과제인 평화를 달성하기 위한 세 가지 안을 내놓았다. 그 가운데 첫째가 종교연합(United Religions) 창설이다. UR 창설이 자주 등장하다 보니 이것이 독립된 제언같이 보이지만, 실은 세계평화를 위한 아이디어 세 가지 중 하나다. 대산의 논리인즉, 한 가정이 평화로우려면 엄격한 아버지와 자애로운 어머니의 협력이 필요하듯이, 세계의 평화를 위해서는 아버지 역할을 하는 정치적 기구 UN과 더불어 어머니 역할을 하는 종교적 기구 UR이 필요하다는 논리이다. 부모의 역할 분담과 더불어 새의 두 날개, 수레의 두 바퀴 비유도 이때 동원되었다.

둘째가 공동시장 개척이다. 이것은 종교가답지 않은 생소한 제언임이 틀림없지만, 영육쌍전을 주장하는 원불교로서는 경제를 외면하고 정신운동에 그치는 평화 어젠다(의제)는 허구라고 본 것이다. 세계는 한 집안이고 인류는 한 가족이니, 국가와 이념의 경계를 넘어서서 함께 살고 함께 번영을 누리자는 주장이다. 이는 강대국 위주의 자본주의적 불평등 구조를 극복하는 대안으로 제시된 것으로 유럽공동시장(유럽경제공동체→EU) 같은 것이 한 모델이었다.

셋째는 심전계발훈련이다. 현대는 과학의 발달로 전 지구적 개발이 이미 상당히 이루어져 있으니, 이제는 도학으로 우리 마음밭을 계발하고 훈련해 마음을 넓히고 밝히고 잘 쓰는 사람을 만들자(삼대력 육성)는 것이다. 후에는 이 셋째 항목을 첫째와 바꾸어 순서를 조정하기도 했다.

UR이 UN과 쌍을 이룬다면, 마음(정신)과 육신(물질)이 쌍을 이루고, 도학과 과학이 쌍을 이루는 셈이니, 이는 소태산의 일원주의, 정산의 삼동윤리를 바탕으로 원불교적 중도주의 실천을 주장한 것이기도 하다.

대산은 세계평화 삼대제언과 더불어 세계평화 사대운동으로 인류개진(人類皆眞), 인류개기(人類皆技), 인류개선(人類皆禪), 인류보본(人類報本)을 제시했으니, 이들 사대운동이 궁극적으로 세계평화를 보장한다는 인식이다. 대산은 다만 무력 충돌이 없는 상태를 평화라고 보지 않은 것이다. '무지와 빈곤과 질병의 퇴치'를 세계평화의 방법론으로 제시한다든가, 정신의 자주뿐 아니라 육신의 자활이나 경제의 자립을 세계평화의 목표로 설정한다든가 함에 유념할 필요가 있다.

종교와는 무관한 인물들임에도, 1976년(4.18.) 대산이 임석하는 서울교구대법회가 열린 문화체육관에는 홍진기 중앙일보사장, 이환의 문화방송사장, 이항녕 홍익대총장, 정해영 국회의원, 유상근 통일원장관, 한글학자 한갑수 등 명사들이 얼굴도장을 찍으러 줄줄이 참석했으니, 이것은 대산 종법사의 위상을 보여주는 전에 없던 현상으로 보인다. 1978년(2.19.)에는 전북도청까지 내려온 박정희 대통령의 초청을 받고 간 대산이 대통령을 상대하여 정교동심과 종교연합기구 창설 필요성을 역설하기도 하였다.

반백년기념대회를 한 지 몇 해 안 되는 신생 교단의 수장을 만나러 국내외 귀빈과 단체나 기구에서 전북 익산군 북일면 시골구석까지 찾아오게 만드니, 그에게 도대체 무슨 매력이 있었던 것일까? 그리고 대산은 만나는 이마다 붙잡고 '원불교 도와주시오'가 아니라 거창하게도 세계평화의 길에 동참하자고 설득하니 상대방으로서도 어이없을 일이다. 또 세계적 단체나 기구에서는, 아직 듣도 보도 못한 신생 교단의 수장이 국제종교연합기구(UR) 창설을 주야장천 외쳐대니 이 역시 어이없을 노릇이다. 또 서슬 퍼런 유신시대의 대통령 박정희가 몇 차례나 청와대로 단독 초청을 한 바 있으나 끝내 오지 않는 약소 교단의 콧대 높은 수장을 전북도청까지 내려와 만나고 조언을 구한 것도 희한한 일이다.[24]

아세아종교인대회와 세계종교인대회를 갖는 일에 정성 들여야 한다. 이런 일들은 60년 전에 다 계획했던 일들이다. 이런 일들이 언제 이루어질까 하고 청사진을 적어 놓았다고 하더라마는 13년 전에 벌써 한국종교연

---

24 박정희가 10.26 사건으로 서거하자, 대산은 그가 두 차례나 원불교 총부를 방문하겠다고 통보하여 '퍽 정성스럽게 (준비하고) 기다렸는데' 끝내 못 오고 떠난 일을 안타까워했다. 대산은 박정희가 오면 주려고 '대인군자 진퇴의 도'를 써놓고 기다렸다고 회고했다.

합기구가 탄생했다. 세계종교연합기구가 있다 하나 그것은 일부분이다. 이를 시정하고 범종교연합기구가 새로 탄생해야 한다. (『대산종사수필법문집』, 1975. 2. 19.)

이것은 1975년(2. 19.) 군산교당과 신태인교당의 일반교도들을 만나 대산이 한 말이다. 평범한 교도들의 처지에선 그저 심리적 위안이나 되고 희망이나 되는 듣기 좋은 법설이면 되련만 여기서도 세계종교연합기구 타령이니, 이쯤 되면 그는 UR교 교주요 평화교 전도사다. UR의 이념과 아이디어는 본래 소태산 대종사로부터 기원한다. "정치에도 UN이 있으니, 종교계에도 UN이 있어야 한다. 이 일은 동양에서 추진해야 하며, 그것도 한국(조선)에서 발기를 하여야 한다." 이미 오늘의 UR이 대두되는 조짐을 대종사님께서는 그 당시에 간파하시고 그런 법문을 하셨던 것이다.」(『구도역정기』, 212쪽. 고산 이운권 편) 소태산 생전에는 국제연합(UN)이 발족하기 전이어서 국제연맹(League of Nations)이 맞겠지만, 아무튼 대산의 UR 제안 배경은 소태산에 기원(起源)하고, 그래서 대산도 더욱 확신을 가졌던 것으로 보인다. 그러함에도 어찌 보면 시기상조였기에 남들이 쉽게 납득하지 못할 만큼 선구적이었다.

대산도 자기 말을 남들이 어떻게 받아들일 것인가를 모르지는 않는다. 그러기에 그는 교도들에게 「이 일이 허황된 일 같지 않은가? 꼭 될 것이라고 믿어지는가?」 묻기도 했고, 「성인들은 적어도 몇백 년, 몇천 년, 몇만 년을 내다보시고 법을 내놓으신다.」 하고 확신을 심어 주기를 게을리하지 않았다.

VIII
호사다마

고비마다 굽이마다

　강류도 곳곳에 굽이가 있고 산맥도 꿈틀거리며 뻗듯이 역사에는 굴곡이 있게 마련이다. 굴곡이 없이 곧장 흘러가는 강이나 밋밋하게 정돈된 산처럼 역사가 밋밋하다면, 그처럼 지루한 역사에는 변화도 발전도 없을 것이 아닌가. 원불교 교단사가 그렇듯이 대산 종법사의 개인사에도 굴곡이 많다. 그것이 좌절이고 시련이고 고통이라 할지라도 나름의 의미와 교훈이 담겨 있게 마련이다.
　대산이 어렵사리 종법사 위에 오르고 첫 번째로 겪은 갈등이 이미 말한 바처럼 신도안 칩거다. 총부의 주인이 돼서 대중을 거느리고 교정을 지휘하며, 찾아오는 교도와 외빈들을 접견하고 응대해야 할 종법사가 미신의 소굴로 알려진 계룡산 신도안에다 둥지를 튼다는 것이 대중의 입장에선 황당했을 법하다. 정산 종법사의 유훈이었다는 이유로는 설득력이 떨어진다. 시자 황직평도「총부 대중이 "신도안은 사이비 종교 집단이 모인 소굴이니 가시면 안 됩니다."라고 반대운동을 하고, 전단을 만들어 돌리고 하였어도 기어이 가셨다」

(『조불…』I, 349쪽.)고 회고했지만, 대산의 신도안 집착은 의외로 강고했다.

신도안 칩거에 대한 반발 역시 만만치 않았다. 1968년, 6년씩이나 참고 기다리던 총부 원로들이 들고일어났다. 박장식 교정원장을 비롯하여 이공주, 박광전, 이운권, 조갑종, 조희석 등 쟁쟁한 인물들이 연명으로, 교무와 교도들의 신도안 출입을 금하라는 단호한 의지를 공문으로 만들어 교당과 기관에 발송한 것이다. 공문에는 5가지 조항의 비판이 실렸는데 그중에 핵심 사항은 1) 유사종교, 사이비 종교 소굴인 신도안에 정법 회상인 우리 원불교가 들어간 것은 잘못이다, 2) 엄연히 『교전』이 있는데 이를 두고 대산이 편술한 『정전대의』 『교리실천도해』 등 유사 교서로 교리강습을 하는 것은 부당하다, 3) 대중의 공의를 제쳐놓고 몇몇 젊은 층 중심으로 하여 인심을 모으는 것은 잘못이다, 등이었다. (『조불…』IV, 134쪽. 김성현) 원로들의 면면이 대종사가 키워 놓은 인물들이다 보니, 대산도 별수 없었다. 1968년 4월, 총부에서 임시로 마련해준, 이리시 금강리 신성마을에 있는 동이리교당 교도회장 신정묵의 별장에 입주하기에 이르렀다. 당시로선 개교반백년기념사업 준비로 기념관 신축 등 각종 공사 때문에 경내가 어수선하여 총부에는 종법사를 모실 거처가 마땅치 않은 실정을 감안한 차선책이었다.

금강리는 수도산을 끼고 있어 요양지로도 무난하고 총부하고도 가까워서 타협이 이루어진 셈이다. 금강리에 있는 동안 총부에선 종법실 신축이 논의되었다. 소태산 대종사가 생전에 거처하던 구조실(舊祖室)은 낡은 데다가 병약한 대산이 들어가 생활하기엔 부적합

한 바가 있어서 1970년 11월에 새로 종법실을 지었다. 그러나 대산은 신조실(종법실)에도 오래 머무르지 않고, 떠나온 지 4년 만인 1972년 4월에 다시 신도안으로 돌아갔다. 신도안 삼동원의 규모가 커지고 성공적인 훈련지로 인정을 받게 되면서 반대하던 대중들도 체념하게 되었지만, 1983년 정부의 계룡대 사업으로 전면 철수가 불가피해지자 잠잠하던 비판이 다시 수면 위로 떠올랐다. 5만 7천 평의 토지를 장만하고 14동(1,900평)의 건축물을 세우느라고 그동안 교단적으로 얼마나 희생이 컸는데, 그렇게 이룩한 성과가 물거품이 되다니 말이다. 토지나 건물이 문제가 아니라 '천여래 만보살의 요람'이라 했던, 교단 설계에 대한 교도들의 기대는 또 어찌 되나!

이웃 논산군 벌곡면 천호산 일대에 계룡산 부지보다 훨씬 넓은 30만 평의 임야를 매입한다든가, 신도안보다 규모야 작지만 벌곡에 현대식 훈련시설을 갖춘 새 삼동원을 신축한다든가[1] 하여 대중들의 마음을 달래고자 했지만, 신도안의 허무감은 교도들의 마음에 오래도록 앙금을 남겼다.

원기 56년(1971) 개교반백년기념대회를 통하여 원불교의 위상이

---

1 1990년 5월 9일, 총건평 1,112평 훈련시설을 갖추고, 봉불식 및 만일기도 회향식을 거행했다.

국내외적으로 한 단계 도약하였고 '결실 교단'[2]으로서 자부심이 한껏 고양된 계기가 되었음에는 이의의 여지가 없다. 예산 이철행 교무는 「원기 49년(1964)부터 원기 56년(1971)까지 8년에 걸쳐 전 교단이 개교 반백년기념사업을 추진한 결과, 대산 종법사를 비롯하여 재가출가 전 교도의 일심 합력으로 교세가 2배로 불어나고, 호남의 약세 종교에서 한국의 원불교로 그 위상을 높이게 되었다」(『조불…』I, 339쪽.)고 자평한 바 있지만, 그 이면을 들여다보면 피눈물 나는 역사가 깔려 있다. 1971년 대회를 앞두고 교단사상 처음 있는 대형 사건이 터졌으니, 그것은 흔히 '남한강 사건'이라 불리는 것이다. 사건의 개요는 이러하다.

1) 1969년 1월, 수위단회에서 반백년기념사업으로 서울회관(원불교청년회관) 건립 결의.

2) 1970년 7월, 서울교당 부지 이용을 전제로, 원불교회관 건립추진후원회 구성.

3) 1970년 10월, 원남교당 교도로서 남한강개발주식회사 사장인 김재위

---

[2] 원불교에서는 결실이니 결복이니 하는 용어가 종종 특별한 의미를 띤다. 그 근거는 역시 「대종사께서 우리 회상 초창 당시에 친히 구술하신 가사 가운데 "4, 5십 년 결실(結實)이요, 4, 5백 년 결복(結福)이라"고 하신 말씀이 있었나니, 이는 우리 회상의 진로를 예언하심이니라. 결실이라 함은 새 회상의 법종자가 이 국토에서는 분명한 결과를 보게 될 것을 의미함이요, 결복이라 함은 그 법종자가 세계에 널리 전파되어 온 세상에 고루 복과를 맺게 될 것을 의미하니, 우리 회상은 창립 4, 5십년대 안에 이 나라에서 완실한 결과를 볼 것이요, 4, 5백년대 안에 온 세계에 편만하여 일체 생령의 한가지 귀의하는 바가 되리라.」 (『정산종사법어』도운편1)에 있다.

(재덕)의 사업 제안. 서울교당과 경남교당(→부산교당)의 부지를 담보로 은행에서 대출받아, 흑석동 한강변 공유수면 매립지를 개발하고 아파트를 지어 분양한 후, 원불교서울회관을 지어 교단에 헌납하기로 합의.

4) 1970년 10월, 원불교서울회관 기공식(지하 1층, 지상 15층 설계). 1971년 8월 준공 목표 (대지 1천 평에 건평 800평).

5) 1971년 3월, 서울시에서 건축법 위반(무허가) 및 도시계획법 저촉으로 공사 중지 명령. 남한강개발 부도. 지하 1층, 지상 4층 골조 공사를 끝으로 공사 중단.

6) 1971년 7월, 서울회관부채문제수습위원회 구성 (위원장 이철행).

7) 1972년 1월, 임시 교정위원회에서 서울회관 건립을 포기하기로 결의. 이후 부채의 변제를 위해 교단적으로 심혈을 기울임. 결국 성금과 교금으로 7천만 원의 부채를 해결함.

8) 1973년 6월, 추진위원장 정광훈과 이철행 위원 등이 서울시와 협의하여 한강 고수부지 호안공사와 매립공사를 조건으로 원불교에 토지를 불하하기로 약속받고, 이공주가 경비 8천만 원을 희사하여 공사를 매듭지음. 1974년 8월, 부지 1,945평 등기 이전.

9) 1981년 10월, 지하 1층, 지상 6층으로 설계 변경 후 서울시로부터 신축 허가를 받아 재공사 착수.

10) 1982년 10월, 12년에 걸친 시련의 우여곡절을 겪고, 연건평 1,935평의 원불교서울회관 낙성 봉불.

애초엔 반백년기념사업회에서 서울교당 부지에 청년회관을 짓기로 한 것이었는데, 김재위 사장의 뜬금없는 제안으로 사업의 규모가 커져 버렸다. 반백년기념대회를 앞두고 호남의 변방에 머물지 말고 수도 서울에 교화의 거점을 마련하여 세계로 웅비하자는 꿈을 꾸던 교단이, 한 사업가의 달콤한 제안을 냉큼 받아들인 결과는 참담했다. 4대, 6대 국회의원을 역임하고 사업가로서도 활동이 많았던 김재위 (1921~2009)는 경남 산청 출생이지만, 전남 광주에서 자라며 중고등학교를 광주에서 수학한 후 연세대 상대를 나온 사람이다. 부인이 원남교당 교도로 독실한 편이었으나 남편은 입교만 했을 뿐으로 신앙과 수행의 실적은 거의 없는 처지에, 재정 상태가 부실한 회사를 끼고 덤벼든 것이다. 그렇다고 원불교를 일방적으로 이용해 먹으려는 불순한 생각으로 접근한 것은 아닐 테지만, 회사는 부도를 낼 만큼 재정 상태가 나빴고 건축은 처음부터 관련 법규를 무시하고 시작한 것이었다. 여기에 교단은 의욕만 넘쳤을 뿐, 경험도 없는 데다 세상 물정에 너무 어두웠다.

태반이 구멍가게 같던 전국 교당 중 적산(일본 사찰과 신사)으로 불하받은 서울교당과 경남교당이 서울과 부산의 알짜 땅인데 그것이 통째 넘어가고, 회관 부지는 흔적 없이 날아가고, 거기다가 상당한 부채까지 떠안게 생겼다. 교단이 문을 닫느냐 마느냐 하는 기로에 선 채, 대각전에서 교무총회를 열고 3일(4일?) 밤낮을 울고불고하였다고 한다. 사태가 얼마나 심각했던지, 대산 종법사가 교무들 모아 놓고 수습책을 논하다가 자신의 불찰을 사과하며 두 번이나 울음을 터뜨릴 정도였다. 수습위원장 이철행에게 준 시에서도 대산은 「山崩地拆是何緣(산붕지탁시하연) 산이 무너지고 땅이 갈라지니 이 무슨 연고인가, 何運逢窮眞可憐(하운봉궁진가련) 어떤 운수로 궁지에 빠졌으니 참으로 가련하구나」 하였다. 『법의대전』에서 소태산이 예언한 '十生九死 龍華臺(십생구사 용화대)'[3]가 이런 것이 아니었을까. 대산이 교정위원회[4]에서 한 호소는 그의 자책감이 얼마나 절실했었는지 알 만하다.

> 내가 근래 불건(不健)한 때다. 따라서 지혜가 몽롱하여 교단에 이와 같은 큰 난국을 초래하게 되었으니 위로 대종사님 성령과 선 종법사님 성령을 비롯하여 제 선열들에게 죄송함을 금치 못하며, 매를 때리신다면 다른 사람보다 나를 10배, 100배 더 때려주십시오 하고, 고백하고 참회하고 있다. (『조불…』IV, 140쪽. 1971. 10. 13.)

빚쟁이들이 매일 재무부 사무실에 와서 성화를 대는 바람에 재무부장은 몸을 피해야 하는 처지에 이르고, 원로들은 있는 돈 없는 돈 끌어대다 못해 금반지 은반지를 빼놓고, 원불교학과 학생들도 여자는 뜨개질하고 남자는 가마니를 짜서 팔고, 혹은 논매고 보리 베는 품삯을 보태고, 혹은 시계가 귀중품이던 시절이라 저마다 차고 있던 시계를 풀어 내놓기도 하고, 심지어는 만년필과 책(사전)까지도 팔았다. 짓다 만 원불교서울회관의 앙상한 골조가 흑석동의 흉물로 10여 년을 버티며 세상의 조소를 받다 보니 교도들의 자존감 또한 구겨질

---

[3] 『한 울안 한 이치에』, 108쪽. 회상 창립의 간난함을 예언한 것이라 하니, 십생구사는 구사일생을 뜻한다.
[4] 敎政委員會. 1959년에 설치된 교정의 결의기관으로 교정원장이 소집했다. 1987년, 수위단회와 중앙교의회로 나누어 업무를 이관하고 해체하였다.

대로 구겨졌다.

1973년 6월, 정광훈, 이철행, 이백철 등의 실무진이 남한강개발과는 손절하고 부채나 해결하려고 나선 길에 오히려 사업을 인수하는 쪽으로 방향을 튼 데는 구타원 이공주의 8천만 원 희사[5]가 결정적 힘이 되었다. 1974년 8월, 마침내 이들이 애초의 1천 평도 아닌 1,945평이나 되는 부지의 매립 등기를 손에 쥐었을 때는 참으로 감격스러웠다. 조실을 찾았을 때 대산이 그렇게 기뻐하며 이들에게 두 돈짜리 금배지까지 채워 주고 기념사진을 찍었다 한다. 이제 집만 지으면 되었다.

이 사건을 놓고 훗날 전화위복이라고들 했다. 일심 합력하여 교단의 위기를 돌파한 경험이 되었고, 이런 경험을 통하여 원불교는 성숙하고 성장하는 교단으로 거듭났다. 거기다가 이런 일이 아니었으면 서울 요지에 어떻게 그만한 땅을 확보할 수 있었겠는가. 김재위도 자기가 비록 실수는 했으나 원불교 처지에선 손해 본 게 없고 도리어 이익이 되지 않았냐고 큰소리칠 만도 했다. 수습위원장(이철행)은 물론 대산 종법사도 비슷한 소회를 피력한 바 있다.

○ 나는 서울회관의 일을 사실 교단 역사에 큰일이라면 큰일이고, 전화위복이 되는 일이었다고 생각한다. 그런 계기가 아니었으면 우리가 서울 중심가에 그런 교화 장소를 마련할 수 있었을까도 생각해 본다. (『조

---

[5] 약초관음사(정각사) 터를 불하받을 때 이공주가 대금을 전담하여 그 앞으로 1만 2천 평을 등기했었는데, 이공주는 그 땅 일부(3,500평)를 팔아서 내놓은 것이다.

불…』I, 331쪽. 이철행)

○ 교단에 어렵고 어려운 남한강 일이 오히려 전화위복으로 교단에 크나큰 복조가 되었다. 우리는 그 일을 각자 자기 일로 알고 합력하였으니 그것이 바로 천지조화다. (『대산종사수필법문집』, 1972.4.4.)

그런데 정말 이렇게 넘어갈 일일까는 의문이다. 사건을 저지른 것과 수습한 것은 따로 평가해야 하지 않을까. 수습이 잘되고 결과가 좋다고 해서 저지른 잘못까지 호도한다면 같은 실수가 반복되어도 할 말이 없다. 또 수습 과정에서 치러낸 숱한 고통과 희생은 당연한 것, 별것 아닌 것으로 취급되어서도 안 된다. 이것이 과연 소태산의 이소성대 교훈에 합당한가, 신심 공심도 없는 사람의 턱없는 제안을 덥석 받아들인 것은 과욕 아니었는가.[6]

필자는 정작 전화위복은 이런 쪽에서 찾을 만하다고 본다. 실패의 책임을 묻는 분위기에 억울한 사람들도 생겨났는데, 그 가운데엔 김재위의 소속 교당인 원남교당 교무진이 있었다. 회관 부지를 어떻게 해결하고자 1차로 추진위를 구성하고 나선 이들이 서울사무소장 박장식과 원남 교무진 송영봉, 이제성, 백상원 등이었지만, 이들도 결국 손을 들고 물러났다. 교단 사업회와 소속 교도를 연결해 준 죄 때문에 따가운 눈총을 받으며 국내에서 몸 둘 바를 모르던 원남교당 교

---

6 대산 종법사도 특별유시에서, 실패의 원인으로 1) 대종사의 이소성대의 훈계와 원칙을 받들지 못한 점, 2) 일이 착수될 때나 진행, 수습하는 과정에서 중지를 충분히 종합하지 못한 점, 3) 경제 방면에 전문 지식이 부족했던 점 등을 지적하고 반성한 바 있다.

무진은 해외교화를 명분으로 차례차례 미국으로 떠나갔다. 남한강 사건에 실무자로 참여하였던 이제성 교무는 번민 끝에 무작정 미국으로 가서 미국 최초로 로스앤젤레스 교당을 개척하였다. 이어서 백상원 교무로 시작하여 주임교무 송영봉이 그러하고, 당시 교정원장으로 경질을 당하고 다시 서울사무소장을 맡아서도 마음고생이 컸던 상산 박장식 등이 합세하여 뉴욕 등지에서 미국 교화를 일궈냈고, 후에는 러시아(모스크바) 교화(1991)에 이르기까지 해외 포교의 빛나는 성과를 거두었다.[7] 이에 대해서는 다시 말할 기회가 있을 것이다.

남한강사건의 상처를 안고 1971년 4월에 상산 박장식 체제가 물러난 후, 고산 이운권 교정원장 체제가 들어서서 겨우 수습위원회를 가동한 가운데 그나마 반백년기념대회를 제법 성대하게 치르며 위안으로 삼았다. 그런데 남한강 사건조차 미처 수습하지 못한 상황에서, 이운권 체제가 들어선 지 2년 미만의 시점(1973.2.)에 또 하나의 충격적인 사건이 터졌으니 이름하여 '인장사건'이라 한다.

간부 중 교무부장(→교화훈련부장)이었던 은석 교무는 내 사제(•친아우)이기도 해서 항상 기탄없이 교단 발전에 의견을 교환하곤 했었다. 은석은 서울회관을 마무리하는 일과, 종교인협의회를 다시 활성화하는 일과, 그리고 폐간한 《종교계》의 복간을 사명으로 알고, 그 해결책에 염념불망

---

[7] 심지어는 원남교당 부교무로 있던 조효경과 김법연까지 밀려 나와 이 악물고 서울 방배교당 개척에 성공했으니 이것도 전화위복 아닐까.

하였다. 앞에서 말한 세 가지 문제가 풀리게 되면 적어도 10년을 앞당겨 발전하게 된다는 굳은 확신으로 일구월심 그 생각뿐이었다. 그러나 가장 기본적인 것은 자금이 문제였다. 그래서 이 문제의 돌파구로서 국가 권력기관을 통해서 할 수 있는 길을 모색하게 되었다. 그것은 곧 차관하는 방법이었다. 그러나 한 생각 충천하는 방법으로만 세상사는 되지가 않았다. 공의에 의한 절차를 밟아 순서 있게 했어야 했는데, 너무 단순하게 (생각하여) 대경대법의 통로를 거치지 않고 일에 착수했던 것이다. 때는 원기 58년(1973) 2월 말경, 드디어 교단에서는 일이 벌어지고 말았다. 개인의 가정사가 아닌 공중사를 몇몇이 추진했다는 것이 크게 잘못이었다. 나 역시 그런 공인의 정신을 몰라서 그렇게 했던 일은 아니었다. 그러나 결과적으로는 공중사 단독 처리라는 피할 수 없는 과오를 범했던 것이다. (『구도역정기』 217쪽. 이운권)

외채를 차용하기 위하여 공사(의결 절차)도 없이 백지에 법인 인장을 찍어준 사건이라 하여 '인장(도용)사건'이라 불린다. 국내은행 금리 17%, 사금리 25~30%이던 당시에 연금리 5%라고 하는 외국 차관을 정부에 신청하면서 원불교 교단 재산을 담보로 79억 원을 빌리려고 한 것인데, 이 과정에서 절차를 무시하고[8] 비밀히 재단 이사장 직인과 이사들의 인장을 새로 파서 서류를 제출한 것이다. 남한강사건에서 불과 수천만 원 때문에 교단 재정이 파탄 나던 시절인데 자그마치

---

8 당시 교헌에 따르면, 교산 처분(여기서는 담보)은 중앙교의회 의결과 종법사 재가라는 절차를 거친 후에 행사하게 돼 있었다.

79억 원이라니 배짱도 크긴 컸다. 이 사건은 '원불교 재산을 팔아먹으려 했다'는 오해까지 받아 이운권, 이은석 형제가 온갖 수모를 겪었다. 감찰원에서 감찰위원회가 소집되고, 이운권 탈계[9], 이은석 제적, 정성덕 외 관련자 직위해제 등으로 교정 팀은 총사퇴하였다. 이은석 교무가 서울회관 채무 변제를 1차 과제로 염두에 두었다는 점으로 보아 어쩌면 이 사건은 남한강사건의 연장선 위에 놓여 있다고도 할 수 있다. 이은석 교무는 본래 쩨쩨한 것을 싫어하는 성격에 과단성 있는 일 처리를 선호하는 사람이다. 자기 잘못을 잘 알면서도, 「교단을 위해 누군가의 '역적질'이 필요하다면 자기가 그 총대를 메겠다」는 언급도 했다고 한다. 그의 넘치는 열정과 위험한 권모술수에 제동을 걸 위치에 있던 이운권이 오히려 이은석에게 설득당한 것이 끝내 낭패를 불러오고 말았다. 법인사무국에 근무하던 김성현 교무에 의해 사전에 발각되어 미수에 그치기는 했지만 말이다.[10]

1973년 2월 28일 자로 수위단에서 뽑힌 다산 김근수 교무가 교정원장으로 들어서면서, 이운권 체제가 전면적으로 철수한 자리에, 차세대 인재로 물갈이가 되었다.

---

[9] 奪階. 교도 중에서 계율을 가벼이 알고 교법을 모독하거나, 중요한 교단의 재산을 훼손하거나, 헌규를 문란히 하여 교단의 체통을 손상한 사람에 대하여 법계(法階)나 지위를 박탈하는 것. 일종의 탄핵이다.

[10] 『대산종사수필법문집』(1973. 2. 18.)에는 참고할 기록이 나온다. 「이번 사건은 종법사님께서 작년부터 6~7차 못 하도록 명령하셨고, 최근에도 또 만류 하명하셨던 일이다.」

돌담을 쌓듯이

명산은 끊기듯 이어져 여유 있게 멀리 끌고 와야 하는 것같이, 개인도 성공하려면 어려운 대목, 죽을 고비가 몇 번 있어야 한다. (『대산종법사 법문집』3, 38쪽.)

이 법설은 1972년(7.21.), 계룡산의 풍수를 논하다가 나온 것이지만, 남한강사건이 터지고 반백년기념대회를 마친 뒤에 나온 말이다 보니, 어쩌면 스스로 위안으로 삼고 재가출가 교도들에게 위로를 전하려는 뜻이 있음 직하다. 어느 언론 기관에서 '소태산 개창기, 정산 여명기, 대산 융성기'라는 프레임으로 원불교 교단사를 평한 적이 있지만 (《세계일보》, 1992.4.25.), 소태산은 개창기이기에 힘들었고 정산은 여명기이기에 힘들었듯이, 대산은 또 융성기이기에 힘들었다. 감히 소태산이나 정산에 견줄 일은 아니겠지만, 융성기를 맞이하여 종법사 대산은 대산대로, 출·재가 교도들은 그들대로, 그리고 대산의 가족들은 또 그들대로 너무나 힘겨운 시절을 보내야 했다. 그야말로 '죽을 고비'를 넘고 넘으며 역사를 써나갔다.

○ 교학과 1학년 첫 겨울방학을 신도안에서 보내면서, 대산 종법사님 모시고 낮에는 돌담을 쌓는데 돌을 주워드리고 밤에는 공부하며, 행복하고 유익한 겨울방학을 보내고 돌아오려고 종법사님께 인사드리러 갔는데, 그 자리에서 "오늘같이 날씨가 흐린 날은 각별히 연탄가스에 주의하라"고 당부 말씀을 해주시었다. 그런데 그날 밤 최세진, 오신성 동창생과 한

방에서 잠을 자는데 꿈에 종법사님께서 부르시어 깜짝 놀라 깨어보니, 옆에서 잠자던 두 친구들이 이미 혼수상태이고, 나는 문을 박차고 나오다가 다시 문턱에서 쓰러져 있는데, 또다시 "강연아! 정신 차려라." 하고 부르시는 소리는 들었으나 마음대로 몸이 움직이지 않아서 일어나지 못하고 있었다. (『조불…』Ⅱ, 319쪽. 최강연)

○ 한 번은 내가 신도안에 가서 밤에 연탄가스 중독이 되어 신음을 할 때, (…) 대산 종사님이 "무슨 소리가 난다. 빨리 나가거라." 해서 문밖에서 신음하는 나를 보시고, "빨리 가서 업고 와라." 하시어 조실 방에 데려다 놓으시고 당신 이불을 덮어주시고 설탕물을 타서 먹이시고 밤새도록 토하는 나를 지켜보시었다. 만약에 그렇게 해주시지 않았다면, 그 밤에 죽었을지도 모른다. (『조불…』Ⅱ, 345쪽. 이양신)

신도안뿐이겠냐마는 종법사가 상주하는 조실 옆에서 이 난리가 종종 났음에도 돈이 없어서 그 위험한 방을 개축하거나 수리하지 못하고 젊은이 여럿 죽일 뻔했으니 할 말을 잃는다.

○ 그때 영산선원은 공부만 가르치고 배우는 것이 아니라 정관평 논일, 주변의 밭일, 아무튼 반농반선으로 선원생과 교사가 함께 모심고 논매고 밭매고 보리 베고 벼 베고 벼 져 나르고 탈곡하고, 심지어는 이바리 산에서 나무하고 나무 져 내리는 등 다 함께 일심동체가 되어 해냈다. 또는 종종 지방에서 성지순례차 교도님들이 오시면 낮에는 안내, 단체 교도는 밤에 환영 모임 오라까지 기쁘시도록 해드렸다. (『조불…』Ⅱ, 355쪽. 최세진)

○ 원기 55년(1970) 졸업하고 영산선원 교사로 부임하던 날, 금강리에 대

산 종사님께 인사 올리러 갔었는데 (…) 보리타작하고 모내기하고 피 뽑고 고추 따서 덕석에다 펴서 말리고 벼 베고, 영광 읍내 장에 가서 돼지 새끼도 팔고 방아 찧으러 법성도 가고, 이바리 고개에서 가리나무(갈퀴로 긁어모은 땔나무. 솔가리) 해오기를 4천 다발, 이고 지고 산비탈을 오르내려도 잘 살기를 염원해주신 스승님 성안을 떠올리며 성심을 다해 살 수 있었습니다. (『조불…』II, 475쪽. 고원선)

요즘 같으면, 남의 집 귀한 새끼들 데려다가 반농반선 영육쌍전에, 울력입네 사상선(事上禪)입네 하고 학생과 교사를 묶어 노동 착취를 하다니 이래도 되는 것이냐고, 고발뉴스에나 나올 법한 얘기들이다.

그렇다면 대산의 사가는 또 어떤 사정이었을까?

○ 차남 성관(聖觀)은, 이영훈이 잉태 시에 낙태를 시켜 보려고 높은 데서 뛰어내리기도 하다가 7개월 조산을 해서 토시짝 같다는 말을 들을 정도로 체구가 작았다. 대산이 아이들에게 한 일은 이름을 지어 주는 것뿐이었다.

"나는 너희에게 복을 주는 사람이 아니다. 나에게 아무것도 기대할 것이 없다. 옷 입고 공책 사고 용돈 쓰는 것은 어머니에게 물어라. 모두 어머니와 상의하고 나에게 오지 마라. 학교 진학 문제도 나는 세상 물정을 모르니 어머니와 상의해라."

이렇게 말하는 아버지에게 아이들이 부정(父情)을 느낄 리가 없었다. (김성빈, 『대산종사전기』, 미간)

○ 중학교 3학년 때이다. 나는 나도 의식하지 못하는 사이에 사춘기 시

절에 오는 심리적 변화의 엄습으로 갑자기 삶에 대한 의미를 상실하고, 나는 스스로의 감정을 자제하지 못하여 아주 많은 양의 수면제를 먹어 자살을 기도하였는데, 다행히도 하루 동안 의식을 잃고 숙면한 후 그다음 날 깨어나게 되었다. 깨어나서 생각하니 무모한 일이었음을 알고 본래의 우직한 나로 복귀하였다. 생각해 보면 중학교 3학년 여학생으로서 감당하기 어려운 일들을 하면서 너무 벅찼던 모양이다. 내가 아무리 고되게 일을 해도 어머니께서는 마땅히 해야 할 일을 한다 생각하시고 끝없이 일을 시키시는데, 나는 순간 어머니가 계모이니까 나만 이렇게 일을 시키는 것이 아니냐 하는 감정을 승화시키지 못하여 그러한 결과를 초래했던 것이다. (『정의로 훈훈한 세상을』, 523~524쪽, 김복환)

대산의 부인 의타원 이영훈의 결혼생활은 여자들이 바라는 행복한 가정생활은 결코 아니었다. 이영훈은 임신과 육아에다 생활비를 벌기 위하여 병약한 신체를 혹사하는 아내 노릇 엄마 노릇에 지쳐서 정토보다 차라리 전무출신이 되기를 원했지만, 그것도 뜻대로 할 수 없었다. 자녀는 자녀들대로 부모 사랑에 목말라서 가정부(송영춘) 아주머니를 어머니로 생각하면서 자랐다고 회고했지만(『조불…』Ⅳ, 83쪽, 김복균), 가계를 책임지고 홀로 2남 4녀를 키워내던 엄마는 엄마대로 자녀들에게 살뜰한 사랑을 베풀 여유가 없었다. 그 결과 본인은 모진 마음으로 낙태를 시도하고 자녀는 자살 기도까지 했다. 요즘 같으면 어느 아내가 이렇게 희생하고 헌신하겠는가. 그 남편은 이혼을 당해도 여러 번 당했을 일이다. 그런 의미에서 초기 선진들의 정토(부인)들은 교단으로서는 창업의 공로자들이요 개인으로는 또 다른 보살들이라고 해야 할 것이다.

미물과 자비심

도인들의 처사가 때론 너무 매몰차게 느껴지는 경우가 있다. 석가가 부모 처자와의 애별리고(愛別離苦)를 무릅쓰고 유성 출가를 단행할 때가 그랬고, 이를 따라 승려들이 입산 출가할 때 모습이 또한 그렇다. 초창기에 처자를 불고하고 출가한 남자 전무출신들이나, 부모 몰래 총부로 도망쳐 나온 정녀들의 모습이 또한 그랬다. 소태산이나 정산이 그랬던 것처럼, 대산 또한 처자식에 너무 무심하다 싶을 때가 종종 눈에 띈다. 사생의 자부가 되기를 서원하면서 왜 그랬을까? 이소(둥지 떠나기)를 앞둔 새끼들에게 어미 새가 그러듯이, 도인들도 인정에 얽매이지 않고 가족에게 그렇게 냉정하기도 한 것일까?

도인들의 자비심을 엿보려면 사가 식구들을 얼마나 사랑하고 챙기느냐 하는 데서 찾을 일은 아니고, 그보다는 하찮은 미물에게 베푸는 연민과 사랑이 어떠하냐에서 찾을 수 있겠다 싶다. 소태산은 기르던 개가 죽으매 제자에게 재비를 내리며 개의 천도재를 부탁했고, 정산은 해충 잡기 행사에 희생된 송충이를 위해 천도재를 지냈다. 대산에게서도 그런 자비를 읽을 수 있는 경우가 제법 있다.

○ 1974년 여름 원예원에서 기르던 백구가 뺑소니 사고를 당해서 죽었다. 담당자가 죽은 개를 시장에 내다 팔아 그 돈으로 혁대를 사다 대산에게 드리니 "내가 백구를 위하여 49일 동안 이 혁대를 찰 것이

다. 곧바로 교무부에 가서 백구 법명증 받아 대각전에서 열반 독경을 해주고 49일간 천도재를 정성껏 올리라"고 명했다. 담당자는 교무부로 가서 '원복구(圓福狗)'라 법명을 받고 나서 목욕재계 후 천도재를 올렸다.

○ 관촌 신전리에서 요양하고 있을 때였다. 대산이 양지바른 마루에 나와 밥을 먹으니 새가 와서 밥상에 앉았다. "추운 철이라 먹이 얻기가 쉽지 않겠구나." 숟가락으로 밥알을 떠서 주니 새가 잘 먹었다. 밥을 다 먹도록 새와 그렇게 겸상했다. 새는 날마다 빨랫줄에 앉아 기다리다가 끼니때면 어김없이 겸상한 후 돌아갔다. 그러더니 나중에는 제 새끼들까지 데리고 왔다. 대산은 어린애처럼 싱글벙글 좋아했다.

○ 「삼동원에 족제비 새끼가 들어와 도망하지 않고 앉아 있었다. 잡아서 몸을 살펴보고 벌레가 많은지라 다 잡아주었더니 그다음 날 또 왔다. 다시 보니 몸에 상처가 있어 약을 발라 치료해 주었더니 살아서 갔다. 이는 저를 해하지 않을 것을 알고 왔던 것이다.」 (『대산종사 수필법문집』 1974.8.3.)

카리스마와 법위

종법사는 원불교라는 교단을 지휘하는 리더이다. 리더, 특히 종교적 리더에게는 대중의 추종이 리더십의 동력이다. 대중을 복종시키는 방법은 무력과 같은 채찍도 있고, 보상을 약속함으로써 따르게 하는 당근도 있다. 채찍도 당근도 없이 대중을 심복시켜 따르게 하는 뛰어난 능력이나 자질을 카리스마라 하고, 달리 말하여 자발적 순종을 불러내는 힘이라고도 한다. 한 종교가 성립함에는 교조의 카리스마가 필수라 할 것이니, 소태산 역시 오늘날까지 막강한 카리스마를 가지고 있다. 소태산의 언행이라 하면 어떤 이의도 달지 않는 것이다. 물론 시대적 요청에 따라 그 언행을 재해석하는 과정에서는 이견이 있을 수 있지만, 원칙적으로 소태산의 언행은 무오류요 절대이다.

주먹구구로 하여 소태산의 카리스마를 100으로 놓고 보면 정산은 70~80이나 되려나 모르겠고, 대산은 50~60쯤 되려나? 대산이 종종 "나는 대종사님, 정산 종사님의 분신이다." 한 것도 요컨대 이 카리스마를 통째로 인수하려는 의도라고 할 수 있다. 그러나 어차피 이상형으로서 교조에게야 절대성이 담보된다고 하더라도 2세, 3세로 내려가면서부터는 냉철한 현실 앞에 카리스마가 점차 줄어들기 마련이다.

'소프트 파워(soft power)'라는 용어가 있다. 군사력이나 경제제재 등의 물리적 힘으로 표현되는 '하드 파워(hard power)'에 대응하는 개념으로, 강제력보다는 매력을 통해, 명령이 아닌 자발적 동의에 의해 얻어지는 능력을 뜻하는데, 이는 미국 하버드대학 조지프 나이(Joseph Nye) 교수가 고안한 것이다.[11] 이 개념은 본래 국가 단위의 정치외교적 역학 관계를 설명하는 용어이긴 하지만, 어딘가 카리스마

---

11 조지프 나이는 1980년대 후반에 소프트 파워(soft power)라는 개념을 도입한 이후, 저서 *Bound to Lead(1990)*에서 이 용어를 대중화했고, *Soft Power(2004)*에서 이 개념을 더욱 발전시켰는데, 이제는 정치, 외교 외에 경제, 사회면에서도 광범위하게 쓰이는 용어가 되었다.

를 닮았다. 원하는 것을 얻기 위해서 타인에 대한 영향력에는 1) 강압(군사력, 권력), 2) 보상(경제력), 3) 매력이 있다는 것인데, 매력은 국가 단위에선 문화적 힘이 되겠지만 개인에겐 성격 내지 인격의 힘이 될 법하다.

대산은 위에 오른 이래 특정 세력이나 대중들로부터 많은 도전을 겪었다. 어떤 면에서는 사사건건 트집잡히고 도전받는 측면이 있었다. 예를 들면, 대산이 종법사 취임 후 첫 사업이라 할 것이 총부에 있던 중앙선원을 영산으로 옮기는 일이었다. 정산 종법사 때 중앙선원, 동산선원, 영산선원의 삼대 선원 체제로 하여 교역자 양성의 본거지로 삼으려고 구상했지만, 경제 사정 등으로 그게 여의찮았다. 그동안 휴원 상태였던 영산선원을 살리고자 대산은 총부에 있는 중앙선원을 우선 영산으로 옮기고자 했다. 그런데 대중이 반대한다.

> 범부의 지견으로는 1~2년, 10~20년 앞서는 일이라도 그 일을 알지도 못한다. 우리 교단의 일도 그러하다. 그 일 그 일을 짐작하는 사람도 극히 적다. 그래서 답답한 일이 많다. 이번 중앙선원을 영산으로 옮기는 일도 그러하다. 동산동에서 총부로, 총부에서 영산으로 옮기는 것은 꼭 그리 되어야 할 큰 이유가 있는 것인데, 그것을 알지 못하고 극성스럽게 반대하는 사람들이 있으니 답답하구나. (『진리는 하나 세계도 하나』, 100쪽.)

대산은 대중이 종법사의 법력과 예지를 믿고 따라주기를 원했지만, 그 일을 '알지도 못하고 짐작도 못 하는' 범부들이 '극성스럽게 반대'하니 참 답답하다는 것이다. 이것은 소태산이나 정산만 해도 통했던 카리스마가 이제 대산에겐 유효하지 않더란 얘기다. 그렇다면 이제 대중과 소통하고 합리로 설득해야 하는데 대산은 그게 못마땅했던 것 같다. 아직 카리스마를 놓고 싶지 않았다. 결국 중앙선원은 건드리지 않고, 영산은 영산학원(1962)으로 재발족하여 그 후 영산초등선원(1964)으로 다시 영산선원(1969)으로 성격을 바꿔 나가는 것으로 타협이 이루어진 셈이지만, 대산으로선 씁쓸한 좌절감을 느꼈을 것이다. 자세한 내역은 알려지지 않았으나 취임 후 얼마 안 된 때에 있던 황등 농원 매입 건도 좌절을 겪으며 훗날까지 아쉬워했다. 「지금 세계적으로 식량 문제가 아주 크나큰 문제가 되었다. 우리는 유지답 장만에는 20년 전에 이 점을 예언하였고, 황등 농도원(農道園) 구입을 염원한 것도 이것을 내다보고 한 것인데 이에 인식이 부족한 사람들이 있어 잘 안되었다.」(『대산종사수필법문집』, 1984. 10. 31.)

대산은 취임 초기부터 특별유시를 통하여 법위향상을 촉구하고, 법위사정 실시에 대비하라는 예고를 했다. 이는 교화삼대목표 달성을 위해 반백년기념사업회를 발족한 것과도 연계가 된다. 남한강사건 같은 대형 악재가 있었음에도 반백년기념대회는 원불교의 위상을 크게 높인 성공적 프로젝트임이 틀림없다. 그러함에도 종법사의 경륜에 반기를 들거나 비판을 가하는 일들은 종종 있었다. 예컨대 대산이 교당 불리기를 촉구하면서 교당 숫자가 엄청나게 불어난 것도 사실이지만, 경제적 기반이나 기타 조건이 미숙한 곳에 역량이 미흡한 교무를 파견한 일도 적지 않아서 후에 두통거리가 된 교당이 한둘이 아니라는 비판이 나온다. 또 교도들의 법위 향상을 위하여 각지에 훈련원을 마련했지만, 이 역시 무리한 투자라는 논란에, 투자 우선순위나 유용성에도 이견이 노출되었다. 그중에도 법위사정에 대해서는 가장 말이 많았다. 반대가 많았음에도 대산은, 「법위사정은 살아 있을 때 해야 산 법이 된다」고 강조하며 밀어붙였다.

삼동원을 벌곡으로 옮기고 초기 임시 건물에서 머물러 계실 때 찾아뵈니 "밖으로 나가자"고 하시며, 법위사정을 앞두고 출가위에 오르실 선배님들을 일일이 한 분 한 분 거명하시며 나에게 의견을 물으셨다. 나는 거명하시는 한 분 한 분에 대해 반대의견을 말씀드렸더니, "너 혼자 다 해 먹어라. 천 여래 만 보살을 염원하시고 대종사님께서 우리 회상을 열어 주셨는데 네가 막아? 이 똥 같은 놈아!" 하며 꾸중을 하시는데 눈에 불이 날 정도로 큰 꾸중을 하셨다. 그때 날씨가 제법 쌀쌀했는데, 밖의 한산한 곳에서 조용히 의견을 물으셨는데 어찌나 큰 소리로 엄하게 꾸중을 하시던지 나는 얼굴을 제대로 들 수 없었다. (『조불…』Ⅱ, 372쪽. 서성범)

마음에 안 들면 침묵하는 게 보통이지만, 꾸중할 때면 "이 똥 같은 놈아!" "똥 같은 놈들아!"가 가장 잘 쓰는 욕이다. 대산이 '똥'을 자주 쓰는 이유는 무엇일까? 무슨 특별한 뜻이 있는 것일까? 모를 일이다.

법위사정(法位查定)

원불교에서는 교도가 진리를 신앙하고 수행하여 얻은 정신적 힘, 혹은 삼학 수행을 통해 얻은 삼대력을 법력이라 하고, 법력을 갖춘 정도를 법위라 한다. 이 법위를 보통급, 특신급, 법마상전급, 법강항마위, 출가위, 대각여래위 등 여섯 단계로 나누어 교도 각자가 달성한 법력의 정도를 평가하는 것을 법위사정이라 한다.

법위사정의 방법과 절차는 정해진 규정이 있지만, 일단 자기 평가→담당교무 평가→교구 평가→수위단 평가 등을 거쳐 개인의 법위등급을 정하는데 여기엔 특신급부터는 급위마다 예비등급을 두어 실제로는 5개 등급이 더해져서 11개 등급이 되는 셈이다.

대산 종법사는 밖으로 교세 발전도 중요하지마는 안으로 실력을 갖추는 일이 더욱 시급하니, 반백년 기념사업 삼아 공부와 사업의 성적을 결산하는 기회로 활용하자는 취지로 법위향상운동을 전개했다. 마치 학교에서 시험이 있어야 학생이 공부한다는 식이다.

사정(평가)에는 항상 문제가 따른다. 바로 타당도, 객관도, 신뢰도 등으로 공정성을 담보해야 한다는 점이다. 대입수능시험처럼 객관적 평가도구가 있는 것도 아니니 주관성을 원천적으로 막을 방도가 없다. 비록 공정하다 하더라도 평가받기를 좋아하는 사람은 없다. 절대평가이지만 남과 비교하게 되고, 그러다 보니 남보다 뒤떨어질까 두렵고 불안해지게 마련이다. 법위사정을 시행함으로 인하여 신심과 공심이 고취되고 공부 풍토가 조성되고 공부에 대한 일대 각성을 불러일으킨 커다란 성과를 거두었다고 하지만, 오늘날까지도 법위사정에 대한 반발은 사그라지지 않는다. 본래의 취지를 살릴 수 없으니 보류하자, 항마위까지로 제한하자, 사후 사정만 하자는 주장도 있다. 공부 성적이 아니라 사업성적까지 넣는 데 대한 비판도 있다. 법호와 법훈까지 포함하여 법위사성 등이 교도 간의 위화감, 과도한 경쟁심리 등을 유발하여 교화의 걸림돌이 된다는 주장도 나온다.

○ 법위를 사정하는 데도 종법사님이 혼자 하시는 것이 아니라, 교도가 사정하고 교구와 중앙법위사정위원회와 수위단회에서 사정하고 최종적으로 종법사가 확정을 하는 체계로 하기 때문에, 누가 토를 달 수가 없다. 그렇게 하니 완전히 공부 풍토가 달라질 수밖에 없다. (『조불…』 1, 294~295쪽. 김윤중)

○ 항마위의 반 이상이면 출가위이고, 출가위도 반 이상만 되면 사사오입해서 올려야 한다. 그래서 항마도 10분의 5만 넘으면 출가위고, 출가도 10의 5만 넘으면 여래이다. 그리고 항마가 만점이면 예비출가이고 출가가 만점이면 예비 여래다. 금년에 법위를 사정할 때 그렇게 올려주어라. 3년과 10년 이전의 일은 일체 물을 것이 없다. 전생사이니까. 그러므로 한 마음 국 트이면 출가위가 된다. (『대산종사수필법문집』, 1976. 5. 25.)

당시 교정원장으로 법위사정에 앞장섰던 김윤중으로서야 '누가 토를 달 수가 없다'고 했지만, 그건 기대일 뿐이지 그렇게 간단한 문제가 아니었다. 또 소태산 당시는 물론 정산 종법사 생전에도 법위사정은 되게 짰고[12], 생전 출가위가 단 한 사람도 없었다. 그런데 대산 종법사는 사사오입해서라도 올리라니 법위 인플레가 생겼다는 불평이 빈발했다. 자신의 법위가 과대평가됐다고 자인하는 제자에겐 "야! 외상이라 생각하고 어서 (모자란 것을) 채우는 데 공을 들여." 하고 나

---

[12] 제1회 기념총회(12년 결산)에서 소태산은 생전 최고위를 정식특신급 6명으로 시정하였고, 정산 종법사는 제1대 성업봉찬대회(36년 결산)에서 생전 최고위는 법강항마위 1명으로 사정하였다.

무랐다. 2대(창립 72년)를 결산하던 1988년에 구타원 이공주를 비롯하여 용타원 서대인, 고산 이운권, 훈타원 양도신, 상산 박장식, 향산 안이정, 양산 김중묵, 향타원 박은국, 예타원 전이창, 의타원 이영훈까지 '종사'로 불리는 정식출가위(원정사)가 무더기로 나왔고, 더구나 '법사'로 불리는 항마위(정사)는 출·재가를 막론하고 마구 쏟아져 나오다 보니, 이런 것은 정서적으로도 거부감이 들 일이다. 왜냐하면, 당시 교단 풍속으로만 보아도 소태산 대종사를 친근하게 '종사님'으로, 정산 종법사를 '법사님'으로 불렀는데, 하루아침에 종사, 법사로 불리게 된 이들이나 부르는 이들은 '종사' '법사' 호칭이 일견 무엄하게 들릴 수도 있기 때문이다. 게다가 대봉도위, 대호법위 등 인심 쓰듯이 법훈자를 양산했다.[13] 이에 대한 대산 종법사의 변명이라 할 자료가 있다.

> 나는 또 "항간에 법위사정이 너무 물러 젊은 사람들이 이해를 못 합니다."라고 말씀드리니 "너희들이 잘 몰라서 그렇지 앞으로 얼마만 지나도 대종사님을 뵌 분들을 뵙기가 어렵다. 그리고 그런 분들을 내가 사정하지 않으면 누가 하겠느냐." 하시고, "집에서도 조상을 받들 듯 교단에서도 창립 유공인들을 받들어야 하고 너희들 때는 법위사정을 엄격히 하더라도 지금은 출가위를 많이 내야 우리 선진들이 빛나고 너희들도 좋다. (…) 대종사님께서 우리 회상은 천불만성이 난다고 하셨다."(고 말씀하셨

---

[13] 대봉도는 열반인 9, 생존자 30명, 대호법은 열반인 5, 생존자 22명, 그 외 명예대호법이 6명 있었다.

다.)(『조불…』Ⅲ, 245~246쪽. 서광원)

초기 선진들에 대하여서만은 후한 평가를 해야 한다는 것이라면, 이는 당시의 후한 법위사정이 한시적인 조처임을 뜻하는 것도 되는데, 특히 말이 많았던 명예대호법 사정을 보노라면 대산의 의도가 더욱 쉽게 납득될 것이다. 당시 역사를 후진들이 평가하기는 쉽지 않으니 당신 생전에 마무리해놓고 가야겠다는 배려 같은 것 말이다.

교도 중 홍진기(전 중앙일보회장)와 김상만(전 동아일보회장)이 있었고, 비교도 중에 우에노 슌에이(上野舜穎), 가와무라 마사미(河村正美), 김태흡, 백학명 등 넷이 있었다. 비교도 중 월명암 주지였던 백학명 스님에 대해서야 말이 있을 수 없지만, 나머지 셋은 친일파 공격에 시달렸다. 우에노 슌에이는 조선 침략의 수괴인 이토 히로부미를 기리는 일본 조동종 사찰 히로부미지(博文寺) 주지였고, 가와무라 마사미는 일제강점기 이리경찰서장이었고, 김태흡은 그 시대 대표적 친일 승려였다. 그러나 우에노 슌에이는 일제 말기 불법연구회가 해산의 위협에 시달릴 때 지켜준 고마운 분이고, 가와무라 마사미는 이리경찰서장 때는 물론 대구 고등과장 승진 후에도 불법연구회를 지키기 위해 힘써준 은혜가 있고, 김태흡은 불교시보사 사장으로서 『불교정전』 발간을 가능케 한 인물이다.[14] 이미 고인이 된 사람[15]이 태반

---

14 『대종경선외록』교단수난장17을 참고할 것.
15 김태흡(1899~1989)은 해방 후 대은(大隱)이란 이름을 주로 썼는데, 91세까지 장수한 그의 입적은 명예대호법 추대 후 불과 반년 만인 1989년 4월의 일이다.

이고, 그들의 유족이 있다 한들 원불교의 대호법 법훈을 대단하게 여길 일도 없겠지만, 대산으로서는 정치적 평가를 떠나 보은할 줄 아는 교단으로서 선례를 남기고 싶었던 것 같다. 특히 청년층에서 가와무라 마사미 서장에 대한 거부감이 컸던 것 같은데, 대산은 「우리 법이 세계적인 법이므로 세계로 드러날 때 일본 사람들이 이분을 보고 "일본 사람도 원불교를 위해 공을 세운 분이 있었구나." 하고 떳떳하고 자랑스럽게 생각할 때가 있지 않겠느냐?」하며 청년들을 설득했다고 한다. (『조불…』I, 350~351쪽. 황직평)

카리스마와 교헌

대산은 또 대중의 반대에도 불구하고 종법사에 한하여 착용하던 일원상 법락(法絡)을 자격 갖춘 출가·재가 전 교도가 착용하도록[16] 제도화하였다. 여기에도 대산의 숨은 뜻이 상징적으로 드러난 것이 아닐까 싶다. 초기불교(상좌부)에서 수행자들은 결코 불타가 될 수 없고 고작 아라한[17]에 그쳤던 것은 마치 기독교 신자 누구도 예수와 같은 자리(신)에 이를 수 없는 것과 같다. 소태산이 누구나 대각여래위

---

16   1977년 수위단 착용 단계를 거쳐 1980년대에 와서 오늘과 같이 확대되었다. 대체로 출가교도는 출가식 이후, 재가교도는 항마위 승급식 때부터 법락을 착용하고 있다.
17   상좌부불교에서, 부처의 가르침에 따라 수행하는 이들이 도달하는 사과(四果) 가운데 가장 윗자리에 이른 성인을 가리킴.

에 오를 수 있음을 밝힘으로써 천 여래, 만 보살의 길을 열었건만, 아직도 대중의 정서로는 여래위가 마치 소태산 유일자에 속한 신성불가침의 자리로 인식하는데, 대산은 이 편견을 짐짓 깨뜨리려 한 것이다. 법락을 누구라도 착용할 수 있듯 누구라도 출가위나 대각여래위에 오를 수 있으니, 천불만성의 출현을 격려하려는 의도가 명백해 보인다.

대산은 즉위 초기에 종종 응산 이완철과 육타원 이동진화가 법가지를 한 인물이라고 칭찬했듯이, 후에는 형산 김홍철 교무와 성산 성정철 교무를 법가지한 인물로 칭찬했다. 특히 12년 연상인 형산과 성산이 자신을 스승으로 모시고 순종하였기에 늘 보처불처럼 좌형산 우성산으로 거느리고, 법문할 때면 종종 "성산 안 그런가? 형산 그렇지?" 하고 다짐하면서 법 자리를 훈훈하게 장식하였다. 이것은 어쩌면 대산에게 머리를 숙이지 않는 몇몇 원로들에게 시범하는 것과도 같아 보였다. 예컨대 대산이 껄끄러울 수밖에 없는 인물은 이런 이들이다.

> 구타원은 오직 소태산만 사모하고 그리워했다. 필자와 대담 중에도 역대 종법사에 대해서 구타원은 '송규 법사' '대거 법사'라 부르지 극존칭을 하는 걸 듣지 못했다. (한편) 정산 종사나 대산 종사는 구타원을 사형님으로 깍듯이 존대하였다. (『새 회상 도덕박사 세계의 큰 스승』, 구타원 이공주 종사 추모문집, 365쪽. 박용덕)

구타원 이공주는 대산보다 18년 연상에, 일찍이 소태산의 여제자

1순위에 오른 원로다. 요컨대 대산이 이공주를 깍듯이 대접하였음에도, 그녀는 종법사 대산의 권위를 짐짓 인정하지 않은 것이다. 이는 소태산에 대한 지극한 숭배가 낳은 반작용일 듯도 하다.

특히 다음 몇 가지 일은 크게 유감되는 바이어서 말하려고 한다. 그 하나는 우리『원불교교전』을 모범으로 하여 모든 일이 이루어져야 하는데, 이 모범에 위배되는 일들이 있어 안타깝다. 교전을 감수할 때, 토 하나도 고쳐서는 안 된다 했는데, 그렇지 않은 것 같다. 법위사정만 하더라도 교전에 맞지를 않는다. 이에 따른 부작용이 대단한 줄 아는데, 그것은 바로 교전을 토대로 한 실행이 아니기 때문에 와지는 결과인 것이다. 다음은 사업성적 문제다. 내가 알기로는 성업봉찬사업 제1대 36년은 사업에 대한 사정을 했지만, 그 후 2대 때부터는 사업성적에 대한 평가는 하지 않은 것으로 기억한다.[18] 그러면서 무념보시의 정신을 살려 널리 선양토록 해야 할 것 같다. (…) 내 생각으로는 이대로 그냥 나간다면 하나의 종교 행위가 생계 수단이 될 수도 있기 때문에 결단이 필요한 것이다. 그리고 또 한 가지 문제는, 현재 각 교당에서 행해지고 있는 기도가 마음에 걸린다. (…) 대종사님 당시에 기도는 당일 또는 길어야 7일간에 그쳤다. 그러던 것이 어느 때부터인가 백일 또는 천일까지 연장되어 진행되고 있는 실정이다. 나는 여기에서 기도에 긴 시간을 허용하기보다는 선(禪)을 장려하고 권장하여야 될 줄 믿는다. (『구도역정기』, 223~224쪽. 이운권)

---

18 이에 대해서는「제2대 때 사업성적을 평가하지 않았다면, 제2대 기준으로 대봉도 57명과 대호법 36명의 법훈을 수여한 일을 설명하기 어렵다」는 반론도 있다.

고산 이운권은 여기서 대산의 아킬레스건을 건드리고 있다. 법위 사정, 사업성적, 기도 적공 등 기실 대산이 올인(*한 가지 일에 모든 힘을 쏟아부음)하다시피 하는 내용들이다. 대산과 동갑에 선출직 교정원장 까지 지낸 바 있는 이운권이 대산의 정책에 이유 있는[19] 반기를 드는 형국이니, 대산으로선 적잖이 불편했을 것이다.

대산 종법사는 원기 60년(1975) 9월 4일부터 3일간, 교정원부원장 김윤중, 총무부장 김인철, 법무실장 황직평 등 3인을 불러 교헌 개정을 꼼꼼히 지시한다. (『낙원세계 열어라』, 428~431쪽.) 핵심은 종법사를 상징적 권력으로 두고 수위단에서 선출한 교정원장에게 행정 실권이 주어지던 교헌을 고쳐, 종법사가 교정에서 실권을 가지도록 교정원장 및 감찰원장을 종법사 임명직으로 바꾸라는 것이다.[20] 통치권과 행정권을 독차지하는 최고 권력기관을 종법사로 한다 함이다. 대산은 '인장사건'이라는 배경에서 명분을 확보했기에 큰 저항에 부딪히지 않았고, 결국 이듬해 종법사 중심제로 교헌이 개정됐다.[21] 요컨

---

19 예컨대 박은국 교무는 「유일학림 때 학생들이 '기도를 했으면 좋겠다'고 의견을 모아 정산 종사께 여쭈었다. 그런데 정산 종사가 21일 이상을 못 하게 했다.」라고 증언하고 있다. (『배내골의 성자』, 166쪽.) 소태산의 7일에서 정산의 21일로 늘어나기는 했지만, 대산 종법사 전에는 장기간의 기도를 금기시했음이 맞는 것 같다. 기관이나 교당 차원이 아닌 개인의 기도 적공은 다른 문제다.

20 1962년 취임사에서 '주법의 책임과 행정의 책임을 나누어 구성해' 달라고 당부하는 것으로 보아 대산의 초심은 오히려 통교권(統敎權)과 행정권을 종법사와 교정원장이 분점하자는 쪽이었던 것으로 보인다.

21 때는 박정희 대통령의 유신체제가 권력 집중을 강요하던 시기였기에 그 분위기도 한몫했을 것이니, 교단 운과 국가 운이 같이 간다는 말씀이 여기에도 통했나 모르겠다.

대 대산은 카리스마, 즉 법력만으로 교단을 좌지우지하는 것이 여의 찮으니 제도화된 권력[22]을 가짐으로 부족한 카리스마를 보완하려 한 것으로 이해된다. 조지프 나이도 이상적 리더십은 하드 파워와 소프트 파워를 혼합한 힘으로 보았으며 그것을 스마트 파워라고 불렀다. 대산은 카리스마라는 소프트 파워로 만족하지 않고 하드 파워까지 겸한 스마트 파워를 원했다.

3차 개헌에서 대산이 종법사 권한 강화를 위해 시도한 것은 또 한 가지가 있었으니, 그것은 종법사의 교법적 권위를 최대화하려는 것이었다.[23] 이 의도는 3차 개헌에서는 좌절되고 4차 개헌(1987)에서 관철되는데, 종법사의 지위를 규정한 조문에 역대 교헌 중 처음으로 '교단의 주법(主法)으로서'가 들어간 것이다.[24] 알고 보면 대산은 1962년 취임식 법설[25]에서부터 그런 소신이 있었으니, 25년 만에 그 뜻을 실현한 것이라고도 할 만하다.

---

22 제도화된 권력은, 비강제성을 특징으로 하는 소프트 파워가 아니라 강제성을 띤다는 측면에서 하드 파워가 된다.
23 당시 총무부장이던 항산 김인철은 대산 종법사로부터 「종법사는 법을 주재하는 것을 원칙으로 하라」고 지시받았다 (『낙원세계 열리어라』, 428쪽.)
24 「제29조(지위) 종법사는 교단의 주법으로서 교단을 주재하고 본교를 대표한다.」여기서 '주법'이란 '교법의 주재자'를 뜻하니, 종법사가 교법의 제정, 해석, 수정, 폐기를 좌우할 수 있다는 뉘앙스가 풍긴다.
25 취임사 중에 '종법사는 주로 주법의 책임에 당하고…'를 비롯하여 주법이란 용어 사용이 3회나 나온다.

교헌 3차 개정

원기 62년(1977)에 있었던 교헌 3차 개정은 교단 권력구조 측면에서 각별한 의미가 있다. 주목할 것은 통치권자인 종법사와 행정권자인 교정원장의 위상이다. 2차 개정 교헌의 권력 형태는 '교단을 주재하고 본교를 대표하는'(16조) 종법사와, '교단 최고집행기관인 교정원'(55조)의 대표로서 교정원장이 권력을 분점하는 구조였다. 3차 개헌 전에는 종법사뿐 아니라 교정원장과 감찰원장도 수위단에서 선출했다. 종법사와 함께 교정원장과 감찰원장 역시 수위단의 선거로 뽑히는 것이니, 종법사는 선출된 교정원장 및 감찰원장을 좌지우지할 수 없다. 그러니까 대산 종법사 시대 첫 교정원장 박장식, 2대 교정원장 고산 이운권, 3대 교정원장 다산 김근수가 모두 수위단에서 선출한 권력이다. 이들이 형식으로는 종법사의 명을 받아 행정권을 행사하게 돼 있지만, 실질 면에서 보면 종법사는 통치권자로서의 권위만 누릴 뿐, 최고 행정권자로서의 실권은 교정원장이 가지고 있었기에, 때로는 종법사를 견제하고 대립할 여지가 있었다.

대산은 해당 부서인 총무부의 부장 김인철 등에게 지시하여 3차 개헌을 추진토록 하였는데, 요지인즉 종법사가 권력을 독점하는 단일지도체제로 하자는 것이었다. 「종교신앙단체는 다두정치, 머리가 많아서는 안 된다.」(『조불…』Ⅰ, 465쪽.)라는 명분으로 교정원장의 권력을 종법사 휘하로 수렴하려 한 것이다. 3차 개헌에서는 교정원이 '최고행정기관'에서 '중앙행정기관'으로 격하되었다.(66조) '중앙'은 수평적 좌표 찍기일 뿐이고 수직적 위상을 보장하는 '최고'가 삭제된 것이다. 그리고 교정원장을 수위단에서 선출하는 것이 아니라 종법사가 직접 임명하는 것(68조)으로 하였다. '수위단의 동의를 받아'라는 단서가 달리긴 했지만, 수위단장이 종법사인데 수위단이 종법사가 지명한 교정원장을 거부할 리는 없으니 요식 절차일 뿐이다.

정산 종법사 시대만 하여도 아직 카리스마가 통했기에 굳이 교정원장과 권력 다툼을 펼칠 이유가 없었으나[26] 대산 종법사로서는 이미 카리스마에 한계가 왔고, 교정원장과의 길항 관계가 통치권을 훼손할 단계에까지 이르렀다. 당시 집단지도체제(다두정치)를 선호하는 의견이 많았음에도 '인장 사건'으로 교정원장의 독자적 행정권이 지지를 잃자 대산이 이를 개헌의 동력으로 삼았다. 그런 의미에서 대산은 정치를 아는 인물이다. 김근수 이후 김윤중, 이철행, 김인철 등의 교정원장은 대산 종법사의 충성스러운 참모가 되었다.

오늘날도 권력 독점 문제는 개헌의 화두다. 대산으로 카리스마 통치 시대가 끝난 지금은 다시 독점 아닌 분점으로 회귀해야 하는 것일까? 카리스마 통치라는 인치에서 시스템 통치라는 법치의 시대로 가는 것일까?

1991년에 수위단에서는 대산 종법사를 정식 대각여래위로 추대했으니 당시로선 유일한 생전 여래위(대원정사)다. 선임 정산 종법사도

---

[26] 1948년에 확정된 〈원불교교헌〉 61조를 보면, 교정원장 선출은 수위단회에서 후보자를 추천하고 중앙교의회에서 선정하게 되어 있다. 즉, 종법사가 지명하거나 간섭하는 시스템이 아니었다.

열반 후에야 대각여래위로 추존됐는데,[27] 생전 여래위라니 이것이 위법까지는 아니지만 파격이다. 법위사정 문제로 대산을 비판하는 이들은 대산이 자신보다 급이 못 미치는 상산 박장식이나 용타원 서대인 등의 법위를 출가위로 올림으로써 야구의 밀어내기 타점 올리듯 자신의 대각여래위 승급을 쉽게 취득한 것 아니냐고 한다. 수위단에서 대산의 여래위 승급을 일차 부결시킨 전력이 있다 보니 나온 얘기인 줄은 알겠는데, 후한 법위사정을 두고 대산이 법위에 대한 욕심 때문에 행한 조치라고 하는 것은 비약이 심하다. 원평 요양 때에 이미 득도했다는 평가도 있긴 하지만, 수위단의 절차적 인증은 카리스마 구축에도 분명히 도움이 되긴 했을 것이다.

불법연구회 창립 초기 서중안[28]의 입김이 셀 때 이미, 전북(김제, 진안, 전주, 익산)과 영광을 중심으로 한 전남과의 대결적 구도가 드러났다고 했지만,[29] 대산 종법사 시대에도 전법성지(익산)를 중심한 세와 근원성지(영광)을 중심한 세의 긴장 관계는 여전했던 것으로 보인다. 수위단에 교정원장 선출권이 있던 시대에, 수위단은 종법사의 권력을 견제하려는 심리인지 탕평책인지 모르나 영광 출신인 이

---

27 이때 불교 측에서 원불교와 친교가 있던 김태흡 스님을 보내어, 소태산은 주세불이요 여래라고 해도 괜찮지만, 정산을 여래라고 하는 것은 안 된다고 항의했다. 이때 대산은 '꽃 한 송이 풀 한 포기도 여래 아님이 없다'(花花草草皆是如來)라는 말로 응수했다고 한다. (『원기 72년도 신년부연법문』 52쪽.)

28 추산 서중안(1881~1930)은 전북 김제 출신 한의사로, 1924년 불법연구회 창립의 주역이었고 익산총부 건설에 최대 공로자다. 초대 불법연구회장을 맡기도 했다.

29 『정산 송규 평전』 168~169쪽 참조.

운권과 김근수를 연달아 뽑아 올렸다. 당시 대산으로선 선택권이 없던 셈이지만, 종법사 주도권이 확립된 3차 개헌 후에도 대산은 김근수를 교정원장에 연임케 하고, 그를 경질할 사정이 생기자 다시 영광 출신인 윤산 김윤중(1982~1988), 예산 이철행(1988~1991), 항산 김인철(1991~1994)을 연이어 교정원장에 발탁했다. 이것은 지역 안배 차원을 초월한 배려이자 권도라고 할 만하다.

아무튼 카리스마의 한계를 느낀 대산으로서는 교정의 동력을 얻기 위하여 탄탄한 지지세를 확보할 필요가 있었을 터이니, 여기에 호법신중의 역할이 기대되는 것이다. 불경이나 탱화 등을 보면 부처를 호위하고 교화를 돕는 수많은 호법신중이 있다. 예컨대 범천·제석천을 비롯하여 사천왕·팔부중·십이지신·화엄신중 등 호법선신이 나온다. 이는 인도의 토속신들이 불교에 흡수되면서 자리 잡은 것으로 알려졌지만, 요컨대 만지만능인 부처도 중생 구제를 하는 데는 조력자들의 많은 도움이 필요하다는 것으로 볼 수 있다.

종법사 대산 주변에 호법선신들은 물론 많지만, 뭐니 뭐니 해도 신뢰할 만한 인적 구성은 법연과 겹치는 혈연과 지연이다. 대산의 불변하는 지지층은 그의 자녀 6남매요, 아우들이요, 사위들이요, 고향 진안(좌포, 마령) 출신들일 것이다. 아버지로서 기르고 가르치는 데 별 보탬이 안 됐을지 몰라도 아내 이영훈 덕분에 장녀 복균(1936년생), 차녀 복환(1938), 삼녀 복혜(1941), 장남 성은(1944), 차남 성관(1948), 사녀 복인(1954) 등 6남매는 한결같이 신심과 공심이 투철하였다. 장녀와 삼녀를 제외하고 2남 2녀가 출가(진무출신)를 단행했으며, 장녀와 삼녀의 경우는 각각 사위 박선일, 고원규가 출가함으로써 실질적으로

6남매 모두가 출가 호법선신이 되었다. 거기에 한참 후일이지만 손자녀 도정, 일덕 등도 출가하였다. 집안을 돌보기 위해 맏이 대산을 대신하라고 출가를 만류했던 첫째 아우 대설은 일찍 죽었지만, 그의 아들(순익)이 출가하였고, 둘째 아우 대근과 자녀(은준, 은주) 및 은준의 두 아들(일안, 법안)이 출가하였고, 셋째 아우 대훈과 아들 의겸이 출가하였다. 그밖에 좌포 친족(사위 4명 포함) 11명이 출가하였고, 좌포 사는 인척(공주이씨) 4명에, 관촌 처가 쪽에서도 8명(사위 2명 포함)이 출가 대열에 합류했다. 일자 출가에 구족이 생천이라 하지만, 대산의 혈연과 지연으로 출가한 친인척만도 40여 명이나 된 것이다.[30]

---

[30] 이 통계는 박용덕 교무의 〈진안 만덕산의 교단사적 위치와 대산 종사 가계〉(『조불…』 I)에 따름.

IX
승승장구

크게 자상하게

종법사 재임 33년인 대산이 자리에 오른 지 절반이 지난 1980대, 교단의 위상도 그렇지만 종법사의 위상도 대내외적으로 상당히 자리를 잡았다고 할 만하다. 카리스마도 형성될 만큼 되었고, 대중은 물론 원로들도 더는 그의 권위를 부정할 수 없었다.[1] 「우주는 음양이 있어 만물을 생성시키는 것이다. 수행자가 클 때도 음양의 시험으로 키우는 것이다. 나무가 밤이 있어야 낮에 크듯 사람도 역경에서 자라는 것이다. 나무도 응달에서 모질게 자란 나무라야 값이 있는 것이라고 한다. 교단도 음양이 있어 서로 견제하고 음양의 업무를 다하는 가운데 커나간다. 순역에서 견제하고 시험하고 맡은 인물이 음양으로 있으니 안심될 것이다.」(『진리는 하나 세계도 하나』, 235쪽. 1967. 2. 28.) 그때는 자위 삼아서 말이야 이렇게 했지만, 그동안 마음고생이 적지 않았

---

1 종법사로서 대산의 권위를 좀체 인정하지 않던 일부 원로들도 중후반에 가서는 대산의 권위에 승복하는 풍토가 조성되었다고 한다.

을 일이다. 그러나 이제는 자신만만이다. 대산은 이미 클 대로 큰 대도인의 경지에 이르렀기에 수운이나 소태산이 '심독희자부(心獨喜自負)'²한 경지를 넘볼 만도 하다.

1978년 4월에 대전에 있던 한의원 보화당에서 화재 사건이 일어났다. 대전보화당은 1975년 개업 당시부터 교화사업회 후원기관인지라 책임자는 당시 교화부장 박정훈 교무였다.

> 내가 교화부장을 맡았을 때 교단 유사 이래로 가장 큰 사건이 났다. 대전보화당 화재 사건이다. 그 당시 대산 종사님 모시고 제주에서 특별법회가 있어서 갔는데, 새벽에 대전보화당에 화재가 나서 근처 열 집가량이 불에 탔다는 보고를 받았다. (…) 가보니 아직도 불이 타고 있는데, 바람이 이쪽에서 불어서 그렇지 만약에 반대쪽에서 불었다면 대전 시가지가 탈 뻔했다. (…) 어른들이 보시고, "남한강이 문제가 아니다. 교단 사고 중 최고일 것이다."라고 하셨다. (『조불…』I, 474쪽. 박정훈)

책임자로서 박정훈은 제주에서 배를 타고 오는 길에, 「그때 여기 빠져 죽어서 그 일만 해결된다면 죽기까지 할 수 있겠다는 마음이 들었다.」하리만큼 절박했으니까 그렇기도 했겠지만, '교단 유사 이래 가장 큰 사건' 혹은 '남한강 사건은 문제도 안 될, 교단 사고 중 최고'

---

2 수운 최제우의 가사 〈교훈가〉〈용담가〉 등에 나오고, 소태산 대각의 심경을 두고도 '심독희자부하신 법열'(『대종경선외록』 초도이적장2)이라 했으니, '마음으로 혼자 기뻐하고 자신감에 참'을 의미한다.

라고 심각하게 본 사건임에도, 대산 종법사로선 비교적 담담하게 받아들인 것 같다. 행정권이 교정원장에게 있던 어제의 '남한강 사건'에서 느끼던 책임감보다 행정권까지 종법사가 가진 오늘의 '대전보화당 화재'에는 더 큰 책임감을 느낄 법도 한데, 오히려 대산은 여유작작하다. 홀로 수습에 안간힘을 쓰는 교화부장을 보다 못해 겨우 「대전보화당 화재에 당해서 이번 일은 교화부에만 미룰 것이 아니라 교단적인 일로 생각해야겠다. 교단 전체적으로 어딘가 허점이 있는 것 같다.」(『진리는 하나 세계도 하나』, 456쪽. 1978.5.9.)라고 짚어 주었을 뿐이다. 불탄 터, 노른자 땅을 팔아버리자는 논의를 일축하고, 결국 그해 12월에 지하 1층, 지상 4층 집을 짓고 신축 개업 봉고식을 번듯하게 했다. 대산은 이 무렵 매사에 자신만만했다.

　이제 남은 것은 건강을 챙기면서 경륜을 실현하기 위하여 전심하는 일이다. 대산은 이 무렵에 오면서 '활불'이란 용어를 즐겨 썼다. 티베트불교에서 말하는바 환생한 고승(grand Lama)을 가리키는 활불은 물론 아니고, 살아 있는 부처(living Buddha)에 그치지 말고 활동하는 부처(working Buddha)가 되어야 한다는 것이다. 그리고 그 자신이 본보기가 되고자 했다. 중국을 다녀온 교도로부터 용이 여의주를 발가락으로 움켜쥐고 있는 조각품을 선물 받은 대산은 즉석에서 "지금은 양시대요 활동 시대라서 용이 여의주를 입이 아니라 발에 쥐었다. 앞으로는 수도인들이 앉아 있기만 하면 안 된다. 활동을 많이 해서 세상에 유익을 주어야 한다." 했는데 이 법문도 같은 맥락이다.

　대산은 「대종사님이 춘기(春氣)라면 선사님은 하기(夏氣)이다. 이렇게 순서 따라 일한다. 다음 종법사는 동기(冬氣)이니 강력한 체제로 나가야 할 것이다.」(『동산에 달 오르면』, 287쪽. 1980.8.13.) 하였는데, 이 말은 대산 자신이 추기(秋氣)라는 말이다.「우리 회상의 경륜은 원형이정(元亨利貞)의 순리에 따라, 춘종하육(春種夏育) 추수동장(秋收冬藏)의 순서에 따라 교운이 무궁함을 믿었으며…」(『대산종사법어』 회상편57)에서 보듯이, 대산은 자신이 가을 기운을 받았기에 소태산이 씨 뿌리고 정산이 기른 것을 이제 거둘 때가 됐음을 인식하고 있었다. 심고(소태산) 가꾸고(정산) 수확하는(대산) 일련의 농사 과정에 비견된다. 때가 이르렀기에 대산은 많은 일을 했고 많은 성과를 거두었다.

훈련기관 설립은 특히 대산이 힘쓴 일이니, 중앙훈련원(→중앙중도훈련원)을 세우고 신축봉불을 하였으며(1976), 총부에 상주선원을 설립하고(1978), 각지에 지방훈련원을 설립하였다. 오늘날 원불교훈련원은 전국 각지에 20여 개나 되지만 그 태반은 대산의 염원으로 부지를 확보하거나 설립을 한 것들이다. 완도에 있는 소남훈련원과 완도청소년수련원, 변산에 있는 변산원광선원과 하섬해상훈련원, 서울 봉도청소년훈련원, 제주국제훈련원, 진안 만덕산훈련원, 대구 동명훈련원, 신도안(→벌곡) 삼동원, 울산 배내청소년수련원, 남원 지리산국제훈련원 등에다 하와이국제훈련원까지 그러하다. 소남 김정광(영현)이 희사한 1만 5천 평[3]을 마중물 삼아, 1980년대에 완도에 주석하면서는 근방의 논밭과 산을 나오는 대로 거의 매입하여 85만 평 정도를 확보하는 식으로 소남훈련원과 완도청소년훈련원을 마련한, 다소 예외적인 경우도 있기야 했지만(『조불…』II, 258쪽.), 원불교 법인에

---

[3] 이후 아들 김재백이 3천 평, 자녀와 손자가 4천 평을 추가로 희사하였다.

무슨 자금이 풍족해서 이런 훈련원을 만든 것은 아니다. 대개의 경우 대산의 권유나 대산의 뜻을 받드는 재가교도들이 돈을 내고 땅을 사서 만든 것이다.

익산시 왕궁면에 있는 중앙중도훈련원은 총부 경내에 있던 중앙훈련원을 이전한 것이라 하지만, 실인즉 삼성그룹 이건희 회장 내외가 「중앙(중도)훈련원의 신축에 대한 일체를 완전히 책임지고 희사하겠다는 확실한 말씀을 올리고」 나서 단독 시주가 되어 지은 것이다. 이를 기념하고자 이건희의 법호 중산(重山)과 홍라희의 법호 도타원(道陀圓)에서 한 글자씩 따다가 훈련원 이름을 중도훈련원(重道訓鍊院)이라 명명했다.

신도안에서 쫓겨나 이전한 논산시 벌곡면 삼동원(훈련원)이 자리한 천호산 땅은 수원의 사업가인 관산 조대진 교도가 기증한 것이다.[4] 한의원에 침 맞으러 갔다가 『원불교전서』를 발견하여 읽고 독실한 교도가 된 그는 대산의 부름을 받고 신도안으로 갔다. 대산이 「신도안에서 쫓겨나게 되었는데 자네가 괜찮은 곳을 좀 찾아보라」고 부탁을 하더란다. 그는 21일 동안 기도하면서 답사하여 논산시 벌곡면 일대 천호산에서 맘에 드는 땅을 찾아냈고, 결국 대산이 그 땅 30만 평을 사기로 결정하자, 「내가 그 땅값을 희사하고 싶어서 전부 내드렸다」(『조불…』I, 195쪽.)고 했다.

건산 최준명(전 요진산업건설 회장)의 경우는 또 좀 다르다. 중앙훈련

---

[4] 신도안 삼동원의 토지 보상금을 받아서는 천호산 임야를 산 것이 아니라 제주에 원광한의원을 개설하는 데 투자했다고 한다. (『조불…』I, 214쪽.)

원을 준공하고 못 받은 공사비 잔액이 7~8억 정도일 때 대산이 불러서 갔다. 전액은 아니어도 얼마라도 주려나 보다 하고 기다리던 참인데, 대산이 "그까짓 것 희사해 버려라!" 했다. 최준명은 어이가 없어 말도 못 하는데, "서울 올라가면서 생각해 봐라." 하고 쫓아냈다. 결국 '희사해 버려라' 한 마디에 희사해 버렸다. 최준명은 영광 출신에 소태산과 인척 관계[5]가 되고, 한때 대산의 시자 노릇도 한 적이 있기에, 허물없는 사이이다 보니 그렇긴 해도 또 다른 스타일의 대산 카리스마다.

덧붙일 사연은 금강산 가까운 땅에 훈련원을 지을 계획에 관한 것이다. '정신의 지도국 도덕의 부모국'을 예언한 소태산의 경륜이나 '길룡 탁근 (…) 금강산 결복'을 예언한 정산의 경륜을 뒷받침하려는 뜻이겠지만, "그래서 우리는 교도가 희사한 금강산 앞 비무장지대의 땅 30여만 평을 이북5도청에 등기했고, 교도훈련원을 만들 계획입니다."(《조선일보》1989. 1. 27.) 한 것은 대산의 꿈이다.

서울대법회(1976) 이후였던 것으로 아는데, 이 무렵(임기 중반)에는 대법회니 신축봉불식이니 하는 큰 규모의 행사가 유행하기도 했다. 서울에서 제주까지, 부산 같은 대도시나 완도 같은 시골구석이나 가릴 것 없이 대산이 임석하는 대규모 행사가 종종 열렸고, 이것은 한창 피어오르는 교세에 기름 붓는 효과를 냈다. 출가교무나 재가교도나 신바람이 났다. 당시《원불교신문》이나 원로교무들의 회고담을 들으면, 그런 시절도 있었구나 싶어 그리움이 솟구치기도 한다.

---

[5] 소태산과 최준명의 부친(최복경)은 이종사촌 간이다.

1978년 4월 22일, 대산은 김포공항에서 비행기를 타고 제주공항으로 갔고, 거기엔 제주도 전병우 부지사를 비롯한 출·재가 교도 다수가 마중을 나왔다. 이튿날 제주학생회관에는 1천여 명의 교도와 지역주민이 모여 대법회를 열었는데, 당시만 해도 제주에서 그만한 행사를 하기는 쉽지 않던 시절인지라 신문, 방송 등에서 뉴스로 크게 보도해 주었다. 법회 후에는 참석자들이 14대의 관광버스에 나누어 타고 제주 일주도로에서 카퍼레이드를 연출하니, 제주 전체가 무슨 축제의 장이 된 것같이 어깨가 들썩거리는 분위기였다. 1969년이 돼서야 겨우 제주교당이 설립되리만큼 교화 불모지라 하던 제주도, 아직 교당이 4개(제주, 서귀포, 도순, 애월)밖에 없던 제주도, 여기다 대고 기분이 고조된 대산 종법사가 "제주도에 교당 50개를 만들어라." 하고 기염을 토했으니 그야말로 기세가 등등했다.

　1980년 4월 8일, 부산회관(부산교구청과 부산교당) 신축봉불을 축하하는 자리에는 재가출가 내빈은 물론 시장과 국회의원 등 외빈들이 다수 참석하여 축하하고, 시내 티브이방송국에서 컬러 생방송까지 했다. 교도들은 48대의 관광버스에 분승하고 경찰의 에스코트를 받으며 부산 시내를 관통하니, 원불교의 존재감에 부산 시민들이 깜짝 놀랐다고 한다.

　1981년 여름과 1982년 여름, 대산 종법사가 완도 소남훈련원에 정양차 머무는 동안, 전국에서 대산을 만나러 오는 교도들이 유난히 많아서 경비하던 완도 경찰이 "그분(대산)은 사람을 구름같이 몰고 다니는 분인 것 같다"고 말하더란 일화(『조불…』Ⅳ, 373쪽.)가 있다. 박지홍 교무도 「전국에서 수천 대중이 구름처럼 모여들어 만불전에 인산인

해를 이루었다」(『조불…』 II, 241쪽.)고 회고할 정도였다. 만불전은 건물이 아니라 야단법석용 야외공간이다. 소태산이 익산 총부에서 정기훈련(동선, 하선)에 모인 선객을 보고 "경향 각처에서 선객들이 구름처럼 모였구나!" 하고 기뻐할 때 인원이 불과 삼십여 명이었다지만, 그 '구름처럼'과 이 '구름처럼'은 얼마나 격차가 큰가. 이는 마치 「때를 따라 세간 교당으로 설법을 나가면 대중의 환영하는 만세 소리가 산악을 진동할 것이요…」(『대종경』 전망품25) 하던 소태산의 예언을 실현하는 듯했다.

이 무렵엔 또 한 해에도 보통 십여 개 교당이 문을 열다 보니, 그야말로 자고 일어나면 새로 교당이 하나씩 생기는 판이다. 중앙에선 봉불식 순서와 일정을 조정하느라 애먹던 시절이기도 하지만, 국내 아닌 해외 교화에서도 거둔 성과가 눈부셨다. 해외 교화의 활성화는 반백년기념대회를 마친 교단으로서, 결실기를 넘어 결복기를 향한 걸음마의 뜻이 담기기도 하고, 세계평화라는 큰 꿈의 실현을 당기기 위한 주춧돌을 놓는 길도 된다. 다행히 세계적 선도국가 미국 쪽에서 교화의 싹이 분명한 신호를 보여주니, 대산은 많이 고무되었다. 로스앤젤레스교당 이제성 교무가 1973년에 캘리포니아주 정부로부터 종교법인 허가를 얻은 이래[6] 미 연방정부가 법인을 승인하고, 이듬해는 캐나다 토론토주 정부가 법인 승인을 하고, 다음 해엔 뉴욕주와 시카고주가 법인을 승인하는 등 북미 개척이 순조로이 진행되었다. 이어

---

6 로스앤젤레스교당 창립은 전음광 교무의 딸인 전팔진과 사위 임향근(명근)의 공로가 큰데, 법인허가 역시 그들의 적극적인 노력에 힘입었다.

서 일본(오사카), 독일(프랑크푸르트), 러시아(모스크바), 호주(시드니), 카자흐스탄(알마티), 프랑스(파리) 등지에 원불교 간판이 붙은 교당이 연달아 문을 열면서 신도안 철수로 우울하던 분위기는 일신되었다.

내가 대산 종사님을 모시고 일을 해보면, 대산 종사님께서는 그야말로 비전을 가지고 계셨다. 앞을 내다보시면서 일을 추진해 나가셨다. 예를 들면 (그때는) 해외교화나 국제교화를 생각할 만한 형편이 아니었다. 그러나 아주 다른 사람들이 도저히 생각할 수 없는 국제교화, 해외교화를 말씀하셨다. 제주훈련원을 지어놓으시고 난데없이 국제훈련원이라고 하시어 무슨 국제훈련원이냐고 하는 소리도 있었다. 하지만 대산 종사님께서는 앞서 보시고 해외, 국제라는 용어를 자주 쓰셨다. (『조불…』Ⅰ, 275~276쪽. 고문국)

대산이 매양 이렇게 시대를 앞질러 치고 나가는 특기가 있다 보니, 교단이나 교도들이 긴가민가 아리송한 채로 뒷바라지하느라 쩔쩔맸다. 그러나 이제 대산의 리더십에 반기를 드는 일은 생각할 수도 없게 되었다. 대신에 「도학으로 도가의 공부뿐만 아니고 사업가로서의 역량도 내가 상상할 수 없을 만큼 크셨다.」(『조불…』Ⅰ, 233쪽. 김정용) 혹은 「성인이시면서도 영웅이라고 불리실 만큼 모든 일을 과감하고 질서정연하게 감행하셨다.」(『조불…』Ⅱ, 225쪽. 박성경) 이렇게 찬탄하는 소리가 자주 들렸다. 앞서도 말한 바처럼, 대산은 법좌에 앉아 고매한 법설이나 하는 조각 도인이 아니라 영육을 쌍전하고, 이사를 병행하고, 공부와 사업을 아우르는 활불이었다.

내가 전무출신하고 집에 가니 아버지인 이호춘 선생께서 "너 어떤 분을 존경하느냐?" 하고 물으셔서 "서대원 선생님하고 주산 선생님을 좋아합니다." 하니, "대산 선생님은 어떠하시냐?" 하셔서 "그분도 존경합니다." 하니, "그분이 국이 큰 데가 있느니라." 하시었다. (…) 옛날 어른들은 저 놈이 무얼 좋아하는가 하고 관심이 있으셨다. 정산 종사님께서, "너 지금 어느 선생에게 마음이 가장 가느냐?" 하고 물으셔서 "대산 선생님, 상산 선생님, 응산 선생님에게 마음이 갑니다." 하니, "잘 생각했다. 국한이 크기로는 대산 같은 사람이 없고, 자상하기는 상산 같은 사람이 없고, 교단 일을 속속들이 걱정하는 사람은 응산 같은 사람이 없다." 하시고, 그렇게 지내라 하셨다. (『조불…』Ⅰ, 266~267쪽. 이공전)

앞의 부분은 십 대 중반의 아들 이공전이 사십 대 초반의 아버지 이호춘 교무와 한 대화이고, 뒤엣것은 십 대 후반임 직한 이공전과 종법사 정산의 대화이다. 이호춘은 정산보다 한 살 아래이니 동갑이나 진배없는데, 그래서인지 두 사람이 대산을 보는 눈이 일치하는 것이 당연하면서도 신기하다. 대산(김대거), 상산(박장식), 응산(이완철) 세 사람은 어찌 보면 차세대 종법사 후보로서 대중의 인망이 두텁던 교무들이니, 정산이 이들의 개성을 이렇게 평가했다는 것은 흥미로운 대목이다. 얼른 보아도 리더로서의 품격이라면 국한이 큰 것이 자상한 것이나 교단 일을 속속들이 걱정하는 것보다 적격이라고 생각된다. 소태산이 그렇고 정산이 그렇듯이 대산은 사물을 대하는 시야가 넓고, 경륜인즉 스케일이 호대하다. 그렇다고 하여 작은 일들은 소홀히 하고 대충 건너뛰는 성격은 아닌 듯하다. 어쩌면 정산의 인물평

중 대산이 '국한이 크기' 쪽에 비중이 무거운 것일 뿐 상산의 '자상함'이나 응산의 '속속들이 걱정함'을 다 품고 있는 것이 아닐까 싶다.

능소능대(能小能大)

어린 시절부터 평화를 보장할 대포 만드는 꿈을 꾸었던 김대거의 큰 경륜은 앞에서도 누누이 언급했지만, 대산은 유난히 큰 대(大) 자를 좋아했다. 법명 대거, 법호 대산, 별호 김대포까지 큰 대 자로 도배를 하던 이름처럼, 대산은 각종 용어에서도 큰 대 자를 선호했다. 예컨대 대학원 원훈을 '대해탈, 대정각, 대중정, 대보은, 대균등'이라 했는데 여기서 '대' 자를 빼도 별로 아쉬운 것 없을 듯한데 대산은 '대' 자를 붙여 놓아야 직성이 풀린다.

또는 인생오기를 두고 '대창시기, 대학업기, 대수련기, 대활동기, 대준비기'라 한 것도 그렇다. 가치중립적으로 '창시기, 학업기, 수련기, 활동기, 준비기'로 나누고 설명해도 좋을 듯한데, '대' 자를 붙이고 보니 허풍스러워 보인다. 대산이 그런 걸 모르기야 할까마는 그냥 '창시기'니 '학업기'니 하기에는 퍽 헛헛했던 모양이다. 예컨대 대학업기의 설명 일부를 보자. 「소년기에는 위대한 이상과 포부를 가지고 역량을 키우며, 큰 경륜으로 큰일을 경영한 분들을 모시고 본받는 공부를 해야 할 것이다.」 그러니까 그냥 학업기가 아니라 '위대한 이상과 포부' '큰 경륜으로 큰일을 경영한 분' 이런 내역을 충족하려면 부득이 '대' 자를 붙이지 않으면 안 된다고 생각한 것 같다.

그런가 하면, 시자 김관현 교무는 대산 열반 후 그 자상스러운 성격과 언행을 못 잊어 했다. 신도안으로 장모님이 오셨을 때 "노인들은 치아가 약하니 계란을 쪄 드리고 딱딱하지 않은 찬으로 해 드리라"고 주방에 당부하던 모습, 손님이 오면 "주주객반(主酒客飯)이라, 술이나 차는 주인에게 먼저 드리고 밥은 손님에게 먼저 드리는 법"이라고 가르쳐 주던 일, 정·재계나 언론계 손님이 오면 인삼차, 경옥고 혹은 호박엿, 참깨 등 토산품 선물을 미리 준비시키던 일, 어린이들이 오면 선물로 받아 두었던 사탕이나 초콜릿을 꼭 챙겨주던 일, 심지어는 고양이한테 고추장에 비빈 밥을 주는 걸 보고 "고양이는 소양(少陽)이라 매운 걸 싫어하는데, 똥 같은 놈들이 고양이 밥을 맵게 주었구나." 하고 꾸짖던 일 등 자상한 성격이었다. (『조불…』II, 562~563쪽.)

특히 사람을 알아보고 그 쓰임을 적재적소에 배치하는 지혜와 능력에 있어 대산은 자부심이 강하다.

○ 원기 63년 8월 신도안에서, (대산이) "내가 사람 보는 데에는 자신이 있다. 척 보면 다 안다. 수박 장수도 수십 년 한 능숙한 사람은 십여 미터 앞에서도 수박의 익고 설익은 것을 바로 안다. 그러나 몇 해 안 된 사람은 가까이 가서 수박을 두들겨 봐야 안다. 아주 서툰 사람은 수박에 칼집을 내서 속을 보아야 비로소 안다. 그같이 사람도 척 보고 바로 아는 사람도 있고, 말을 해보아야 아는 사람도 있고, 서툰 사람은 같이 여행도 해보고 잠도 자보고 해야 비로소 알게 된다"고 하셨다. (『조불…』II, 407쪽.

백경진)

○ (대산이) 어느 날 담을 쌓으면서 "담은 큰 돌로 기초를 튼튼하게 쌓아야 하느니라. 담을 쌓는 데는 큰 돌도 필요하지만, 작은 돌도 큰 돌 못지않게 필요한 것이다. 담을 쌓아가는 돌 사이사이를 고정시키는 역할을 바로 작은 돌이 하게 되는 것이다. 이 회상에 전무출신들의 역할도 그렇다. 전무출신마다 각각 제 역할과 능력이 있는 것이다. 큰 사람만 골라서 회상을 이룰 수는 없는 것이다. 이 세상에 모든 일들도 그렇다. 일들이 작고 크든 간에 사람마다 그 역할들이 다 있는 것이다. 그러니 모든 사람을 귀하게 여기고, 그 역할들을 모두 인정해 주고 해야 한다."(『조불…』I, 443쪽. 장정일)

앞의 글은 법위사정 관련하여 나온 법문인데, 요컨대 당신은 사람을 알아보는 눈이 있다는 자신감의 표출이다. 능한 수박 장수가 수박의 겉을 보고도 잘 익고 그렇지 않음을 알듯이, 자신도 사람을 척 보기만 해도 어떤 인물인지, 어디에 쓸 인물인지 안다는 것이다. 아래 법문과 연결 지으면 대산의 지인지감(知人之鑑, 사람을 잘 알아보는 능력)과 용인술(用人術, 사람을 부려 쓰는 방법이나 기술)을 알 만하다. 숭타원 박성경 교무는 「(대산은) 깊고 넓은 심안을 가진 분이셨다. 특히 사람을 알아보고 키우시고 활용하시는 능력이 탁월하셨다. 누구나 처음 만나는 자리에서도 오래된 지기처럼 반갑고 따듯하고 행복하게 맞아주셨으며, 오랜 시간 동안 끊임없이 정성을 쏟고 공을 들여 그야말로 실력 있는 인재로 키워내셨다.」(『조불…』II, 224쪽.) 했고, 건산 최준명은 「(대산은) 사람을 잘 부려 쓰시는 기술이 있었다. 용심법(용인술?)

이라고 할까, 사람을 다루시는 그런 기술이 있으시고, 공부와 사업을 두루 병진하시는 기술이 있다는 것을 느꼈다.」(『조불…』Ⅱ, 183쪽.) 했는데, 같은 얘기다.

천지 사업장

대종사 말씀하시기를「불보살들은 이 천지를 편안히 살고 가는 안주처를 삼기도 하고, 일을 하고 가는 사업장을 삼기도 하며, 유유자재하게 놀고 가는 유희장을 삼기도 하나니라.」(『대종경』불지품23)

대산은 이 천지를 안주처로 삼거나 유희장으로 삼기보다는 '일을 하고 가는 사업장'으로 삼기로 작정했다. 대산이 교화기관으로 훈련원 설립에 심혈을 기울인 것 버금가게 마음 쓴 것은 교육기관 설립이니 이것은 본래 소태산의 삼대 사업의 순서가 교화-교육-자선이었기 때문이기도 했다. 오늘날 대학도 워낙 많은 데다가 학령인구 감소가 겹쳐 지방대학이 고전 중이지만, 해방 후 교육기관이 매우 드물던 상황에서 원광대학교의 설립은 교단적 희망이었다. 대산 취임 후 원광대학의 종합대학 승격(1972)에 이어 의과대학, 한의과대학, 치과대학, 약학대학 및 간호학과 등 의생명과학 계열의 온전한 구비가 대산의 열망이었는데, 그것들이 결국 차례로 실현되었다. 대학 측이 전면에 나서기야 했지만, 그 뒤에는 교단이 있었고 교단적 뒷받침의 중심엔 항상 종법사가 있었다. 1980년 부속병원 개원과, 4년 후 원광의료원

(→원광대학병원)의 신축 및 개원에 이르기까지 얼마나 우여곡절이 많았던가. 난관도 많았고 안팎으로 반대도 컸지만, 그래도 기적같이 성공하였다.

아산 김인용 교무의 정토로 사업을 하던 전타원 윤성규(제일건재 사장)의 다음 증언이 의대 설립 이면사의 일단을 보여준다. 전무출신 부인들이 한 푼 두 푼 모아 정토회(正土會)를 꾸려나가던 시절 이야기다.

> 어느 날 종법사님께서 원대 앞으로 오라고 하셨다. (정토회) 몇몇 요인이 가서 뵈니 느닷없이 원대 앞에 있는 과수원 자리를 사라고 하셨다. "이 땅이 좋다. 이것이 있어야 의대를 짓는다. 앞에는 모악산이 있고, 옆으로 미륵산이 있으니 천하의 명당이다. 여기서 수백 사람 수천 사람이 살아서 나갈 터이다. 참 좋다. 이 땅을 꼭 사라." 옆에 계셨던 의타원(대산 종사 정토) 님께서 "의대 자리를 우리가 왜 사요?" 하시니, "다른 사람이 사면 내놓겠어?"라고 하셨다. 원광대학교에서 의과대학을 생각하지도 않았을 때이다. 그렇게 앞을 훤히 내다보시고 이끌어 주셨던 것이다. 이 땅을 사는 데도 참으로 어려움이 컸다. (『조불…』II, 195~196쪽.)

처음은 약학과 개설 때부터 난관이었다. 문교부(→교육부)에 약학과 개설 인가를 신청하자 보건사회부, 전국 대학의 약학과, 개업 약사 모임 등 사방에서 반대를 했는데도, 1964년에 드디어 인가를 받아냈고 1965년부터 입학생을 받았다. 사회적 질시 속에서도 약학과 1기 졸업생의 국가고시 전원 합격으로 성당성과 실력을 증명해내면서 자신감이 붙었고, 1971년에 약대를 설립하기에 이르렀다. 이어서 국내 두 번째로 한의대를 설립한 것이 1973년이었고, 치의예과 설치 승인도 1978년에 마쳤으나 의생명 특성화 대학의 마지막 고리이자 덩치가 가장 큰 의과대학 설립은 엄두를 못 내던 처지였다. 의대 설립은 실습할 수 있는 부속병원과 그 병원을 운영할 재정이 있어야 가능한 일이다. 언감생심 의대를 설립한다는 것은 무모한 시도였기에 집안인 대학 내에서조차 반대의견이 컸다. 당시 원광대학은 병원도 없거니와 재정 상황도 열악했기 때문이다. 그런데 우여곡절 끝에 기적이 일어났다. 당시 교무처장 김정용(삼룡)이나 총무처장 김인용의 증언 속에는 대산의 기운과 원력이 드러난다.

○ 대학병원 설립은 엄두가 나지 않는 큰일이었다. 나는 실습할 병원만 있으면 될 수 있을 것이라는 말을 전북의대 교수로부터 듣고 대산 종사님께 여러 가지 상황을 보고드렸다. 대산 종사님께서는 "전무출신을 모두 치료해 주려면 병원이 없어서는 안 되네. 그러니 병원을 꼭 해야 하네. 병원을 하면 얼마나 좋겠는가. 나도 힘 있는 대로 밀어줄 터이니 총장님한테 가서 내가 꼭 하라고 간곡하게 말하더라고 하소. 나도 도와줄 수 있는 데까지, 힘 있는 데까지 다 밀어줌세." 하셨다. (『조불⋯』I, 127쪽. 김인용)

○ 의과대학을 만든다고 할 때 교단에서는 상당히 반대를 많이 했다. 이때 대산 종사님께서 "대종사님께서 보화당 창설하실 때부터 병원 만들려고 보화당 만드신 것이다."라고 하시며 (⋯) 대산 종사님께서는 "의과대학 만들고 병원 만들어 우리 교역지들도 우리 병원에서 치료할 수 있도록 해야 할 것이 아니냐. 그러니 꼭 만들어야 한다. 또 대학이라고 하

면 의과대학이 있어야 훌륭한 대학이 안 되냐. 그러니 꼭 해야 된다"고 하셔서 의과대학 만드는 데도 전적으로 그 어른의 힘이 컸다. (『조불…』I, 234~235쪽. 김정용)

김인용이 문교부에 가서 상황 설명을 하니 담당자가 허가해 주겠다는 언질을 주길래 서류를 갖춰 냈지만, 인가가 나지 않았다. 인가를 안 내준 결정적 이유는 실습병원이 없다는 것이었다. 당시 정산 종법사 때(1959) 동화병원을 개원했고 1970년에는 종합병원(일반외과, 정형외과, 내과)으로 확장까지 했지만, 그거로는 어림도 없다. 설립 후가 아니라 인가 전에 병원을 확보해야 하는데 1980년이란 타이밍이 또 중요했다. 당시 전북에 배당할 수 있는 의대 쿼터가 두 개였고, 국립 전북대 의대가 한 몫을 차지하고 있다 보니 남은 건 한 자리밖에 없는데, 다른 데서 이미 유치 준비를 하고 있었다. 돈 때문에 대학 당국자들이 반대하거나 주저하고 있을 때 대산은 오히려 박차를 가했다. 한번은 대산 종법사가 김인용 총무처장을 불러다 앉히고 "자네 종합병원 못하면 남자도 아니고 그거 떼어야 하네." 막말(?)까지 하며 강력히 병원 설립에 채찍을 가했다고 한다. (『조불…』IV, 124쪽. 김성진) 결국 대학의 재정 형편 등이 어렵더라도 시기를 놓치면 의대 설립의 꿈이 물 건너갈 수도 있다는 절박함으로 의대 설립을 추진하였다.

그 무렵 관내에서 의대 실습병원의 조건을 충족하는 유일한 병원이 이리시(→익산시) 동산동에 하나 있었으니, 그 병원이 바로 시그레이브 이리종합병원이었다. 교섭에 나선 이들이 임상실습을 받아주기로 허락받아냈지만, 당국에서 이번에는 자영 병원이 아니면 안 된다는 것이다. 총무처장 김인용이 고심 끝에 거래의 가능성을 타진할 겸, 거제도에 머무르던 시그레이브병원 이사장 정희섭을 찾아가 하소연하였는데, 뜻밖에도 정 이사장이 병원을 무상으로 원광대에 기증하겠다는 약속을 하기에 이른다. 세상에 이런 일이 일어나다니 실로 기적 같은 사건이었다. 이에 원광대학교에서는 병원을 짓는 데 들어간 자기자본 정도는 보상해 주려고 했음에도 그가 그 어떠한 보상도 받지 않고 병원을 원광대학교에 기증하였다.

정희섭과 시그레이브

시그레이브 병원 이사장 정희섭(鄭熙燮, 1920~1987)은 해방 전 평양의전과 일본 나가사키 의대를 졸업한 의사로 광복군에 입대하여 독립투쟁을 하였고, 해방 후엔 국군의무사령관(준장), 노동청장, 보사부 장관(9대, 12대), 국회의원(9대, 10대) 등을 역임한 유명 인사다.

정계를 떠난 그가 이리(익산)에 설립한 시그레이브 이리종합병원은 이리시 동산동 대지 약 3천 평에, 연건평 2천3백 평이나 되는 대형병원이다. 시그레이브는 버마(미얀마) 태생의 미국인 외과의사이자 선교사인 고든 시그레이브(Gordon Stifler Seagrave, 1897~1965)를 기념하는 재단 명칭인데, 이름만 빌려왔을 뿐 재정적 지원을 받은 적은 없다고 한다. 부친이 목사이고 자신도 기독교 장로였던 정희섭이 원불교가 설립한 원광대에 무상으로 병원을 기증한 것은 범인으로서는 납득할 수 없는 통 큰 결단이었다.

원광대가 처한 난처한 사정을 다 들은 그는 "내가 사실은 그 병원을 해서 큰돈을 벌려고 지은 것이 아니고 좋은 일을 많이 해보고자 지었는데, 원광대학교가 나보다 더 좋은 일을 한다면 내가 그 병원을 줄 수도 있다"고 먼저 기증 의사를 밝혔다 한다. 실비에 인계하도록 설득할 작정으로 찾아갔던 김인용 총무처장이 그 제안을 듣고 즉석에서 일어나 큰절을 한 것은 감동을 전할 다른 방법이 없어서였다. 후에 땅값만이라도 지불하겠다고 했으나 정 이사장은 그마저 사양했다고 한다. 당시 병원이 운영난을 겪고 있긴 했지만, 종파가 다름에도 불구하고 재물욕도 초월하여 무상으로 희사할 결심을 한 정희섭 이사장의 공익 정신은 원광대학병원과 함께 길이 기억될 것이다.

1976년에 원광대학교 옆에 원광보건전문대학(→원광보건대학교)을 개교했고, 1982년에는 영광에 영산성지학교를 설립하였다. 전문대학은 국내 최초의 보건전문대학으로서 원광대 의생명계열의 연장선상에서 필요했고, 성지학교는 아직도 교육 기회가 부족하던 성지 인근 주민을 위한 배려였다. 대산은 폐교된 길룡초등학교를 전남교육청으로부터 불하받도록 담당 부서에 거듭 재촉하고, 불하 비용 1억 7천만 원을 시봉금에서 지원하였다. 영산성지고등학교는 1975년에 영산선원 부설 고등공민학교로 개설한 과정이었는데 후에 이 학교가 전국 최초의 모범적인 대안학교로 부상하고, 전국에 대안(특성화) 중고등학교의 본보기가 되었으니, 오늘날 전국에 깔린 13개의 교립 특성화학교의 효시이기도 하다. 이 공적이 인정되면서 후에 교육부로부터 탈북청소년 교육기관인 한겨레중고등학교 운영을 위탁받는 지

렛대가 되었다.

한편 1985년부터 영산선원에 대학 설립을 추진하여 1992년에 영산원불교학교(대학학력 인정 각종학교) 설립에까지 대산 종법사의 적공이 컸고, 그 여력으로 1996년에 영산원불교대학교(4년제 일반대학)가 설립 인가를 받아 오늘날의 영산선학대학교가 이룩된 것이다. 1994년 원불교대학원대학교 설립 역시 대산 종법사 시절의 성과다.

대산은 대학 못지않게 유아교육에 관심을 많이 두었다. 중등학교나 대학처럼 규모가 크지 않아도 되고, 큰돈 들이지 않아도 설립이 가능하면서 그 중요성은 결코 작지 않기 때문이다. 일찍이 1941년에 총부에서 주산 송도성의 지도로 유년회(자공회)를 조직하고 김영신, 박창기 등이 교사로 활동한 것이 유아교육의 효시이니, 이것은 「그대들은 하늘사람을 보았는가. 하늘 사람이 하늘나라에 멀리 있는 것이 아니요, 저 어린이들이 바로 하늘사람이니…」(『대종경』 수행품35) 하는 법설의 정신을 이은 것이다. 그러나 험난한 시국이라 유아교육에 눈 돌릴 여유가 없었다. 1953년에 와서야 교단에서 처음 설립한 유치원이 정읍교당 부설 원광유치원인데 이것이 전북에선 최초의 유치원이었다지만, 교단 제2호 유치원이 1971년에야 설립된 경남 창원교당 부설 원광유치원이었을 정도로, 인식도 부족하고 여력도 없었다. 1980년 총부 인근 이리교당에 유치원이 설립되던 때만 해도 그때까지 교단에는 정읍과 창원 외에 유치원이 없었고, 다만 유아원이 두 개[7] 있을 뿐이었다.

---

[7] 부산 소재 대연교당과 부산교당에 부설되어 있었다.

1982년 제정된 유아교육진흥법의 영향도 있었지만, 대산 종법사의 격려 속에 전국 교당마다 유아교육기관을 설립하는 것이 유행처럼 번져 갔다. 교당에 부설 기관으로서 원광유치원 혹은 원광어린이집을 설립하는 것이 교화와 교육의 결합으로 상호 간 시너지 효과를 내고 영세교당의 활로가 되기도 했기 때문이다. 김이현 교무는 원기 68년(1983) 교화부장(→교화훈련부장)으로 부임할 때 「유아교육과 유치교육이 중요하니 유아교육기관 100개 이상 세우도록 염원하라.」(『조불…』I, 404쪽.) 하던 종법사의 지시를 잊지 않았다. 종법사의 이런 뜻이 결실을 거두어 원기 67~68년(1982~1983)과 원기 75~82년(1990~1997) 사이에 유아교육기관이 많이 증가하여 전국적으로 150여 군데에 이르렀다.[8]

다음 자선 사업은 교화나 교육에 비하여 본래 경제적 부담이 일방적인 분야이다 보니, 아무래도 여유가 좀 있을 때 가능한 것이기도 하다. 소태산은 대내외적 환경이 엄혹하던 만년(1942)에 탁아소 겸 보육원으로서 자육원(慈育院) 설립을 일제 당국에 청원했었다. 비록 허가가 안 나서 포기한 사업이지만, 총부 구내에 열다섯 명의 고아를 수용하여 살피도록 했다든가 치병실을 두어 회원 아닌 환자까지 돌보고 치상조차 했다든가, 이런 데서 자선사업에 대한 집념을 읽을 수 있다. 정산 종법사 시절, 해방혼란기에 송도성의 순직까지 초래한 전재동포구호사업은 말할 것도 없거니와, 6·25전쟁 그 궁핍하

---

[8] 2022년 현재 교단에서 파악한 유아교육기관은 120군데 미만이다. 이 중엔 해외 교당 부설도 있다.

던 시절에 익산보화원(1950), 신룡양로원(1952), 전주양로원(1952), 이리보육원(1954) 등을 설립 운영한 것도 스승의 유명(遺命)을 명심했기 때문이다. 전재동포구호사업과 더불어 대산에게는 또 남다른 인연이 있는 자선 사업이 고아원 운영이다. 1945년 8월에 해방이 되면서 차지한 한남동 정각사(약초관음사)에 입주하면서 황정신행을 밀어 착수케 한 사업이 서울보화원 운영이지 않았던가.

 소태산, 정산 시대의 3대 사업(교화·교육·자선)이 대산 시대에 와서 8대 사업(교화·교육·훈련·문화·자선·복지·봉공·산업)으로 확대되었지만, 자선만 해도 좀 더 심화하고 세분화하여 자선의 함의 속에 원호·봉사·복지·구호 등의 개념이 포함되었다. 시설도 고아원이나 양로원에 그쳤던 것이 폭을 넓혀서 부랑인 대상의 이리자선원(1981), 정신질환자 수용과 재활 및 정신 요양을 목적으로 하는 삼정원(1985), 청소년 지도사업을 하는 삼동청소년상담실(1985)과 무의탁노인의 요양을 책임지는 원광노인요양원(1987), 제주원광요양원(1988) 등이 설립되고, 자선활동 전반을 지원하는 사회복지법인 삼동회(1981)도 설립되었다.[9] 무엇보다 대산이 꿈꾸던 자선 경륜의 정점을 찍은 것은 사대봉공회(四大奉公會) 활동이다. 대산이 사대봉공회 설립을 구상한 것은 그 어느 종단보다 먼저요, 그리고 그 규모도 가장 거창한 것이었다. 봉공이란 봉사와 비슷한 개념이겠지만, 교리 중 사대강령 가운데 무아봉공이란 덕목이 있다 보니 종교적 의미를 보태어 봉공이란 용

---

[9] 1991년 완도청소년훈련원(사단법인 삼동청소년회) 설립 이후 현재는 전국에 18개 청소년시설을 운영하고 있다.

어를 쓴 것이겠고, 사대봉공회란 출가봉공회·재가봉공회·국가봉공회·세계봉공회를 가리킨다.

대산은 1965년 법문에서「사대봉공의 정신이 실현되는 날 이 나라와 저 나라, 이 민족이나 저 민족의 국한이 터지고 오직 그 일이 이뤄지리라.」하더니, 1967년 5월 4일 법문에서 처음으로「사대봉공회가 설립되어 세계사업을 시작해야 하니 합심 합력하자.」하고 '사대봉공회'란 명칭으로 그 설립을 촉구하는 의지를 피력했다.[10] 이후 사대봉공회가 법문 속에 빈번하게 등장하였으나 당시로서는 반백년기념사업이나 남한강 사건 등 현안에 밀려 달리 마음 쓸 여유가 없었을 것이다.

사대봉공회 설립의 과정은 기구했다. 1968년 제18회 임시교정위원회, 1975년 제31회 임시교정위원회, 1977년 중앙교의회 등에서 봉공회 발족을 연속해서 결의만 했지 정작 기구 발족은 지체만 되어갔다. 1988년에 가서야 원불교중앙봉공회가 중앙기구로 발족하면서 휘하에 교구봉공회, 교당봉공회를 두는 체제가 성립되었다. 대산 종법사가 시봉금을 기금으로 내놓고, 특별유시를 내려 역전보화당한의원을 후원기관으로 지정한다든가, 이리시에 중앙봉공회관을 짓는다든가, 교정원장을 지낸 김윤중이나 서울대 부총장을 지낸 고문국(윤석) 같은 거물들을 회장으로 위촉한다든가 하며 종법사로서는 줄기차게 뒤를 받쳐준 셈이지만, 봉공회는 이렇다 할 활동을 보여주지 못

---

10 이 단락 내용은『봉공하지 않는 종교는 빈 껍질이니』(원불교서울교구봉공회25년사, 2003), 160쪽 참조.

했다. 경제적 여유가 없어서이기도 했지만, 그보다는 봉공회에 관한 이해 부족이 더 큰 원인이었을지도 모른다. 김혜심 교무[11] 등의 소록도 한센병환자 봉사(1976년 이후 8년)라든가, 원불교학과 학생들로 구성된 새생명국토순례단[12]의 선천성심장병 어린이 돕기 자전거국토순례(1986년 이후 10년)처럼, 뜻있는 개인이나 단체의 헌신이 오히려 돋보일 만큼 이름만 거창한 봉공회의 존재감은 떨어졌다. 그러다 보니 교구별로 보은장날(바자) 행사[13]를 1년에 한두 번 하는 것도 버겁고, 사회 봉공 실적이라 해봤자 일회성 봉사 활동에 그치는 경우가 태반이었다. 그러거나 말거나 대산은 반복해서 큰 그림을 보여준다. 매양 그렇듯, 한참 앞서가는 그의 경륜을 대중이 납득하기까지는 상당한 시차가 필요했다.

대종사의 일원대도와 정산 종사의 삼동윤리에 바탕하여 전 세계 모든 인류를 무지와 빈곤과 질병과 재해로부터 구원함으로써, 온 인류가 두루 평화롭고 넉넉하고 슬기롭고 명랑하게 살도록 하기 위해 출가봉공회, 재가봉공회, 국가봉공회, 세계봉공회를 결성해야 하나니, 출가봉공회는 전

11　약사(약학박사)로서 1976년, 남들이 꺼리는 한센병 환자를 돌보기 위하여 의료봉사차 소록도에 들어갔다가, 이듬해 소록도 개척교당 교무 자격으로 봉사와 교화를 이어갔다. 2016년, 소록도병원 100주년 기념식에서 국민훈장 동백장을 받기도 했다.
12　이들은 10년간 여름방학마다 30일씩 자전거를 타고 국토순례 모금 활동을 하였고, 거기서 모은 수술비용으로 선천성심장병 어린이 332명의 목숨을 살렸다.
13　서울교구봉공회의 경우, 1978년부터 연 1회, 1982년부터는 춘추로 연 2회 보은바자(→ 보은장날)를 정착시켜 갔다.

무출신 개인과 가정에 대한 원호, 재가봉공회는 재가 교도에 대한 원호, 국가봉공회는 국가와 민족에 대한 원호, 세계봉공회는 세계인류에 대한 원호를 하자는 것이니라. (『대산종사법어』경세편13)

대산의 경륜이 이해의 폭을 넓혀가고 교단도 경제적 여유가 생기고 사회적 수요도 늘어가면서, 오늘날 원불교는 다양한 '자선' 활동을 하고 있다. 원불교중앙봉공회 외에 원봉공회나 청운보은동산 같은 사회복지법인들이 생기고, 은혜심기운동 같은 엔지오(NGO)도 생기고, 위탁받은 복지기관이나 의료기관 등도 많이 늘어났다. 해외로도 세계봉공재단을 비롯해서 삼동인터내셔널 등 종합적 봉공활동을 하는 단체나 기관이 있고, 아프리카어린이돕기모임이나 청수나눔실천회 같은 특수 목적의 법인에 이르기까지 활동은 괄목할 만하다. 대산이 일찍이 씨를 뿌릴 때는 이런 것을 내다보았겠지만, 그는 결코 이 정도에 만족하지는 않았을 것이다.

해외교화와 종교연합활동

지금 생각하면 어처구니없어 보일지 모르지만, 원불교의 해외교화 역사는 불법연구회가 창립된 후 겨우 7년밖에 지나지 않은 시점에 시작되었다. 그러니까 1931년, 조송광(제2대 불법연구회장)이 오사카에서 포교를 시작했고, 1935년에는 박대완 교무가 정식으로 파견되어 오사카교당을 설립하기에 이르렀다. 1937년에는 장적조가 만주 심양, 연길, 목단강시 등지에서 포교했다. 일제의 탄압으로 오사카교당은 한두 해를 못 넘긴 채 철수하고, 만주 역시 7, 8년 만에 소태산이 철수를 명하기에 이르지만, 어쨌건 해외 포교에 일찍부터 눈을 뜬 건 틀림없는 사실이다. 일제강점기와 해방혼란기 및 6·25전쟁기가 들어있는 정산 종법사 시절에는 해외 교화에 엄두를 낼 처지가 아니었지만, 일문판 불법연구회요람(1943)이나 영문판 원불교요람(1958)이 나왔고, 원광대학에 해외포교연구소를 설립(1960)하였다. 영문포교지(무크)《WON-BUDDHISM》을 창간(1961)하여 외국의 종교계와 대학 및 학계에 배포하고, 해외 시찰시 교단과 교리를 홍보하기 시작한 것도 이 무렵이다. 교전 편찬을 책임지는 기관인 정화사의 업무계획에 경전의 중역, 일역, 영역 등 3개 국어 번역이 들어있던 것에서도 정산의 뜻을 짐작할 만하다.

　대산 종법사 시대에 와서도 처음엔 이렇다 할 활동이 눈에 띄지 않았으니, 그건 해외 포교의 중요성에 비하여 전담 인력이나 부서가 없었기 때문이다. 1974년, 교정원에 해외 포교 전담 인력(교감)을 두게 되고, 1981년에는 교정원 조직 안에 국제부를 두었다. 주목할 것은 미주 교화이니 처음에 국제회의 참석이나 현지답사 등 단기 체류로 문을 두드리다가 종교법인 인가와 더불어 교화 인력이 상주하게 되었고, 교포 중심 교화로 출발하여 차츰 현지인 상대의 포교로 나아갔다. 앞서 말한 바 있듯이, 1972년 이제성 교무가 로스앤젤레스 순교무로 시작하여 이듬해 주 정부(州政府)에 종교법인 설립을 완료하였다. 덕분에 이듬해 원남교당 출신 백상원 교무가 처음으로 '원불교

포교사'라는 자격으로 종교인 비자를 받고 부임하니[14] 이로부터 미국 교화가 탄력을 받게 되었다. 같은 무렵(1973) 정자선 교무가 순교감으로 발령받고 시카고를 개척하기 시작했다. 1974년에는 백상원이 뉴욕 주재 교무로 자리를 옮기고 뉴욕주 정부로부터 법인 인가를 받아냈고, 연방정부로부터 영주권까지 얻었다. 총부에서는 박장식 교무를 미국 교령, 송영봉 교무를 뉴욕교당 교감으로 각각 인사발령을 내서 뉴욕을 교화 거점으로 삼도록 힘을 보탰다. LA교당 이제성은 불법체류자로 찍혀 강제 추방을 당하고, 시카고교당 정자선은 과로로 병에 걸려 2년을 못 버텨 세상을 뜨고, 뉴욕교당(←LA교당) 백상원은 집세를 버느라고 낮에는 베이비시터와 청소부, 밤에는 가내부업을 하며 지쳐갔고…, 그 와중에도 미국 교화는 무럭무럭 자랐다.

특기할 것은 대산이 미주 교화를 위하여 긴 안목으로 키운 엘리트 삼인방이 있으니, 신산 김양수(서울대 의대, 의사), 심산 고원규(피츠버그대 경영과, 석사), 유산 정유성(미시간대 철학과, 박사) 교무들이다. 그들은 갖은 난관을 겪으며 시카고교당, 필라델피아교당, 마이애미교당을 세우는 역할을 담당했다. 또한 신산은 의료 교화에 헌신했고, 심산은 미주선학대 설립에도 공로가 크며, 유산은 플로리다 인터내셔널대학교의 종신교수가 되어 원불교사상을 강의하면서, 원불교 교서 다수를 영역하고 소태산사상연구소도 설립하였다.

1977년에 국내에서 교구제가 실시될 때, 미국도 로스앤젤레스, 뉴

---

[14] 먼저 미국에 와 있던 정유성 교무는 유학 비자로, 이제성 교무와 정자선 교무는 상업 비자로 체류했었다.

욕, 시카고 세 개 교당뿐인 미주(美洲)교구를 설치하였다. 대산은 「앞으로 미국판이 크게 벌어진다」고도 하고, 「미국 교구 하나가 국내 교당 백 개 세우는 것보다 낫다」고도 하며, 미국 교화를 띄웠다. 그러더니 1988년에는 미국 교구를 둘로 쪼개어 동부교구(교구장 송영봉), 서부교구(교구장 서세인)로 하였다. 미국이 땅이 넓다 보니 그렇다곤 해도 이때 미국에는 서부교구에 로스앤젤레스교당, 하와이교당, 샌프란시스코교당, 벨리교당, 나파교당 등 5개 교당, 동부교구에 뉴욕교당, 시카고교당, 필라델피아교당 등 3개 교당이 다였다. 그나마 이들 8개 교당도 1978년에 문을 연 휴스턴교당이 1986년에 문을 닫은 데서 보듯이 태반이 약세 교당인데, 여기다 대고 2개 교구 체제를 적용하려니 좀 성급하다 할 만하다. 그러함에도 대산의 큰 그림 속에는 이미 미국 총부가 있었고, 미국 종법사가 있었던 것으로 보인다. 박장식 교무를 미국 교령으로 보내면서 「미주 종법사로서 해외 교화의 선봉이라는 책임감과 사명감으로 해외 교화의 터전을 닦으라」고 격려하였다 함도 그렇고,[15] 뉴욕대에서 박사학위를 준비하다 병이 나서 귀국한 이오은 교무에게 「맨해튼(UN 본부 소재지)에 교당을 내서 종교연합(UR) 활동을 시작하라」고 당부했다[16] 함도 그렇다. 1995년에 맨하탄교당이 설립되고, 이오은 교무가 원불교 유엔사무소 대표로서

---

15 나상호, 『작은 거인』, 75쪽. 대산은 다른 데서도 이런 속내를 밝혔다. 「미국과 일본부터 앞으로 해외 종법사를 실시해야 한다. 상산(常山) 박장식(朴將植) 님은 미국 종법사로서 무너리가 되게 하는 것이 내 본의다.」(『대산종사수필법문집』 1981.7.10.)

16 나상호, 같은 책, 151쪽.

유엔 NGO(종교분과위) 회장[17], 혹은 1999년 세계종교인평화회의 상임회장에 선출되어 UR운동을 시작한 것이나, 2021년에 죽산 황도국 교무가 미국 종법사로 임명이 되고 해외 총부 1호로 미국 총부가 발족했다는 것은 대산의 꿈이 마냥 멀리 있는 황당한 것이 아니었음을 실감케 한다.

한편 대산이 퇴임하던 1994년까지 캐나다(토론토), 일본(오사카, 나라, 요코하마, 오카야마, 치바), 독일(프랑크푸르트), 프랑스(파리), 러시아(모스크바), 카자흐스탄(알마티), 호주(시드니), 사우디(삼호) 등지에서도 줄줄이 교당이 문을 열거나 혹은 종교법인 인가를 받고 개척에 들어갔다. 미국에서도 추가로 워싱턴, 오렌지카운티, 샌디에이고 교당이 설립되었다. 1992년 같은 경우는 5개의 해외 교당이 한꺼번에 봉불식을 하고, 2개가 법인 승인을 받는 경사도 있었다. 이들 교당의 설립이 유지 대책의 마련이 없이 열정만으로 이루어지다 보니 몇 해 못 버티고 문을 닫는 불상사도 적잖이 일어났지만, 그런 실패와 시행착오도 세계 교화라는 역사 속에 통과제의처럼 거쳐야 하는 과정이었다 할 것이다.

다음으로 종교연합운동(UR)에 대해 살펴보겠다. 역사가 짧고 교단이 약소하다 보니 원불교에서 목소리를 내는 것도 수월치 않고, 또한 개별적 접촉과 설득에는 한계가 있으니 운동이 힘을 받으려면 역시 단체 가입이 지름길이다. 원불교는 일찍이 기성 종단들을 설득하여 1965년 한국종교연구협회(→한국종교협의회)를 결성하고 창립 멤버로

---

[17] 원불교는 UN에 등록된 한국 NGO로서 종교와 연관된 유일한 단체다.

활동한 경험이 있듯이, 종교연합운동의 시작은 종교적 연합체로부터 가능성이 열린다. 원불교는 기회만 닿으면 연합체에 가입하여 회원이 되고, 또 기회만 잡으면 세계종교연합(UR)이 인류 평화와 번영에 필수라고 역설했다.

먼저 국내 불교종단협의회와의 교류를 거쳐 세계불교도우의회(WFB) 같은 불교단체에 합류하고, 다음으로 한일종교협의회 같은 단체와의 협력을 거쳐 세계종교자평화회의(WCRP), 아시아종교자평화회의(ACRP), 한국종교인평화회의(KCRP), 국제종교자유연맹(IARF) 등의 국내외 종교단체에 가입하여 교류하였다. 그중에도 1986년 5월, 원불교가 앞장서서 제2차 아시아종교자평화회의를 한국으로 유치한 일이며, 그 연장선상에서 국제정치적 난관을 뚫고 세계종교자평화회의에 정회원으로 가입하게 된 일들은 기억에도 새롭다. 이미 말한 바처럼 1992년에는 '원불교'의 이름으로 유엔 엔지오(NGO)에도 가입하였다. 국내외 종교단체나 지도자와의 교류도 빈번해졌는데, 대산 종법사가 교황 요한 바오로 2세를 만난 일은 특기할 만하다.

제264대 가톨릭 교황 요한 바오로 2세가 1984년 5월에 한국을 방문하게 되었다. 요한 바오로 2세는 전 세계 7억 가톨릭의 수장으로서 종교적으로 최고의 권위를 가졌지만, 그가 소련의 지배를 받고 있던 공산국가 폴란드 출신인지라 동서냉전 와중에 정치적으로도 영향력이 막강한 인물이었다. 교황의 한국 방문은 최초의 역사적 사건이니 종교계에서도 경사임에 틀림없지만, 때는 박정희 대통령의 피살과 12·12쿠데타에 이은 신군부(전두환)의 군사독재 기간이었다. 정치적으로 민감한 시기인지라 교황청과 신군부 간의 타협에는 이

해관계가 맞아떨어지는 지점이 있었을 것이다. 1979년에 박정희가 궁정동 안가에서 중앙정보부장 김재규의 총을 맞았듯이, 2년 후인 1981년에 요한 교황도 성 베드로 광장에서 터키인 이슬람 청년에게 총격당했다. 목숨을 잃은 대통령과 달리 교황은 중상을 딛고 살아났고, 그는 자신을 살해하려 한 청년을 감옥으로 찾아가 용서해 주었다. 교황은 이미 슈퍼스타라 불릴 만큼 세계인에게 인기를 누리고 있었는데, 이 사건으로 더욱 존경을 얻고 환영받게 되었다.

교황은 이슬람이나 정교회의 지도자와 교류하며 종교적 화해와 평화를 위해 노력했거니와, 방한 중에도 5·18민주화운동의 성지인 전남도청과 금남로를 찾아 상처를 위로하고, 소록도 한센병 환자들을 찾아가 축복함으로써 그의 종교적 사랑의 메시지를 전달했다. 교황은 김대건 신부 등 103명의 천주교 순교자에게 시성식[18]을 베푸는 것이 방한의 제일 명분이었지만, 10박 11일의 일정 중에 실로 다양한 감동을 선사했다. 방한 5일째인 5월 6일, 서울시 궁정동 교황청 대사관에서 원불교 종법사 대산의 예방을 받는 의식도 그중에 하나였다. 2천 년의 역사와 배경을 가진 교황에다 대면 불과 70년 역사를 가진 신생 교단의 종법사가 초라해 보일지 모르지만, 대산은 적어도 한국 종교지도자의 대표 자격으로 교황을 만나는 것이었다. 주최자인 천주교와 같은 뿌리를 가진 개신교를 제외하고 보면, 한국종교지도자의 대표로는 아무래도 불교 조계종의 종정(아니면 총무원장)이 격에 어울리지만, 그쪽에서 거부하였기에 원불교가 대안이 된 것이니 그것

---

18 諡聖式. 가톨릭에서 죽은 신자를 성인품(聖人品)으로 올리는 의식.

도 참 묘한 인연이라 하겠다.

대산 종법사는 한국가톨릭2백주년 기념사업회 초청으로 박길진(원광대 총장), 전팔근(원광대대학원장) 등 일행을 거느리고 교황을 예방했으며, 이날 전팔근 교무가 대산 종법사의 환영사를 통역했다. 대산 종법사는 환영사에서 종교의 목적은 하나이니, 우리가 합심하여 세계평화를 이루고 전 인류를 구원하는 일에 힘을 모으자고 전제하고, 단골 테마인 종교연합(UR) 건을 비롯한 세계평화 삼대 과제를 제안했다. 「종교인들이 참다운 세계평화를 건설하고 앞당겨 나가기 위해서는 첫째 종교연합기구(UR)를 창설하여 국제연합(UN)과 합력하고, 둘째 지역별로 공동시장을 개척하여 공생공영하며, 셋째 온 인류의 마음밭을 계발(심전계발)하는 데 합심 합력해야 할 것」이라 하고, 이런 일들에 가톨릭과 교황의 각별한 협조를 요청했다. 대산 종법사는 이 자리에서 친필 '一圓佛(일원불)' 휘호 족자와 영문판『원불교교전』과 염주, 사은패 등을 교황에게 선물했다. 특히 백팔염주는 친히 교황의 목에 걸어주었고, 교황은 기념 메달로 답례했다. 가톨릭에서는 불교 쪽의 흔쾌한 호응을 기대했겠지만 그게 뜻대로 안 되니, 그야말로 '꿩 대신 닭'으로 원불교를 초청했을지 몰라도[19] 대산은 기꺼이 이런 기회를 이용하여 그의 오랜 주장을 전달하였다. 또한 이를 계기로 5일과 6일, 두 차례에 걸쳐 각각 신문과 방송을 상대한 기자회견을 했고, 거기서도 종교화합의 메시지를 광고하고 교단을 홍보하였으니, 한

---

[19] 6년 전(1978.10.), 대산 종법사가 주한 교황청 대사 루이지 도세나 대주교를 총부에 공식으로 초청한 바도 있기에 그 답례 삼아 대산을 초청할 마음이 내켰을 듯도 하다.

마디로 명분도 살리고 실리도 취한 셈이다.

이런 종교 간 화해와 협력 분위기는 성직자 간 혹은 신도 간 친목을 다지고 행사를 함께한다든가, 사업까지 함께하는 사례들을 만들어 갔다. 그중에 사회적 이목을 끌고 화제를 뿌린 것으로 삼소회(三笑會) 활동 같은 것도 있다. 삼소회에서는 불교, 천주교, 원불교의 여성 성직자들이 모여 종교적 화해와 협력을 통해 자선사업 등을 실천하였다.

삼소회의 꿈

삼소회는 5세기경 중국 여산(廬山)에서 불교(혜원), 유교(도연명), 도교(육수정)의 지도적 인물 세 사람이 종교적 경계를 허물고 웃으며 사이좋게 지냈다는 호계삼소(虎溪三笑) 고사에서 얻은 이름이다. 삼소회는 서울올림픽이 열리던 1988년에, 뜻을 같이하는 비구니(불교), 수녀(천주교), 정녀(원불교) 등 독신 여성 성직자들이 모여 발족한 모임이다. 첫 사업으로 10월 3일 호암아트홀에서 〈삼소음악회〉를 열고 그 수익금을 모두 '88장애자올림픽' 기금으로 내놓았다. 이때 다른 종단은 그리 적극적이지 않았을지라도, 원불교에서는 가용 자원을 총동원하는 열성을 보였다. 음악회 지휘를 원광대 음대교수인 송은 교무가 맡았고, 장소 섭외도 책임지고 나섰다. 대산 종법사가 가르친 UR정신이 몸에 밴 덕이다.

이후 삼소회는 종교화합운동, 봉사구호활동, 성지순례 등으로 활동 범위를 넓혔고, 부산삼소회처럼 지방으로도 번지고, 성공회와 개신교가 추가로 참여하기도 하고, 성직의 국한을 벗어난 재가삼소회가지도 생겨났다.

2006년 성지순례 때에는 원불교 영산성지를 시작으로 인도, 영국, 이스라엘, 이탈리아 등의 성지를 순례하며 종교화합과 세계평화를 염원하였는데, 인도에 가서는 티베트 종교 지도자인 달라이 라마를 친견하고, 바티칸에 가서는 교황 베네딕토 16세를 알현하기도 했다. 2010년부터는 UN 재단의 협조로 에티오피아 빈민 소녀 가정을 돕기 위한 염소보내기운동을 시작했는데, 총 5만 마리를 목표로 하고 있다고 한다. 삼소회의 꿈은 언제까지 지속될 것인가.

X
정교동심

대산과 대통령들

소태산은 정치와 종교의 관계에 관심이 많았다. 관심이 많다기보다 세상이 제대로 돌아가고 인류가 낙원 생활을 하기 위해서는 정치와 종교의 협력 및 역할 분담이 필수적이라고 본 것이다. 그것은 정신과 육신, 도학과 과학, 도덕과 문명, 공부와 사업 등의 일치와 협력을 추구하는 겸전주의의 귀결이기도 하다.

○ 종교와 정치가 세상을 운전하는 것은 수레의 두 바퀴 같나니, 만일 두 바퀴가 폐물이 되었다든지, 또는 한 바퀴라도 무슨 고장이 있다든지, 또는 그 운전사의 운전이 서투르다면 그 수레가 잘 운행되지 못할 것이니라. (…) 종교와 정치도 또한 이와 같아서 세상을 잘 운전하기로 하면 시대를 따라서 부패하거나 폐단이 생기지 않게 할 것이요, 그 지도자가 인심의 정도를 맞추어서 적당하게 법을 쓰고 정사를 하여야 할 것이니라.
(『대종경』교의품38)

○ 종교와 정치는 한 가정에 자모와 엄부 같나니, 종교는 도덕에 근원하

여 사람의 마음을 가르쳐 죄를 짓기 전에 미리 방지하고 복을 짓게 하는 법이요, 정치는 법률에 근원하여 일의 결과를 보아서 상과 벌을 베푸는 법이라. 자모가 자모의 도를 다하고 엄부가 엄부의 도를 다하여 부모가 각각 그 도에 밝으면 자녀는 반드시 행복을 누릴 것이나 만일 부모가 그 도에 밝지 못하면 자녀가 불행하게 되나니⋯.(『대종경』교의품36)

2세 종법사 정산이 사대경륜에서 정교동심을 주장한 것도 그렇거니와 대산 종법사 역시 정치와의 관계 설정에 고심했다. 굳이 태평성세까지는 아니라도 정치 시스템과 리더십이 상식선에서 정상적으로 작동되는 경우라면 문제가 없으나, 소태산 이래 한국은 일제강점기가 아니면 이념 대결과 독재로 극심한 혼란을 겪었기에 문제가 된다. 자칫 정치에 휘말리거나 권력자에게 잘못 보이면 취약한 교단에 즉각 심대한 타격이 올 수도 있었기 때문이다. 그렇다고 아부하거나 장단 맞춰주는 것 또한 정교동심은 아닐 터이다. 지금부터는 대산과 정치계 거물들 사이의 관계에 대해 살펴보고자 한다. 우선 정치계 거물의 정점인 역대 대통령과의 관계를 알아보기로 하겠다.

이미 앞에서 언급한 바 있듯이 대산은 1대, 2대, 3대 대통령을 역임한 이승만과 예사롭지 않은 인연이 있었다. 비록 대산도 이승만도 정상에 오르기 이전부터 맺은 관계와 교유가 태반이지만, 대산은 이승만과의 교유 경력을 정계나 경제계 인사와 만날 때 적절히 활용했다. 이건 김구, 조봉암, 이시영, 김성수 등 해방 후 정계 거물들까지 묶어서 한 것이어서 시너지 효과가 컸다. 마치 "나 우습게 보지 마. 내가 이래 봬도 소싯적에 이승만, 김구 이런 거물들과 놀던 사람이야." 하면 속물들이 지레 기죽는다는 걸 알고, 이 방법을 종종 써먹은 것으로 보인다. 그런 의미에서 대산은 노회한 독심술사(讀心術師)이기도 했다. 대산은 이승만을 독립투사로서나 정치가로서 존경했고 좋아했다. 서울출장소 직을 놓은 후에도 대통령이 된 이승만이 몇 차례 더 한남동(서울보화원)을 방문했고, 그때마다 대산을 만나고 싶어 했음에도 대산은 그 바쁜 대통령을 찾아다니는 것이 도리가 아니라 생각해서 발을 끊었다고 했다.

다음 권력자는 5~9대 대통령을 역임한 박정희다. 『정산 송규 평전』(326~327쪽 참조)에서도 말했지만, 5·16군사정변으로 집권했을 때부터 정산 종법사는 박정희를 지지했다. 대산은 새마을연수원장 김준에게 "우리 선 종법사님께서 5·16혁명 이후 협력하라는 말씀이 계시어 금년(1979)까지 합심 협력해 왔다"(『조불…』II, 149쪽.)고 한 것을 보면, 정산의 박정희 지지를 계승한 것으로 보인다.

5·16군사정변 이후 정부가 4년제 원광대학을 각종학교(원광대학림)로 격하시켰지만, 이듬해 2년제 원광초급대학으로, 다시 다음 해 (1963) 4년제 원광대학으로, 그리고 박 대통령의 직접 지시[1]로 종합대학 승인을 받아냈으니, 전화위복이 된 셈이다. 앞에서 말한 바 있듯이, 박정희와의 대면은 1978년 전북도청에서 만난 것이 유일하지만, 10·26 사건으로 박정희가 서거하자 「내가 개인이 아니므로, 그

---

[1] 당시(1971) 전북지사 이환의의 주선과 비서실장 이후락의 협조로 박길진 학장, 김삼룡, 박장식, 이공주 등이 박 대통령을 만나 부탁하니, 원광대의 종합대학 승격을 허가했다. (『조불…』II, 131쪽.)

래서 박 대통령이 중앙에서 몇 번 단독 초청한 바 있었으나 가지 아니했다」고 하면서,「총부를 방문한다고 두 차례 통보를 받고 퍽 정성스럽게 기다렸었는데 끝내 못 오고 서거하였다」하며 무척 아쉬워했다. (『조불…』II, 151쪽.) 대산은 생전 박정희에게 꼭 해줄 말이 있었다. 「이승만 대통령이 원불교 총부를 오신 적이 있고, 그분 어려운 때 몇 번 조언을 해 드렸다. 그래서 내가 박 대통령한테도 꼭 한 말씀 해드리려고 '대인군자 진퇴의 도'와 몇 가지 법문을 써놓고, 첫 번도 잘하시고 두 번도 잘하시고 다 잘하셨는데 그 끝만은 당신이 진퇴의 도를 알았으면 했는데, 당신이 와서 물으면 몰라도 중요한 것을 편지로 어떻게 하겠는가.[2] 그 뒤 그 어른이 참변을 당하셨다.」(『조불…』II, 78~79쪽.)

요컨대 첫 번째 대통령, 두 번째 대통령까지는 잘했는데 3선 개헌 이후, 특히 10월 유신은 하지 말고 물러났어야 하는데, 무리하게 정권을 연장해서 변을 당한 것이라는 뜻으로 읽힌다. 그래도 대산은 한결같은 박정희 지지자다. 정산이 그를 구국주라 했듯이, 대산은 그를 성군(聖君)이라고 불렀다.

「아부하거나 붙잡혀서는 절대로 안 된다. 반대로 기울지도 말아야 한다.」(『대산종법사 법문집』3, 395쪽.)라는 말은 대산의 정치적 입장이 기본적으로 중립주의임을 보여주는 것이지만, 현실에서는 그게 그렇

---

[2] 실제로 박정희에게 편지를 보내 여덟 가지로 충고를 한 바가 있는데, 거기에 네 번째로 「때에 맞게 나아가고 물러갈 줄 알 것이요」가 들어있긴 하다. (『대산종사법어』자문판, 338쪽.)

게 간단한 문제는 아니다. 「대종사님께서는, 우리는 정치에 절대로 관여치 말라고 못 박아 부촉하셨다. 종교는 어디까지나 그 본무(本務, 근본이 되는 직무)만을 이행하면 된다고 하셨다.」(『대산종사수필법문집』, 1975.5.14.) 이 말은 유신체제로 온 나라가 몸살을 앓던 1975년(5.14.), 청년운영회의 중에 나온 말이다. 소태산의 말이 일제강점기를 통과하기 위한 것이라면, 그다음 말은 대산이 유신시대를 통과하기 위한 말이랄 수 있다. 「음중생양(陰中生陽) 양중생음(陽中生陰). (…) 음은 나쁠 때인데 그때는 정(靜)과 중(中)을 표준해야 한다. 아주 나쁠 때, 극할 때는 동하면 그 경계에 오히려 물린다. 그러니 그때는 정을 표준해서 후퇴, 후퇴해서, 날 잡아주십시오, 하고 쥐 죽은 듯이 엎드려야 한다. 그러면서 몰아쳐 오는 그 경계가 지나간 후에 살짜기 일어나야 한다. 그것과 대립하려고 나서면 구렁에 더 빠지고 결국 죽어버린다. 그러니 아주 극한 악경과 불안에 처할 때는 후퇴해서 정을 표준하여 다음 나아갈 준비를 해야 한다.」(『대산종사수필법문집』, 1976.1.8.)

　　천주교, 개신교 등에서 박정희, 특히 유신시대의 박정희와 대립하고 투쟁할 때 대산은 오히려 그들 행태를 비판했다. 종교가에서 정부에 대한 충고도 해야 하나 이것이 주업이 되어서는 안 되며, 주업은 역시 정신을 선도하는 교화가 되어야 한다(『대산종사법어』 자문판, 334쪽.)고 하며, 「지금의 천주교 기독교의 기운이 말운에 임한 듯하다. 그들이 지금 월남, 필리핀, 한국 등지에서 투쟁하고 있는 것이 종교의 한계를 넘어서 정치화하는 것 같다. 실수이다.」(『진리는 하나 세계도 하나』, 384쪽. 1975.2.3.)라고 단정했다. 대산은, 종교가 국가와 직접 대결하는 경우가 있어서는 안 된다, 그것은 정교동심의 입장에서 그래서는 안 된다고 하며, 「박 대통령 역사를 현실만 가지고 평가하지 말라. 역사는 뒷사람들이 평가하는 것이니 함부로 지금 평가해서는 안 된다.」(『대산종사수필법문집』, 1975. 5. 14.) 하고 두둔했다. 추도법문에서 보더라도 부강한 나라를 만들었다든가, 충효열 등 도덕을 부활시켰다든가, 정교동심의 교단적 경륜에 합력했다든가 하는 측면만을 찬양하고 있다. 때로는, 대산의 본심이 순전히 박정희를 정치적으로 옹호하려는 데 있는지, 아니면 교단과 교도를 보호하려는 처세적 방편에 있는지 헷갈리기도 한다.[3]

다음 권력자는 11대, 12대 대통령 전두환이다. 현대사에서 전두환 대통령만큼 비판의 표적이 되는 인물도 없고, 12·12군사반란에 이은 5·18광주민주화운동의 비극을 겪은 호남의 정서는 남다르지만, 대산은 전두환에 대하여 극도로 조심한 눈치다. 우선 대산이 대통령 취임식에 참석한 유일한 경험이 전두환의 경우다. 유신독재의 연장선상에서, 통일주체국민회의를 통해 유일한 입후보자에, 득표율 99.37%로 당선된 체육관 대통령 전두환, 1980년 9월 1일 잠실체육관에서 거행된 '제11대 전두환 대통령 각하 취임식'에 대산 종법사는 교단을 대표하여 초청자 8,723명 중 1인으로 참석하였다. 이 자리에는

---

[3] 대산은 사회정의 실현의 문제를 두고 좀 뉘앙스가 다른 말도 했다. 항산 김인철은 「"우리는 교리에 입각한 주체가 있어야 되고, 또 우리는 이제 시작하는 교단이니 먼저 힘을 길러야 된다. 또 우리는 멀리 보고, 크게 국가와 민족을 위해서 크게 일할 계획을 해야 한다"고 하셨다.」(『조불…』I, 468쪽.)라고 전했는데, 이는 정치적 목소리를 내기 위한 준비론 내지 자강론으로도 들리고, 정치와 종교의 역할 차이, 즉 목적이 같더라도 단기적 승부에 집착하는 정치와 달리 종교는 원대한 경륜이 있어야 한다는 뜻으로도 들린다.

교정원장 김근수와 함께 원광대를 대표한 박길진 총장, 이리(→익산) 시민을 대표한 김정용 교무도 동석하여 축하하였다.

그로부터 반년이 채 안 된 1981년 2월 19일, 대산은 다시 이리시청에서 전두환 대통령을 면담하고, 그의 성공적인 미국 방문과 노고에 감사의 뜻을 표했다고 한다. 영광원자력발전소 제7, 8호기 기공식을 마치고 호남선 복선 공사 착공식에 참석하러 이리시에 왔던 길이다. 이리시청에 좌정하고 전북 기관장 및 지역 인사들을 총동원하였으니, 대산이 이 모임에 빠지기는 어려웠을 것이다. 원광대에서도 박길진 총장과 전팔근 대학원장이 동석했다. 영부인 이순자가 원불교중앙수양원을 방문하여 관계자들의 노고를 치하한 후, 수양원에 수용 중인 노인들에게 내의 120벌과 과자 60상자를 전달하고, 책임자에게는 금일봉을 희사했다는 신문 기사가 있다. 그 후에도 전두환은 특사를 보내 대산에게 인사를 전한 적이 있고, 대산도 기념품으로 전서, 친필, 법락, 염주 등을 보낸 바가 있다.

그런데 여기서 의문이 인다. 이리시청 건은 그렇다 쳐도 취임식 참석은 아무래도 석연치 않다. 박 대통령이 청와대로 단독 초청을 해도 안 간 대산 종법사가, 불법 쿠데타와 무도한 광주학살을 거쳐 집권한 전두환의 취임식에는 왜 갔을까,[4] 무슨 사정이나 의미가 있을까 궁금하다. 워낙 엄혹한 시절이니 교단을 우려하여 간 것일까, 아니면

---

4 취임식 참석 후 말한 소감에 "내가 한 번 참석했으니 다음부터는 참석 아니해도 될 듯하다." 했으니, 그 말에 속뜻이 있을 만도 하다. 대산은 노태우 대통령 취임식 때도 초청을 받았으나 가지 않았다.

자발적 의사가 있었을까? 여기에 대해 짐작해 볼 만한 자료가 있다.

> 나라를 다스릴 때 방종에서 통제로, 통제에서 자유로 순서 있게 옮겨져야 한다. 그런데 한국은 조선왕조 500년간 방종했고, 일제 시에는 불의의 통제를 당했으며, 해방 후에는 역시 서양문명의 급래로 방종해졌다. 그래서 해방 후 방종에서 통제로, 통제에서 자유로 옮기는 정치가 확립되었었다. 통제에서 오는 자유라야 진정한 자유이지 방종의 자유는 혼란만 가져온다. 지금 일본과 미국은 너무 방종적이다. 앞으로 통제적인 인물이 나와야 한다. 한국에서 더 통제할 인물이 나올 것이다. 두고 보자. 그런데 한국은 통제적 인물이 일찍 나와서 일했다. 이것은 대종사님의 성령의 가호이시고 우리 교운인 것이다. (『진리는 하나 세계도 하나』, 388쪽. 1975.3.12.)

그러니까 국가의 통치 패러다임은 '방종-통제-자유'로 옮겨 가야한다면서, 다시 자유를 '방종의 자유'와 '통제의 자유'로 나누고, 전자는 혼란만 가져오므로 후자가 바람직하다고 말한다. 그러면서 우리나라 역사 발전이 해방 후 방종이 통제로 다시 자유로 옮기는 정치가 '확립되었었다'고 대과거 시제로 표한 것은, 이미 그 자유가 '통제의 자유'가 아닌 '방종의 자유' 단계여서 통제적 인물이 나와야 한다는 주문이 실린 것이다. 그리고 통제적 인물이 이미 나와서 일했다 했으니 박정희를 가리키는 것으로 보이는데, 중요한 대목은 '한국에서 더 통제할 인물이 나올 것이다.' 하고 예언한 점이다. '내 말이 맞나 안 맞나 두고 보자'라고도 하고, '앞으로 통제적인 인물이 나와야 한다'

고 당위로 주장하기도 하고, 그리되는 것은 '대종사의 가호이고 원불교의 교운'이라고까지 미화한다. 이 말이 박정희의 유신시대에 나온 것이니만큼 앞으로 나올 '더 통제할 인물'은 곧 전두환일 수밖에 없지 않은가 싶다. '두고 보자'더니 박정희가 가고 전두환의 철권통치가 나왔다. 대산은 이미 전두환의 등장을 알고 있었고, 그의 시대(5공화국)의 도래가 필연적이라고 본 것일까. 그리고 전두환 방식의 통제에서 다음 단계는 '통제적 자유'의 시대가 되어야 한다는 것까지 말하고 싶었던 것일까.

대산은 일찍이(1961.8.31.) 「타 종교와 타 단체는 정변이 있을 때 해체 혹은 약화되는데 본교는 그럴 때마다 전진한다. 일 하나하나가 도에 입각하여 도로써 일을 하는 까닭이다.」(『진리는 하나 세계도 하나』, 79~80쪽.) 했는데, 이 말을 보면 '대종사님의 성령의 가호이시고 우리 교운'이라 한 말이 뜻하는 바를 대충 짐작할 만도 하다. 아무튼 정치적 견해는 위험하기 짝이 없지만, 대산의 국정철학을 두고는 섣불리 비판의 칼을 들이대기보다 의두 삼아 연마할 점이 있어 보인다.

대산이 각별히 전두환을 평가한 것은 장기 집권의 유혹을 물리친 점과 더불어 88올림픽을 유치한 공인 듯하다. 1985년, 전두환 대통령이 88올림픽을 유치할 때 이를 반대하는 한 국회의원을 보고「올림픽 반대하는 놈은 대한민국 국민이 아니다.」라고 극언하며 진노하였다(『조불…』II, 563쪽. 김관현) 함이 그렇다. 정산도 「체육으로 이 나라가 세계에 드러난다.」 했다지만, 대산은 86아시안게임과 88올림픽 등 내규모 체육행사가 한국의 위상을 세계에 드러낼 것으로 평가했던 것 같다. 나중에 전두환이 백담사에 은거할 때, 대산은 그에게 순치

황제 출가시[5]를 보내어 수도할 것을 권유했다고도 한다.

다음 권력자는 13대 대통령 노태우다. 1979년 10·26사태(박정희 대통령 시해)에 이은 12·12군사반란 이후 정치 현장에 등장한 노태우는 항상 전두환과 엮여 언급되는 것이 숙명이고, 그래서 5.18 광주의 원죄에서도 벗어날 수 없다. 그러나 오만하고 과격한 성격의 전두환에 비해 노태우는 온건하고 합리적인 성격으로, 대산이 노태우를 선호한 것은 당연해 보인다.

유신시대와 5공 시대를 지나 1987년에 다시 대통령 직선제가 실시되면서, 갑자기 정상급 정치인들 앞에 국민은 갑이 돼버렸다. 호남 지분을 얼마만큼 인정받는 교단 덕분인지 몰라도 대통령 후보들에게 대산 종법사의 몸값이 뛰었다. 노태우(민주정의당), 김영삼(민주통일당), 김대중(평화민주당), 김종필(신민주공화당), 김선적(일체민주당, 중도 사퇴) 등 후보들은 너도나도 대산을 만나려고 공을 들였고, 대산은 갑이 되어 그들을 앞에 놓고 훈계도 하고 설법도 했다. 일제강점기 스승 소태산이 말단 순경의 호출에도 꼼짝없이 출두하던 처지에 비하여 이제는 대통령 후보들이 교단을 다투어 찾아오는 국가사회적 위상 변화에 대하여 대산의 감회는 남달랐다.

1987년 10월 22일, 대산은 유세 중인 민주정의당 대통령 후보 노

---

5   순치황제는 청나라 3대 황제 세종(1638~1661)을 가리키는 것으로, 인생무상을 느끼어 황제위를 버리고 출가하며 지었다는 시가 전한다. 칠언 장시로 황제의 화려한 삶보다 행복한 수도자의 보람을 읊고 있다. 1661년은 그의 사망 연도가 아니라 출가 연도라고도 한다.

태우를 정주교구청(정읍교당)⁶에서 만났다. 예비지식을 갖춘 노태우가 대뜸 "종교 UR에 대하여 잘 알고 있습니다." 하며 선수를 치자 대산은 신이 나서 단골 테마인 세계평화 삼대제언(종교연합, 공동시장, 심전계발)을 역설했고, 이른바 6·29선언⁷을 두고 '정치인이 하기 어려운 역사적 일대 결단'이라고 추켜세웠다. 마지막으로 "아무리 어려운 일이 닥친다 하여도, 어떠한 일이 있어도, 군대를 동원하는 일은 없어야 합니다." 하고 당부했다. 대산과 허물없이 지내던 김정수 의원의 증언에 따르면, 대산은 이때 이미 노태우의 당선을 예견하고 있었고,⁸ 그러기에 이 말은 허투루 던져 보는 원론적 당부가 아니었다.

영산성지를 참배하고 기도를 드리라는 대산의 권고에 따라 영부인 김옥숙이 참배하러 갔고, 당선 후에는 대산의 생신 때마다 화분과 선물을 보내고, 와병 소식에는 문병 특사를 보냈다. 청와대에서 초청하였으나 가지 않자, 대신에 김옥숙이 여자 원로교무들을 초빙하여 접대한 일도 있었다. 대산은 취임식 때 초청받고 축하 전문만 보냈지만, 1989년에도 친서를 보내어 격려했고, 퇴임 때도 위로 전문을 보냈다.

---

6   정읍군이 정주시(1981~1994)로 불리다가 현재 정읍시가 되었다. 1977년 정읍교구가 신설된 후 1986년부터 정주교구로 개칭되었다가 1995년 교구제 개편에 따라 전북교구에 편입되었다.

7   1987년, 6월 항쟁 직후인 6월 29일에 민주정의당 대표인 노태우기 직선제 개헌 요구를 받아들여 발표한 특별 선언이다. 이로써 전두환의 4.13 호헌조치가 철회되고 직선제 개헌이 이루어졌으며, 그에 따라 13대 대통령선거가 직선제로 실시되었다.

8   (13대 대통령선거 때 찾아뵈니) "이번에는 노태우 후보가 된다." 하셨다. 내가 "아닌데요. 우리 김영삼 후보가 될 것 같은데요?" 하면, 다시 "아니다. 노태우 후보가 된다." 하셨다. 그리고 노태우 후보가 당선되었다. (『조불…』Ⅱ, 114쪽.)

내가 몇 년 전 노 대통령이 대통령 후보 당시, 정주교구청에서 준 글이 하나 있다. 그 글이 바로 대참회 대해원 대사면 대정진 대보은 대진급이다. 우리나라가 잘 되려면 국민이나 국가나 정치인 모두는 대참회를 해야 한다. 또 대해원을 해서 원한에 얽혀 있는 것은 먼저 풀어 주어야 한다. 가정으로부터 국가 세계적으로 뭉친 원한들을 풀어 주어야 한다. 또한 대사면을 하여 국가에서도 학생들이나 시국사범들을 사면해야 하고 가정에서도 서로 대사면을 해야 한다. 그러기 위해서는 대정진을 해야 하고, 또 대보은을 해서 갚아야 한다. 노 대통령이 그렇게 하겠다고 하더니 물 대통령이 되었다고 하더라. 우리도 물이 되어야 한다. 《원불교신문》, 1992. 9. 11.)

세인들은 전두환의 철권통치에 진저리 치면서도, 나름으로 야당과 협치를 추구하며 민주화의 여정을 걸었고, 북방정책으로 소련 등 공산권 국가들과 수교를 했고, 88올림픽을 성공적으로 치른 노태우를 '물태우'라고 조롱했으니, 참 알 수 없는 것이 세도인심이다. 대산은 '대참회, 대해원, 대사면, 대정진…'으로 물이 되라고 당부했고, 꼭 그 당부 때문은 아닐지라도 노태우가 깜냥껏 노력하여 '물 대통령'이 되자, 세상이 그를 조롱했다. 그러나 대산은 노태우와의 만남을 '영겁의 불연'이라고 의미 부여를 하며 그를 칭찬했고 격려했다. 다음은 1989년 12월에 보낸 친서 내용 중 일부이다.

88서울올림픽의 대성공적 완수와 북방외교의 크나큰 결실 등은 반만년 역사의 새로운 기록인 동시에 실로 세계사에 새로운 전기를 이룩한 기적이 아닐 수 없습니다. (…) 이 나라는 위대한 단군성조를 모신 후 세종대왕 같은 성군과 이순신 장군 같은 성장도 모시었고, 또한 박정희 대통령 같은 조국 중흥의 대업을 이룩한 큰 지도자가 있었기에, 앞으로 조국을 대흥시킬 큰 지도자가 나오실 것을 확신하면서, 나는 항상 마음 든든히 종교활동을 하고 있습니다. 대통령께서 유(柔)를 바탕한 강(剛), 화(和)를 바탕한 협력, 합리를 바탕한 질서, 대의를 바탕한 일체로 나아가려는 의지는 반드시 민주정치의 꽃을 피울 것이고, 남북의 화합이 이루어지고 동서의 화합에 큰 바탕이 되어 세계평화를 이루는 역사적인 국주가 될 것을 의심치 않습니다.

다음 권력자는 14대 대통령 김영삼이다. 종교적으로 김영삼은 원불교 종법사 대산에게 그리 호감을 느낄 인물은 아니다. 1987년 13대 대통령선거 때에 김영삼 후보는 서울 충현교회 장로로서 라이벌인 불교의 노태우, 천주교의 김대중과 경쟁하면서 개신교 표를 몰표로 받고 싶은 나머지 그만 말실수를 했다. 「내가 집권하면 청와대에서 목탁 소리 대신 찬송가가 울려 퍼지게 하겠다」는 요지의 발언인데, 이로써 김영삼은 불교계의 거센 반발을 샀고, 결국은 득표 전략에 큰 차질을 빚고 말았다. 이때의 학습효과로 14대 선거에서 김영삼 후보는 개신교 외의 종교에 더욱 포용적으로 될 수밖에 없었다. 독자 집권이 난망하다고 본 김영삼은 1990년 1월, 이른바 3당 합당에 동의하여 민주정의당(노태우), 통일민주당(김영삼), 신민주공화당(김종필)을 묶는 민주자유당에 합류했다. 1992년, 제14대 대통령 선거에서는 민주당의 김대중 및 통일민주당의 정주영과 경쟁하면서 익산 총부로 대산 종법사를 찾아왔다. 대산은 당선이 가장 유력한 김영삼 후보에게 종교연합(UR) 법문과 함께 '대참회, 대해원, 대사면'을 강조하여 당부했다. 그리고 모처럼 교단적 숙원 한 가지를 부탁하는데 그것이 원음방송 승인 건이었다.

김영삼은 김대중보다 8% 남짓 앞서는 득표로 당선이 되었다. 취임을 앞두고 손명순 여사가 대산에게 법복, 법락, 보료 등의 선물을 보내오자 대산은 『원불교전서』와 『정전대의』에다 친필 휘호를 써서 전했다. 취임 한 달 남짓밖에 안 된 1993년 4월 4일, 대산은 김영삼 대통령이 4만여 명에게 대사면을 하고 화합 정치를 주장한다고 칭찬하였다. 선거 기간에 총부에 와서 대산을 만났던 손명순 여사가 여성 교역자 십여 명을 청와대로 초청하자 대산이 이들 편에 정표로 영광 굴비와 새우젓 선물을 보내기도 했다. 김영삼이 처음에는 득표 전략으로 원불교나 대산 종법사에게 접근했던 데 비하여 뒤로 가면서는 원불교와 관계가 제법 우호적으로 바뀐 것 같다. 임기 막바지인 1997년 12월, 모 의원이 원음방송 승인에 관하여 대산 종법사와의 약속을 지키라고 다그치자 "원불교, 참 깨끗하긴 하더라. 그래 해라." 해서 숙원이 풀렸다는 일화도 전한다. 퇴임 후 8년이나 지난 2006년 6월에 원광대는 김영삼 전 대통령에게 명예정치학박사 학위를 수여하며, 재임 시절 광주민주화운동 희생자들의 명예를 회복하고, 금융실명제를 통한 금융개혁 및 지방자치제의 전면 실시 등 민주화와 정치 발전에 기여한 점을 높이 평가하였다. 이날 좌산 이광정 종법사를 예방한 자리에서 좌산은 「재임 기간 민주화를 선두에서 이끌며 국가 정치를 반석에 올리고, 국방과 남북 관계의 전기를 열었다」고 평가하며, 교단적으로도 원음방송 허가(1997)와 대안교육 특성화학교 법제화(1998)[9]에 대해 감사를 표했다.

다음 권력자는 15대 대통령 김대중이다. 1971년 제7대 대통령선거에 출마하여 박정희와 맞겨루다 패배한 이후 파란만장한 정치역정을 겪다가 13대, 14대 선거에서도 연패한 후, 1997년 15대 대통령선거에서 마침내 당선의 꿈을 이루었다.

김대중은 잘 알려진 천주교인이고 부인 이희호가 유명한 개신교인이다 보니 원불교와 무관할 것 같지만, 생각보다 끈끈한 인연을 맺고 있었다. 양쪽이 다 호남에 근거를 둔 관계도 있겠지만, 김영삼에 비하면 처음부터 호의적인 사이가 아니었나 싶다. 1987년 13대 대통령 선거 당시(11월 24일) 김대중은 총부로 와서 대산 종법사를 만났고, 대산은 그에게 '중산(中山)'이란 법호도 주었다. 대산 재위 마지막 해인 1994년(3.17.)에 원광대학교에서 국내 대학 중에선 처음으로 명예정치학박사 학위를 수여했다. 대통령으로선 김영삼과 노무현에게도 명예학위를 수여했지만, 그것은 재임 중이거나 퇴임 후의 일이고, 김대중에겐 대통령이 되기 3년 전에 수여한 것이어서 좀 성격이 다르다. 이런 인연 때문인지 1997년 대통령 취임식에서 김대중 대통령은 총무처에 지시하여 원불교 교정원장을 단상에 올리는 의전을 베풀었다. 세인들은 이것이 원불교를 정부 행사에서 4대 종교의 반열에 올

---

[9] 1998년 2월 24일 공포된 초중등교육법시행령에 의해 종래의 대안학교를 특성화학교로 법제화하여 정부가 지원하도록 했다. 원불교에서 운영하던 영산성지고등학교나 송학중학교 등 대안학교들이 그 혜택을 받게 되었다.

린 첫 사례로 본다. 전북원음방송에 이어 2001년에는 부산원음과 서울원음의 잇따른 개국도 김대중 대통령의 배려 덕분이었다고 한다.

정치 사회적 멘토

전북에서는 익산시 신룡동에 자리한 원불교 총부가 종교적 성지(聖地)일 뿐 아니라 정치인의 성지라는 말이 회자된다고 했다. 총부가 내로라하는 정치인들의 단골 방문지가 된 것은 선거라는 타이밍에 맞물린다. 그러나 출마한 후보들만이 아니다. 정치적 야망을 품은 잠룡들은 물론 정부와 지방의 고위 관료, 경제계 거물, 언론인, 사회적 명망가들이 성지순례 하듯 익산 총부를 찾았다. 이런 현상은 원불교의 사회적 위상이나 영향력과 연동되는 것이겠지만, 그들은 한결같이 대산과 면담하기를 원했다. 물론 대산 이후로도 총부를 찾은 인사들의 종법사 접견이나 면담은 관행으로 정착했지만, 그러한 관행은 거의 대산의 영향이라고 해도 과언이 아니다. 원불교의 영향력에 업혀 덕을 보려는 얄팍한 술수 때문이든, 원불교 종법사 등의 가르침이나 멘토링[10]을 원해서든 말이다.

멘토로서 대산에게는 교도들을 제하고도 멘티들이 많았다. 정치

---

10 Mentoring. 경험과 지식이 풍부한 사람이 특정한 사람에게 지도와 조언을 하면서 실력과 잠재력을 계발시키는 활동. 조언자의 역할을 하는 사람을 멘토(mentor), 조언을 받는 사람을 멘티(mentee)라 한다.

계, 경제계, 관계뿐 아니라 언론, 종교, 교육 등 각계각층 인사들이 찾아오거나 주변을 맴돌았다. 정치인들을 먼저 살피기로 한다면, 총리급으로서는 초대 총리인 이범석(1948~50년 재임)이 총부를 방문해서 기념식수를 하고 대산 종법사와 차 마시며 환담했다는 증언이 있으나[11] 총리직을 그만둔 후인 1960년대의 일로 보인다. 5대 총리인 변영태도 전북지사와 함께 총부를 다녀갔는데 이에 관해선 대산도 여러 곳에서 언급한 바가 있다. 변영태가 총리를 한 것이 1954~5년 사이니까 대산의 교정원장 시절인데, 기독교 장로 신분인 변영태가 소태산대종사성비 비문을 꼼꼼히 읽더니 소태산을 불교 혁명가로 찬탄하고, 본인은 개종할 수 없는 처지인지라 대신에 조카딸을 원불교로 인도했다는 일화를 대산이 즐겨 인용했다.

    종법사 시절에 대산을 찾은 총리는 김종필, 김상협 등이 있다. 이 무렵, 김종필을 처음 만나던 해에 대산은 처음으로 전용차를 굴리게 되었다. 그만큼 행사도 많고 이동이 잦고 바빠진 것이다. 한편으론 대산의 건강이 좋아진 덕이라고도 할 것이고, 다른 한편으론 국가 경제 사정이 좋아져서 승용차 보급률이 올라간 덕이라고도 할 것이다.

---

11 정치인 김정수의 목격담으로 「4월 식목일, 이범석 장군이 총부에 오셨는데 대산 종사님께서 같이 식목을 하셨다. (…) 종법실 옆의 한옥 마루에 앉으셔서 차를 한 잔 나누셨는데 이범석 장군이…」하고 두 사람의 대화까지 구체적으로 증언하고 있다. 『조불…』II, 112쪽.)

대산이 탄 승용차

소태산 시대엔 승용차가 보급되지도 않았지만, 살림이 어려운지라 부득이하면 인력거를 탈지언정 자가용 운용은 생심조차 낼 수 없었을 것이다. 박창기(구타원 이공주 아들)가 차를 사서 종법사를 모시려고 운전을 배운다는 소식을 들은 소태산은 분수 밖의 일이라고 이를 말렸던 적은 있다. 정산 종법사 역시 일제 말, 해방 후의 혼란기, 6·25전쟁을 겪으면서 그 시절에 승용차가 가당키나 했겠나. 대산 종법사도 취임 후 13년간을 승용차 없이 지냈다. 신도안 머물던 시절에도 총부를 오가려면 기차로 두계역이나 신도역에 와서 신도안까지 이십 리 길을 매번 걸어서 왕래해야만 했다. 70년대 들어 승용차가 꽤 보급되던 시절임에도 자가용을 구입할 생각은 못 했다. 교단을 통틀어도 원광대 박광전 총장이 지프차를 굴린 것이 고작이던 시절이었다.

그래도 종법사로서 대외적 활동이 잦아지면서, 군산에서 큰 약국을 하던 희산 오철환의 승용차를 빌려 타고 출입하기도 하였다. 이를 민망히 여긴 여교무들이 모금하여 처음으로 종법사 전용 승용차를 500만 원에 사드렸다. 이 차의 구입을 주선한 본타원 양혜경 교무는 차종이 레코드 로얄(GM코리아)이었다고 했다. (『조불…』I, 393쪽.) 그런데 대산 승용차의 전담 운전기사였던 거산 서경범 덕무는 1975년 9월에 뉴 살롱(쉐보레)을 샀다고 기억한다. 레코드 로얄 모델이 1975년 8월에 출시되었으니까 시기는 딱 들어맞는데 차종이 왜 다른지 모를 일이다. 게다가 이남현 교무는 원평에 머물던(1970년대인 듯) 대산 종사의 '콘티넨탈 6기통 승용차'를 얻어 탄 경험을 말하는데(《원불교신문》 2014.6.27.) 이런 최고급 외제 차는 황당한 얘기다.

어쨌든 1975년에 전담 운전기사로 발탁되어 1998년 열반 때까지 대산을 모셨던 서경범의 기억으로는 최초 구입한 차가 뉴 살롱이었고, 그 후 그라나다(포드)를 타다가 다시 뷰익(제너럴모터스)을 탔고, 열반 당년인 1998년에는 SM525(삼성)로 바꿔 탔다고 한다. 뉴 살롱은 종법사용으로는 격이 처졌고, 그라나다는 비포장도로엔 잘 안 맞았고, 고급 차인 뷰익을 탈 때는 종법사가 사치를 부린다고 시비를 건 사람들이 있었다. 대산은 기증자 김우중(대우그룹 총수)의 호의를 저버릴 수 없어서 뷰익을 묵묵히 탔고, SM525는 삼성자동차에서 처음 출시한 모델로 이건희 회장이 손수 한 달간 시운전까지 해보고 대산에게 기증한지라 또 고맙게 생각하고 열반 직전까지 탔다.

김종필(1926~2018)[12]은 1975년(6.19.) 국무총리로서 도정 순시차 전주에 왔던 길에 전북도청에서 대산을 처음 만났다. 이 자리엔 장경순, 이철승 여야 국회부회장 외에 장관, 청와대 특보, 국회의원 등 수행팀조차 화려했다. 1980년 2월에는 경산 장응철 서울교구사무장(후에 제5세 종법사 역임) 주선으로 대전 유성에서 다시 만났는데, 이 시기는 박정희 대통령 서거와 전두환 등 신군부의 12·12군사반란으로 초래된 비상한 시국이었다. 대산은 역시 UR을 비롯한 세세평화 삼대제

---

12 11대 총리로서 박정희 시대(1971~1975)와, 31대 총리로서 노태우 시대(1998~2000) 재임했다.

언 등을 설명하였는데, 특기할 것은 이 자리에서 법복, 납자, 염주와 『원불교전서』를 선물하고 수산(首山)이란 법호까지 준 것이다. 입교 절차도 밟지 않은 그에게 이런 방편을 쓴 것은 요한 바오로 2세 교황을 만났을 때 영역『원불교전서』를 주면서 원불교 '성물(聖物)'[13]인 백팔염주를 교황 목에 걸어주던 것과 유사한 퍼포먼스로 보인다.

이번 기회를 통해 원불교는 훌륭한 종교요, 또한 우리나라에서 탄생한 우리의 종교라는 확신을 하였다. 또 대산 종법사님께서는 정말로 도통을 하신 훌륭한 종교지도자이시며 큰 어른이심을 알았다. 그래서 나는 베풀어 주신 그 크신 은혜에 어떠한 방법으로든지 보답해 드려야겠다는 생각을 하여 수행원들에게 원불교를 믿으라고까지 권하기도 하였다. 그래서 대산 종법사님을 유성에서 뵙고 나는 내 생에 최고 기쁜 날이라고 생각되어 수행원들과 자축연을 열자고까지 하였다. (『조불…』II, 71~72쪽. 김종필)

김종필은 이해(1980) 대각개교절을 맞이하여 특사 편에 축하의 친서와 더불어 향로와 촛대 한 쌍을 선물로 보내왔다. 신군부에 의해 의원직을 박탈당하고 정계에서 퇴출된 좌절의 시기인 1986년 4월에는 그가 원평 구릿골에 머물던 대산을 찾아왔다. 대산은 포도잠거(抱

---

[13] 가톨릭에서는 십자가, 묵주 등 종교의식에 쓰는 여러 가지의 신성하고 거룩한 물건을 가리켜 성물이라 한다. 원불교『예전』에서는 의식도구, 법요도구, 장엄도구 외에 염주를 수행도구로 부르고 있다.

道潛居)¹⁴를 잘했다고 위로하며 영산성지를 참배하도록 권고하였고, 김종필은 그해(11.29.) 영산성지를 참배하였다. 1987년 13대 대통령 선거에서 신민주공화당 후보가 되어 총부로 대산 종법사를 찾아온 김종필은 '여유(餘裕), 심사(深思), 음덕(陰德)' 같은 법설을 들으며 격려 받았고, 그 후로도 종종 대산을 찾아 조언을 구했다.

김상협(1920~1995)¹⁵은 1983년(7.5.)에 농수산부 장관, 전북지사 등을 거느리고 총부를 방문하였다. 대산은 김 총리에게 예의 '세계평화 삼대제언' 외에 자주국방과 국내총화 등을 당부하고, 자신의 손때가 묻은 염주를 비롯하여 법락과 『원불교전서』 등을 선물했다. 이어서 하산(夏山)이란 법호를 준 대산은 김 총리의 손을 잡고 경내 산책을 하며 환담했다. 그의 백부 김성수 전 부통령과의 인연에 관해서도 이야기했을 것이다.

고건(1938~)¹⁶은 아버지 고형곤 때부터 원불교와 인연이 예사롭지 않다. 서울대 철학 교수와 전북대 총장에다 국회의원까지 지낸 고형곤은 1973년부터 원광대 대학원 강의를 하면서 대산과 친분을 쌓았다. 서양철학을 전공했지만, 선불교에 조예가 깊어 『선의 세계』란 명저를 내기도 한 그는, 방학 때면 신도안으로 대산 종법사를 찾아가서 며칠씩 머무르다 가곤 했다. 그는 만년에 자기가 애장하던 서적과 소

---

14 이 말은 『황석공소서』에 나오는 말로 갖춘 구절은 「潛居抱道 以待其時」(도를 품고 숨어 지내며 그 때를 기다린다)이다
15 고려대 총장과 문교부 장관을 지냈으며 16대 국무총리(1982~1983)를 역임했다.
16 30대 총리(1997~1998)와 35대 총리(2003~2004).

장품을 몽땅 원광대에 기증하리만큼 원불교나 원광대에 애정이 깊었고, 아들 고건한테도 원불교 일을 도와주도록 당부했다 한다.

고건은 젊어서부터 화려한 관직을 섭렵했지만, 1975년부터 전남지사를 하면서 원불교와 인연이 깊어졌다. 고건은 부친의 당부도 있고 하여 영산성지고등학교의 학력(學歷) 인정을 위해 힘써주었고, 영산성지로 들어가는 도로 확장공사도 해주었다. 이런 과정에서 대산을 만나 법문을 듣고 감동하였다고 고백했다. 1985년, 아버지 고향인 군산·옥구에서 국회의원에 출마하면서 영모묘원으로 대산을 찾아가니 대산은 그에게 원산(圓山)이란 법호를 주면서, 세계평화 삼대제언을 자상하게 설명해 주었다. 고건은 종교 화합의 주장과 UR에 대한 법설에 감명이 깊었다고 한다. 고건은 국회의원을 하면서 종종 대산을 찾아보고 가르침을 받았다. 1992년에 원광대에서 명예법학박사 학위를 받으며 더욱 관계가 돈독해졌고, 김영삼 정부와 노무현 정부에서 국무총리를 지내는 등 화려한 관직 생활을 하는 동안 원불교 일이라면 항상 호의를 가지고 도움을 주었다.

어느 정치인이 「나뿐 아니라 여야 간에 각 지도자들이 가르침을 받들기 위해 제일 많이 찾아뵙는 분이 대산 종법사」라고 지적했다시피, 대산 주변에는 정치인들이 유난히 많았던 것 같다. 호남 정치인들은 지연, 인연, 법연 해서 자연히 대산을 구심점으로 그룹을 형성하는 모양새였다. 앞에서 김대중 대통령이나 고건 총리를 예로 들었지만, 도지사나 장관, 국회의원급으로도 이철승, 김원기, 조세형, 장경순, 이환의, 조상호, 황인성 등이 있다.

신민당 대표에, 국회부의장에, 7선 의원을 지낸 이철승(1922~2016)은 전북 전주 사람이다. 집안이 온통 원불교와 인연이 깊고, 특히 외가 쪽은 전무출신도 여럿 나올 만큼 독실했다. 대산을 자주 찾아 가르침을 받들고, 그의 정치철학인 중도통합론을 교리적으로 뒷받침해 주면서 격려하는 대산에게 늘 감사했다.

　　장관과 국회부의장을 지낸 장경순(1922~2022)은 전북 김제 사람이다. 어머니가 착실한 원불교도여서 어머니와 함께 대산을 찾아보고 수원(修圓)이란 법명도 받았다. 김제를 지역구로 하여 국회에 입성했고 10년이란 최장기간 국회부의장을 했으며, 어머니 뜻에 따라 자주 대산을 찾아가서 가르침을 받았다. 대통령선거를 앞두고 찾아갔을 때, 대산이 "이번 선거는 도로써 해야 한다. 특히 인화의 도로써 하라. (…) 철판과 굳은 나무는 총탄을 막지 못하나 부드러운 솜은 능히 막는 것이니 솜이 되어 인화의 도로 해야 한다"고 한 법문을 새겨들었다.

　　국회의장을 지낸 김원기(1937~)는 전북 정읍 사람이다. 할머니가 독실한 원불교도였기에 어려서부터 원불교를 알았고, 효산 조정근 교무와 절친이어서 인연이 깊었다. 기자로 있을 때나 정계로 진출한 이후나 한결같이 원불교와 가까이 지내며 대산의 가르침을 자주 받들었다. 결혼하고는 아내와 인사하러 갔고, 국회의원에 당선되자 제일 먼저 찾아갔고, 설에는 세배하러 가고, 큰일이 있을 때마나 찾아가서 가르침을 받았다. 기독교 집사인 아내를 데리고 총부로, 원평으로, 신도안으로, 왕궁 영모묘원으로 대산이 머무는 데마다 찾아다녔다.

　　네 차례(10대, 13~15대) 국회의원을 지낸 조세형(1931~2009)은 전북

원평(김제) 사람으로 그의 이모가 대산의 장모이니 대산이 이종 매형이 되는 셈이다. 조세형은 집안이 대대로 개신교인이어서 종교적으로 거리가 있었지만, 대산을 한 번 만난 후에는 깊은 존경심으로 자주 찾아 가르침을 받았다. 1980년, 전두환의 군사 반란으로 국회의원직에서 쫓겨나 실의에 빠졌을 적에 대산은 조세형을 여러 차례 불러 위로하고 가르침을 주었다. 「사람은 실패했을 때 도(道) 있게 법(法) 있게 지내기가 어려우니 도 있게 법 있게 지내는 데 힘쓰라.」「사람이 활동을 하다가 어려운 일을 당하면 후퇴를 해서 준비 기간을 갖는 것도 좋은 일이다.」 대산은, 그가 해외에 나가 준비하여 큰 인물이 되기를 바랐지만, 그는 그 가르침에 따르지 못했음을 아쉬워했다.

전남 담양 출신 조상호(1926~2007)는 체육부 장관과 대한체육회장을 지냈다. 서울올림픽 유치와 아시안게임 유치에 공로가 큰 그는 88 서울올림픽대회 조직위원회 부위원장 겸 사무총장을 맡았을 당시 대산의 정신적 후원을 많이 받았고, 내외가 독실한 원불교도로서 교단의 난제를 해결하는 데 많은 도움을 주었다.

전남 영암 출신 이환의(1931~2021)는 어머니가 독실한 원불교도로, 본인도 대산을 4대 성인 못지않은 성인이라고 존경하며 종종 인사를 가서 가르침을 받았다. 전북지사와 국회의원, 문화방송 사장 등을 역임하면서, 기회 닿는 대로 원불교 및 원광대에 도움을 주었다.

전북 무주 출신의 황인성(1926~2010)은 장관, 국회의원 등을 지냈지만 특히 전북지사(1973~1978)를 지내는 동안 대산을 종종 찾아가 가르침을 받았고, 원불교에 많은 후원도 했다.

대산을 자주 찾은 정치인들은 물론 호남 인맥만은 아니다. 여야나 지역을 초월하여 여러 인물이 있지만 몇 사람은 특별한 추종자가 되었다.

울산 출신인 정해영(1915~2005)은 성공한 사업가로 정계에 진출하여 국회부의장을 지낸 7선 의원이다. 1951년에 부인(송경심)과 함께 원불교에 입교하여 도진(道振)이란 법명을 받고, 1985년부터 6년간 중앙교의회의장[17]을 역임하는 등 독실한 신앙생활을 했다. 대산 앞에서는 무릎을 꿇는 공경심을 보이며 가르침을 받들었고, 교단에 많은 기여를 하여 대호법 법훈을 받았다. 대산은 그에게 백산(栢山)이란 법호를 주었다. 아들 정재문(1936~)은 5선 의원으로 부모를 이은 원불교도이다.

경남 함안에서 나서 부산을 지역 기반으로 5선 의원과 보건사회부 장관을 지낸 김정수(1937~)는 고등학교 때(1956)부터 입교하여 원광대 원불교학과에 입학하고 대산 부인 이영훈 집에서 하숙까지 한 인연이 있다. 대산이 종법사가 된 이후, 특히 정치를 하게 되면서 그는 대산을 법부(法父)로 혹은 멘토로 모시고 가르침을 받았다. 대산은 정계 원로들을 만나면 "김정수는 내 아들이니 꼭 키워야 한다"고 당부했다 한다. 김정수는 원음방송 인가, 군종 승인 같은 교단의 난제들을 푸는 데 큰 힘이 돼 주었다. 중앙교의회의장, 원불교100년성업기념회장 같은 소임도 수행했다. 2000년에 원광대에서 명예경영학박

---

[17] 원불교 결의기관의 하나인 중앙교의회 대표이니, 교정에 있어 재가교도의 대표성을 가진다.

사 학위를 받았다. 법명 법운(法雲), 법호 경산(景山).

독립운동가 우당 이회영의 손자로 상하이에서 출생한 이종찬(1936~)은 4선 국회의원에 국가정보원장을 지냈고, 새한국당을 창당하여 대표가 되기도 했다. 1981년(3.2.), 국회의원으로서 흑석동 원불교서울회관(→원불교소태산기념관)에서 처음 대산을 만났다. 대산은 총부서울출장소장으로 있던 해방 정국에 그의 작은할아버지이자 부통령도 지낸 이시형을 이승만의 이화장에서 만나 교류하던 일들을 회상했고, 이종찬은 이로부터 대산을 깍듯이 모셨다. 개신교 신자인 그는, 기독교도 해외 선교를 하지 않던 1980년대 초에 대산이 원불교의 해외 포교와 세계화의 경륜을 이야기했는데, 그때는 깊은 뜻을 몰랐으나 이삼십 년이 지난 뒤에야 알아듣게 되었다고 실토했다. 세계평화 삼대제언에 대해서도 지나놓고 보니 탁견이라고 공감했다. 1992년 12대 대통령선거에서 새한국당 후보로 입후보하였을 때, 왕궁 영모묘원에 머물던 대산이 불러서 가니 사퇴를 권했다. 열세일지라도 완주하려던 생각을 접고 어른 말씀을 받들기로 결단한 것은 대산에 대한 존경과 신뢰 때문이었다.

화쟁과 통일

대산의 기본 노선은 중도주의이니, 정치인들을 대하면서 대립과 갈등을 중도로 화합시키는 설득을 지속했고, 기회 닿을 때마다 여야, 좌우, 남북의 화해와 협력을 당부했다. 대산은 젊은 날 서울출장소장으로 있을 때, 이승만과 김구, 이승만과 조봉암 등의 갈등 봉합을 위해 중재에 나섰던 것처럼 종법사가 된 이후에도 여야 화합을 위한 행보를 멈추지 않았다.

> 내가 국회의원에 막 당선되어서 찾아뵈니, (…) 여당과 야당 간의 정쟁이 많았고, 당내에서도 파벌 간에 갈등과 싸움이 많았던지라, "여야 간에 서로 비판하고 경계하더라도 같이 합심해서 이루어야 하는 일이니, 경계하고 비판하더라도 서로 화해하고 합력하는 것을 잊어버려서는 안 된다"고 강조하셨다. (…) 야당 내의 주류, 비주류 간의 심각한 갈등 문제, 동서 간의 갈등, 남북 간의 갈등, 여야 간의 아주 살벌한 갈등, 이런 것을 극복해서, 서로 견제하지마는 한 목적을 위해서 합력을 해야 한다는 의식을 버려서는 안 된다고 하는 가르침을 노상 말씀하셨다. (『조불…』II, 104~105쪽. 김원기)

국사를 위해 직접 나서서 여야를 화합시킨 대표적인 예로 회자되는 것이 있다.

> 국회부의장을 할 때 여야가 대립되고 복잡한 일들이 많이 있었다. 그중 제일 처음으로 어려웠던 일이 한일협정 체결 문제와 국회 인준 문제였는데, 야당이 반대를 하고 국민이 반대를 하여 여야가 흥분이 되어 있던 때였다. 그때(1966. 2. 28.) 대산 종법사님께서 오라고 부르시어 서울대병원 옆 원남교당으로 갔다. 갔더니, 거기에는 야당 원내총무인 정해영 의원이 와 있었다. 그 자리에서 대산 종법사님께서 정해영 원내총무와 나에

게 이렇게 강력하게 말씀하셨다.

"지금 나라에 큰 문제가 한일협정 문제인데, 이 한일협정 관계는 자칫 잘못하면 오래도록 큰 혼란이 있을 것이다. 그러니 국가 대사의 대의명분에 입각하여 서로 상합하여 양당이 서로 잘되도록, 또는 이권을 서로 양보하는 처지에서 힘을 뭉쳐야 한다. (…) 일본에 부채 상환 요구할 때도 너무 각박하게 하면 잘 사는 법이 아니며, 빚 주고 더러 떼이기도 하며 살아야 품이 있는 것이다. 그러니 대일청구권 관계에서도 보상금 요구를 너무 과하게 하여서는 안 된다. 그리고 또 앞으로 더욱 큰일이 있지 않은가. 남북통일의 일이다. 지금과 같이 다투기만 하면, 그때 가서 누구하고 손잡고 일할 것인가. 그러니 서로 상합하는 기운으로 합세해라."

말씀을 받들고 신민당 원내총무인 정해영 의원과 같이 상의하고 합의하여 그 후 바로 여야가 합력하여 타결을 한 일이 있었다. 그 후 정해영 의원은 국회부의장을 하였다. 그래서 국가에 큰일이 있을 때는 대산 종법사님께 둘이 불려가 말씀을 받들었다. 나라가 어렵고 복잡할 때 여야가 합력하여 나라를 살려야지 여야가 싸우기만 하여서 되겠느냐, 하시며 잘 합력하라고 말씀하시어 여러 가지 어려운 문제들을 상의하여 잘 마무리할 수가 있었다. (『조불…』II, 90~91쪽. 장경순)

대산은 화동(和同)의 도를 강조했지만, 당연한 말로 여기엔 정치뿐 아니라 경제 문제도 해당한다. 「80년대의 우리 정치와 최근의 경제가 다소 흔들린 것도 따지고 보면 정치 도덕과, 기업 윤리, 근로자의 도가 바로 서지 않은 데 근본 원인이 있다.」(《중앙일보》, 1990.1.5. 대산 종법사 인터뷰) 여기를 보면, 사회 문제를 '정치와 경제'라는 두 갈래로 파악하고 있음에 주목하게 된다. 소태산이 그랬듯이 대산 역시 경제에 관심이 컸다. 전이창 교무도「대산 종사님께 "수도하러 나와 가지고 돈 걱정만 하고 있으니 도(道)하고는 멀어지는 것만 같다." 했더니, "도인은 도도 주무를 줄 알고 돈도 주무를 줄 알아야지." 하시면서 "도가 깊을수록 돈도 주무를 줄 알아야 한다"고 하셨다」(『조불…』I, 209쪽.) 했다.

대산은 항상 제자들에게 공부와 사업, 이판과 사판, 도와 돈의 병행을 요구했다. 그래서 그런지 대산에겐 재벌 내지 경제인들이 잘 따랐다. 대산 당대 재벌로 손꼽던 현대, 대우, 삼성 등 3대 그룹 중 현대[18]를 제외한 양대 재벌이 대산을 추종했음은 잘 알려진 사실이다.

다음 글은 중앙일보 홍진기 회장의 딸이자 삼성 이병철 회장의 며느리로, 삼성 2세 이건희 회장의 부인이기도 한 홍라희의 기술(『조불…』II, 158쪽 및 163쪽.)에서 인용한 것인데 양가의 인맥과 대산의 관계를 유추할 수 있다.

○ 원기 61년(1976) 4월 19일, 대산 종법사님께서 4월 18일 서울 대법회를 문화체육관에서 보시고 우리 집에 오셨었다. 우리 아버님이신 국산 홍인천 대호법님과 어머님이신 신타원 김혜성 종사님의 초청으로 오셨다. 그때 우리 형제들이 대산 종법사님께 인사를 드리고 가족들과 기념 촬영을 하였던 기록이 어머님 사진첩에 담겨 있다.

---

18 현대그룹 정주영 회장은 14대 대통령 후보(통일민주당)로 출마한 때(1992.12.4.) 찾아와 대산을 만나 격려받았는데, 그밖에 달리 접촉한 자료는 찾아보기 힘들다.

○ 원기 72년(1987) 12월 13일에 시아버님이신 고 호암 이병철 회장님의 특별천도재를 모시기 위해 총부를 방문했다. 이건희 회장님과 우리 신타원 김혜성 종사 어머님, 동생 홍석원 박사와 같이 갔었다. 대산 종법사님께서는 이건희 회장에게는 중산이란 법호를 주시고, 나에게는 도타원이라는 법호를 내려주신 일이 있다.

경위를 더듬어 보면, 처음 홍라희의 어머니 김윤남이 1962년에 『원불교교전』을 보고 감동하여 원불교도가 된 후 법명을 혜성(慧性), 법호를 신타원(信陀圓)으로 받았고, 남편과 자녀 6남매를 모두 입교시켰다. 이에 남편 홍진기는 법명이 인천(仁天), 법호가 국산(國山), 장녀 홍라희는 법명이 도전(道田), 법호가 도타원(道陀圓), 사위 이건희는 법명이 중덕(重德), 법호가 중산(重山)이었고, 중앙일보 회장인 아들 홍석현은 법명이 석원(錫圓), 법호가 원산(圓山)이 되었다. 홍라희의 시아버지 이병철도 병도(秉道)란 법명을 받았고, 1987년 사망하자 원불교에서 천도 의식을 집행했다.

앞에서도 언급했듯이, 이건희, 홍라희 부부가 원불교중앙중도훈련원을 지어서 기증하자 대산은 석가불 당시 기수급고독원(기원정사)을 희사한 수달 장자 같다고 칭찬했다. 대산 사후이지만, 이들은 미국 뉴욕주 52만 평에 달하는 부지에 미국 총부 겸 훈련원인 원다르마센터 건립을 성사시키는 등 많은 후원을 했다. 이·홍 양가에서는, 원불교에 크게 공헌한 재가교도에게 주는 법훈(대호법)을 받은 이들이 여럿 나왔고, 김혜성은 최고 법훈인 종사위를 받았다.

대우그룹 총수 김우중(1936~2019)은 언제 어떤 경로로 원불교 내지 대산 종법사와 인연이 맺어진 것인지 모르나 대산 종법사로부터 주산(宙山)이라는 법호를 받은 것이 1987년이었다. 김우중은 종종 대산을 찾았고, 대산은 구두로 혹은 서신으로 조언하고 챙기었다. 「주산 회장이 원불교와 나와 인연을 맺은 후로 지금까지 나는 숙겁의 불연이었음을 깊이 느꼈으며, 날이 갈수록 법정이 두터워진다. 주산이 공적으로는 대우 회장이나, 사적으로 생각할 때에는 내가 부자지정의(父子之情誼)가 건네었다. 또한 자주 마음에 챙겨지고 큰 인물로 세계에 큰일 할 것을 마음 깊이 염원하고 있다.」(대우그룹 창설 29주년 기념 메시지) 같은 데서 정과 기대감이 묻어난다. 대산이 열반했을 때 김우중은 대산과 자기가 부자간이나 같았다고 회고하며 추도하였다.

항상 큰 가르침으로 기업경영의 도리를 깨우쳐주셨으며, 지치고 힘들 때에는 새로운 용기와 위안을 주시기도 했습니다. 대우조선 노사문제로 어려움을 겪고 있을 때 「사원들을 친형제, 친자식으로 삼아 천 번 만 번 참으면서 끝까지 '자리이타(自利利他)'로 은혜를 쌓아 가기 바란다」는 간곡한 말씀은 그 어려운 상황에서도 모두가 슬기롭게 문제를 해결할 수 있게 한 열쇠와도 같았습니다.

재계 2순위 그룹의 회장으로서 큰일과 좋은 일도 많이 했지만, 분식회계와 과도한 부채로 버티던 대우그룹은 외환위기의 파도를 넘지 못하고 1999년에 해체의 비운을 맞았다. 그뿐만 아니라 법원은 김우중 회장에게 부실 경영의 책임을 물어 징역 8년 6개월에 추징금 18조 원을 선고했다. 김우중과 대우의 몰락은 대산 사후의 일이지만, 대산이 살아 있었더라면 어떤 조언을 했을까 궁금하다. 원불교 교단과 원광대를 위해 그는 많은 후원을 했다. 교단은 그에게 명예대호법의 법훈을 주어 기렸고, 원광대학교는 2014년 그에게 명예경영학박사 학위를 주었다. 그가 원광대에 출연하여 설립한 주산학술연구재단은 아직도 유덕을 끼치고 있다.

앞에서 이미 언급한 바도 있고 하여 여기서 다시 말하는 것이 새삼스럽긴 해도, 대산과 경제인의 관계를 말한다면 최준명(1933~)을 빼놓을 수는 없다. 영광군 백수면 길룡리, 바로 소태산과 같은 동네 출신이고, 그의 할머니가 소태산의 어머니와 자매간이니 지연, 혈연에다 그야말로 모태신앙이니 원불교를 떠나서 말할 수가 없다. 대산이 아니더라도 최준명은 소태산과 원불교의 품 안에서 벗어날 수 없는 사람이지만, 요진건설산업 회장 최준명으로 성장한 배경을 보면, 분명 대산이 공들여 키운 사람이기도 하다. 건설 현장에서 허드렛일하면서 고학으로 한양대 건축학과를 나와 오늘에 이르기까지 기업인으로서 그의 성공담은 제쳐두고, 대산과 최준명의 법연은 참으로 끈끈하다. 대산이 폐결핵을 앓고 나서 서울출장소장으로 한남동에 있을 때 대산을 모시는 간사 생활을 했다.[19] 이후 요진건설이 성장하는 길목 틈틈이 대산은 최준명에게 불사를 강권했다. 동산선원을 지어라, 중앙훈련원을 지어라, 삼동원도 지어라, 그러면서 매번 공사비는 제

---

[19] 최준명은 1948년에 대산을 처음 만나 3년간 시자 생활을 했다고 하지만, 대산은 1949년 봄에 한남동을 떠났으니까 아귀가 안 맞는다. 아마도 1947~8년도 전후로 연도만 걸친 3년으로 보인다.

때 주지 않고 떼어먹기를 자주 했다.

한때는 원평에 계시면서 아침 11시까지 오라고 하셨다. 나는 무슨 말씀을 하시려나 궁금했는데 종법사님을 뵈러 가면 솔직히 겁이 났다. 나에게 공부(*수행)를 이렇게 해라 저렇게 해라 그렇게는 안 하시지만, 교단 사업, 일 이야기를 주로 하셨다. 가만히 앉아 있다가 점심때가 되면 점심 먹고, 구석에 앉아 있으면 각 교당 회장들이 나와서 이야기하신다. (…) 하여튼 회장들의 말이 끝나면 그다음으로 넘기신다. 그리고 당신이 부르신 나에게도 따로 무슨 말을 해주시는 것이 아니라 많은 사람들 앞에서 "준명이 왔구나. 네가 이거 해라." 하고 많은 사람들 앞에서 말씀하시는 것이었다. 그러시고는 "준명이가 이거 한단다. 박수 한 번 쳐라." 그러면 그게 결의가 되었다. 그러고 나면 그만이다. 거기서 내가 "못합니다." 할 수가 없다. 나는 돌아오면서 '성자는 귓속말이 필요 없다. 성자의 말씀은 받들면 받들수록 그 복혜가 족족하고 은혜가 세상에 널리 미친다'고 생각했다. (『조불…』II, 183~184쪽.)

그래서인지 모르지만, 요진건설은 승승장구하였다. 그러는 중에 세배라도 가면 '금년은 무엇을 조심해라' 하고 주의를 주는데, 어느 해엔 "너, 영광 가서 국회의원 출마한다면서? 그런 것 하지 마라." 했다. 그때 출마했더라면 좋지 않은 일이 생길 뻔했음을 나중에야 깨닫고 안도한 일도 있었다. 대산 때문에 자의 반 타의 반인 불사도 제법 했다시만, 건산 최준명 회장이 정작 맘먹고 불사를 한 것은 대산이 열반한 뒤의 일이다. 사회복지법인 한국보육원의 이사장, 학교법인 휘경학원의 이사장을 맡는 등 교단의 크고 작은 불사에 합력하며 곳곳에 그의 손길이 미치지 않은 곳이 없을 정도였다. 2016년, 육군사관생도의 군종교화를 담당할 화랑대교당을 단독 불사로 짓고 서울시건축상을 수상[20]했을 때도 기뻤지만, 2018년, 원불교 종교연합운동 후원재단 이사장으로서 유엔 글로벌콤팩트한국협회(GCNK)가 주최한 2018글로벌비즈니스평화상 시상식에서 종교평화특별공로상[21]을 수상했을 때 보람이 있었다. 모두 무상행의 대봉공인을 당부한 대산의 유훈을 실천하는 삶이었다. 그는 "난 돈 벌어서 종교사업도 하고, 사회사업도 하고, 교육사업도 하니, 참 행복한 사람이다. 이렇게 잘 살다 죽으면 된다." 했다.

대산 주변에는 언론계, 학계, 교육계, 종교계의 명망 있는 인물들이 다양한 경로로 친분을 쌓고 가르침을 따랐는데, 일일이 언급하기는 번거롭지만, 몇 사람만 예로 들어보자.

미국에서 한국인 최초의 정치학 박사학위를 취득하고 연세대 교수 및 초대 총무처 장관 등을 지낸 서석순(1922~2017)은 처가가 원불교 집안이어서 결혼식도 원불교 총부에서 정산 종법사를 모시고 했다. 1962년 원불교단이 불교재산관리법을 적용받을 난경에 처했을 때 종교심의위원으로 이를 지킨 공로가 있다. 군사정부에 정치교수로 찍혀 탄압이 깊어지자 부득이 미국에 가서 교수 생활을 오래 했

---

20 양수인 설계와 요진건설 시공으로, 제34회 서울시건축상에서 우수상 및 시민공감특별상을 수상했다.

21 평화 구축에 있어 리더십을 보여준 세계 전·현직 최고경영자들에게 수여하는 상이다.

다. 신심이 독실하여 원불교의 세계화에도 일조했으며, 특히 대산 만년에는 왕궁 조실에 와서 전후 6개월간 시자 살이까지 했는데 미국으로 돌아갈 때는 대산 상사에게 "세세생생 사부님으로 모시겠습니다." 다짐한 뒤 4배를 올리고 물러갔다고 한다. 법명 경재, 법호 석산(碩山).

전남대 농대 교수로 있다가 박정희 대통령에게 발탁되어 새마을운동중앙회장, 새마을지도자연수원장을 지낸 김준(1926~2012)은 개신교인이면서도 1959년 영산 재방언 당시부터 대산을 스승으로 섬겼다.[22] 신도안 삼동원에서 연수원 교관 훈련을 3회나 시키기도 했고, (수원)새마을지도자연수원과 (성남)새마을지도자연수원(→새마을운동중앙연수원)으로 두 차례 대산을 초청하기도 하였다. 대산은 그에게 농산(農山)이란 법호를 주고 새마을운동의 짝으로서 '새마음운동'을 하라고 당부하자, 그는 원불교 새삶회 회장을 맡기도 했다. 대산 사후 「대산 종사님께서는 인류의 스승이요, 나의 진정한 아버님이셨다. 나는 나를 낳아주신 아버님과 영적으로 키워 주신 대산 종사님, 두 분 아버님을 모시고 있다.」(『조불…』I, 48쪽.) 하고 애도했다.

물리학자로서 서울대 부총장을 지낸 고윤석(1927~2022)은 12살 때 (1938) 어머니(김성덕) 따라가서 소태산을 만나고 문국(文局)이란 법명까지 받긴 했어도, 학교 다니고 유학하느라고 신앙생활과 거리가 멀

---

[22] 「내가 30여 년 진에, (김준이) 농대 교수하다가 그만두고 농민 운동하던 중 영산에 찾아 왔을 때 만났었다. 그때도 내가 좌우 사람들에게 한국의 간디는 되겠다고 이야기한 바 있었는데…」 『대산종사수필법문집』, 1986.9.27.)

었다. 그러다가 그가 서울대 교수가 되고 원남교당 교도회장을 맡으면서 신도안에 머물던 대산 종법사를 자주 찾아가 가르침을 받기 시작한다. 서울교구교의회장, 청운회장, 수위단원 등 교단 요직을 두루 담당했고, 2002년에는 미국 펜실베이니아주에 개교한 미주선학대학원대학교 초대 총장을 맡았는데, 이것은 대산이 생전에 그를 그 자리에 점 찍어 둔 것이었다고 한다. 법호 보산(普山)에 법위가 출가위(종사)에 이르렀다.

주미대사를 지낸 중앙일보 회장 홍석현(1949~)도 언론인으로서 대산 추종자. 중앙일보 전 회장 홍진기의 아들이기도 한 그는, 1986년 아버지 천도재 과정에서 대산을 만나 신심이 난 덕에 어머니 김윤남(혜성), 누나 홍라희(도전) 등과 함께 완도(소남훈련원)로 왕궁(영모묘원 조실)으로 다니며 가르침을 받았다. 특히 세계평화 삼대제언 법문에 감동하고, 대산의 권유에 따라 맨해튼에 교당(UR교당)을 단독 시주로 세우기도 했다. 대산은 홍석현이 사무실에서나 가정에서 매일 〈일원상서원문〉을 20독씩 한다더라고 칭찬한 일도 있다.

종교계에서는 강원용(1917~2006) 목사가 대산과 가깝게 지냈다. 그가 에큐메니컬(교회일치) 운동에 적극적이고 크리스찬아카데미를 설립하여 종교 간 대화에도 힘썼던 성직자이다 보니 대산과 뜻이 맞았고, 더구나 아시아종교인평화회의 공동의장을 맡으면서는 더욱 협력이 필요했다. 「기독교를 위시해 꽤 많은 종교의 높은 위치에 있는 지도자들과 만나고 협의해 왔으나 내 머릿속에 아주 마음을 편하게 가지고 즐겁게 접할 수 있는 분을 말하라면 첫째가 이분이었다」고 고백한 바도 있지만, 그는 원불교 행사를 비롯하여 원불교에서 하는 일이라면 기꺼이 대산과 함께하였다.

종교계 이야기라면 통일교의 실력자였던 박보희(1930~2019)와 대산의 만남을 지나칠 수 없다. 문선명을 총재로 한 통일교 산하단체인 국제승공연합 행사에 박보희(朴普熙)는 승공을 주제로 강연하러 이리에 왔던 길에 원불교 총부를 찾아와 대산과 대화를 나누었다.[23] 때는 1981년 5월 28일이었다. 대화 가운데 박보희를 깜짝 놀라게 하는 대산의 발언이 있었다.

"멸공(滅共)보다는 승공(勝共)이 낫소. 그러나 승공보다는 용공(容共)이 더 낫고 용공보다 화공(和共)이 낫고 화공보다 나은 것이 구공(救共)이오. 우리 종교인은 어느 쪽을 가리지 말고 구공을 해야 하오."

용공이라니! 멸공, 승공 다음의 용공이 문제였다. 이때 대산은 정산의 삼동윤리를 소개하고 종교연합(UR) 창설과 구공(救共)을 역설하였는데, 그도 결국 「하나님의 뜻은 용서하고 사랑하는 데 있느니만큼, 그 죄를 불쌍히 여길지언정 그 사람은 버리지 않는다」고 수긍하였다.[24]

대산이 정치인들의 여야 화합이나 기업 현장의 노사 화합 연장선상에서 남북의 화해와 협력을 주장한 것인데, 멸공에서 반공을 거쳐 승공에 멈춰 있는 박보희의 사고를 고쳐 용공, 화공을 거치고 마침내 구공에 이름이 통일의 길임을 깨우치려 한 것이다. 용공(공산주의를 용

---

[23] 이때 박보희의 직함은 통일교 한미문화재단 이사장이었고, 그는 후에 국제승공연합 이사장도 역임했다.

[24] 《원불교신문》(1981.6.6.) 참조.

인함)을 죄악시하던 시절, 대산이 용공(공산주의자를 포용한다는 뜻일 듯)을 통일의 과정으로 설정한 것에 뜨끔할 만도 하지만, 공산주의자와 화해하는 화공을 거쳐 마침내 공산주의를 구원한다는 구공에 이르면 완전히 판이 압도됨을 박보희처럼 똑똑한 사람이 몰랐을 리가 없다. 박보희는 대산을 만나고 가면서 방명록에 기록하기를, 「대산 종법사님은 세계평화의 근원이시요 대해와 같은 어른」이라고 썼다. 그리고 다음 기회에 꼭 뵈러 오겠다고 다짐했다.

XI
상사(上師)의 길

퇴임과 후계

1988년, 대산은 75세가 되었다. 소태산이 53세에 열반상을 나투었고, 정산은 63세에 입적했다. 본인 말로는, 남들이 30세를 못 넘긴다고 했는데 50여 차례나 고비를 넘기며 목숨을 연장했다고 했고, 의타원 이영훈은 남편이 50세까지만이라도 살아주기를 바랐으니, 그런 마련해선 이미 넘치도록 살았다.

소태산은 원기 28년(1943), 그러니까 대각으로부터 28년이 되는 해 열반에 들어 그것을 소태산의 재위 기간으로 간주하나, 실은 원기 9년(1924) 6월 1일에 불법연구회 창립총회가 있고 거기서 종법사(←총재)에 선출되었으니, 열반하던 1943년 6월 1일까지 정확히 19년을 재임한 것이다. 정산은 원기 28년(1943) 6월 8일 취임하여 열반하던 원기 47년(1962) 1월 24일까지 18년 8개월에서 며칠 빠지는 기간 재임했다. 대산은 원기 47년(1962) 1월 31일 취임하여 원기 73년(1988)이 되었으니, 이미 26년째 재임하여 전임자들의 재위 기간 19년을 훌쩍 넘겼다. 그동안 경륜을 성취하고자 참으로 숨 가쁘게 달려왔다. 반백년 기념행사와 소태산탄신100주년 기념행사도 성황리에 치렀고, 교서 편찬 등 성업봉찬사업도 그런대로 성과가 컸다. 교화삼대목표 추진으로 교당도 많이 불어났고, 교도법위향상 운동으로 천불 만성의 싹을 틔웠고, 세계평화를 위한 종교연합활동과 해외 포교에서도 적잖은 성과를 거두고 있다. 남한강 사건과 같은 난관도 있었지만, 교화·교육·훈련·문화·자선·복지·봉공·산업의 8대 사업에서 괄목상대가 되지 않았던가. 성에 다 차지는 않아도 이젠 물러갈 때가 안 되었나! 나머지는 후진들에게 맡겨도 되지 않겠나!

이해 여름 대산은 고향인 진안 만덕산에 개척 중인 농원에 가서 정양하였다. 정양 기간 내내 '자리에서 이만 내려와야 하는 것 아닌가?'를 의두로 잡고 골똘한 명상에 빠져드는 일이 잦았다. 대산은 왜 1988년을 종법사 퇴위 연도로 잡고 고민했을까? 필자는 대산이 이미 전년도부터 준비에 들어간 것으로 본다. 전년도(1987) 11월에 교헌 4차 개정이 이루어졌다. 4차 개헌의 핵심은 '종법사의 임기는 6년으로 하며 2차에 한하여 중임할 수 있다.'(33조)에 있다고 본다. 즉, 앞으로는 대산 자신처럼 20년을 훌쩍 넘기는 종법사는 안 나오도록 해야겠다는 의도다. 4차 개헌 이전의 교헌에는 '종법사의 직위 기간은 6년으로 한다'(29조)로만 되어 있어서 사실상 한 번 선출되면 연임을 거듭하여 종신토록 종법사 자리를 누릴 수 있었는데, 6년 임기에 2차 중임이라면 최대 18년이 상한이니, 이는 소태산이나 정산의 19년 재위 기간과 얼추 맞아떨어지는 것이다. 1962년 취임사에서 밝힌 3연임 제한이란 초심으로 돌아가서, 대산 자신은 부득이 장기 집권을 했을망정 그것이 결코 바람직하지 않다고 생각한 것 같다. 교헌 개정

준비 기간과 절차를 생각하면, 1987년 전반기부터 대산의 결심이 있던 것이 아닐까 싶다.

또한 1988년은 대산의 종법사 5차 중임 6년 임기가 끝나는 해이고, 원불교창립 제2대성업기념대회가 예정돼 있었다. 그러니까 11월에 있을 2대(36년×2) 성업기념대회까지 마치고 겸하여 자신의 5차 중임 임기 말에 맞추어 퇴임함이 적기라고 생각하였던 것으로 보인다.

내가 오래전부터 수차 양위(퇴위)[1]하고자 하였으나 그때는, 때가 아니라고 동지들이 간곡히 만류하므로 지금까지 이 자리에 있게 되었다. 이젠 그럴 필요가 없으며, 또 승계 종법사를 잘 보호하며 힘을 타게 하여야 한다. 내가 오래전부터(원기 73년 여름), 만덕산 농원에서 정양하고 있을 때와 또한 원평교당에서 정양하고 있을 때, 실은 양위(퇴위)하려고 다 준비한 일이 있었지 않은가.

이상은 대산이 퇴임하던 날까지 법무실장으로 대산을 보좌했던 장산 황직평 교무가 작성해 남긴 기록 〈천지대공사 대사결정(天地大公事 大事決定)〉[2]에서 인용한 것이다. 이것은 필자의 유추를 뒷받침하

---

1 〈천지대공사 대사결정〉에서는 애초 '양위'라고 쓴 것을 '퇴위'로 고친 것이 종종 보인다. 이는 '양위'가 임금이 세자에게 자리를 물려주는 의미가 있어 종법사 퇴임에 적용하기가 민망하여 '퇴위'로 고친 듯하다.
2 필자가 입수한 이 기록은 연산 김원도(金元道) 교도가 보관 중인 비본(祕本)으로, 대사(戴謝, 좌산 이광정의 취임과 대산 김대거의 퇴임)에 관련한 내용인데, 공개되지 않은 것이었으나 후에 『대산종사수필법문집』에도 수렴되었다.

는 자료로 요긴해 보인다. 그러함에도 대산은 1988년을 마지막으로 하여 사퇴하려던 계획을 단념하고, 그해 11월 6일 치러진 교단창립 제2대성업기념대회장에서 여섯 번째로 종법사에 재추대되었다. 하루 전날, 새로운 정산종사성탑을 제막하였고[3] 이날『대산종사 법문집』3집도 냈다. 앞서 황직평이 대산에게 법문집을 10권쯤으로 정리해 내겠다고 했는데, 종법사로서 그간 설한 법문을 정리하려던 것도 퇴임을 염두에 두었기 때문이었을 것이다.

1991년은 원불교 교조인 소태산 대종사의 탄생 100주년이 되는 해다. 그해 4월 28일을 기해 3일 동안 대대적인 경축 행사를 치렀다. 그간 수위단에서 대산의 법위를 대각여래위로 사정하매 대산은 이 날짜로 승급하였다.

국내 도시마다 들어서는 교당의 설립은 헤아리기도 어렵거니와, 이젠 해외교화까지 탄력을 받은 듯, 워싱턴DC(1989), 호주(1990), 모스크바(1991), 알마티(1992) 등지에서 속속 종교법인으로 승인이 나고, 외국 도시에도 교당이 우후죽순처럼 문을 연다. 이 밖에도 한의원, 종합복지관, 새마을금고, 신용협동조합, 생활협동조합 등의 기관 개설과 은혜심기운동본부, 에스페란토회, 정토회, 청운회, 새삶회, 호스피스회, 스카우트 등의 단체 설립도 활발해진다. 사우회, 차인회, 문인협회, 음악인회 등 문화예술단체도 줄줄이 설립된다. 그중에도

---

[3] 1971년에 조성하여 영모전 서쪽에 건립한 성탑이 있었으나, 보다 품격 있는 삼층탑으로 새로 조성하여 현재의 위치에 건립한 것이다.

대산이 공을 들였던 일은 영산선학대의 4년제 인가(1991)라든가 중앙중도훈련원 준공(1991)이나 원불교대학원대학교 개교(1994) 같은 것이 아니었을까.

1992년 3월 19일, 정토로서 헌신해 온 의타원 이영훈이 80세로 열반에 들었다. 병약한 도인 남편에 대한 내조와 6남매 양육, 그러면서도 자기 공부를 게을리 않으며 후배 정토들의 생활과 공부를 챙기는 등 실로 모범적인 정토의 길을 살다 간 것이다.

대산은 교단창립 제2대성업기념대회를 하고, 교헌 제4차 개정을 하고, 제6차로 종법사에 재추대를 받는 일련의 과정을 마치던 1988년부터, 익산시 왕궁면에 자리한 영모묘원으로 석장을 옮겨 상주하기 시작했다.

1993년, 80세 된 대산은 선진들의 묘를 바라보며 혹은 죽은 아내를 떠올리며 때때로 마음이 처연해졌을 것만 같다. 이제 그도 생로병사의 수레바퀴, 성주괴공의 이법 앞에 사(死)로 공(空)으로 돌아갈 일을 진지하게 생각했을 것이다. 30여 년을 지켜온 종법사 자리를 내놓는 일도 결단이 필요하지만, 누구에게 물려줄 것인가 또한 고민하지 않을 수 없었을 것이다. 종법사 재위 기간을 거의 함께해온 장산 황직평의 권유를 받아들인 대산은, 이해 10월 16일부터 매일 일과 삼아 교단 산업기관인 수계농원(전북 완주군 삼례면 수계리)을 오가시 시작했다. 고작 삼십 리 길이니, 원평에서 병든 몸으로도 망태기 메고 제비산, 모악산 산길 수십 리를 매일 쏘다니던 젊은 시절을 생각하면 행선 삼아 걸을 만한 거리이다. 그러나 이제 팔십 대의 대산으로선 반

오릿길도 걸을 수 없다. 부축받고 승용차에 올라앉아 운전해 주는 젊은 시자의 뒤통수를 바라다보노라면 이십 분이면 뒤집어쓴다.

이 길을 왕래하면서 대산은 퇴임과 더불어 후계 문제를 완전히 결정했다고 했다. 1993년 11월 20일, 대산은 법무실장 황직평과 천만성 교무 이 두 사람에게 처음으로, 이듬해 퇴임하겠다는 것과, 후계는 좌산 이광정으로 삼겠다는 뜻을 밝히고 준비를 당부한다.

○ 장산과 만성을 부르신 후 말씀하시기를 "내 건강이 수계농원 다니면서 많이 좋아지는 것 같다. (…) 그러나 앞으로 더 이상 좋아지는 건강은 아닐 것이다. 그러므로 내가 중대한 결단을 내려야 하겠다. (…) 내가 30년 동안 이 자리를 지켜 왔다. 더 일찍 챙겨야 할 일이었다. 내년도 총회에 그러한 방향으로 준비하라"고 하시다. (1993.11.22. 오후 1시경, 수계농원 조실에서)

○ 장산에게 "내년 총회의 대사(戴謝)에 대하여 준비를 철저히 하라. 단 극비로 하라." (1993.11.23. 왕궁 조실에서)

'중대한 결단'이니 '내년 총회의 대사'니 하는 것은 1) 대산의 퇴임, 2) 좌산의 승계, 이 두 가지다. 대산은 법무실장인 장산 황직평에게 '너와 나만 알고 있어야 할 일' '극비' 등으로 보안을 강조하면서도 '적당한 시기에 원로수위단을 비롯하여 수위단과 원로 및 대중에게 공식 통지하라'는 일견 모순된 당부를 한다. 이로부터 일사천리로 준비 작업이 진행되었다. 11월 22일에 서대인, 김이현, 김인철, 이광정, 황직평 등 5인을 불러 이 결심을 전달했다. 이후 대산은 사람을 직접 부르거나 법무실장 등을 시켜서, 혹은 전화로 혹은 대면하여 통보하고 협조를 당부한다. 11월 25일 이후 잠잠하더니, 1994년 4월 말부터 다시 속도를 낸다. 원로 김윤중(4.30.), 박장식(5.16.)[4], 교정원장 김인철, 감찰원장 이철행(5.17.), 여자 원로 서대인, 양도신(5.19.), 남녀 원로 전이창, 박은국, 조정근(5.20. 오전), 김중묵, 김정용, 김윤중, 이공전(5.20. 오후) 등이 해당한다. 더러는 같은 사람을 두어 차례 불러 부탁했는데, 대산은 11월 총회 때까지 '조용하고도 안정된 분위기를 유지하도록' 노력해 달라고 신신당부했다.

그런데 여기서 의문이 생긴다. 1993년 11월 25일 이후 5개월을 잠잠하다가 1994년 4월 30일에 갑자기 활기를 띤 이유는 무엇일까? 새 종법사 선출은 9월 28일(수위단회), 퇴임은 11월 6일(대사식)이 예정이라면, 아직 5~7개월이나 남았는데 말이다. 그것은 4월 28일에 일어난 돌발사태가 원인으로 보인다. 그 내용은 〈천지대공사 대사결정〉 4~5쪽에도 있지만, 보다 상세한 것은 『대산종사수필법문집』(1994.4.28.)을 참고할 만하다.

대각개교절 기념식을 마치고, 원불교대학원과 이리보육원을 승용차로 돌아보시고 왕궁에 도착하여 법무실장에게 말씀하시기를, "내가 오늘 하고 싶은 말을 잘못하고 다 해주지 못하였다. 나의 건강이 그 정도인지 내가 미처 몰랐다. 기운이 약하니 숨이 가쁘고 미열이 있어 말문이 막혔다.

---

[4] 〈천지대공사 대사결정〉에 따르면, 상산 박장식을 수계농원으로 초치한 대산은, 퇴임 계획만 통보했을 뿐 후임으로 좌산을 지명한다는 부분은 굳이 밝히지 않은 듯하다.

내가 준비하고 기억한 것은 다 일관되게 말이 나오는데 그렇게 되었다. 대중에게 미안하였다.

대각개교절 행사에서 종법사가 법설을 하는데, 출가 동기를 말하려다가 예의 '대포 이야기'에서 반복이 끝이 없고 헛바퀴가 돌아서 횡설수설하니 대중이 놀랐다. 충격을 받은 대중 사이에 대산의 치매 소문이 파다하였다. 놀란 대중을 달래고자, 대산은 그게 일시적으로 건강 상태가 나빠져서 그리된 것이지 치매는 아니라고 변명하는 것이다. 〈천지대공사 대사결정〉에는 같은 사안에「내가 오늘 말하여 주려고 많이 연마하였다. 어제까지도 기억이 환하였는데 그렇게 되었다. 이후 대중이 여러 가지 말들을 할 것이다.」라는 구절이 들어 있다. 대산은 대중에게 미안하게 생각하면서, '대중들이 여러 가지 말들을 할 것을' 우려한다. 이 우려를 불식시키기 위해서도 퇴임 결정을 대중에게 알릴 필요가 있었던 것이지만, 여기서 '치매가 와서 부득이 퇴임을 결정한 것'이란 오해도 생겨난 것으로 보인다. 퇴임은 이 돌발사태 이전에 결정되어 준비를 진행하는 과정이었는데 선후가 바뀐 것이다.[5]

대산의 치매에 관한 의심은 두고두고 말들이 많다. 대각개교절 (1994.4.28.) 사건 외에도 치매 의심 건은 또 있다. 뉴욕교당 이성국 교

---

[5] 원광대의대부속병원장이자 주치의인 김상수는 1994.8.13.~14.에 24시간 대산의 병세를 관찰 후 종합소견을 냈는데, 결론은「종법사님의 기억력은 양호하고, 정신 상태는 온전함.」이었다. 그러나 이 소견이 일시적 인지장애조차 없음을 보증하는 것은 아니다.

무가 1998년 4월 8일 귀국하여 대산 상사를 며칠 모시고 있을 때, 경산 장응철 교무가 "대산 상사님이 치매기가 있다는데 어떠냐?" 묻더란다. 이성국이 수계농원 모시고 갈 때 선진들 사진을 확대하여 만든 앨범을 보여주니, 소태산 대종사와 양하운 대사모에 이어 당신 부인 의타원조차 몰라보았다. 여기서 의심이 간 이성국이 3일 후 다시 보여 드리니, 이번엔 한 분 한 분 또렷이 기억했다. 그러면서 대산이 "보통 사람들은 한 수만 높여 놔도 몰라봐야."라고 하면서 웃더란 것이다.[6] (『조불…』 IV, 447쪽.)

    문제는 대산에게 치매가 왔는가 아닌가가 아니다. 그 연세에 치매가 올 수도 있고, 더 늙어도 멀쩡할 수도 있다는 걸 인정하고 들어가면 아무것도 아니다. 더구나 노년에 알츠하이머병이나 혈관성 치매가 아닌 일시적 인지장애 현상이 나타나는 것은 흔한 일이고, 불명예도 아니다. 시자들의 입장에서 그걸 받아들이기 힘들다는 것은 알 만하지만, 이를 여래의 방편으로 미화하려 한다면 문제가 될 수 있다. "보통 사람들은 한 수만 높여 놔도 몰라봐야."가 대산이 먼젓번에 대종사, 대사모, 의타원 등의 사진을 몰라본 것이 바로 이 '한 수 높인 것'에 해당하는지도 확실치 않지만, 대산의 명백한 해명에도 불구하고 대각개교절의 사건을 '한 수 높인 것'으로 합리화해도 되는지? 이성국 교무의 추측인즉, 대산 종사가 찾아오는 교도들에게 정을 떼게

---

[6] 이와 비슷한 대산의 말씀이 또 있긴 하다. 「대도인은 십중팔구는 숨기므로 농판 같고 병신 같아 범인으로서는 알아볼 수 없으며 의심하지 않을 수 없다. 너희들이 대도인을 알아본다고 아무리 장담해도 두 수만 높이 점 놓으면 의심하고 다 떨어져 나갈 것이다. 장담 말라.」(『진리는 하나 세계도 하나』, 291쪽. 1985. 5. 18.)

하고 좌산 종법사에게 기운을 모아 주려고 모르는 척하여 치매가 있는 것처럼 보인 것이라 하지만, 여래의 언행을 방편으로 보기 시작하면 오히려 여래의 언행이 신뢰를 잃을 위험에 처한다. 양산 김중묵 교무가, 인과설이란 성자들이 어리석은 중생들을 제도하기 위한 방편으로 설한 것에 불과한 것으로 의심했었다 하듯이, 만약 대산의 법설과 언행이 방편일 수도 있다고 의심하기 시작하면 대대적인 검증 작업이 필요하게 될지도 모르는데 이를 어찌 다 감당하려는가?

여래의 인지 능력

범부들의 불타관은 워낙 환상적이기에 여래에게 무한한 능력을 기대한다. 그 가운데는 물론 인지 능력에 관한 것도 있다. 소태산은 『조선불교혁신론』에서 세존의 지혜와 능력을 논하면서 「우리는 지혜가 어두웠든지 밝았든지 되는 대로 사는데, 부처님께서는 지혜가 어두워지면 밝게 하는 능력이 계시고, 밝으시면 계속하여 어두워지지 않게 하는 능력이 계시다」고 하였고, 대산은 『정전대의』 등에서 대각여래위에 오르면 만능(萬能) 만덕(萬德)과 더불어 만지(萬智)를 갖춘다고 하였다. 그러나 관념적인 부처가 아니라 실존적 생불에게, 기억력 등의 인지 능력까지 완벽할 것을 기대하는 것은 어불성설이다.

○ 대종사께서도 대각 이후 언답 막는 사업 등 교단 기초사업을 많이 하시느라 어두워졌었다 하시고, 다음 변산에 들어가시어 3일간 안정을 하니 다시 밝아지더라고 하셨다. (『진리는 하나 세계도 하나』

353쪽. 대산 법문)

○ 한때에 종사주 봉래정사에 계시사 모든 학도들에게 일러 가라사대 "내 전일 한 생각을 얻은 후 모든 문자를 많이 기록해 놓았다가 여러 가지 사정으로 소화(燒火, 불태움)한 후, 그것이 본시 나의 정신에서 나온 것이므로 나의 생전에는 다시 정리하기가 용이할 줄 알았더니, 이제는 여러 가지 사무에 끌리는 관계인지 혹은 상기도 되고 정신이 혼미해지니 한이로다" 하시고…. (《회보》, 31호.)

대종사 같은 여래도 심신 과로로 인하여 일시적으로 지혜가 어두워지고 기억력에 장애가 생기는 것이다. 대산에게도 충격적인 경험이 있다. 1987년, 74세 때 일인데, 2년을 원평에서 같이 산 오경허 교무가 완도에 왔을 때 알아보지 못하고 "어디서 왔냐?" 물었다. "제가 원평 부교무 오경허입니다." 하자, 대산은 정신이 시원찮아서 몰라보았다고 무안해하며, 자신이 노망이 났나 보다고 자탄한 적이 있다. 이 경우는 노령으로 인한 일시적 장애로 보인다.

또한 뇌 질환 같은 병으로 인해 일시적으로 지혜가 어두워지거나 인지 능력조차 사라지는 일이 있다. 당연하다. 내구연한이 지난 노후 차량의 고장을 두고 운전자의 운전 미숙을 탓할 수 없듯이, 설령 연로한 도인에게 치매가 왔다고 한들 법력의 부족을 탓할 수는 없다. 정산 종사도 병세가 위중했을 때 '섬어'(헛소리)를 했다고 한다. (『범범록』, 1961.10.18. 일기) 여래라고 언제나 법문을 하는 것은 아니고 병이 들면 헛소리도 할 수 있다. 하나도 이상해할 것이 없다.

대산은 33회 임시수위단회(1994.9.15.)에서 정식으로 퇴임의 뜻을 밝힌다. 9월 27일에는 새 수위단원(남녀 각 9명)을 뽑는 선거가 있었는데, 여기서 심상찮은 조짐이 보였다. 대산의 측근인 황직평, 김법종 등이 낙선한 것이다. 특히 황직평 법무실장의 탈락은 본인뿐 아니라 대산에게도 충격이었던 모양이다. 이는 어떤 의미에서 대산에 대한 불신으로 비칠 여지도 있기 때문이다.[7]

대산은 9월 28일, 새 수위단원 당선자들에게 좌산을 차기 종법사로 선출할 것을 당부하고, 아울러 상산 박장식에 대한 예우는 법위를 통해서 하자고 제안한다.[8] 이 말은 상산을 종법사로 모시고 싶어 하는 단원들이 적지 않음을 의식한 것이니, 종법사는 좌산으로 하되, 상산에 대한 아쉬움은 그의 법위를 출가위에서 대각여래위로 승급시킴[9]으로 해소하자는 타협안을 제시한 것이다. 같은 날 수위단회에서 종법사 선거가 있었고, 여기에서 좌산 이광정과 상산 박장식이 대결한 결과, 세 번 만에 결판이 나서 좌산이 당선되었다.

종법사 선거는 수위단 3분의 2 이상의 찬성으로 당선자를 정하는 규정에 따랐는데, 이는 두 번째까지 상산 박장식이 적어도 3분의 1 이

---

[7] 이는 황직평에 대한 불만이 있어서라기보다 그가 수위단에 들어오면 대산의 영향력이 수위단을 압도할 것이란 우려 때문이었던 것으로 보인다. 대산도 황직평의 낙선을 '정치적 일'로 규정하고 위로하였다. (『대산종사수필법문』, 1994.9.27.)

[8] 대산은 종법사 선거가 끝나고 "상산 님도 종법사에 거론되었다니 좋은 풍토이다. 일이란 억지로 되면 아니 된다. 상산 님도 그 일로 대우를 받았으니 이젠 법위로 모셔 드려야 하겠다. 모두가 자연스러운 일이 아니겠느냐." 하였다. (『대산종사수필법문』, 1994.9.28.)

[9] 상산은, 대산 열반 후인 2011년에 101세로 열반하면서 비로소 대각여래위에 추존되었다.

상을 득표하였다는 의미로 읽힌다. 결국 역부족임을 깨달은 상산 지지자들이 뜻을 접음으로써 좌산의 당선은 확정되었다. 선거 결과를 보고받은 후 대산은 "상산 님은 이름이나 내세우는 대우 정도인 줄 알았더니 세 차례나 투표를 하여 그분도 잘 대우해 드렸다." 하였는데, 이 말속에는 상산 지지표가 의외로 많이 나왔음에 놀랐다는 뜻이 내포된 것이다.

수위단원에 당선된 수위단원들(정수위단 18명, 원로단 6명)이 중도훈련원에서 기도를 마치고 종법사님께 인사차 왔을 때 내리신 법문. 수위단원들의 인사를 받으신 후 종법사님께서 수위단원 한 사람 한 사람씩 주시하기를 약 5분 정도 하시던 중 「"새 수위단원들은…, 새 수위단원들은…, 새 수위단원들은…" 하시기를 3회 하시고, "어쩌든지…, 어쩌든지…, 私事(사사) 없이" 하여야 한다」고 당부하셨다. (『대산종사수필법문』, 1994.9.28.)

잠시 후 종법사 선거에 임할 수위단원들에게 대산이 이렇게까지 심각한 분위기에서 좌산을 부탁하였기에 망정이지 만일 대산이 중립을 지켰더라면, 좌산의 당선은 결코 장담할 수 없었을 것이다. 선거 후 대산은 "신 종법사를 받들며 수위단원들은 잘 화합하라." 당부하고, "바람도 자고, 물도 자고, 사람도 잔다." 하며 안도의 한숨을 내쉬었다.

상산 박장식은 원로들을 거느리고 좌산 당선자를 찾아가 큰절로 축하의 뜻을 전했고, 좌산 당선인 역시 큰절로 답례하였다. 이는 양인의 지지자들 사이에 남아 있을 정서적 갈등을 일거에 봉합하는 효과가 있었음에 틀림없다. 84세의 스승 격인 상산이 59세의 제자 격인 좌산과 표 대결을 하는 것 자체도 위신이 서지 않을 일이로되, 패자가 된 처지에 몸소 당선인을 찾아가 경하의 큰절을 올리다니 사회적으로도 감동할 일이 아닌가. 당시엔 대한불교 조계종을 비롯하여 종단마다 승계 과정에 시끄러운 분쟁이 속출하던 터였다. 종법사 선거장에 취재 나왔던 20여 개 언론사 기자들이 저마다 원불교 종법사의 법다운 승계를 종교가의 모범적인 미담 사례로 보도하였다.[10]

승계의 반성

생전 퇴임과 후임 선출을 대산은 '천지음부공사(天地陰府公事)'[11]니 혹은 '천지대공사(天地大公事)'니 하여 엄청 대단한 일로 보고 있다. 신진대사처럼, 때가 되면 선임이 물러나고 후임이 들어서는 것은 지극히 자연스러운 과정인데 웬 야단이냐고 할 수도 있겠지만, 대산 입장에선 33년을 차지했던 자리를 내놓는 것이니 큰일임에 틀림없고, 상산이란 거물 선배를 제쳐놓고 좌산이란 미성숙한 후배를 지명하여 성공시키려는 계획은 교단 운명이 걸린 사안이라 보니 '대불공'임

---

10 당시 조계종에서는 서의현 총무원장의 3선과 이를 저지하려는 세력 간의 볼썽사나운 종권 다툼이 수개월째 계속되던 중이었다. 정치권력과의 유착, 부정한 자금 제공, 폭력배 동원 등으로 사회적 지탄의 표적이 되며 종단이 몸살을 앓고 있었다.

11 장산 황직평은 〈천지대공사 대사결정〉에서 '음부'를 '陰部'로 썼는데 이는 '陰府'(진리 세계)의 오기로 보여 바로잡았다.

에 틀림없겠다. 그래서 10쪽짜리 〈천지대공사 대사결정〉을 보면 마무리를 「이상 기록된 모든 말씀들은 대개 종법사님 입회하신 가운데 종법사님의 경륜을 장산 황직평 법무실장이, 조실에 초치하신 분들에게 전달하고, 이를 그 장소에서 직접 공인하신 것임을 여기에 밝힌다. 아울러 초치하신 분들의 명단과 시간과 장소 등을 기록하고, 기념사진을 촬영하여 그 증거로 남긴다.」한 뒤 황직평의 도장을 찍고 그 옆에 사인(sign)까지 첨부한 후, 다시 「상기 내용 전부를 법무실장 장산 황직평으로부터 시독(侍讀) 보고 받으신 후 바르게 사실 기록하였음을, 법호 확인을 하여 주시었다. 원기 79년 5월 22일 오전 8시. 왕궁 종법실」 밑에 대산의 자필 법호와 법호 낙관을 첨부하였다. 이는 대산이나 장산이 사안 자체를 대단히 무겁게 보았음을 보여주기도 하지만, 사진과 녹취 등 물적 증거를 남김으로써 대산이 초치했던 요인들이 나중에 딴소리를 못 하게 쐐기박는 셈이니, 그 치밀함에 놀라게 된다. 그러나 이런 치밀함에도 불구하고 오히려 후대까지 남겨질 후유증이 있었음을 또한 부인할 길이 없다.

　첫째, 왜 대산은 33년이란 장기 집권을 하였는가 하는 문제부터 살펴보자. 대산은 1962년 취임사에서 「그동안에는 종법사의 임기가 1기 6년으로 되어 있었으나 그 연임에는 아무런 제한이 없었던바 앞으로는 보궐 임기까지 합하여 3기 이상 연임치 않기로[12] 법을 짜서, 종통을 전하고 받는 데 원활을 기해야 할 것입니다.」라고 하였으니,

---

12　전후 문맥으로 보아 '3기 이상'은 '3기를 넘겨서'로 해석된다. 즉 '3기까지만 허용'으로 읽힌다.

이것은 혼자 생각에 그친 것이 아니라 공약이었다. 그 공약대로라면 1976년 11월(1기 보궐 잔여 3년 2월, 2기 6년, 3기 6년, 도합 15년 2월)에 끝나고 퇴임해야 맞는데 왜 연장하였을까? 공약대로라면 퇴임하여야 할 1976년 임기 말에 오히려 종법사의 권한을 강화하는 교헌 개정(3차 개헌)을 했으니, 이것은 공약과 정면으로 배치하는 것 아니던가?

이 틈에서 생겨난 교단의 갈등이 있었다. 여기서부터는, 아무도 단정할 수 없지만 그렇다고 모르는 체하고 넘기기도 어려운 추측을 정리해 보기로 한다.

소위 인장 사건으로 고산 이운권 체제가 물러나고 다산 김근수 체제가 들어선 1973년 이래, 다산은 종법사의 신임을 얻고 대중의 여망에 부합하여 승승장구하였다. 자연히 다산은 대산의 후임 종법사 영 순위로 떠올랐고 흔히 다산파라 불리던 추종 세력이 형성되었다. 영광·익산 세의 대결이란 구도로 본다면, 익산 대산의 후임으로 영광의 다산이 종통을 잇는 것도 순서상 자연스럽다고 할 만하다. 추종 세력은 아마, 대산이 취임사 공약을 어기긴 했지만 4기 말인 원기 66년(1981)에는 물러나고 다산이 들어설 것을 기대했음 직하다. 임기 말이 다가오는데도 대산이 물러날 기미를 보이지 않으니까, 그들은 차츰 초조해지기 시작했고, 여기서 임기를 제한하는 교헌 개정을 추진하여 대산을 물러나게 하려는 시도를 한 것으로 보인다.[13] 그러지 않아도 다산의 부상을 못마땅하게 보거나 위협으로 느낀 세력에게 이

---

13 교헌 개정을 담당하는 실무 부서가 교정원 총무부인데, 당시 총무부장은 다산파인 이보원 교무였다.

는 공격의 호재였을 것이다. 그들은, 법력과 행정력으로 두각을 드러내며[14] 독자적 세를 형성한 다산과 달리 교단에서 정통 엘리트 코스를 밟아 세력을 형성한 그룹인 유일학림(전문부) 1기생[15] 중 일부이다. 반다산(反多山) 편에 선 유일학림 주류는 그러지 않아도 다산을 불신하고 못마땅하게 보던 터였다. 예컨대 정통 용어가 아닌 생문자(生文字, 새로 만들어 낸 낯선 용어)로 법을 말한다든가, 삼학 병진이 아니라 선(禪) 수행에 편중한다든가, 추종자를 모아 파벌을 형성한다든가 등에 혐의를 두었다. 그런 명분 말고도 유일학림 주류 입장에선, 다산이 종권을 차지할 경우 그들이 요직에서 밀려나고 세력을 잃을 것을 우려한 듯하다. 그들이 다산의 개헌 모의를 고리로 반격을 가하고, 「진리와 대중의 뜻을 따르겠다」는 대산의 의중을 지지하자, 다산은 10년 가까이 교단 행정을 주관하던 교정원장 직에서 물러나야 했다. 아울러 다산 측근들도 동반 퇴진이 불가피해졌고, 다산 세가 빠진 자리는 자연스레 유일학림 1기생들이 채웠다. 이로써 어느 사회에나 있는 보수와 진보의 보편적 구도가 균형을 상실하는 계기도 되었다.

---

14 신앙심 고취 운동과 수행 풍토 조성의 교화정책을 시의적절하게 펼쳤고, 교단 행정의 현대화에도 기여했다고 평가받는다. 이 밖에도 각종 행사의 성공적 개최, 교구제 실시와 국제부 신설 등이 있다.

15 소태산 대종사 때부터 도모하다가 좌절된 인재양성기관인 유일학림은 해방 후인 1946년, 박장식을 학림장, 박광전을 학감으로 하여 문을 열었다. 1기는 1946년부터 1949년까지 3년 수학을 하고 38명이 졸업하여 해방 후 교단의 요직에서 활동하였다. 2기를 마지막으로, 그 후엔 원광대 원불교학과로 흡수된다.

임기 제한 개헌을 추진한 세력이 다산의 동의를 얻거나 혹은 사주를 당해서 교헌 개정을 추진한 일인지는 알 수 없다. 하지만, 대산이 '조동(早動), 경동(輕動), 망동(妄動)'(때에 맞지 않게 성급히 움직임, 신중하지 않고 가볍게 움직임, 거짓과 허식으로 움직임)을 경계하는 법문을 한 것이나, 남들이 「가만히 있었으면 저절로 종법사가 될 텐데 조동을 해서 망쳤다」고 탓한 것을 보면, 대산도 대중도 그렇게 믿었던 것 같다. 그래서 당시 다산은 원로급에게 불려가 꾸지람을 많이 들었다고도 한다. 새 종법사 선출 일주일만인 1994년 10월 5일, 왕궁 조실로 대산 종법사를 찾은 다산 김근수는 그간의 소회를 말로 하고, 글로도 진술하는데 거기엔 다음과 같은 구절이 나온다.

대산 종법사님의 지도이념이 교정에서도 올바로 실현될 수 있도록 시기에 따라 주어진 위치에서 파사현정의 의지로 일해 왔습니다. 그 과정에서 일부 동지들 간에 제가 어떤 자리를 탐하는 사람이라는 오해가 있기도 했습니다. 그 일은 저의 부덕함의 소치로 반성하고 있습니다. 사실에 없는 일이 곡해되고 왜곡되어 종법사님께 심려를 끼치고 동지들 간에 시비가 있었던 점은 심히 유감스런 일이었습니다.

완곡하나마 자기는 억울하다는 항변이다. 그건 그렇다 치더라도 대산은 왜 장기 집권을 했을까로 돌아가 보자. 대산이 처음부터 장기 집권에 욕심이 있었던 것처럼 몰아가는 건 전후 분별을 건너뛴 비난이다. 1966년(53세)에 종법사 퇴임을 심각히 고려했던 것은 건강이 최악으로 달려갔기 때문이었고, 대구 후암내과에서 치료받고 고비를 넘김으로써 종통 이양의 뜻을 접었던 것은 그렇다 치더라도, 앞에서 밝힌 바대로 1988년의 결심은 확고했던 모양이다.

1988년 7월 10일 5시 40분, 대산 종법사가 정양지인 만덕산 훈련원에서 특별발표라는 것을 했다고 한다. 원문을 발췌하면 아래와 같다.

(전략) 원기 73년(1988)부터서 건강이 약해져서, 전무출신만은 대종사님 성령 전에, 선 종법사님 성령 전에 삼세 제불 성령 전에 세세생생 맹세했기 때문에 전무출신의 도는 어느 생 어느 때든지 놓지 않고, 이 종법사직만은, 이 공직만은 물리기로 3년 전에 뜻을 세웠으나 몇 동지와 일반 교단이, 교단 2대 말 2~3년을 두고 특별한 일이 없이 그 직을 물린다는 것은 교단이 복잡하게 된다 하여, 공식적으로 종법사 선거 때에 (사임) 제의를 했더니 대중이 듣지 않았습니다. 이제는 2대 말이(을) 4~5개월 앞두고 건강이 너무 지탱을 못 하기 때문에 3년 전에 뜻도 세웠지마는 이번에 전 수위단, 전 법사단, 전 교단에 이 뜻을 말씀한 바입니다. (…) 다 대중이 이 뜻을 알아서 앞으로 11월 대총회에 크게 미리 준비하시기를 바라면서 그동안 모든 동지와 여러 현 형제에게 감사하고 죄송한 뜻을 전하는 바입니다. (후략) (『큰 산을 우러르며』, 166쪽.)

다소 논리가 정연하진 못하지만, 핵심인즉 1) 건강이 나빠져서 원기 73년 11월 2대말 결산총회에서 종법사직을 내려놓겠나는 것, 2) 이미 3년 전부터 물러나려 했으나 대중이 듣지를 않았기에 미루어 왔나는 것 등 두 가지다.

1982년 11월에 5기 중임에 들어갔으니 임기가 1988년 11월까지지만, 그 임기 절반인 1985년에 앞당겨 사퇴할 생각이었으나[16] 「교단 2대 말 2~3년을 두고 특별한 일이 없이 그 직을 물린다는 것은 교단이 복잡하게 된다」고 하여 몇 동지와 교단 일반이 듣지를 않았다는 것이고, 다시 「공식적으로 종법사 선거 때에 제의를 했더니」 역시 대중이 듣지를 않았다는 것이다. 다시 3년이 지나서 임기가 끝나는 1988년 11월에는 아무래도 물러나야 하겠다는 의지를 분명히 밝힌다는 것인데, 이번에는 또 어떻게 될까? 시자를 통해서 종법사 퇴임 발표가 알려지자, 교단의 원로들이 만덕산으로 몰려와 「아직은 시기가 아니라고 극구 만류」하매 대중의 뜻을 받들어 또다시 종법사직 퇴임 발표를 거둬들였다는 것이다. 그러니까 퇴임의 결심을 알리는 '특별발표'는 공식적으로 발표하기 전에 취소함으로써 일반에게는 알려지지 않고 끝난 해프닝이 된 셈이다.

　1985년과 1988년 두 차례, 사임할 결심을 접은 것은 바로 '때가 아니라고 동지들이 간곡히 만류하므로'였다. 도대체 때가 아니라고 그리 만류하던 동지들이 누구인가 하면, 바로 유일학림 1기생 일부가 중심이 된 기득권 세력이라는 얘기다. 그러면 1993년의 퇴위 결심에 대한 반응은 어땠을까? 〈천지대공사 대사결정〉 문헌에서 보자.

---

16 〈천지대공사 대사결정〉에서 말한바 '원평교당에서 정양하고 있을 때' 양위 결심을 했었다 함이 바로 1985년 건을 말하는 것은 아닌가 모르겠다.

○ 종법사님께서 취임식 때 약속한 바도 있으시고, 또한 교단 만대를 놓고 역사적인 전통을 세워주시는 것… (장산 황직평)

○ 종법사님 건강이 지금 호전되어 가고 있으시며 또한 교단도 퍽 안정 단계로 돌입하였으니, 앞으로 몇 년만 더 지도해 주시면 좋겠습니다. (상산 박장식)

○ 건강도 그만하시고 하시니, 한 3년 더 보림하시며 대중을 인도하여 주심이 좋겠습니다. (훈타원 양도신)

○ 종법사님의 큰 경륜이시고 또한 법통 전승의 좋은 전통을 세워주시는 일이므로 저희들은 뜻 받들어 준비하겠습니다. (항산 김인철 및 예산 이철행)

○ 종법사님의 뜻이라면 저희들은 잘 받들겠습니다. (양산 김중묵)

이밖에, 접견자 중에서는 범산 이공전이 찬동하고, 용타원 서대인, 문산 김정용, 윤산 김윤중 등은 이렇다 할 의견을 보태지 않았다. 대부분이 수긍하는데 양도신과 박장식만 만류하였다. 이 가운데 박장식은 차기 종법사로 거론되던 터여서 '잘 물러나십시다' 하기는 무리였고, 양도신 정도가 본의든 인사치레든 만류의 뜻을 보인 것으로 볼 수 있다. 특히 주목할 것은 김윤중, 김정용, 이공전, 이철행[17] 등 유일학림 1기생들도 이제 더는 만류하지 않았음이다. 하긴 그들도 이미 은퇴한 처지이니 만류할 명분도 실익도 없다.

그런데 대산이 취임사의 초심을 버리고 장기 집권을 택한 짓이 '동

---

17 이철행은 유일학림 1기생으로 입학했다가 중퇴한 경우이지만, 그룹으로는 거기에 속한다.

지들'의 만류 때문만이었을까? 1985년 내지 1988년의 결심 철회는 그렇다 치더라도 그것만으로 33년을 변명하기는 무리다. 필자의 유추는 이렇다.

첫째 경륜 실현에 대한 욕구다. 대산은, 보궐 포함 3기 말인 1976년 11월까지 15년 2개월 중, 2기말(1971년 3월)까지 9년 2개월은 투병과 신도안 개척으로 이렇다 할 업적을 못 냈다. 그러다가 1971년 3기에 들어서면서 교단 반백년기념대회가 성황리에 끝나고 원광대학교는 종합대로 승격되고 해외포교와 종교연합운동이 기운을 타기 시작한다. 여기서 멈추면 교단 발전의 동력을 잃을지도 모른다. 대산은 경륜 실현에 장애가 된다고 생각한 교헌을 종법사 중심제로 고치고 1977년부터 4기 중임에 들어간다. 대체로 이런 기조로 나아간 것이 결국 6기 중임까지 가게 된 것 아닐까?

둘째, 주된 이유는 아니겠지만, 마땅한 후임을 찾지 못해서 그리 된 일면도 있어 보인다. 소태산은 정산이란 후계자가 있었고, 정산에겐 대산이란 후계자가 있었기에 임종에 이르러서도 안심했을 것이다. 또한 소태산과 정산의 경우는 어차피 죽음이란 절체절명의 시점에 후계가 이루어졌지만, 대산의 경우는 생전 승계이기에 서두를 만한 절박한 시점은 없다. 뒤에 다시 말하겠지만, 딱히 이 사람이다 싶은 후계자가 보이지 않는데 물러날 수는 없다고 생각할 만하다.

셋째, 이미 언급한 바대로 기득권층의 이해관계로 인한 적극적 만류가 있었으니, 1985년과 1988년 두 차례의 퇴위 결심을 무산시킨 경우가 이에 해당한다. 적어도 그것이 마지막 임기(1988~1994) 연장의 이유 중 일부는 될 만하다.

그렇다면 이번엔, 대산이 왜 후계자로 좌산을 선택했으며, 그의 당선을 위해 적극 나섰는가를 따져 보자.

1973년, 수위단은 인장 사건으로 임기를 못 마치고 물러난 고산 이운권 후임에 다산 김근수를 선출했다. 다산은 고산과 같은 영광 출신으로 16세부터 만주로 가서 6년여 동안 독립운동을 하다가, 1945년 귀국하여 24세 나이에 입교하고 1949년 28세에 늦깎이로 출가한 것으로 되어 있다. 그러나 「내가 32살(1953) 때 법성초등학교 교사로 있었는데 영산원에서 다녀가라고 전달이 왔었다.」(『조불…』Ⅰ, 111쪽. 김근수)로 보아 실질적 출가는 1953년 휴전 이후였던 것으로 보인다. 또 「나는 선천적으로 선을 좋아했어요. 한국전쟁 때 영산에서 숨어지내는 동안 몇 년간 좌선을 했더니 정신이 맑아지긴 하지만….」(《원불교신문》, 2002.4.12.)으로 보더라도 전쟁 중이기에 교단 보직을 수행할 수 없었고, 영산원에 온 뒤에도 종 치고 물 긷는 일만 3년을 했다고 한다. 그러다가 그 능력을 인정받아[18] 총부에서 교무부장, 총무부장 등을 거치며 50세에 이운권의 후임으로 선출되었다. 전임자의 잔여 임기 1년을 포함하여 4년을 재직한 다산의 역량은 대산의 신임을 얻을 만했다. 교정원장 임명권을 갖기 시작한 1977년 4기 중임부터 대

---

[18] 다산은, 대산이 처음 만나던 날부터 자기를 유난히 챙겼음을 잊지 않고 있다. 이후 꾸준히 성리문답으로 키워주었는데, 한번은 '잠룡승천(潛龍昇天)'이란 의미심장한 편지를 보냈다고 한다. (『조불…』Ⅰ, 112~117쪽.) 이때부터 후계자로 점찍은 것 아니었을까? 1967년(4.9.)에 이미 대산은 「다산 김근수는 지금은 서툰 점이 한두 가지 있어도 앞으로 크게 될 것이다. 무수한 적공을 해가며 옛날 오가종풍(五家宗風)을 떨칠 때의 사람들 같다」(『배내골의 성자』, 407쪽.)고 인정하며 기대를 품고 있었다.

는 해외 교화의 역량을 확인한 행사였다.

1996년 5월, 대산 상사는 그동안 공을 들인 국제훈련원 봉불식에 임석하고자 하와이로 가기를 원했다. 모두 말렸다. 주치의 김상수의 회고인즉「대산 종사가 하와이국제훈련원 봉불식에 갈 것이라는데 그 당시 대산 종사는 고열로 인해 꼼짝도 할 수 없는 상태였다. 그런데 하와이를 간다니 의사로서 만류했다. 그러나 대산 종사가 그토록 오매불망 염원하고 있었던 일이었기에 뜻을 접을 수가 없었다.」(〈내가 모신 '대산 종사'〉12,《원광》2011.12.)라고 했다. 결국 대한항공 여객기 일반석 4개 석을 합하여 야전침대를 갖춘 특별석을 만들어 모시고 10여 시간을 날아가, 휠체어로 이동하며 6월 9일 봉불식을 치렀고, 8월까지 2개월 반(5.18.~8.5.)이나 머물렀다. 국제교화의 꿈과 더불어 '세계 교화의 결복기 대운을 맞이할 기점을 찍기 위해서' 벼르던 미국행이라 하니, 그래서 그랬던가 하와이국제훈련원 봉불식에 다녀온 대산은 "나의 일은 다 끝났다." 하며 그동안 수없이 그려오던 일원상(○)을 더는 안 그렸다고도 한다. 1985년 제주도에 훈련원을 만들고 해외교화의 교두보가 되라고 '국제'라는 용어를 붙였지만, 이제 미주 본토를 공략하기 위한 국제훈련원을 하와이에 만든 것이니, 다음 차례 훈련원의 위치는 어디일까 궁금해지는 시점이다.[31]

---

31   하와이국제훈련원 봉불 15년 만인 2011년 10월 2일, 미국 뉴욕주 53만 평 부지에 원다르마센터(Won Dharma Center) 훈련원이 개원 봉불식을 했다. 미국 본토 훈련원 시대가 드디어 개막된 것이다.

산은 임기 3년의 교정원장으로 다산을 2회 연속하여 임명했다. 다산이 대산의 남다른 사랑을 받는다고 생각한 이들이 그를 시샘하는 풍토도 이루어진 것으로 보인다.[19]

앞에서도 말한 바 있듯이, 이때 대산은 다산을 후계자로 삼을 계획이 있던 것으로 보이는데, 임기를 제한하려던 개헌 파동으로 인해 후계 구도 밖으로 밀려난다. 만약 1988년에 뜻한 바대로 퇴임이 이루어졌다면 그땐 누가 후계자가 되었을까? 어찌 됐건 제6차 임기가 끝나는 1994년이 닥쳤다. 이때 대산이 후계자로 생각한 인물이, 정남으로서 실력을 인정받은 3인조 그룹 장산 황직평(1932년생), 항산 김인철(1934년생), 좌산 이광정(1936년생)이었다고들 말한다. 대중의 인망이 상산 박장식에게 쏠림을 알면서도, 대산은 종통을 이을 후계자로 정남 3인 중 가장 젊은 나이에다 대세를 업었다고 본 좌산을 지명했다.

법력이나 카리스마로 보아 상산 박장식만 한 인물은 없다. 또한 상산의 혈연인 죽산박씨를 비롯하여 지역 배경인 남원 출신들이 영광에 버금갈 만큼 세를 이루고 있었다.[20] 그렇지만 대산은 자신보다 3살 연상에 84세나 된 당시의 상산에게 종통을 넘겨줄 의향이 없을

---

19 원로들 사이엔 다산의 별칭이 늦새끼였다고 한다. 늦깎이의 멸칭(蔑稱)으로 보인다. 늦새끼는 본래 늦배로 낳은 짐승 새끼를 가리키지만, '게으르고 얄미운 행동을 하는 사람'을 속되게 이르는 말로도 쓰인다.

20 남원교당 80년사인 『불보살의 땅 남원』(2018)에 따르면, 남원에서 나온 전무출신은 대각여래위 1명과 출가위(종사) 12명을 비롯하여 항마위(정사)만도 105명에 이른다고 한다.

뿐더러, 어쩌면 그 이전부터도 없던 듯하다.[21] 여기서 대산은 59세 좌산을 지명하고 적극적으로 후원할 수밖에 없었다고 본다. 대산은 교단에 끼친 상산의 막대한 업적을 누구보다 잘 알고 있다. "상산 종사 님은 그 인격이 고결하고 순일무사하시다." 한 대산의 인물평도 겉치레가 아니다. 그러나 종법사 자리는 명예나 논공행상의 대상이 아니다. 법위가 우선일 수도 없다. 일할 사람, 교단을 발전시킬 사람을 뽑아 맡겨야 한다. 그러려면 좌산만큼 젊고 유능한 사람이 아니면 안 된다고 본 것이 아닐까 싶다. 부지런하고 창의적인 일꾼 스타일의 좌산이야말로 대산의 미진한 경륜 실현을 위해 바통을 물려줄 적재다. 다만 카리스마가 형성되지 않아서 조직의 안정성에는 미흡한 점이 없지 않다. 퇴위에 찬동한 원로들도 좌산 지명에는 우려하는 의견들이 있었다. 대산도 일말의 우려가 없지 않았기에 보는 사람마다 당부하기를 잊지 않는다. 법무실장 장산에겐 "너는 내 대신 좌산을 많이 도와주라"고 당부하였고, 원로들에겐 "걱정 마라, 좌산이 잘할 것이다. 합심 합력만 잘하도록 하라." "후계 종법사로는 좌산이 좋은 것 같다. 대중 대세가 그러하다." "좌산은 내가 데리고 있었던 사람이고 또한 대중의 신망도 좋으니 잘할 것이다. 걱정하지 말기 바란다." 하고 안심시켰다. 좌산 당자에게는 "취임 후 3년간은 각별히 주의하고

---

21 1977년의 종법사 선거와 1976년의 교헌 3차 개정을 앞둔 시점인 1975년에 상산을 미주교령에 임명하고, 무려 12년여를 미국에 묶어둔 것도 상산의 종법사 도전 가능성을 차단하기 위한 대산의 포석이었다는 소문이 돌기도 했다.

본인의 법문을 특별히 내려고 하지 말라"고 주의도 시켰다.[22]

그런데 좌산이 적임자라 해도 문제는 남는다. 오늘날까지도 대산을 비판하는 사람들은 대산이 선거에서 중립을 지키지 않은 것은 법치교단의 공정성을 훼손한 것이라고 탓한다. 소태산도 정산을 지명하지는 않았고, 정산도 끝까지 대산의 손을 들어주지 않은 까닭이 〈교헌〉(종법사 선거에 대한 규정)에 의한 선거로써 법치교단을 확립하기 위한 취사였다는 것이다. 대산이 좌산 지명을 발표했을 때 양산 김중묵이 완곡한 항의를 한 것도 그래서였다.

> 제가, 정산 종법사님께서 많이 편찮으실 때에, 후계 종법사를 대산 선생님으로 알고 모시겠습니다 하니, 그에 대한 대답은 아니 하여 주시고 "우리 교단은 법으로 하니(하여) 걱정 없으니 걱정 말라, 잘될 것이다. 너는 그런 생각 했으면 거기에 찍고 다른 사람은 다른 분에게 찍고 하여 결과가 나오면, 내가 잘 생각하고 잘 봤구나, (또는) 내가 잘못 생각하고 잘(못) 봤구나, 하는 판단이 될 것이 아니냐? 그러므로 우리 교단은 법으로 하니 잘될 것이므로 걱정 말라"는 가르치심을 받은 바 있습니다. (〈천지대공사 대사결정〉, 8쪽.)

상산은 입후보를 권유받았을 때나, 낙선하여 남들이 아쉬워했을

---

[22] 그래도 못 미더웠던지 대산이 장산에게 "좌산으로 하여금 항산 김인철과 함께 일하도록 하는 것이 좋을 것 같다. 이는 교정원장 임기 1기를 더 연임토록 하는 것이 제반에 도움이 되고 교단이 안정될 것 같다." 하여 항산의 보좌를 원했지만, 좌산이 효산 조정근을 임명함으로써 그 인사는 실현되지 않았다.

때나 한결같이 "이 늙은 사람이 어찌 종법사를 하겠느냐. 앞으로 할 일이 태산 같은데 젊은 종법사가 이 큰일을 해야 하지 않겠냐?"라고 했는데, 이건 그의 인격으로 보아 결코 입에 발린 말치레가 아니었다. 종통 승계가 잡음 없이 이루어지고 교단이 빠른 안정을 얻은 데에는 상산이란 거목의 순일한 교단 사랑이 밑거름이었다고 할 만하다. 대산은 종권이 좌산 아닌 상산에게 넘어갈 것을 걱정했고 그래서 드러내놓고 좌산을 지명하고 지지했지만, 어쩌면 이렇게 해도 상산이 용납해 줄 것을 믿었기 때문일 수도 있다. 혹시 대산뿐 아니라 상산도 대세를 돌릴 방법이 그 방법밖에 없다고 보아 묵인했을지도 모를 일이다.[23] 다만 그것이 불가피한 방편이었을 수는 있으나[24] 후래 종법사가 따라 할 선례, 본보기가 되는 것은 바람직하지 않아 보인다.

---

[23] 이백철 교무의 증언에 따르면, 좌산 종법사 당선 후 양산 김중묵 교무가 상산에게 "상산 종사님께서 한 번 하시고 했더라면 좋은데 …"라고 말을 걸자, 그 말이 떨어지기도 전에 상산은 "그 자리가 지키고 앉았는 자리야? 거(기)가 자리 지키고 앉았는 자리냐(고)?" 하면서 꾸짖더라고 했다. 『백년의 유산』(박맹수 외), 43~44쪽 참조.

[24] 장산이, 대산이 후대 종법사를 호념하는(*지명하는) 것은 '교단을 대안정시키고 교단의 종통이 일사불란하게 나가'도록 하기 위해 필요하다는 의견을 내자, 대산은 "네 말이 옳다." 하고 긍정했다. (〈천지대공사 대사결정〉 2~3쪽.)

회향

종법사 선거를 앞둔 시점에서 대산은 뒤따를 온갖 시비가 마음 쓰이는 듯 「모든 일을 역사가 판단할 것이다.」(9.27.) 하더니, 선거가 끝나자 「새 종법사의 탄생으로 이젠 교단과 실장(법무실장 황직평)의 비바람도 개고 파도도 가라앉고 조용하여졌다.」(10.1.) 안도하고, 며칠 후 장산에게 「(한 가지 빠진 것이 있다) 그것은 숭덕존공의 정신을 더욱 진작시키는 일이다. 신 종법사 추대 후 교단적으로 가장 중대하게 할 일일 것이다.」(10.15.)라고 했다. 숭덕존공(崇德尊功)[25]이란 덕을 드높이고 공을 우러른다는 뜻으로 고인이든 생존자든 교단에 공덕을 끼친 이들의 명예를 드러내자는 의도로 보이지만, 시점으로 보아서는 종법사 선거에서 소외감을 가질 수도 있었던 상산 박장식에 대한 미안함이 이런 지시로 나온 것은 아닐지 모르겠다.

1994년 11월 6일 오후 2시, 중앙총부 영모전 광장에서 1만 5천여 명의 출가·재가 교도가 참석한 가운데 대사식(戴謝式)이 거행됐다. 대사식은 쉽게 말하면 종법사의 이취임식이니, 대(戴)는 신임 종법사의 새로운 취임을 축하하는 것이며, 사(謝)는 전임 종법사의 노고에 사례하는 뜻을 가진다.

교단 80년 역사상 처음으로 시행된 대사식은 대산 종법사가 법신

---

[25] 이 말은 尊崇과 功德, 이 두 단어의 조합으로 보인다. 『대산종법사 법문집』 2집(제10부 회의치사, 〈시방을 대표하는 마음〉)이나 『대산종법사 법문집』 3집(공도편47)에 모두 '尊功'으로 나온 것을, 그 후 2014년 초판 『대산종사법어』(회상편55) 등에서 '尊公'으로 잘못 고친 것이 보인다.

불 전에 퇴임을 고하는 고유문을 낭독하고, 퇴임 설법에 이어 신구 종법사들이 직위 전수(傳受)의 의미로 종법사장(宗法師章, 종법사 신분을 상징하는 메달 모양의 휘장)과 교전(『원불교 전서』)과 법장(法杖, 설법할 때 쓰는 지팡이)을 주고받은 뒤[26], 교단 대표가 사례사를 했다. 특히 법장은 교조인 소태산 대종사가 승좌(陞座, 법좌에 오름) 설법 때 몸소 사용하던 것이어서 의미가 각별했다. 이어서 좌산 종법사가 법신불 전에 취임을 고하는 고유문을 읽고, 교단 대표의 추대사가 따르고, 다음에 종법사의 취임 설법이 행해졌다.

이제 대산은 종법사 자리를 좌산에게 물려주고 상사(上師)의 자리로 나앉게 되었다. '상사'는 왕조시대에 신임 군왕에게 자리를 물려준 전임 왕을 상왕이라 한 것에서 빌려온 명칭인 듯한데, 이는 원기 44년(1959) 1차 개정 교헌에서부터 이름을 얻었고, 종법사에 준하여 예우하도록 하는 규정까지 마련되어 있었지만, 실제로 상사가 등장하기는 처음이다. 그것은 전임자인 소태산과 정산이 재임 중에 열반에 들었기 때문이니, 대사식과 더불어 상사의 역사도 대산이 처음 써가는 것이다. "이젠 나를 믿지 말라." "승계 종법사를 잘 보호하며 힘을 타게 하여야 한다." "나는 큰일 아니 하였다. 앞으로 큰일 많다." 하며 신임 종법사에게 힘을 실어 주려고 마음 썼다. "이젠 나는 아주 큰 일 아니고는 일체 교단 일에 관여하지 아니할 것이다."(10.1.)라고 하여 후계자가 전임자의 눈치를 보지 않도록 배려하기도 했다.

---

[26] 『예전』 대사식 순에서는 직위 전수에 '종법사장과 법의(法衣), 법장'으로 돼 있으나 통상 법의 대신 교전으로 대체하여 행하고 있다.

10월 15일, 대사식을 앞둔 시점에서 대산은, 법무실장으로 최측근에서 30년을 지켜온 장산 황직평에게 마지막 당부를 했었다.

"장산, 너는 수계농원에서 정전마음공부 훈련을, 오늘 다시 내 앞에서 큰 서원을 세우고 꼭 하여야 한다. 다른 곳에 가서 하지 말고 내가 왕래하는 이곳에서 하여라. 내가 신도안 삼동원에서 『교리실천도해』[27]와 『정전대의』[28] 교리 공부를 시켜 남녀 간 키우지 아니했더냐. 이는 대종사님께서 일찍이 나에게 부촉하신 바가 있었기에 그렇게 했던 것이다. 그러나 그 후 교단 사정에 의하여 중지하였으나[29] 이제 그 법맥을 부활시켜야 한다. 나와 너의 모든 역사는 뒷사람들에게 맡기고 오직 이 일에 정진하자. 나의 이 뜻을 새 종법사와 교정원장에게 꼭 전하여라."

정전마음공부란 소태산 친저인 『정전』에서 밝힌 마음공부 방법, 예컨대 삼학을 중심으로 수행편에서 일러준 무시선법, 상시훈련법, 일기법 등을 동원하여 「경계를 대할 때마다 마음에 대조하는 정신과,

---

27 『정전』에 나온 교리를 실천하기 위하여 알기 쉽게 도해로써 해설한 『교리실천도해(敎理實踐圖解)』는 1962년 프린트판으로 냈다가, 1986년에 법무실에서 증보 편집한 뒤 원불교출판사에서 발행하였다.

28 『정전』에 나온 교리를 해설한 『정전대의(正典大意)』는 원기 62년(1977)에 초판을 냈으며, 원기 71년(1986)에 증보판이 나왔다. '대산종법사 법문집1'이란 부제가 붙었고, 〈정전대의〉 외에 〈수신강요〉1, 2와 〈진리는 하나〉가 부록으로 붙어 있다.

29 여기서 교단 사정이라 함은, 1968년 박장식 교정원장 외 다수 원로들이 연명으로 5개항의 비판문을 만들 때, 제2항에 「엄연히 교전이 있는데 이를 두고 대산이 편술한 『정전대의』와 『교리실천도해』 등 유사 교서로 교리강습을 하는 것은 부당하다」가 있었음을 말하는 것으로 보인다.

챙기는 마음을 실현하는 정신, 법으로 질박아 기질을 완전히 변화시키는」 훈련 프로그램이다. 장산은 대산의 뜻을 받들어 수계농원에서 이 훈련을 시키면서 인재를 양성해 냈고, 대산은 장산이 하는 훈련을 지켜보면서 감정을 해주었다. 장산은 몇몇 출·재가 인재들을 훈련시켜 이 공부를 구체적으로 전개하는 운동을 폈고, 1993년에 이 운동을 주도할 단체로 새삶회를 결성하였다. 대산은 전 새마을중앙연수원 김준 원장을 새삶회 회장으로 추천하며 새삶회로 심전계발 훈련을 실시하라고 당부했다. 대산이나 장산이 열반한 지금도 새삶회나 시민선방을 중심으로 한 정전마음공부 팀은 멀리 하와이국제훈련원까지 가서 전지훈련을 하면서 지속적인 활동을 이어가고 있다.

1995년 9월 22일, 좌산(左山) 종법사는 종교지도자로서는 처음으로, WCRP(세계종교자평화회의) 주최로 유엔본부에서 열리는 강연회 연사로 나섰다.[30] 부트로스 갈리 유엔사무총장을 비롯한 각국 종교·정치 지도자 4백여 명이 참석한 강연회에서 좌산은 〈세계공동체 건설을 위한 과제와 종교의 역할〉이라는 강연을 통해 세계 각 종교가, 인류사회의 당면한 제반 문제들을 신속히 해결하기 위하여 세계종교협력기구(UR) 창설에 합력하자고 주장했다. 맨하탄교당에 원불교총부 유엔사무소를 개설하고, 워싱턴과 뉴욕 등에서 대법회를 열기도 했다. 그동안 대산이 공들이던 일들이 좌산이란 후계자를 통하여 빛을 보는 셈이다. 대외적으로는 UR 창설의 기치를 드높였고, 교단적으로

---

[30] 같은 해 6월 8일, UN NGO 종교분과위원장에 이오은 교무가 피선되면서 영향력이 강화된 점이 주효했을 듯도 하다.

이미 말한 바처럼, 대산은 1988년 5월에 익산시 왕궁면 동봉리에 있는 영모묘원으로 주거를 옮겼다. 처음엔 직원 생활관 2층에 머물렀지만, 얼마 후 자리를 옮겨 스스로 허름한 건물에 조실을 마련하고 상주하기 시작했다. 허름한 건물이라 했지만, 이 건물은 영모묘원을 정비하는 데 필요한 농기구를 보관하던 슬레이트 지붕의 조립식 건물이었기에 여름에는 한없이 더웠고, 겨울에는 외풍과 추위를 막기 위해 바람구멍을 온통 비닐로 봉해야 했다. 그 옆에 30평 남짓한 비닐하우스를 치고 외빈을 접견하였고, 단체 교도가 방문하면 비닐하우스가 임시 법당이 되었다. 게다가 구구 각색 어설퍼 보이는 나무 의자들이 기실 시신을 매장할 때 탈관하며 나온 널감으로 만든 것임을 안다면 기겁할 사람도 없지 않을 듯하다. 아무리 약소 교단이라 해도 교주의 거처치고는 너무 초라하였기에 종종 외부 방문객들을 당황케 하기도 하였다. 여북해 어떤 외부 인사가 종법사를 만나려고 왕궁에 왔을 때 시자가 비닐하우스로 안내하자 '나를 왜, 닭장 속으로 데리고 가는가?' 하고 의아했다는 일화조차 전한다. 이를 두고 처음엔 보여주기식 쇼를 하는 것 아닌가 하는 오해도 받았다지만, 그의 한결같은 검소함을 알고 나면 오해는 절로 풀렸다. 못이 커서 용소(龍沼)가 아니라 용이 살면 아무리 작아도 용소다.[32] 영모묘원이 곧 왕궁[33]이고 조립식 조실과 비닐하우스야말로 용궁일지도 모른다.

---

32   山不在高 有仙則名, 水不在深 有龍則靈. (劉禹錫, 〈陋室銘〉)
33   고대(마한 때)의 왕궁터라고 하여 붙여진 이름이 왕궁(면/리)의 유래라고 한다.

대산 종법사는 평생 소태산 대종사와 정산 종사보다 더 나은 집에서 기거하여 본 적이 없다. 신도안에서도 좋은 집 지으려고 하면 절대 못 짓게 하고, 원평에서도, 그 어느 곳에서도 고개 숙이고 들어가는 초가삼간에서 생활했다. 일상생활이 검소함과 평범함 그 자체였다. (서문 성, 〈대산종사 생애〉12, 《원불교신문》, 2014.12.05.)

1970년 11월, 총부에 번듯하게 건축해 놓은 신조실이 있음에도 대산이 굳이 거기에 들어가지 않고 이런 굴속 같은 거실을 선호하는 것은, 물론 간고한 시절 선대 스승님들의 검소한 생활을 따르는 뜻도 있기야 했지만, 다른 일면도 있던 것 같다. 체질상 유난히 추위를 탔던 대산은 외풍을 철저히 차단하고 흙벽에 온돌로 난방하는 방을 좋아하였다. 추위를 탔다기보다 건강상 보온을 위해 신체와 환경에서 항상 고온을 유지하도록 유념하였다. 「평소 복부가 냉하다 보니, 기왓장을 연탄불에 구워서 사철 복부에 차고 다니셔서 간혹 겨울옷이 눋곤 했다」(김관현)고 하고, 사철이 여름인 하와이 갔을 때조차 「조실방에다 온돌 보일러를 설치하고 바람 한 점 통하지 않게 문이란 문은 다 닫아놓고 커튼까지 쳐서 사우나를 방불케 했다」(주성균)고도 한다. 대산의 승용차에선 한여름에도 에어컨을 켜거나 창문을 열지 못해 동승자들이 곤욕을 치렀다. 그래서 대산을 만났던 이들이 기억하는 그의 표준 이미지는 솜을 두툼하게 두고 누빈 욕의(浴衣) 같은 가운에 털모자를 쓴 모습이다. 법복을 차려입어야 하는 의식에서가 아니라면, 또 여름철을 제외한다면, 털모자, 털신, 털목도리, 장갑에 마스크까지 한 방한 차림으로 완전 무장한 모습을 연상하기가 십상이다. 이런 대산인지라 아무리 번듯하다 해도 신조실처럼 양식으로 시공한 건물, 깔끔한 거실보다는 창호를 최소화한 어둠침침한 방을 오히려 안락하게 느꼈다.

이쯤에서 대산이 종법사로 6년 남짓, 상사로 좀 빠지는 4년, 합해서 10년여를 머물다 떠난 왕궁 조실이 둥지를 틀었던 영모묘원에 대하여 정리할 필요가 있어 보인다.

원기 56년(1971)에 원불교반백년기념사업의 하나로 소태산 대종사와 열위 선령을 추모하기 위하여 위패와 법보(法譜)를 봉안한 사당[廟宇]을 총부에 세우고 영모전(永慕殿)이라고 명명했다. 이때부터 조상들의 혼백(魂魄)을 모시는 영모전과 더불어 유체(遺體)를 모시는 영모원(永慕園)[34]을 구상하지 않았을까 싶다. 1949년에 소태산 대종사의 유골을 모신 성탑과, 1971년에 정산 종사 유골을 모신 성탑을 중심으로 총부 구내에 일단 영모원이 조성되었다 할 것이나, 출·재가 교도의 장묘를 감당할 영모원의 조성은 또 별개의 과제였다. 공동 위패를 모시는 영모전과는 달리, 유체를 매장하거나 유골을 수장할 물리적 공간이 필요한 대중적 영모원은 별도의 대규모 토지가 필요했다. 당시엔 총부 가까운 신룡동 75번지 일대 구릉에 전무출신 혹은 전무출신 부모 등의 시신을 매장한 공동묘지가 있었으니 일컬어 알봉(謁峰)이라 했다. 교단적 수요에 응한다는 측면에서도 그렇지만, 그때 60대

---

34 『예전』에는 「영모전 주위 지역이나 또는 경치가 수려한 지대에 대종사 이하 역대 성현의 기념 공원을 만들고 이름을 영모원이라 하며」라 하였지만, 대규모 공원묘지 형태까지 상정하지는 않았다.

후반에 진입한 대산 종법사 개인으로서도 알봉을 대신할 영모묘원의 필요를 실감할 만했다.

대산은 대규모 묘원을 조성하기로 작정하고, 원기 64년(1979)에 교단 기관으로서 영모원을 설립하였다. 그동안 대산은 제자들을 시켜 동·서양의 장묘 실상을 답사한 후 선진적인 묘제를 연구케 하면서, 한편으론 묘원이 들어설 기지를 물색했다. 후보지를 놓고 고심하다가 선택한 땅이 익산시 왕궁면 동봉리 654번지 시대산 자락이었으니, 1980년에 원불교 영모묘원으로 법인허가를 받고 묘원 조성에 착수하였다.[35] '전국토의 묘지화'가 회자되던 시절인지라, 국토의 효율적 이용을 염두에 두고, 1983년에 우리나라 최초로 봉분 없는 평장(平葬)[36]에 비석조차 눕혀 평석으로 하였다. 공원묘지 형태로 이듬해 1차 완공을 하였고, 연속적으로 개발하여 현재는 35만 제곱미터(12만 평)의 부지에 1만 5천여 기를 수용하게끔 되었다. 대산은 1984년(9.10.)에 알봉 묘지를 찾아 성묘한 후, 이듬해 제일 먼저 140구의 선진 유해를 왕궁묘원으로 이장하고, 1985년(4.10.)에 이장 완료 봉고식을 올렸다. 그리고 진안에 흩어진 자신의 선조들 유해를 모두 영모묘원으로 모셔 왔다. 이영훈 정토를 대신하여 자녀들을 보살핀 가정부 송영춘의 묘까지도 함께 썼다.

---

35 부지 선정과 묘원 조성까지의 과정이 이렇게 한두 줄로 정리할 일은 아니지만, 그 과정에서 걸림돌이 됐던 법적 난관은 국회전문위원 구산 김호영 교도와 진안군수 박준명 교도 등의 노고로 해결되었음만 밝힌다.

36 대산은, 1941년 소태산 차남 장례 때 소태산이 평장을 고집했던 기억에서 평장의 아이디어를 얻었다고 말했다.

이쯤 되면 대중들이 저마다 조상들이나 혹은 자기 가족들을 위하여 묘지를 분양해 가게 될 줄 알았는데, 웬걸! 묘지는 분양이 안 되고 시공비나 관리비는 빚으로 남게 되었다. 장묘문화에 관한 대산의 선구적 경륜에도 불구하고, 봉분 없는 무덤이나 비좁은 묘지 면적[37]에 표석조차 뉘어 놓는 파격이 전통적 매장 풍속과는 거리가 멀었다. 게다가, 당시엔 미처 개발이 덜 되어 도로망 등 접근성이 좋지 않았고, 그나마 찾아가 보면 벌겋게 벗겨 놓은 황토 언덕에 자갈과 잡초만 깔려 있으니, 누가 올 맘이 났겠는가. 원장 신제근 교무는 경내 이동로를 포장하고 배수로를 내고 제초하고 보토를 하고, 그 자리에 잔디와 화초와 조경수를 심는 등 갖은 정성을 다했다.

○ 국토의 묘지화가 우려되고 있다. 국토개발연구원에 의하면 지난해 말 전국의 묘지 수는 1천831만 기로 963㎢의 면적을 차지하고 있다. 서울시 면적(6백85㎢)의 1.4배에 달한다. 여기에 해마다 25만 명의 사망자 중 85%인 22만여 명이 매장됨에 따라 여의도의 1.3배 규모인 10㎢의 묘역이 늘어나 전체묘역은 급속도로 확대되고 있다. (《매일경제》, 1992.6.15.)
○ 한국장례문화진흥원에 따르면 전국의 묘지 면적은 약 1,025㎢로 추정된다. 국토의 1%를 넘는 땅으로, 국민 주거 면적 2,646㎢의 38.7%에 이른다. '죽은 자'가 '산 자'의 공간을 3분의 1 넘게 차지한 것이다. (《동아

---

[37] 1기당 묘지 면적이 3㎡(1.5×2)이다. 「현재 우리나라의 분묘 1기당 면적은 집단 묘지일 경우 30㎡(9평), 개인 묘지일 경우 80㎡(24평)에 이른다」(《조선일보》, 1996.11.27.)는 기사를 보면, 얼마나 절약형 묘지인지 알 만하다. 묘비에 갈음하는 표석도 일괄 60×50㎝의 크기다.

일보》, 2017. 10. 3.)

    1990년대는 물론 2010년대의 기사에조차 '전 국토의 묘지화'라는 우려가 여전한 것을 보면, 대산의 영모묘원 구상이 얼마나 시대를 앞질러 간 것인지를 알 만하다. 대산은 영모묘원을 살리기 위하여, "내가 여기서 10년은 조상님, 선진님 위한 시묘(를) 하련다." 하고 1988년부터 시묘살이를 명분으로 아예 주거를 총부에서 영모묘원으로 옮겼다. 앞에서 말한 바처럼 그 유명한 비닐하우스 접견실을 이용하여 외빈과 대중을 만나기 시작했다. 말하자면 자신을 만나려면 묘원으로 오게 하여 절로 묘원을 홍보하려는 전략이었던가 싶다.

    1989년부터 묘지 분양이 어느 정도 활성화되기 시작하자, 대산은 이듬해 "앞으로는 묘지도 일정 기간이 지나면 납골당에 모셔야 한다. 10여 년 전에 납골당을 하려고 했는데 대중의 인식이 그에 미치지 못해 그냥 뒀다. 앞으로는 납골당(봉안당)을 해야 한다"고 운을 떼더니 잊을 만하면 원장을 채근했다. 그러다가 더는 기다리지 못하겠던지, 1993년에 대산은 영모원장 신제근을 불러 묘원과 더불어 납골당을 건립하도록 촉구하며 "누가 무엇이라 해도 상관하지 말고 이 일을 빨리 추진하라." 했다. 당시만 해도 납골당에 대한 인식이 덜 좋아서 반대하는 이들이 있었지만, 다음 해 건축허가를 받아 대산이 상사로 물러난 1995년에 지하 1층 지상 3층으로 건물을 짓고 6천여 위를 봉안할 수 있는 시설을 갖췄다. 신제근의 청으로, 대산이 여기다 대원전(大圓殿)이란 거창한 이름을 붙이고 휘호까지 해주었다.

    대산이 열반한 뒤, 영모묘원에서는 2013년에 법타원 김이현의 유골을 자연장 방식으로 처음 모셨다. 아마도 대산이 살았더라면 "맞아! 내 마지막 목표는 이것이었어." 하지 않았을까? 자연장은 일반인 자연장, 시신기증전무출신자연장, 전무출신자연장이 구분되어 있고, 잔디형 자연장과 정원형 자연장이 따로 조성되었다. 전무출신자연장 터에는, 2014년 도올 김용옥이 이름 짓고 헌시를 새긴 식운릉(息韻陵) 비석이 서 있다. 이로써 대산의 경륜은 궁극에까지 도달한 것이 아닐까 싶다.

XII
열반 적정

기원문 결어

다음은 종법사 혹은 상사로서 대산의 일상을 스케치한 소박한 글이다. 그의 고매한 영혼의 경지를 제쳐놓고 보면, 굳이 예민한 촉수를 갖지 않은 사람이라도 그의 인간과 심경을 엿볼 수 있을 것이다.

대산 종사는 종법사 위에 있으면서도 늘 대중과 함께했다. 신도안 초창 초가집에서 비롯하여 말년 왕궁 영모묘원에서 정양할 때까지 늘 허름한 집에서 지냈다. 일상생활 하시는 모습은 평범 그 자체였다. 중앙총부에 양옥집으로 단장한 종법실이 있음에도 불구하고 채 몇 년을 거처하지 아니했다. 그래서 사회 언론에서 '비닐하우스의 성자'[1]라고 부르기도 했다. 그 힘의 원천은 사시 정진에 있었다. 수도인의 세 가지 일과인 아침 수도 정진 시간, 낮 보은 봉공 시간, 밤 참회 정진 시간이었고, 잠은 늘 선몽(禪

---

1 1989년 1월 초, 《조선일보》 주돈식 문화부장이 대산과 신년 대담을 하러 왔다가 보고 '비닐하우스의 성자'로 대서특필하면서 붙은 별칭이다.

夢)이었다. 새벽에 일어나 올리는 법신불 사은 전(前) 심고로부터 도인법을 하고 선과 기도를 마치면 대중과 더불어 요가를 하였다. 낮에는 봉공 작업을 하고, 대중들을 맞아 야단법석을 마련하여 법을 설하고 교도들의 신앙 수행 감상담을 들으며, 선보(禪步)로 산책하고 대중들의 손을 잡고 늘 함께 걸었고, 인연을 걸려고 사진찍기를 좋아했다. 대산 종사는 언제나 그곳에 가면 만날 수 있는 어른으로 계셨고, 따뜻이 손잡아 주는 할아버지이자 촌로로 늘 우리 곁에 머무셨다. (『대산 김대거 종사』-사진에 담긴 그의 삶-, 291쪽.)

영모묘원에 머무르던 만년의 대산은 신문이나 잡지의 기자들과도 종종 인터뷰했다. 내로라하는 메이저 중앙지들도 있지만 이름 없는 지방지도 있고, 여성지 같은 색다른 잡지도 있다. 그들은 반쯤 전설적 인물이 되어가는 유명인, 그러면서도 신종교의 교주로서 세상에 알려지기보다 숨겨진 측면이 많은 대산에게 호기심을 가지고 접근하기도 하고, 혹은 시대와 세상을 향한 선지자적 지혜를 캐러 오기도 했다.

그들은 먼저 대산의 남다른 일과에 관심이 큰 것 같았다.

○ 대산 종법사에게서의 느낌은 아주 인간적이다. 재작년 유사 장티푸스에다 늑막(염), 폐렴 등이 겹친 노환으로 큰 고생을 치른 몸임에도 불구하고 그의 얼굴에는 건강의 빛이 뚜렷하다. (…) 그의 하루 일과는 새벽 5시부터 시작된다. 오전 종단 업무처리, 오후 외부인 접견, 저녁 후 정양 기도, 그리고 10시에 잠자리에 드는 게 그의 일과다. (《월간 전라》,

1990. 2.)

○ 종법사의 하루 일과는 새벽 4시 30분부터 시작된다. 좌선과 요가를 하며 아침 산책을 거르지 않는다. 오전에는 종단 업무를 처리하며 계란보다 작은 감자 두 알로 점심을 갈음한다. 오후에는 찾아오는 손님과 교도들의 예방을 받고, 오후 7시 이후부터는 주로 혼자만의 시간을 갖는다. 이때는 독서와 심고, 교단의 설계에 대부분의 시간을 할애한다. (《월간 라벨르》, 1991. 1.)

○ 아침은 오곡밥 반 공기, 점심은 감자 두 개, 저녁은 텃밭에서 길러낸 야채와 함께 현미밥 반 공기, 이것이 원불교를 세계적 종단으로 키워 놓은 대산 종법사의 식사 요체였다. 그러고는 새벽 4시 1일 4회의 독공 참선, 어떤 경우에도 간식을 않는 것이 그의 건강, 장수 비결이라고 주변에서 귀띔한다. (《세계일보》, 1992. 4. 25.)

기침(起寢, 잠자리에서 일어남) 시간은 다소 들쭉날쭉하지만, 대체로 건강, 일과, 음식 등에 관한 기사 내용은 비슷하다. 환갑 이전(1972~1974) 대산의 음식 수발을 한 이수진 교무의 회고와 비교해 보아도 백미밥과 현미밥의 차이처럼 다소 달라진 것도 없지 않으나 소식(小食)이란 기본은 같아 보인다. 「조그만 스텡(스테인리스) 그릇인데 뚜껑 있는 그릇에 우리는 한두 번 먹으면 없어질 소량을 차리니 꼭 소꿉장난하는 것 같았다. 종법사님은 이렇게 조금 드시고 어떻게 지내시는지 알 수가 없었다. 밥은 흰쌀을 돌솥에다 한다.」[2] 젊은 날부

---

2 이수진, 『교무의 일생』 (원불교출판사, 2021), 178쪽.

터 초로까지의 대산은 소식에다 질병에 시달리기에 몸이 깡말랐는데, 소식과 질병이란 기본이 달라지지 않았음에도 노년으로 갈수록 몸이 불었으니 이해가 안 된다. 노년의 기록이 164㎝에 68~70㎏이라 하고, 거기다 항상 옷까지 헐렁하고 두툼하게 입으니 체형이 곧잘 오뚜기를 연상시킨다. "나는 일생 동안 언소(言少), 식소(食少), 사소(思少) 하는 자세로 삽니다. 말을 적게 하면 '남의 말' '쓸데없는 말' 않게 돼 좋고, 적게 먹으면 몸이 가볍고 바른 생각 가질 수 있어 좋은 겁니다. 생각을 적게 하자는 다짐…."(《세계일보》, 1992.4.25.) 여기서 대산의 '식소'가 스스로 좋아서 선택한 것인지 소화불량으로 불가피한 것이었는지 따져 볼 일이긴 하다.

대산은 예술적 감각이 탁월했던 것 같다. 서예에 자신이 있는 대산은 법문(대개는 한문이지만)을 한지나 목판에 써서 외빈이나 교도들에게 선물 삼아 주기를 좋아했다. 문학에도 조예가 깊어 그의 시문을 두고 졸저 『원불교의 문학세계』(대산 김대거 편)에서도 감히 평론한 바 있지만, 특히 선시는 절정에 이르렀다. 갖춘 형식은 아니되, 〈심원송(心願頌)〉 하나를 보더라도 은유와 반복과 점층의 수사 기교만으로 필자는 매혹당한다. 다음 글을 보면 대산은 음악도 꽤 좋아했다.

> 우리나라 시조의 일인자가 서강 정경태 선생인데, 그분한테 작곡을 달라고 해서 〈원하옵니다〉(심원송)를 시조로 불렀고, 〈호남가〉도 시조로 불렀다. 대산 종사님께서 편찮으실 때 가서 〈호남가〉와 〈원하옵니다〉를 불러드리면 진지 드실 때도 잊고 좋아하시며, "네가 내 큰아들이다." 하시며 좋아하셨다. (『조불…』I, 478쪽. 박정훈)

그런데 정작 대산이 가장 좋아한 것은 일원상 그리기라니, 이것을 회화로 보아야 할지 서예로 보아야 할지 모를 일이나,「일원 문화를 개척하고 창조하기 위해서는 먼저 일원 철학을 소유한 문화예술인들이 많아야 시대를 앞서 갈 수 있느니라. 우리의 법신불 일원상은 불멸 불휴의 예술이며 문화 상징의 극치이다.」(『대산종사법어』 회상편49) 한 본의를 참구할 일이다. 하와이국제훈련원을 다녀온 이후로는 일원상 그리기를 멈추었다고 했지만, 그전까지는 일원상을 많이 그렸다. 그냥 기하학적 도형으로서의 원이 아니다. 붓으로 그린 일원상이 제도기로 그린 원형의 완벽성과는 비교가 안 될 일이로되, 심미적 대상으로서 영혼이 숨 쉬고 있는 예술품으로 보자면 타의 추종을 불허한다. 만년 다섯 해를 시자로 모신 주성균 교무는 다음과 같은 시로써 당시 상황을 드러내고 있다.

손짓으로 그리시고/ 말씀으로 그리시고/ 두 팔로 그리시고/ 온몸으로 그리셨네!// 그리시다 말고/ 쉬었다 그리시고/ 때와 곳을 마다치 않고 그리셨네!/ 한지에 그리시고/ 목판에 그리시고/ 책에도 그리시고/ 그릴 곳 없이 다 그리셨네! 선(禪)할 때 그리시고/ 기도할 때 그리시고/ 걸으실 때 그리시고/ 그리시다 못해 지치시면 누워서도 그리셨네!// 님의 마음으로 그리시고/ 대중의 마음에도 그리시고/ 허공에도 그리셨네!// 임께서 그리시고/ 방안 가득 펼쳐 놓으시고/ 참 좋다야 하신/ 그 눙그러운 한 상이/ 예나 지금이나/ 우주에 가득 차네! (〈둥그러운 기운〉 전문)

대산은 일단 맘을 먹고 나면 단번에 붓이 흘러갔는데, 받을 사람을 위한 기원을 담고 정성을 담아서 그렸기에 한 장 한 장에 심혈을 기울였다. 그래서 기력이 소진되면 하루에 몇 장밖에 못 그리고, 어느 때는 한 장도 그리기 힘겨워 붓을 놓은 경우도 있었다고 한다. 1987년 정초에 〈하나로 사세〉 법문을 내린 바 있는데, 어쩌면 대산은 일원상을 그리면서 「씨족의 울을 넘어선 우리 부모 형제, 민족의 울을 넘어선 우리 부모 형제, 종족의 울을 넘어선 우리 부모 형제, 종교의 울을 넘어선 우리 부모 형제, 하나로 사세 하나로 사세 하나로 사세 하나로 사세」 하는 기원을 담았는지도 모른다.

 왕궁 상사원 조실 풍경은 특이하다. 결코 고급스럽다거나 품격이 있다고 하기 어렵다. 깔끔하다고 할 수도 없고, 오히려 너저분하다고 하는 편이 더 정확한 평가일 듯하다. 정면과 측면을 가릴 것 없이 벽면이 온통 도배한 모습인즉, 종이에 쓴 〈청정주〉 〈기원문 결어〉 족자, 〈소태산비명병서〉 병풍, 소태산·정산·대산·좌산 4세의 진영을 층층이 나열한 액자, 교황 요한 바오로 2세 접견 기록사진 액자, 〈큰 자비 세 가지〉 〈건강법〉 〈誠敬信〉 〈세계평화 삼대제언〉 족자, 원목 널빤지에 쓴 〈기원문 결어〉, 일원상, 여러 벌의 단주들, 기타 사진 액자들이 더러는 걸리고 더러는 매달리고 더러는 둘리고 붙고 하여 덕지덕지 무질서하게 보인다. 주성균의 말을 빌리자면, 「대산 종사, 말년 시봉할 무렵 시봉진에게 당신의 가족과 시자들의 법명을 나이 순서대로 적어 벽에 붙이게 하였다.」 하니 벽면이 얼마나 잡동사니 같았겠는가. 그렇게 해두고, 의자에 앉아 틈나는 대로 법명을 호명하게 하거나 때로는 홀로 앉아 읽곤 하였고, 늘 한때도 잊지 않고 호명하고 합장하며 기도하였다고 한다. (《한울안신문》, 2008.1.3.) 대산에게는 챙겨야 할 사물이 그만큼 많았던 모양이다. 이미 열반한 전 불국사 주지 스님의 영정까지 벽에 걸어두고 있기에 알아본즉 "나의 제자가 된 분이지. 다음에는 원불교 공부하러 온다고 약속했지."라고 하더란다. (『조불…』II, 448쪽. 최병오) 오지랖도 넓다, 할지 모르나 불교 고승의 천도를 빌고 내생까지 챙기는 배려는 성자의 심법이 어떠해야 하는지를 잘 보여준다.

그런데 만년에 대산이 〈기원문 결어〉를 지어놓고 이를 읽고 읽고 또 읽으며, 당신만 읽지 않고 주변 사람에게까지 거듭 읽으라 강요하여 곤욕을 치른 사람들이 많다고 하는 이야기는 또 무엇인가 궁금하다. 대산이 발표한 기원문은 한둘이 아니지만, 원기 70년(1985) 신년법문과 함께 대중에게 공개한 네 가지 기원문이 있었다. 원기 77년(1992) 6월에 다시 이들 기원문을 종합한 결정판으로 〈기원문 결어〉를 내놓았는데 대산은 열반 전까지 이것에 대단한 애착을 보였다.

○ 왕궁 영모원 상사원 조실 방/ 문을 열면 대산 여래님 계실 것만 같다/ 조실 방 아랫목 의자에 앉으시어/ 성국이 오냐, 어서 오너라 하시며 (…)// 벽에 걸린 기원문 결어를/ 한번 읽어 봐라 하시고 / 열 번 스무 번 오십 번을/ 읽어도 끝이 없이/ 또 읽으라고 하실 것만 같다 (이성국, 시〈왕궁 상사원 슬레이트집〉일부)

○ 대산 종사께서 왕궁에 계실 때 시자에게 들은 말씀이 있습니다. 어느 날 대산 종사님 방에 들어갔는데, 벽에 걸려 있는 〈기원문 결어〉를 가리키시며, "저것 좀 읽어라." 하고 말씀하셨습니다. 언제나 그랬듯이 대산 종사께서 먼저 합장하시고 "일상원(一相圓)!"하고 첫 마디를 떼면 그다음

부터는 시자가 읽습니다. 마지막 대목인 "이 세계는 하나의 세계, 세상은 한 일터 개척하자 하나의 세계"를 마치고 시자가 그만하려고 하는데, 대산 종사께서 다시 "일상원!" 하시니 시자는 안 할 수가 없어서 또 〈기원문 결어〉를 읽었습니다. 또 "일상원!" 하시니까 "아! 3번 하시려고 그러시는가 보다." 하고 읽었는데, 다시 "일상원!"을 반복하셨습니다. 그렇게 7번, 10번, 20번, 30번 하시더니 나중에는 100번을 넘게 봉독하셨습니다. (《원불교신문》, 2021.2.26. 김주원)

어느 간사는 4시간을 읽다가 질려서 도망했다는 일화가 있는가 하면, 누구는 300번을 읽었노라고 자랑 아닌 자랑을 하여 화제가 됐으니 말 다 했다. 이 정도면 고문이 따로 없다.

대산은 하와이 출국 전, 고열에 시달리는 중에도 혼신의 힘으로 붓을 들어 목판에 일원상을 그리고, 시자 서경범에게 목판에 〈기원문 결어〉를 쓰게 하여 총 20여 개 선물을 갖고 가서 미국 본토를 비롯한 남·북미 일대의 교당들에 나누어 주었다고 한다. 하와이 다녀온 뒤엔 그렇게 좋아하던 일원상 그리기조차 그만두었으나 〈기원문 결어〉에 대한 집념만은 사그라지지 않았다.

①일상원(一相圓) 중도원(中道圓) 시방원(十方圓). ②주세불 불일중휘(佛日重輝) 법륜부전(法輪復轉), 조사 불일증휘(佛日增輝) 법륜상전(法輪常轉).// ③세계부활 도덕부활 회상부활 성인부활 마음부활. ④네 가지 훈련, 자신훈련 교도훈련 국민훈련 인류훈련. ⑤대서원 대정진 대불과 대불공 대자유 대합력, 대참회 대해원 대사면 대정진 대보은 대진급.// ⑥일원

회상 영겁주인 일원대도 영겁법자. ⑦천불만성 발아(千佛萬聖發芽) 억조창생 개복(億兆蒼生開福). ⑧무등등한 대각도인 무상행의 대봉공인.// ⑨대종사님의 일대경륜 제생의세. ⑩진리는 하나 세계도 하나 인류는 한 가족 세상은 한 일터 개척하자 하나의 세계. ⑪이 세계는 하나의 마을 이 세계는 하나의 가족 이 세계는 하나의 세계. (*번호는 필자가 임의로 붙인 것임)

얼른 보기엔 잡다한 관념어들을 논리적 맥락도 순서도 없이 나열해 놓은 것 같다. 열한 개의 문장 가운데 ⑩번과 ⑪번 정도가 연결될 뿐이다. 그런데 모시던 이들의 설명을 듣고 보니 전체적 맥락도 없다 할 수 없고, ①번만 놓고 보아도 견성-성불-제중 혹은 공-원-정으로 바꿔 놓아도 될 만큼 갖춘 조합으로 보이기 시작한다. ③, ④, ⑤번 같은 경우도 무작위로 나열한 것이 아니라 연쇄적인 내적 질서를 갖추고 있다. ⑩번과 ⑪번은 당신의 전법게송이니 마지막을 그것으로 장식(?)함도 퍽 합리적이다. 그러다 보니 이 글은, 고도로 응축된 기도문으로 만년의 대산이 그의 평생 수행으로 얻은 사리(舍利)이자 영겁 서원의 결정(結晶)을 보여주는 것이라는 생각에까지 이르게 된다.

운동 삼아 영모묘원에서 수계농원을 왕래하면서, 수계농원에선 탁구도 치고 틈틈이 녹화된 영상물과 사진들을 보며 소일하다가 찾아오는 손님들을 접견했다. 열반을 앞둔 1997년에 들어서는 법문을 요청하는 재가 교도나 의견을 구하는 출가 제자들에게 "내게 더 이상 묻지 마라." 이 한마디로 거리를 두기 시작했다. 열반 해인 1998년에는 더욱 말을 아낀 듯하다. 「새벽 지압을 해드리러 가니, "이제부터는 한 20일간 말을 안 하고, 정양에 주력해야 하겠다." 하시고, "네가 그렇게 알고 잘해라."라고 하시고, 말씀이 없으시었다.」(『대산종사수필법문』, 1998.7.21.) 이제부터는 묵언으로 수행하며 기운을 모아, 최후 염원을 담은 〈기원문 결어〉로 원력을 뭉칠 뿐이었다.

평화는 오리

1997년 대산 상사의 새해 법문 중에 〈평화는 오리〉라는 시가 따라 나왔다.[3] 수미쌍관이라더니, 11세 어린 시절 김대포의 평화를 향한 꿈이 80대 만년에도 한결같이 용솟음친다.

이 산하대지에 천화(天花)가 만건곤하니 평화는 오리 평화는 오리/ 따라서 교단에 천불만성이 발아(發芽)하고/ 억조창생의 복문이 열려서/ 무등등한 대각도인과/ 무상행의 대봉공인이 많이 나오리, 많이 나오리니/ 다 같이 대적공, 대적공, 대적공하고 대적공하리로다.

이 무렵 정기적으로 수계농원을 오가면서 대산의 건강이 호전되었다. 왕궁에서 대산은 4~5시에 일어나 아침 좌선 후 영모묘원 마당

---

[3] 〈평화는 오리〉는 1994년 5월 9일 청타원 박길선 발인식 법문이나, 5월 10일 법위승급식 법문 중에서 이미 나왔다.

에서 시자들과 늘 요가선을 이삼십 분 하고, 언제부턴가 체조 뒤에는 공중에 원을 그리며 "평화는 오리, 평화는 오리, 평화는 오리!" 하고 운동을 마친다. 오전 9시 수계농원 가서 산책 삼아 농원을 한 바퀴 돌아보고 탁구도 치고, 정전마음공부 훈련이 진행될 때는 공부인의 일기발표 내용을 지켜보고 격려한다. 11시면 점심 먹고, 오후 1시 왕궁묘원으로 돌아온다. 4시에 이른 저녁 식사를 하고 저녁 9시에 지압을 받고 10시에 취침하는 일과다. 일주일에 한 번은 좌산 종법사가 상사원에 찾아와서 교정을 브리핑하지만, 대산은 듣기만 할 뿐 이래라저래라 말은 안 했다.

한번은 2녀 복환, 3녀 복혜, 시자 이성국 등이 대산을 모시고 수계농원을 갈 때 잊지 못할 추억이 있었다고 한다. 차 안에서 〈평화는 오리〉[4] 노래를 불러드리니 대산이 좋아하면서 노래를 따라 크게 부르는 것이었다. 「꽃이 피네 꽃이 피네 하늘꽃이 피네/ 꽃이 피네 꽃이 피네 하늘꽃이 피네/ 여기저기 하늘꽃 하늘땅 가득하니/ 평화는 오리 평화는 오리 참 평화가 오리다// 꽃이 피네 꽃이 피네 하늘꽃이 피네/ 꽃이 피네 꽃이 피네 하늘꽃이 피네/ 여기저기 하늘꽃 하늘땅 가득하니/ 개벽이 되리 개벽이 되리 참개벽이 되리라」 마치 소풍 나온 아이들같이 되풀이해 부르다 보니 어느새 수계농원에 도착했다. 딸

---

[4] 1997년 대산 상사의 새해 법문 중에 나온 시 「이 산하대지에 천화(天花)가 만건곤하니 평화는 오리 평화는 오리…」의 취지를 살려 좌산 이광정 종법사가 개사하고 송은 교수가 곡을 붙인 〈꽃이 피네 꽃이 피네〉를 가리키는 것으로 보인다. 이 노래는 1999년에 성가 168장으로 채택되었다. 곡은 4분의 4박자로 경쾌하고 부르기 쉽다.

들이나 시자도 평소 대산이 노래 부르는 것을 본 적이 없었는데, 의외로 노래를 잘 불러서 놀랐다고 한다. (『조불…』IV, 109쪽.)

　1998년, 대산의 생애 마지막 해 6월 1일. 소태산이 열반한 지 55주년이 되는 날이기도 한 육일대재 날이었다. 대산은 미리 이발하고 목욕하고 새 옷으로 갈아입고 총부에는 알리지 않은 채, 시자 이성국과 덕무 서경범(운전기사) 등 셋이서 9시에 총부로 향했다. 대재는 11시에 있기에 총부 구내는 한적했다. 신조실 앞에 차를 세우고 구조실에 들어가 대종사 영정에 분향하고 절을 올렸다. 한 번 하고는 힘에 겨운 듯 두 번째는 시자에게 대신해 달라고 했다. 재배가 끝나자 대산은 스승의 영정을 물끄러미 바라보며 한참을 우두커니 서 있었다. 느닷없이 "야, 대종사님 영정이 전에보다 예뻐지셨다, 예뻐지셨어!" 했다. 구조실을 나와 신조실 앞 계단에 서서 "내가 대종사님 성탑과 정산 종사님 성탑까지 못 가겠다. 여기서 망배로 하자."하고 시자 손을 잡고 선 채로 각각 재배를 올렸다. 다시 한참 총부 구내를 둘러보더니 "야, 총부가 많이 좋아졌다. 세계 어디에 내놓아도 빠지지 않겠다. 참 좋다. 참 좋다." 그렇게 찬탄하더니 "이제 그만 가자." 했다. 차를 타고 보은원(여교무 숙소), 대학원대학교를 거쳐 총부 경내를 벗어났다. 여기까지가 대산이 16세에 출가하여 50년을 살던 총부를 마지막으로 순례한 길이었다.

　차는 원광대병원을 거쳐 수계농원에 도착하였다. 대기하던 송산 천만성 원장의 마중을 받고, 파랗게 자란 옥수수밭을 보자 "보기가 참 좋다!" 칭찬하더니 모정까지 이동하여 사진을 찍었다. 축사로 이동하여 "소가 몇 마리나 되냐?" 물으매 원장이 "2백여 마리 됩니다."

하니, "야, 많아졌다. 정주영 회장은 5백 마리를 이북에다 갖다주었다고 하는데[5] 너도 잘 길러 이북에도 보내주면 좋겠다." 하며 웃었다. 평화와 통일에 대한 대산의 꿈이 실린 웃음이다.

> 하루는 지압을 해 드리러 들어갔는데, 몇 분 교무님들이 계시는데 "내가 세 가지 일을 해야 하겠다." 하시며 "하나는 미주선학대학원을 설립해야 하겠고, 둘은 좌포 풍혈냉천을 사야 하겠고, 셋은 지리산에 국제훈련원을 해야 하겠다"고 말씀을 하시는데, 열반 전에 다 이 일을 성사시키고 가시었다. (『조불…』II, 395쪽. 김소원행)

교단사에 관심을 끊고 일을 다 놓았다는 대산은 이생의 마지막 해인 원기 83년(1998) 들어서도 세 가지 사업[佛事]의 꿈은 놓지를 못했다. 앞의 증언인즉 세 가지 불사를 한꺼번에 당부한 것 같지만, 실인즉 미주선학대학원 설립은 4월 8일에 처음 부촉했다 하고, 고향인 진안 성수면에 있는 풍혈냉천의 매입은 6월 5일에 부촉했다 하고, 지리산 국제훈련원 부지 매입 건은 7월 5일에 부촉했다 한다. 그런데 참

---

[5] 1998년 6월 16일, 83세의 정주영 회장은 트럭 50대에 500마리의 소 떼를 싣고 판문점을 넘었다. 대산이 이 말을 할 때는 아직 소 떼를 넘겨주기 전이지만 사전에 이 소식이 항간에 파다한 화젯거리였다. 10월 30일에는 2차로 501마리의 소 떼를 몰고 북한을 방문했다. 정주영 회장의 소 떼 방북은 당시 외환위기 직후 어려운 경제 상황 속에서 남북 관계가 풀리고 민간 차원의 경제협력과 교류가 증가하는 효과를 가져왔다. 바로 그해에 금강산 관광개발사업 추진 등에 합의하여 금강산 관광이 시작되었고, 2000년 6월에 분단 이후 최초의 남북 정상회담이 개최되었으며, 같은 해 8월에 개성공단 건립에 합의했다.

남들이 보기엔 뭐 하나 공감 가는 것이 아니다. 미주선학대학원이란 것은 미국에 원불교 교리를 공부하는 대학원을 세운다는 것이니 다들 반대했다. 몇 군데 교당이 있다고 해도 알고 보면 태반이 영세한 데다가, 한두 푼 드는 것도 아닌 대학원을 세우자니 턱도 없는 계획이려니와, 거기다 대학원을 세운들 저들이 뭐가 아쉬워서 그런 대학원에 들어오겠느냐 하는 것이다. 또 풍혈냉천이라니, 앞에 말한 후산 이도복의 〈마이산기〉에서 「대두산 아래에는 석굴이 있고 그 안에는 풍혈(風穴)이 있으며 풍혈 아래에는 냉천(冷泉)이 있는데 따뜻하고 차가움은 풍혈과 똑같다」한 그것이다. 말년에 당신 몸 추스르기도 버거운 때에 이것이 도대체 무엇이라고 꼭 사두라고 당부하느냐, 이 말이다. 지리산 국제훈련원 부지란 또 무엇이냐? 충성스러운 시자 김관현 교무조차 "지리산훈련원이 제일 큰 훈련원이라 하시면서 왜 이리 늦게 시작하시어 미완성인 채 남겨놓으셨어요?" 하고 불평했다. 상사라면 종법사로선 현직이 아니라 전직이니, 아무래도 힘이 빠지는 자리인 줄도 모르고 이것 해라, 저것 해라 시키기만 하면 척척 해낼 줄로 아시는가 싶은 것이렷다. 그것도 자신들부터 설득이 안 되는 일들을 두고 교도들을 어떻게 설득하여 성사시킬 것인가 한숨부터 나온다. 그러함에도 스승의 뜻을 끔찍이 받드는 제자들과 큰돈을 희사한 교도들 덕분에, 결국 6월에 풍혈냉천을 매입하고, 7월에 지리산 국제훈련원 부지 10만 평을 매입하였으니, 여기까지는 대산 열반 전에 이루어졌다. 상당한 시간이 필요하긴 했지만 미주선학대학원 설립 역시 끝내는 성사되었으니, 김관현의 말처럼 「시일의 장단은 있어도 한번 말씀하신 것은 생사를 불고하시고 반드시 실천하셨다.」(『조

불…』II, 569쪽.) 그렇게 말할 만도 하다.[6]

정말 그럴까? 워낙 꿈이 많은 어른이니 대산이라고 하여 어찌 그 꿈을 다 이룰 수가 있으리오. 대산은 1990년대에, 문산 김삼룡 원광대 총장과 아산 김인용 사무처장과 주치의 김상수 교수에게 서울에 원불교 대병원을 설립하라고 여러 번 당부하였고, 특히 김상수에게는 대병원에서 양한방을 겸하는 일원의학을 실현하라고 촉구하였다. 김상수는 지금도 대산이 당부한 일원의학의 성공을 모색 중이거니와 수도 서울에 '대병원' 설립을 끝내 못 이룬 것을 아쉬워한다. 대산은 원불교서울회관(→원불교소태산기념관) 자리에 양한방을 겸하는 '대병원'을 짓는 꿈을 가지고 있었고, 종법사 퇴임 전 해인 1993년만 해도 삼성종합건설과 협력하여 합의가 잘 됐다고 기뻐했는데, 결국은 총부와 대학에서부터 일이 틀어져서 사업 계획은 연기되고 끝내는 무산되고 말았다.

열반 두 달을 앞두고 대산의 건강이 매우 나빠졌다. 본인도 「20대 이후 건강해 본 적이 없다」고 고백할 만큼, 언제라고 건강했던 적이 있던가 싶긴 하지만 말이다. 위장병, 폐결핵은 대표적 질병이었지만, 한번은 유사 장티푸스, 폐렴, 폐결핵, 늑막염 등의 합병증 진단을 받고 고생한 적도 있었다. 또 노년에는 연주창으로도 고통받았다. 항상 양한방 주치의 외에도 여러 명의 전문의가 도움을 주었고, 동서고금의 건강법과 양생술을 다 동원했기에 그나마 80대까지 버틴 것은 낯

---

[6] 이 세 가지 외에 대산은 폐교된 좌포초등학교 부지를 매입하라고 당부한 바도 있는데, 이는 경매에서 놓치는 바람에 대산 열반 후 17년 만인 2015년이 돼서야 사들일 수 있었다.

지만, 이제 그것도 한계에 달한 것 같았다.

대산의 연주창

대산은 왼쪽 귀밑에 큰 밤톨만 한 혹이 생겨서 오래도록 고통을 받았다. 혹부리 할아버지가 되다 보니, 보는 사람도 민망하거든 하물며 본인으로서야 오죽 불편하고 아팠겠는가.

「병원에 가시면 단칼로 도려낼 연주창을 평생 달고 다니시면서도 고향마을 산초나무 가시를 구해다 치료하시던 모습에서 불살생의 참뜻을 실현하신 산 부처님을 우리는 보았지요.」

이 글은 인산 박순호 교수의 시 〈그 길을 따라가 보고 싶습니다〉의 일부이다. 혹 수술을 받지 않은 것이 불살생하고 무슨 관계가 있다는 것인지 이해는 잘 안되나, 대산의 혹이 속칭 연주창이란 것을 알 수 있다. 구슬을 꿰놓은 것과 같이 멍울이 지는 종기라서 연주창(連珠瘡)이란 이름이 붙었지만, 한방에선 서창(鼠瘡) 서루(鼠瘻) 나력(瘰癧) 등으로 일컬어지고 양방에선 결핵목림프샘염(←결핵성경부임파선염)으로 불리는 것인데 주로 목 주변에 생긴다. 결핵균이 림프샘에 침입해서 결핵을 일으키며, 멍울이 생기고 부은 후에 곪아서 터지고 고름이 나오는 게 증상이다. 어쩌면 폐결핵의 후유증으로 남아 있던 균이 일으킨 병인지도 모를 일이다. 대산은 몸에 칼을 대지 않는다는 철칙이 있어서 수술받지 않았다는 게 맞는지 모르겠다.

1980년대에도 대산의 왼쪽 어깨와 등 주위에 등창이 나서 수개월 치료를 받았던 적이 있다는데, 대산은 증산 강일순의 말을 빌려「성현이 종기나 등창을 앓을 때는 국가나 세계에 얽혔던 응어리가 두루 터진다」고 했다. (주성균,『큰 산을 우러르며』, 49쪽.)

기독교에서 예수의 십자가 처형을 대속(代贖, 남의 죄를 대신하여 벌을 받거나 속죄함)이라 하니, 예수가 속죄양이 되어 인류의 죄를 대신한 것이라 설명한다. 강증산은 말년에 여러 병을 연속적으로 앓았는데, 그것이 사람들을 위하여 세상의 병을 대신 앓은 것이라 했단다. 그렇다면 대산의 연주창도 '국가나 세계에 얽혔던 응어리를 풀기 위한' 대속이라고 설명할 수 있을까, 이런 신화적 상상력까지 동원하며 웃어본다.

시자들이 일과 삼아 하는 중요한 일이 지압하고 혈압과 체온을 체크하고 약 챙기는 등 대산의 건강 살피는 것이었다. 대산은 고열로 인해 밤에도 거의 잠을 이루지 못하는 날이 지속되었다. 시자들은 하루 일곱 번, 정해진 시각에 체온을 체크하고 기록으로 남겼는데 거의 매번 38도를 넘었고, 심지어는 40도를 웃도는 경우도 심심찮게 나타났다. 특히 만년 10년 동안은 높은 체온이 고질이었다. 현대의학이 그 발열의 원인을 명확히 규명 못 하는 중에, 일기가 조금 나빠시거나 손님 접견 등 아주 작은 변화만 있어도 열이 올랐다고 한다.

○ (법무실장에게) "직평아! 내가 체온이 많이 오르고 있구나. (…) 지속해

서 오르내리니 많이 부대낀다. 의사들은 무엇이라 하더냐?"

"이 정도면 몸이 펄펄 끓어 정신이 없게 된다고 합니다. 그러나 종법사님은 그대로 일상생활을 하시니 너무나 놀랍다고 합니다."

"직평아! 너무 걱정하지 말라. 나를 잘 알아라. 내가 이런 체온으로 수계농원을 왕래하는 것도 다 깊고 큰 뜻이 있느니라. 직평, 너만은 잘 알고 있어야 한다."(『대산종사수필법문집』, 1994. 8. 30.)

○ "무슨 병으로 치료하였느냐?"

"양방에서는 폐열 또는 전립선, 요도 감염, 장염(유사 장티푸스) 등을 치료하고 있으며, 한방에서는 양명증(陽明症, 오한과 신열이 조금 있고 눈이 아프며 잠이 오지 않는 병)으로 하여 소음인에게 맞는 약을 쓰고 있습니다. 주야 24시간 시봉진들이 신경을 썼습니다."(『대산종사수필법문집』, 1994. 9. 3.)

고열로 잠을 못 이루는 대산은 한밤중이나 새벽이나 가리지 않고 "야, 야, 자냐?" 하고 옆에서 모시고 자는 당번 시자를 깨우고는 〈기원문 결어〉를 읽으라고 했다. 시자가 읽으면 대산도 나지막한 소리로 따라 읊조렸다. 몇 번이고 반복하다 지친 시자가 잠이 들면 대산은 혼자서라도 시간 가는 줄 모르고 외었다고 한다.

대산 종사, 열반을 앞두시고 친필 법문을 내리시니「세계도 하나로, 세계도 한 집안으로, 세계도 새로 살아난 살아난 살아난 새로 살아난 새 세계, 산 산 새 세계, 새 성현. 산 살아난 새 종교, 일원의 세계, 보은의 세계, 균등의 세계로 밀고 나갑시다.」(『대산종사법어』경세편23)

병중에도 기도 적공은 한시도 쉬지 않은 대산, 대(大) 자 성인답게 말끝마다 '세계'인데 그 세계는 노상 '새것'이고 거듭거듭 '산 것'이어야 했나 보다. 그런데 대산의 몸은 오래전부터 '헌것'이었고, 그의 오장육부는 점점 '죽은 것'의 상태로 옮겨가고 있었다. 대사식을 치르고 상사로서 3년 반, 1998년 5월, 85세 대산에게 회복 불능의 치명적 병세가 나타났다. 흔히 백약이 무효라는 말처럼 어떤 약도 의술도 통하지 않았다.

그렇다고 쉽게 떠나시지도 않고 신음하시면서도, 면회 오는 이는 거절치 않으시고 다 만나시고 법문도 하시고 평소와 다름없이 챙기시고 살피셨다. 특히 어린 후생들과 연고가 있는 교도, 평소 손이 못 미친 인연들, 걱정되는 사람들을 더 살펴주시는 것 같았다. 이렇게 2개월이 넘게 계시니, 어른의 뜻을 모르는 철없는 사람은 "도인이 어찌 편찮으셔 가지고 저렇게 오래 계시는지? 어떤 분같이 멋지게 떠나시지!" 아마 이분은 좌탈입망이라도 하시고 사라지시면, 대도인이라 워낙 다르시구나, 하셨을지 모른다. (『일원문화 꽃피어라』 434쪽, 김인철)

예로부터 장병에 효자 없다는 말도 있다. 아무리 도가라고 한들 85세까지 산 노인이 생사의 갈림길을 오가면서 오래 끌면 제자들도 조만간 지치게 마련인지라, 좌탈입망까진 바라지 않더라도 그만 도인답게 가는 게 좋겠다고 생각하는 사람들이 늘어났던 모양이다. '어떤 분같이 멋지게'는 아마 양산 김중묵 교무의 입적을 두고 한 말 같다. 양산은 대산이 위독해지기 좀 전인 5월 4일에, 주변 정리를 깔끔하게 마치고 79세의 몸으로 하룻밤 새 열반에 들었다. 「자신의 육성으로 만든 경전 테이프를 들으며, 새벽 4시 30분 생사 해탈의 열반락을 나투었다」고 알려졌다. 생사 해탈을 넘어 생사를 자재하는 여래위 도인으로서 대산은 왜 그리 못하느냐고 뒷말들을 한 모양이다. 이에 대해 항산 김인철은 생각이 다르다.

> 나는 어른의 입장에 돌아가 생각해 보니 이해가 되었다. 한 가정의 가장도 권속이 많은 사람일수록 이생을 떠날 때에는 여러 면에서 가족을 살펴주고 싶거늘, 큰 회상을 33년이나 책임지고 계시다 떠나시는 어른으로서, 자기 일이나 보고 살다가 자유롭게 떠나는 아라한 도인[7]하고 비교할 수 없는 것이다. 영원한 세상에 이 일원대도의 법연으로서 이 공부 이 사업의 주인공들이 되게 하시기 위하여 당신의 아픔을 인내하시면서 다 만나주시고 다 살려주시는 자비에 나는 무한한 경외심을 더욱 느꼈다. (앞의 책, 같은 쪽)

8월 4일, 식후 체증을 보이더니 대산의 병세가 점차 심각해졌다. 8월 28일 11시 30분, 시자는 헬기에 환자를 싣고 익산을 출발하여, 한 시간 반쯤 지난 후 서울 삼성의료원에 도착하여 곧장 입원 조치를 하였다. 즉각 튜브를 담낭에 박고 고름을 빼내는 시술을 했는데 검은 고름이 수액병 3분의 2정도 나왔다. 체온과 혈압이 정상으로 돌아오고 이후 용태가 호전되었다. 치료 10여 일이 지나면서 대화도 조금씩 하고 티

---

[7] 여기서 '아라한 도인'이라 한 것은 출가위 도인 김중묵을 가리킨 것으로 보인다.

브이도 시청할 정도였다. 9월 12일(토) 주치의 김상수와 성모병원 외과의 김도일과 대산 차남 김성관 교수 등이 의논하기를, 9월 14일(월)에 퇴원하기로 하되, 문제의 담낭을 근본적으로 치료하려면 수술밖에 없으니 김도일에게 담낭 수술을 받은 후 익산으로 가는 것으로 대체적 합의가 되었다. 그러나 9월 13일 낮에 대산이 물을 들다가 사레가 들렸고, 연이어 기침이 나오더니 혈압이 떨어지고 무의식 상태가 되었다. 결국 삼성서울병원 의료진조차 치료를 포기했다.

  헬기 편으로 총부에 도착한 것이 오후 5시 30분이었다. 소태산이 쓰던 구조실에 도착했을 때 대산은 맥박이 멈추고 동공 반응도 없고 호흡도 전혀 없었다. 좌산 종법사가 환자를 더 이상 고통스럽게 하지 말자며 죽음을 받아들이자는 쪽으로 입장을 정리하자, 인공호흡을 중단하고 가래를 빼내는 튜브도 뽑았다. 그러자 3~4초 후에 환자가 몇 차례의 심호흡을 하더니 맥박이 뛰며 살아났다. 이것은 부활이라고 표현하리만큼 주변을 놀라게 한 사건이었다. 이후 원광대 의료진이 동원되어 폐렴일 가능성을 인정하고 강력한 항생제와 영양제를 투여하는 등 치료를 계속하는 한편, 대구의 자석치료 전문가를 불러다 새로운 치료를 시작하였다. 14일 오후, 또다시 동공 반응이 없고 맥도 뛰지 않고 자력으로는 호흡도 하지 못하는 상태가 왔다. 인공호흡기를 제거하고 임종을 각오한 상태에서, 5시 5분 전 다시 단전호흡으로 심호흡이 이루어지면서 맥박이 뛰고 동공 반응이 일어나는 기적이 일어났다. 높던 체온도 거의 정상 상태로 떨어졌다.

  15일 11시에 교단 원로와 간부 및 문병인들이 모인 자리에서 좌산 종법사가 대산의 게송을 발표하였다. 이것은 원불교반백년기념대회

(55주년) 때에 이미 발표한 것이지만, 좌산 종법사는 이를 대산의 게송으로 공식 선언하였다. 「진리는 하나 세계도 하나, 인류는 한 가족 세상은 한 일터, 개척하자 하나의 세계」 반백년 기념대회 때와 달라진 것은 '일원의 세계'가 '하나의 세계'로 바뀐 것뿐이다. 소태산이 게송을 미리 발표하여 공전(共傳) 형식으로 한 전통은 정산을 거쳐 대산 때에 다시 재현된 것이다.

이어서 욕창 치료, 항생제와 영양제 투여 등을 하면서 장(腸)이 정상적으로 반응하고 회복의 기미가 보여서 좋아했는데, 6시쯤에 기관지에 가래가 막히면서 호흡이 끊어졌다. 시봉진이 기를 쓰고 노력한 끝에 가래를 뽑아내는 데 성공한 것이 10시 반 경이었다.

9월 16일, 한때 상태가 호전되었으나 다시 체온이 39도로 올라갔다. 호흡 촉진제를 놓아 호흡과 맥박을 안정시키며 버티다가, 저녁 10시경 맥박과 호흡이 내려가자 다시 심장과 호흡을 강화하는 주사를 놓았다. 11시쯤 상태가 조금 호전의 기미를 보일 무렵, 미국에 머무는 셋째딸 복혜 내외와 전무출신을 서원한 손녀 김일덕이 도착하여 임종을 지킬 수 있게 되었다. 자정을 넘겨 17일 0시 50분, 마침내 대산은 확실한 열반상을 나투었다.[8]

교회전체장으로 9월 17일(열반일)부터 5일이 되는 21일 오후 2시, 1만여 명 대중의 애도를 받으며 발인식을 치르고, 4시 20분경에 익산

---

8   8월 28일 이후 열반까지의 경과는 『조불…』II, 〈두 차례의 부활이 지닌 의미〉(김성관)와 『조불…』IV, 472~494쪽 이성국 교무 글에서 참고하고 발췌함. *나투다: 깨달음이나 믿음을 주기 위해 사람들에게 나타내다. (『고려대 한국어대사전』)

팔봉동 시립묘지 화장장에서 다비했다. 평소에 가끔 '삼삼이 억울하니 구구로 하련다'라는 강증산의 말을 인용한 바 있어서 가족이나 시자 중엔 더러 99세까지 생존하려나 기대했던 이들도 없지 않았던 모양이나 헛된 꿈이었다. 세수 85세, 법랍 70년, 종법사 재위 33년이면 됐지, 무슨 일을 더하고 무슨 법문을 보태랴. 다만 평화의 기원과 기나긴 적공만을 서원과 업으로 소중히 간직하고 한 줌의 재만 남길 뿐이었다.

대산의 열반 과정을 두고 2~3회의 부활이란 기적을 보인 것이 무슨 뜻이 있을까 의문을 가진 이들이 많고 나름의 이유를 설명하기도 했다. 그 중엔 이런 것들이 있다. 1) 생사일여의 법문을 온몸으로 보여주고 떠난 것, 2) 열반일이나 49재 날을 당신이 계산하여 미리 정하고, 세 차례 부활로 대중들의 마음 준비와 치상 준비 시간을 준 것, 3) 전국원음합창대회(9.13.) 행사에 지장을 주지 않으려는 배려, 4) 몸에 칼을 대지 않는다는 철칙에 따라 담낭 수술 계획(9.14.)을 무산시키려는 의도, 5) 미국에서 뒤늦게 달려온(9.16.) 셋째 따님 복혜에게 임종을 보도록 하려는 연민 등을 말하는 이들이 있지만, 어느 것도 장담할 만한 것은 아니다. 어쩌면 다 맞을 수도 다 틀릴 수도 있을 것이다.

못다 한 말

대산 김대거 상사의 열반 소식에 보내온 각계의 조의는 일일이 들어 밝히기 어렵지만, 특히 몇몇 외국 단체장들의 조문은 1971년 원불교반백년기념대회에 보내준 해외 인사들의 축하 인사에 비교하면 그 야말로 금석지감(今昔之感)을 금할 수 없다. 이는 세계 속 대한민국의 위상, 혹은 종교계에서 원불교가 차지하는 위상과도 비례하는 것이 겠지만, 대산 김대거란 거인의 그림자라는 측면이 보다 클 것이다.

유엔에서는 사무총장 코피 아난을 대신한 대외담당 부사무총장 길리아 마틴 소렌센이 조문(弔文)과 함께 관보(棺褓)로 쓰도록 대형 유엔기를 보내왔고, 세계종교자평화회의 사무총장 윌리엄 벤들리, 아시아종교인평화회의 사무총장 요시아키 이사카 등 종교단체장들과 해외 명사들의 조문도 전달되었다. 맨하탄교당 이오은 교무가 주선한 덕이기도 했겠지만, 핵심은 세계평화를 위한 대산의 비전이 울린 공감 때문이었다고 본다. 국내에선 마침 IMF 구제금융으로 어려운 시절임에도 종교계는 물론 정계, 재계, 문화계 등 각계의 조문이 예상외로 뜨겁다 보니, 오히려 상주인 원불교 교단의 자존감을 높이는 기회가 되었다.

대산 상사의 열반은 재가출가 전 교도의 큰 슬픔이었으며, 국내외 종교계의 애도와 사회 각계 인사들의 조문이 끊임없이 이어져 스승님이 머무셨던 자리가 높고 큼을 다시금 깨닫게 되었다. 우리는 대산 상사의 열반을 계기로 교단의 화합과 위상을 정립하는 계기를 마련했으며, 우리 교단도 마음만 먹으면 못 할 게 없다는 자신감을 얻게 되었다. (《원불교신문》, 1998.10.30.)

대산은 「사리를 남기거나 죽을 날을 미리 알리거나 영을 날려 먼저 가는 것은 큰 도인들이 하는 일이 아니니라. 과거에는 사리나 서기나 방광 등으로 도인을 평가했으나 대종사께서는 많은 중생을 제도하고 세상에 많은 유익을 주는 것으로 도인의 표준을 삼으셨느니라.」(『대산종사법어』 거래편16) 했지만, 열반을 앞둔 9월 13일 오후 8시경 왕궁 상사원 앞마당에 방광이 있었다든가[9], 화장막 불이 꺼지자 중앙총부 방향으로 둥근 햇무리가 일어났다든가 하는 이적들이 화제에 올랐다. 그러나 소태산의 도인 표준처럼 대산의 경우에도, 그가 얼마나 많은 중생을 제도하고 세상에 얼마나 많은 이익을 주었는가로 평가가 이루어져야 할 것이다. 이것이 멀리는 단군의 홍익인간(弘益人間)에서 가까이로는 수운의 광제창생(廣濟蒼生)까지 이미 검증된 척도이다.

대산은 득도 이후 많은 일을 했지만, 특히 종법사 즉위 이후 엄청 많은 법설을 하고 엄청 많은 사업을 했다 함은 누구도 부인할 수 없을 것이다. 흔히 교운과 국운과 세계운이 함께 간다고 하고, 산업화·민주화·세계화가 대세였기에 대산이 시대를 잘 만난 점도 있을 것이다. 그가 생전에 이룩한 업적은 이미 서술한 바로도 헤아릴 만하겠지만, 그가 세상을 뜬 이후에도 그의 경륜은 그림자를 드리운다. 예컨대 그가 간절히 원했던 방송은 1989년(9.29.) 원불교방송국설립 준비위원회 결성 이전부터 공을 들인 결과로, 열반 2개월여가 지난 후에

---

[9] 소태산이 방광마유 성불의 증거로 인정한 바 있고, 대산의 방광은 생전에 신도안 오두막 조실 혹은 금강리 슬레이트집 조실에서도 목격한 이들이 있지만, 대산은 방광까지도 도인을 평가하는 잣대로 쓰지 말라고 당부하는 것이다.

익산에서 FM 전북원음이 개국하고, 이어서 2001년에 부산원음과 서울원음이 방송을 시작하고, 2008년 광주원음, 2011 대구원음, 2015년 원음TV 순서대로 발전했다.

군종은 1966년에 뜻을 밝히고 나서, 1975년부터 꾸준히 국회에 입법 청원을 하고 대통령, 국무총리, 국방부 장관 등에게 파견 요청을 했지만, 개신교·천주교·불교 등 삼대 종교만이 누리던 군종에 약소 종교인 원불교가 한몫 끼어든다는 것은 기적 같은 일이었다. 항상 그렇듯 대산은 남들이 불가능하다고 하는 일을 제안하고 집요하게 추진하여 끝내 결실을 거두는 것이 정해진 코스다. 대산이 떠난 후 4년 만인 2002년에 국회에서 병역법 개정안이 통과되어 2006년 국방부에서 군종 승인이 났고, 2007년에 육군에서 군종교무가 처음으로 탄생했다. 이런 것이 대산 사후의 일이지만, 실로 대산의 경륜이 40년을 지나서 빛을 본 본보기다.[10]

미주선학대학원대학교(Won Institute of Graduate Studies) 설립 건은 또 어떠했던가. 대산은 세계 교화를 위해 미국에 교화 인력을 양성할 대학(원) 설립을 염원한 것이 정확히는 언제부터인가 모르지만, 늦어도 1982~1983년 무렵부터 작심한 것으로 보인다. 한 십 년을 품고 연마하더니 1992년부터는 미국에 있는 교무들에게 드러내놓고 미주에 선학대학원을 설립하라고 종용했다. 추진과정에서 절차상의 문제며 재정 부담이며 교단적 반대 여론까지 만만치는 않았지만, 대산

---

10   한국 육군에서 군종 교무가 탄생한 이후 10년 만(2017)에 대산의 손녀인 김일덕 교무(LA교당)가 미 해군 군종장교(불교)로 임관이 된 것은 대산이 영계에서도 기뻐할 일이다.

의 결심을 누가 꺾으랴. 그 뜻을 받들기 위해 1998년부터 미주동부 교구가 발 벗고 나섰고, 수위단회에서도 승인하지 않을 수 없게 되었다. 김복인 교무 등 설립준비위원들이 임명되었고, 삼성그룹 홍라희와 대우그룹 김우중을 비롯한 많은 이들의 고마운 희사가 뒤따랐다. 마침내 2001년 필라델피아주 교육국으로부터 인증평가를 받아냈고, 2002년에 원불교학과와 선응용학과를 개설하면서[11] 역사적 개교에 이르렀다. 이를 두고 종교학자 최준식은 「원불교보다 훨씬 큰 불교나 그리스도교 등 한국의 어떤 종교도 하지 못한 쾌거」[12]라고 극찬한 바 있지만, 개교 20년이 지난 현재까지의 성장을 지켜보노라면 역시 대산의 선견지명이 옳았음을 인정하게 된다.

이쯤에서 대산의 처사를 두고 비판이 유난했던 사항들을 되돌아보게 된다. 하긴 소태산이 「그 사람이 아니면 그 사람을 모르는지라 저의 주견이 투철하게 열리지 못한 사람은 함부로 남의 평을 못하나니라.」(『대종경』변의품31) 한 법문도 있으니 더욱 신중해야 할 것이다. 범부들이 대산의 어수룩한 외형 뒤에 감추어진 정체를 읽어내고 그의 행적을 섣불리 왈가왈부할 수 있을까 싶기도 하지만, 입 다물고 가만히 있으라고만 할 수도 없다. 오늘날까지도 시비가 지속되는 경우라면 따질 만큼은 따지고, 아울러 반론의 타당성도 검토할 여지가 있지 않을까.

---

11 2005년, 펜실베이니아주 최초로 침구학과가 개설되었고, 2020년부터는 박사과정까지 갖추었다.

12 최준식, 〈대산 종법사님을 회상하고 그리며〉, 『한국 언론인이 본 대산 종사』, 35쪽 참조.

말 많은 법위사정을 보자. 지나치게 후한 사정으로 고급 법위자가 양산되어 법위의 권위가 떨어지고 부작용이 크다는 비판에도 불구하고, 대산은 「진리가 하는 일이다. 지금 이 기운을 타지 않으면 안 된다.」 「모자란 사람은 올려놓고 키우고 제도해서 부처를 만들어야 한다」 하면서 요지부동이었다. 반백년기념대회 준비과정에서 〈종법사 유시〉(1965.11.25.) 이후 세워 놓은 법위사정의 기조가 현재까지도 진행형이기 때문에 비판이 지속하는 것이겠지만,[13] 이를 지지한 의견에도 귀 기울여 보자.

○ 제2차 법위사정 일을 하여 보니, 예비특신급부터 법위사정이 실시되는데, 법위를 사정하는 실 표준이 나왔어요. 퍽 과학적이었지요. 그런데 법위사정을 시행함으로 인하여 여러 교우의 신심과 공심이 고취되고 공부 풍토가 조성되고 공부에 대한 일대 각성을 불러일으킨 것은 커다란 성과입니다. (《원불교신문》, 1971.11.01. 한정원)

○ 법위를 막 올리셨다. (…) 그러니 그때부터 법풍이 일어나기 시작하여 공부심이 많이 올라갔다. 재가나 출가나 많이 향상되었다. 보는 바와 같이 법위를 올려놓으니 사람이 달라진다. 자신이 그 위(位)에 있으면서 '어찌 잘못하나?' 하고 자꾸 반성을 한다. 그러니 자연히 잘해지고 좋아진다. 그렇게 좋아지는 것이 눈에 환히 보였다. (『조불…』I, 80쪽. 서대인)

---

[13] 2018년까지 정식 법강항마위 7,600여 명, 출가위 151명, 대각여래위 6명이란 사정 통계가 있는데, 과연 『정전』〈법위등급〉 자격 기준에 이것이 맞느냐 하는 데 대중의 회의가 큰 것이 현실이다.

모든 제도가 어차피 완벽한 것도 없고, 달라진 현실에 적응하여 새로운 대안을 찾는 것은 불가피하겠지만, 당대 대산의 선택이 나오게 된 배경도 감안할 일이다.

다음, 대산의 장기 집권에 대한 비판이다. 취임사에서 한 공약(임기 상한 3기의 제도화)이 빗나간 점은 대산으로서도 변명이 난감할 일이지만, 종교가에서 교주의 임기를 단축하는 것만이 최선도 아니다. 요컨대 공약대로 보궐 포함 3기 임기로 퇴임했을 경우 대산만큼 업적을 남길 만한 대안 인물이 있었겠는가, 하는 것도 생각해 볼 일이다. 세속 정치계뿐 아니라 종교 정치에서도 장기 집권이 유발할 폐단은 경계해야 하지만, 종교계란 특성을 무시한 채 종법사 임기를 단기간으로 일괄 적용해야만 좋은 것일까. 그것이 교단의 발전에 얼마나 도움이 될 것인가를 생각한다면, 반드시 그런 것은 아닐 수도 있을 듯하다.

원기 51년(1966)부터 열반 때까지 시자로, 법무실장으로 30여 년을 모신 장산 황직평은 종법사 및 상사로서 대산의 생애와 업적을 이렇게 정리하고 있다. 1) 신도안 삼동원 개척, 2) 법위 향상을 고무한 법위사정 실시, 3) 해외 교화 및 UR 창설 운동, 4) 교도 및 교당 불리기, 5) 훈련강화 및 훈련원 신설, 6) 역사적 대사식 실천 등. (『조불…』I, 347~359쪽.)

대산은 법문도 많이 하였고 사업도 많이 하였다. 그런 대산도 대중에게 한 번 법문하려면 여러 날 연마를 했고, 법문을 하고 사적 공간에 돌아오면 기진하여 원기를 회복하기까지 오랜 시간 방바닥에 엎드려 있었다고도 한다. 그러기에 웬만한 법좌에선 임석만 할 뿐 법무실장 장산이 전달하거나, 젊은 시자가 괘도를 설치하고 대신 해설하는 일이 잦았다. 그러함에도 대산은 어찌 그리 법설을 많이도 했는지 법문집이 차고 넘친다.[14]

대산의 법설에서는 이름붙이기(naming)와 틀짜기(framing)라는 두 가지 스타일에 주목할 만하다. 어떤 개념을 드러내기 위하여 가장 적절한 용어를 찾아내는 일은 학문에서나 실생활에서나 대단히 중요하지만, 특히 숫자와 문자의 조합으로 만들어지는 네이밍은 썩 유용하다. 수학이 발달한 인도에서 발생한 불교는 교법의 대중화를 위하여 교리를 법수(法數, 숫자로 표시한 법문)로 체계화했으니, 예컨대 '3법인, 4성제, 6바라밀, 8정도, 12인연' 같은 식이다. 소태산도 '4은, 4요, 3학, 8조, 4대 강령' 같은 식으로 교법을 정리했다. 그런데 대산은 온통 이런 방식으로 법문을 정리하기를 즐겼다. 갖가지 법수가 헤아릴 수 없이 많지만, 그중에도 구조를 삼수(三數) 프레임이나 사수(四數) 프레임으로 한 것이 매우 많다. 〈수신강요〉에서만 찾아보더라도 '수도인의 세 가지 일과' '세 가지 반조 공부' '살펴야 할 세 가지 말' '세 가지 생각' 이런 식 아니면, '수행 삼심' '삼력' '사제간 삼전 삼수' '삼대 원칙' '삼덕' 이런 식이다. 혹은 '네 가지 선법' '네 가지 보물' '네 가지 현명한 사람' '어진 이를 맞아들이는 네 가지 도' 이런 식 아니면, '사대불이신심' '인생 사기' '사대 원리' '사대관' 이런 식이다. 법수가 아니더라도 원기 71년(1986)에 펴낸 『정전대의』〈수신강요〉 1, 2에 나온 법문 항

---

14 『대산종사수필법문집』을 보면 글자(공백 제외) 수가 3백 9십만 자가 넘고, 원고지(200자)로 2만 8천 장이 넘는다.

목만도 무려 184개에 이르니, 열반 연도(1998)까지 통계를 내면 법문 항목이 또 얼마나 많이 늘어날 것인가. 거기다 부연법문[15]은 얼마나 많은가. 열반 후 유품 중에는 육성녹음테이프만도 1천 개가 넘는다. 경다반미인(經多返迷人, 경이 많으면 도리어 사람들을 헷갈리게 한다)이란 말도 있듯이, 대중이 따라가며 학습하기도 숨이 가쁜데 실천궁행까지는 어찌하란 말씀인가.

'여래는 부지런 딴딴이'라 하지만, 대산은 별나게 긴병을 앓으면서도 별나게 오래 종법사 재임을 하고, 별나게 법설도 많이 하고, 별나게 사업도 많이 하였다. 법신불 사은이 무심치 않다면, 이렇게 법설도 일도 많이 하는 도인이라면, 병을 주지 말거나 주었더라도 속히 치유되도록 할 일 아닌가? 필자는 오래도록 이런 의문을 가져 왔고, 평전을 마치면서도 그 의문은 가시지 않고 있다. 그래서 끝으로 혼자 이런 엉뚱한 생각도 해본다.

생명과학에서 자율신경계(대뇌의 조절 없이도 신체의 여러 장기와 조직의 기능을 독자적으로 조절하는 말초 신경 다발)는 길항적 제어로 신체적 평형을 유지하는 기능을 한다. 그 대표적인 예가 교감신경과 부교감신경의 조화이니, 교감신경은 아드레날린 같은 호르몬을 이용해서 긴장·증가·흥분성을 부추기고, 부교감신경은 아세틸콜린 같은 호르몬을 이용해서 이완·감소·억제성을 발휘한다는 것이다. 대산이 법설이나 사업이나 워낙 욕심이 많은 것은 아드레날린이 과도히 가속페

---

[15] 敷衍法門. 일단 설해진 법문에 덧붙여서 알기 쉽게 자세히 뜻을 풀이한 법설.

달을 밟는 것이라서 법신불이 질병(위장병, 폐결핵, 연주창 등)이란 아세틸콜린을 보내어 브레이크를 밟는다고 생각하면 어떨까? 한방에는 기(氣)의 보사(補瀉)란 관념이 있다. 기가 지나치게 허한 쪽은 북돋우고 지나치게 실한 쪽은 억눌러서 기의 평형을 도모하는 것이니 이를 보허사실(補虛瀉實)이라 한다. 아마 법신불은 대산을 요긴하게 부리기 위해서는 기능항진을 조절할 필요가 있다고 판단하여, 넘치는 기를 사(瀉)하고자 질병을 잇달아 보내지 않았을까 하는 생각이다. 여기서 법신불을 끌어들인 것은 종교적 설명 방식이고, 조금 과학적으로 말하자면 이렇다. 대산의 몸이 자신의 큰 것(생명)을 지키고자 작은 것(질병 고통)을 양보하는 자가 치유 메커니즘을 발동하여, 고통을 주는 대신 항진된 기능을 낮춤으로써 일(과로)과 의욕(과욕)을 줄이도록 질병을 유발한 것이라 할 만하다는 얘기다.

소태산은 창립한도를 두고, 제1회 12년은 교단 창립의 정신적, 경제적 기초를 세우고 창립의 인연을 만나는 기간으로, 제2회 12년은 교법을 제정하고 교재를 편성하는 기간으로, 제3회 12년은 법을 펼 인재를 양성 훈련하여 포교에 주력하는 기간으로 계획했다. 이를 달리 묶어서, 1기 36년은 소태산의 기운으로 교단이 굴러가고, 2기 36년은 정산의 기운으로 굴러가고, 3기 36년은 대산의 기운으로 굴러가게 돼 있다고 하기도 한다. 필자는 이를 조금 비틀어 「제1대 소태산은 교단 창립의 정신적, 경제적 기초를 세우고 창립의 인연을 만나는 기간으로, 제2대 정산은 교법을 제정하고 교재를 편성하는 기간으로, 제3대 대산은 법을 펼 인재를 양성 훈련하여 포교에 주력하는 기간으로」라고 하면 어떨까 싶어진다. 어찌 보든, 소태산·정산·대산의 3인조가 역할을 분담하면서 교단 창립의 역사(歷史, 役事)는 드디어 완성되었다.

저자 후기

몇 해 전부터 이어지는 나의 집필, 『소태산 평전』『정산 송규 평전』, 그리고 이번에 쓴 『대산 김대거 평전』에 이르는 일련의 평전 작업에 일관된 흐름은 인본주의였다. 그분들에게서 신불(神佛)이 아닌 인간적 진실과 인간다운 가치를 찾으려는 노력을 멈추지 않았다 함이다. 인간이기를 거부한다면 소태산도 정산도 대산도 의미가 없다. 초인적 모습을 동경하여 사실을 은폐하거나 왜곡하여 미화하고 분식하는 신격화, 신비화는 성인을 그리는 바람직한 태도가 아니라고 본다. 그들이 흠결 있는 인간이 아니라 완벽한 신이었다면, 애초부터 우리가 존경할 대상도 못 된다. 평전이란 장르가 역사와 평론의 합작으로 되는 것일진대, 그 서술 태도의 기본은 객관성과 중립성이다.

소동파가 「不識廬山眞面目」(여산의 진면목을 알 수가 없네)이라고 탄식한 것은 같은 산이라도 「遠近高低各不同」(멀리서 볼 때와 가까이서 볼 때가 다르고, 높은 데서 볼 때와 낮은 데서 볼 때가 다르다)이기 때문이었고, 인상주의 화가 클로드 모네가 「수련」 연작을 250여 개나 그린 것도 시각(視角)과 시각(時刻)에 따라 달라지는 오브제의 성격을 알기 때문이었다. 대산 김대거가 진정 큰 산이라면, 보는 이에 따라 달리 보이고 시대에 따라 재해석되는 것이 불가피하다. 그것이 진정한 객관이고 중립이기도 하다.

정작 집필 과정은 물론 출간 과정에서조차 말 못 할 사정이 첩첩했다. 와중에도 출·재가 지인들께 여러모로 신세를 졌다. 특히, 소중한 자료들을 선뜻 넘겨주신 류산 서문 성 교무님과 연산 김원도 종사님의 배려는 큰 힘이 됐다. 더구나 소산 주성균 교무님은 자료 제공뿐 아니라 감수까지 맡아 큰 도움을 주셨다. 또한 기회 따라 여러 방면으로 격려하신 좌산 이광정 상사님, 경산 장응철 상사님, 효산 조정근 종사님, 좌타원 김복환 종사님, 종타원 이선종 종사님, 월산 김일상 종사님, 일산 양현수 교무님, 용산 김우정 교무님, 인산 송인걸 교무님, 용타원 서용덕 교무님, 법산 이법선 회장님 등의 은혜에 감사한다. 아울러 자문에 기꺼이 응하신 중타원 이선조 교무님, 감수의 수고를 마다하지 않으신 고산 문향허 교무님과 장산 김명택 회장님(일산교당)께 감사를 드린다. 끝으로 갖가지 궂은 역할을 담당해 준 아들 한메(환욱)에게도 이 자리를 빌려 고마움을 전한다.

공적으로는 원불교단사 3대 말이요, 불법연구회 창립 100년이요, 소태산 열반 80돌이자, 개인적으로는 출생 80돌에 원불교 입교 60돌이 되는 의미 있는 해이니, 이를 기념하는 소박한 탑 하나를 세웠음에 만족한다.

2023년 9월 17일
이혜화(경식) 합장

부록

대산 김대거 연보

원기(년)	서기(나이)	중요사항	비고
-2	1914(1)	• 4월 11일(음 3.16), 전북 진안군 성수면 좌포리에서 김해김씨 안경공파 김인오(휴태)와 모친 안경신(성녀)의 4남 1녀 중 장남으로 태어남. 본명 영호(榮灝).	• 7월, 제1차 세계대전 발발.
5	1920(7)	• 서당에서 한문 배움.	• 1월, 국제연합(UN)의 전신 국제연맹(League of Nations) 발족.
6	1921(8)	• 10월, 정산 송규가 변산 월명암 떠나 만행 중 만덕산 미륵사에 머물며 최도화(인경) 교화. * 이후 최도화, 변산 석두암 가서 소태산에 귀의.	
8	1923(10)	• 2월, 소태산이 오창건 등과 만덕산 만덕암 가서 3개월쯤 체류하며, 전음광 일가의 귀의.	
9	1924(11)	• 성수면 학술강습소에서 신학문 배움. • 6월 1일, 익산 보광사에서 불법연구회 창립총회. * 총재 소태산, 회장 서중안. • 6월, 할머니 노덕송옥 따라 만덕산 만덕암에 가서 소태산 뵙고 초선회 입선. • 12월, 익산 신룡리에서 불법연구회 총부 출범.	

원기(년)	서기(나이)	중요사항	비고
10	1926(13)	• 소태산 찾아 익산 총부로 가서 수개월 공동생활 후 귀가.	
11	1927(14)	• 전주 호영학교(중등부)에서 2년 수학, 중퇴.	
13	1929(16)	• 정월(3.2), 익산 총부 다시 찾아가 입회(입교)하고 대거(大擧)란 법명 받음. 송규를 연원으로 출가 서원.	• 미국발 세계경제공황(대공황) 발발.
15	1930(17)	• 1930.4~1931.3(1년간), 총부 학원에서 공부. 송규에게『도덕경』, 송도성에게『논어』등을 배우고, 서대원에게는 불경을 배움. • 임실 관촌 교도 김성천화가 총부 와서 김대거 보고 맘에 들어 큰손녀와의 혼담 추진(정혼).	
16	1931(18)	• 2월 13일, 소태산 대종사와 정라선, 김대거 은부시자녀 결의식. • 4월, 서무부 서기(1931.4~1934.3).	
17	1932(19)	• 4월,《월말통신》제35호에〈입지시(立志詩)〉발표.	
18	1933(20)	• 부친의 미두와 금광사업 실패로 가세 기욺. • 2월, 임실군 관촌 이영훈(영득)과 결혼. • 8월, 조모 노덕송옥 75세로 열반. • 음 계유(1933) 11월~갑술(1934) 2월, 이영훈과 두 아우 등 계유동선 참여. • 육타원 이동진화, 공타원 조전권과 함께 소태산 종법사로부터 견성 인가를 받음.	
19	1934(21)	• 4월, 상조부, 공익부, 육영부 서기(1934.4~1936.3). • 음력 7월 7일, 제1회 은법회 결성. 대종사와 공식적으로 은부시자 결의. • 이영훈, 시당숙 회갑연 참석 후 좌포에서 시집살이.	
20	1935(22)	• 5월, 대거 주도로 총부에서 야학〈수도학원〉개설(3년간). • 1935.9~1936.2, 부친의 미두 및 금광사업 실패로 파산하여 귀가하여 가산을 정리함.	• 6월, 일본 오사카 포교 개시 (박대완 교무). • 7월, 김태흡,《불교시보》창간.

원기(년)	서기(나이)	중요사항	비고
21	1936(23)	• 1월, 처 이영훈과 총부에서 가정 이루고, 아우 대설과 대근을 총부 데려다 학원 교육시킴. • 1월 24일, 장녀 복균 출생. • 4월 21일, 소태산 종법사, 계룡산 신도안 탐방. • 4월, 교무부 서기.	• 장적조, 만주 일대서 순교 활동. • 6월, 조선총독부, '유사종교' 해산 명령(보천교, 무극도 해체).
22	1937(24)	• 4월, 제2회 결산 담당 서기 및 총부 금융 출납원. • 5월, 총부 사무실 이전으로, 세 살던 신영기 사가 내주고 소태산 사모(양하운) 댁 방 한 칸 얻어 이사. • 처 이영훈이 상조부 융자로 철둑 옆 동산(구 송암 농원) 매입하여 복숭아 과원 조성.	• 7월, 중일전쟁 발발.
23	1938(25)	• 2월, 부친 도움으로 대각전 앞에 와가 4간 겹집 지어 이사. • 4월, 서무부장 겸 공급부장. • 4월, 외조모(윤채운)가 대지와 가옥을, 부친이 유지답을 희사하여 좌포교당 설립. • 9월, 《회보》 47호에 출세거사란 필명으로 시조 〈사공〉 발표. • 12월 10일, 차녀 복환 출생.	• 불교 총본산 각황사(→조계사) 낙성.
24	1939(26)	• 4월, 교무부장(1939. 4~1943. 3, 4년간). • 6월, 《회보》 56호에 출세선인이란 필명으로 연시조 〈피안의 님〉 발표. • 9월, 《회보》 58호에 출세거사란 필명으로 창가 〈일여선가〉 발표.	• 9월, 제2차 세계대전 발발.
25	1940(27)	• 1월 5일, 부친 김인오 열반. • 위병으로 사가에 와서 2주간 치료. 단전에 쑥뜸 치료 6개월 받은 것도 이 무렵인 듯. • 6월, 《회보》 65호에 김형오이 〈미행수편〉에 '김대거 씨의 지극한 동지애' 실리고, 같은 사유로 소태산의 칭찬도 받음.	
26	1941(28)	• 4월, 감사부장. • 외조모 정타원 윤채운 열반. • 8월 26일, 삼녀 복혜 출생.	• 12월, 태평양 전쟁 발발.

원기(년)	서기(나이)	중요사항	비고
27	1942(29)	• 4월, 총부 조직 2원 10부제를 일제 강요로 5부제로 축소함(교무부장 맡음).	
28	1943(30)	• 2월 8일(정월 초나흗), 소태산으로부터 중근 벗어난 법력 인증받음. • 4월, 총부교감 겸 예감(1943. 4~1945. 3). • 6월 1일, 소태산 종법사 열반. 정산 종법사 승계. • 11월 9일, 간병하던 김서룡이 폐결핵으로 열반. 김대거 폐결핵 감염.	
29	1944(31)	• 4월, 수위단 건방 보결단원에 피선. • 3월(?), 경성지부(돈암동)에서 요양. 5개월 이상 식사도 못 하며 생사 넘나드는 투병 생활. • 12월 9일, 장남 성은 출생.	
30	1945(32)	• 4월, 황정신행의 주선으로 양주 장포동으로 옮겨 요양. • 10월(?), 한남동 정각사 수호와 관리 시작.	• 8월 15일, 해방. • 9월, 미군정 개시. • 10월, 국제연맹 해체하고 국제연합(UN) 결성.
31	1946(33)	• 2월, 한남동에 서울보화원 개원(원장 황정신행). • 4월, 총부서울출장소장(1946. 4~1949. 3). • 6월 5일, 이승만 익산 총부 방문 안내. • 8월, '총부출장소 제1회 하선' 실시하고, 김구, 강익하 등과 단체 사진 찍음. • 이승만, 김구, 조봉암 등 정계인사들과 폭넓은 교류.	
32	1947(34)	• 4월, 교명을 원불교로 개명하고, 이듬해 1월에 재단법인 원불교로 등록.	
33	1948(35)	• 교명 관계로 불교 총무원장 김법린 만나 원만한 결과를 얻음. • 1월 16일 재단법인 원불교 설립승인 (문교부지령 제34호) • 7월, 차남 성관 출생.	• 4월, 김구, 남북회담차 평양 방문. • 8월 15일, 대한민국 정부 수립.

원기(년)	서기(나이)	중요사항	비고
34	1949(36)	• 4월, 폐결핵 재발로 서울 떠나 원평교당으로 옮겨 이듬해 6월까지 투병 생활. • 6월, 김구 서거하자 만사 지어 애도함. • 오도의 경지에서 〈채약송〉〈정진문〉〈원상대의〉 등 문장과 다수의 선시를 지음. 특히 〈원상대의〉는 정산 종법사로부터 크게 인증받음. 금산사 승려 이낙신이 〈원상대의〉 등에 감동하여 귀의코자 추종한 바 있음. • 『대종경』초안으로 소태산 법문 정리. • 12월, 《원광》3호에 〈원상대의〉 발표.	• 6월 26일, 김구 서거.
35	1950(37)	• 6월, 박장식과 이광수 찾아가 유일학림 교가 가사 〈불자의 노래〉 받고, 전쟁 발발로 어렵사리 서울 탈출. • 6·25전쟁으로 원평 생활 접고 익산 돌아와 총부에서 전시 대비하며 2년간 요양. • 전쟁 중에 원평에서 분실했던 『대종경』초안 찾아 법문 정리 계속.	• 6·25전쟁 발발. • 7월 11일, 미 공군기 폭격으로 이리역 주변 주민 수백 명이 죽는 대참사 발생. • 9월 15일, 유엔군 인천상륙작전에 이어 9월 28일, 서울 수복.
36	1951(38)	• 9월, 교서편수위원회 구성. • 9월, 원광대학 설립 인가.	• 7월, 휴전회담 개시.
37	1952(39)	• 진영, 초량, 다대포 등지에서 요양하며 교리 연마.	
38	1953(40)	• 3월, 경남 진영교당 8개월 머물며 『대종경』초안 마무리. • 4월, 수위단 중앙위에 피선(1953.4~1959.3), 대산(大山) 법호 받음. • 4월, 교정원장 선임되고, 재단법인 원불교 이사장 겸임(1953.4~1958.3).	• 7월 27일, 6·25전쟁 휴전협정 조인.
39	1954(41)	• 2월, 원광고등학교 설립 인가. • 6월, 4녀 복인 출생.	
40	1955(42)	• 9월, 《원광》11호에 〈새 세상의 종교〉 발표. 이후 22호(1958.4)까지 매호에 글을 발표. • 10월, 김홍철을 실무책임자로 하여 정관평 재방언 착공.	

원기(년)	서기(나이)	중요사항	비고
41	1956(43)	• 4월, 교단에서 최초로 정읍교당에 부설 원광유치원 설립 개원. • 5월, 대종경편수위원회 발족. 이공전에게『대종경』초안 넘기고 이후 지도위원으로 편수 작업 조력.	
42	1957(44)	•《원광》18호(3월)와 20호(9월)에 〈삼학공부〉 강론 발표. • 11월 정화사 발족(대종경편수위 발전적 해체).	
43	1958(45)	• 1월, 사위 박선일(장녀 복균 부군) 출가. • 4월, 건강 문제로 교정원장 사직. 정화사 지도위원에 위촉.	
44	1959(46)	• 4월, 중앙선원장 수임(1959.4~1962.2). • 4월, 수위단 남자 중앙단원 재선. • 5월,《원광》28호에 〈위법망구〉 발표, 이후 39호(1962.4)까지 거의 매호(35호 제외)에 법설 발표. • 정관평 재방언공사 고문으로 영산 가서 2년 요양. • 10월, 신도안 부남리에 땅 매입 (1960년 9월, 남선교당 옮겨 신도교당으로 새 출발). • 12월, 아우 대설(차남) 열반.	• 7월, 진보당 사건으로 조봉암 사형집행.
45	1960(47)	• 1월, 아우 대근(3남) 출가. • 1월, 정관평 재방언 준공. • 4월,《원광》32호에 〈재방언의 노래〉 발표. • 7월 29일, 모친 봉타원 안경신 열반. • 8~9월 걸쳐 한 달간 만덕산 미륵사 체류하며 돌담 쌓기.	• 4·19학생혁명.
46	1961(48)	• 1월, 차녀 복환 출가. • 5~7월, 3개월쯤 하섬에서 제자들에게 친저『정전대의』강의. • 7월, 하섬에서 이병은 등에 지시하여 샘을 파고 우물 이름을 〈은생수〉라 명명. • 8월, 동산선원에서 요양 중인 정산 종법사 만나 신도안 개척의 명을 받고, 부산과 대구 등지에서 친저『교리실천도해』강의하며 신도안 개척 준비. • 12월, 계룡산 신도안 들어가 자리 잡음. • 12월, 정산 종법사 특별 유시에 따라 정화사 감수위원에 위촉.	• 5·16군사정변.

원기(년)	서기(나이)	중요사항	비고
47	1962(49)	• 1월 24일, 정산 종법사 열반. • 1월 31일, 대산, 5대 종법사 피선, 2월 23일 추대식(1기). * 상산 박장식, 교정원장에 피선. • 9월 26일, 『원불교 교전』초판 간행. • 영산학원 재개원(→1964, 영산초등선원→1969, 영산선원). • 12월, 학교정비기준령에 따라 원광대학이 각종학교(원광대학림)로 격하 확정.	• 4월, 대한불교 조계종(통합종단) 출범. • 5월, 정부에서 '불교재산관리법' 공포.
48	1963(50)	• 4월, 교화삼대목표 추진운동 전개. • 5월, 동산선원이 중앙선원에서 분리하여 예비교역자과정 운영(→1986, 영산대학에 편입).	
49	1964(51)	• 1월, 원광대학, 정규 4년제 대학으로 재승인. • 4월, 개교반백년기념사업회 발족. • 4월 29일, 〈원불교교헌〉 2차 개정 • 7월, 원불교청년회 창립.	
50	1965(52)	• 3월, 6대 종법사 추대(2기). • 9월, 법위 향상을 위한 특별유시. • 11월, 〈법위사정 실시에 즈음한 유시〉 발표. • 12월, 『불조요경』 간행. • 12월, 한국종교협의회 창립 참여.	• 7월, 초대 대통령 이승만 서거. • 10월, 6대종교 협의회 결성.
51	1966(53)	• 1월, 월간《종교계》창간. • 2월, 대구 서성로교당에 머물며 위장병 치료 (2월~4월).	
52	1967(54)	• 3월, 새 법의, 법락 제정. • 10월, 신도안에 삼동수양원 설립 승인.	
53	1968(55)	• 3월 『예전・성가』 간행. • 총부 원로들이 종법사의 신도안 상주에 이의를 제기하는 사태 발생. • 4월, 5년 만에 신도안 떠나 법좌를 이리 금강리로 옮김.	
54	1969(56)	• 1월, 3녀 복혜 부군 고원규 출가. • 6월, 《원불교신보》(→원불교신문) 창간. • 7월, 원불교출판사 설립.	

원기(년)	서기(나이)	중요사항	비고
55	1970(57)	• 7월, 서울회관 건립추진위원회 결성. • 10월, 서울회관 신축기공식. • 11월, 신축 종법실 준공.	• 4월, 새마을운동 시작.
56	1971(58)	• 1월, 차남 성관 출가. • 3월, 교단에서 두 번째로 창원교당에 부설 원광유치원 설립. • 4월, 7대 종법사 추대(3기). * 고산 이운권, 교정원장 피선. • 7월, 서울회관부채문제수습위원회 구성. • 10월, 개교반백년기념대회 개최. 소태산 대각기념비와 정산 종사 성비 건립. • 10월, 영문판 『원불교교전』 간행.	
57	1972(59)	• 1월, 『정산종사법어』 간행. • 3월, 원광대, 종합대 승격. • 4월, 떠난 지 4년 만에 다시 신도안 복귀. • 5월, 군부대 도서 보내기 운동, 전국 확산 (군종 파견 밑거름). • 10월, 최덕신 천도교 교령 총부 방문. • 12월, 일본 신종교 일등원 총책 니시다 타케시 총부 내방.	• 7·4남북공동 성명 발표. • 10월, 유신체제 실시.
58	1973(60)	• 1월, 미국 LA교당 설립(4월, 주정부 법인 승인 얻음). • 2월, 재단법인 인장도용사건 발발. * 이운권 교정원장 사퇴. • 3월, 다산 김근수, 교정원장 피선. • 4월, 미국 시카고교당 설립. • 5월, 빌리 그래함 전도협회 일행 총부 내방. • 6월, 미 연방정부로부터 법인인가. • 7월, 군교화추진위원회 발족.	• 6월, 가정의례 준칙 발표.
59	1974(61)	• 2월, 아우 대훈(4남) 출가. • 3월, 중앙훈련원 개원. • 8월, 종법사, 천도교중앙총부 방문. • 8월, 캐나다 정부로부터 법인인가.	
60	1975(62)	• 3월, 세계종교연합기구(UR) 창설 제안. • 4월, 상산 박장식, 미주 교령 발령. • 9월, 『원불교사』 간행. • 10월, 교구활동규정 제정(10개 교구).	

원기(년)	서기(나이)	중요사항	비고
61	1976(63)	• 3월, 원광보건전문학교(→원광보건대학교) 개교. • 4월 18일, 서울교구 대법회(문화체육관) 임석. • 10월 28일, 수위단 및 중앙교의회 절차를 거쳐 제3차 교헌 개정(종법사 중심제).	
62	1977(64)	• 2월, 대산 종법사, 김준 원장 초청으로 새마을지도자연수원(수원) 방문. • 3월 1일, 교헌(3차 개정) 시행. • 3월 30일, 제8대 종법사 추대(4기). * 다산 김근수, 교정원장 임명(~1982.11). • 4월, 원불교청운회 결성. • 5월, 5대 교정지침 발표. • 6월, 일본 오사카교당 설립. • 11월, 법훈 수여(종사위 4, 대봉도 3, 대호법 2). • 11월, 대산종법사법문집1『정전대의』 간행. • 11월, 한일종교협의회 대표 미야케 도시오 등 면담. UR 창설 제안.	
63	1978(65)	• 1월, 원불교중앙신용협동조합 설립. • 2월, 영광신용협동조합 발족. • 2월 19일, 전북도청에서 박정희 대통령 초청 면담. • 3월, 총부에 상주선원 개원. • 4월, 대전 보화당 한의원 화재(12월, 수습 재건). • 10월, 원광대 교학대학 인가. • 10월 24일, 주한 로마교황청 대사 루이지 도세나 대주교 총부 방문.	• 10월, 로마교황 요한 바오로 2세 즉위.
64	1979(66)	• 1월, 추모사업 기관으로 영모원(永慕園) 설립, 영모묘원 설치 근거 마련. * 1980년, 원불교영모묘원으로 법인허가를 받고 묘지 조성 착수.	• 10월 26일, 박정희 대통령 피격 서거. • 12·12 군사 반란으로 전두환 등 신군부 정권 장악.
65	1980(67)	• 2월, 『대산종법사 법문집』 2집 간행. • 9월 1일, 전두환 대통령 취임식 참석. • 11월, 세계불교도우의회(WFB) 가입. • 12월, 시그레이브 이리 종합병원 인수 후 원광대 부속병원으로 개원.	• 5월, 광주민주화운동 발발. • 8월 27일, 전두환 대통령 당선.

원기(년)	서기(나이)	중요사항	비고
66	1981(68)	• 2월 19일, 이리시청에서 전두환 대통령 면담. • 5월, 소태산 탄생가 복원. • 7월, 완도 소남훈련원에서 2개월 정양하며 시설 확보 독려. • 10월, 서울시 허가받고 서울회관 재건축 착공. • 11월, 총부 중앙여자수도원 신축 봉불. • 12월, 이리자선원 개원.	• 요한 바오로 2세 교황, 터키 방문 중 피격.

67	1982(69)	• 1월, 장남 성은 출가.
		• 1월, 영산성지학교 설립(→영산성지고).
		  * 대안학교의 효시 됨.
		• 10월 10일, 원불교서울회관 낙성, 봉불식.
		• 11월, 9대 종법사(5기) 추대.
		  * 윤산 김윤중, 교정원장 임명(~1988.11).	

68	1983(70)	• 6월 28일, 완도 소남훈련원 준공 봉불식 임석. • 7월 18일, 왕궁묘원 방문하여 공사 독려. • 8월 1일, 정부, 계룡산 신도안 주민 강제 이주 통고(삼동원 퇴거).	• 6월, 6.20사업으로 계룡산 신도안 일대 철거. 삼동원 철수.
69	1984(71)	• 3월, 삼동원을 논산군 벌곡면 양산리로 이전을 결정하고 토지 매입. • 5월 6일, 방한 중인 가톨릭 교황 요한 바오로 2세를 예방하고 UR 창설 제안.	• 5월 6일, 로마교황 요한 바오로 2세 방한.
70	1985(72)	• 4월 10일, 알봉 묘지 유해 왕궁묘원으로 이장 후 봉고식. • 5월 15일, 제주 국제훈련원 개원 봉불식 임석.	
71	1986(73)	• 5월 17일, ACRP(아시아종교자평화회의) 대표자 일행 총부 내방. • 6월, 친저『교리실천도해』간행.	
72	1987(74)	• 1월, 최성덕 교무, 유럽 최초로 독일 프랑크푸르트 교당 개척차 파견. • 7월, 원불교학과(새생명국토순례단), 제1회 선천성심장병어린이돕기 국토순례. * 이후 10회까지 계속. • 10월 22일, 민주정의당 대통령후보 노태우 접견. 이후 김영삼, 김대중, 김종필, 김선적 후보 등도 접견하여 정교동심 당부. • 11월 15일, 〈원불교교헌〉4차 개정.	• 6월 29일, 민정당 대표 노태우, 대통령직선제 개헌 요구를 수용하는 선언 발표(10월, 개헌). • 12월, 대통령 선거에서 노태우 당선.

원기(년)	서기(나이)	중요사항	비고
73	1988(75)	• 5월, 왕궁묘원 조실 상주 개시. 　* 비닐하우스 내빈 접견. • 11월, 정산 종사 성탑 건립. • 11월, 『대산종법사 법문집』 3집 간행. • 11월 6일, 창립 제2대 성업 기념대회. • 11월 6일, 10대 종법사(6기) 추대. 　* 예산 이철행, 교정원장 임명(~1991.11).	• 9월 17일, 88서울올림픽 개막.
74	1989(76)	• 9월, 원불교방송국설립추진위원회 결성.	
75	1990(77)	• 5월 9일, 삼동원(벌곡 천호산) 신축 봉불식 임석.	
76	1991(78)	• 4월 28일, 소태산탄생백주년 기념대회. • 4월, 대산 종법사, 정식대각여래위 승급. • 8월, 중앙중도훈련원 준공. • 10월, 소련 모스크바 원불교 법인인가. • 11월, 항산 김인철, 교정원장 임명(~1994.11). • 11월 25일, 세계종교자평화회의(WCRP) 존 테일러 사무총장 접견. • 12월, 영산대학 정규 4년제 설립 인가.	
77	1992(79)	• 1월 1일, 모스크바 대학 로마노프 총장 예방. • 3월 19일, 의타원 이영훈 정토 열반. • 8월, 호주 시드니교당 설립, 봉불. • 11월, 카자흐스탄 알마티 원불교법인 인가.	• 12월, 대통령 선거에서 김영삼 당선.
78	1993(80)	• 1월, 새삶회 결성. • 6월, 독일 프랑크푸르트교당 신설 봉불. • 10월, 일과 삼아 수계농원 왕래 개시. 　* 정전마음공부 활성화 격려.	
79	1994(81)	• 3월, 원불교대학원대학교 개교. • 8월, 대산종법사 법문집 5집 『여래장』 간행. • 10월, 프랑스 파리교당 설립 인가. • 11월 6일, 좌산 이광정 종법사 취임하고 대산 김대거 상사로 퇴임하는 대사식 거행.	• 7월 8일, 북한 김일성 주석 사망.
80	1995(82)	• 3월, 원불교호스피스회 결성. • 6월, 이오은 교무, 유엔 NGO회장 피선. • 9월 22일, 좌산 종법사 유엔에서 유엔창설 50주년기념 법설. 원불교총부 유엔사무소 개설.	

대산 김대거 연보　493

원기(년)	서기(나이)	중요사항	비고
81	1996(83)	• 5월 18일 미국 하와이로 출국, 6월 9일 하와이 국제훈련원 봉불식 임석. * 2개월 반 체류 후 8월 5일 귀국.	
82	1997(84)	• 4월, 『대산상사수필법문집』 1~3권 간행. • 12월, 재단법인 원음방송 허가.	• 12월, 대통령 선거에서 김대중 당선.
83	1998(85)	• 4월, 미국에 선학대학원 설립 부촉. • 6월, 부촉 따라 진안 풍혈냉천 매입. • 7월, 부촉 따라 지리산 국제훈련원 부지 매입. • 8월 28일, 서울 삼성의료원 입원. • 9월 13일, 삼성의료원 퇴원하여 총부 귀환. • 9월 15일, 좌산 종법사가 대산 상사 게송 '진리는 하나 세계도 하나 인류는 한 가족 세상은 한 일터 개척하자 하나의 세계' 발표. • 9월 17일, 열반. 세수 85세, 법랍 70년, 종법사 재위 33년. • 9월 21일, 대산 김대거 상사 교회전체장. • 11월 30일, 전북원음방송 개국.	• 현대그룹 정주영 명예회장, 6월과 10월 두 차례에 걸쳐 소 떼 1,001마리 몰고 방북. • 11월, 금강산 관광 개시.
93	2008(열반 후 10년)	• 9월, 열반10주기 대산추모문집 I 『조불불사대산여래』 간행. 이후 원기 104년(2019) 제Ⅳ집까지 간행.	
98	2013(열반 후 15년)	• 10월 17일, 대산종사 성탑 성해 봉안식.	
99	2014(열반 후 16년)	• 5월 25일, 대산종사탄생100주년기념 대법회.	

참고문헌

김대선,『한국 언론인이 본 대산종사』, 도서출판 목민, 2014.
김성빈,『대산종사 전기』, 2011년 집필, (미간).
김영두,〈원불교 교헌의 변천과정과 특징〉,《원불교학》제5집.
김학인,『교화대불공』, (발행인 박순정), 2011.
김혜경,〈대산 김대거의 '하나의 세계' 연구〉(박사학위논문), 2023.
대산문집편찬위,『조불불사대산여래』(대산추모문집Ⅰ), 2008.
대산문집편찬위,『조불불사대산여래』(대산추모문집Ⅱ), 2010.
대산문집편찬위,『조불불사대산여래』(대산추모문집Ⅲ), 2019.
대산문집편찬위,『조불불사대산여래』(대산추모문집Ⅳ), 2019.
대순진리회교무부,『전경』, 대순진리회출판부, 1988.
동산문집편찬위,『동산에 달 오르면』(동산문집1), 원불교출판사, 1994.
동산문집편찬위,『진리는 하나 세계도 하나』(동산문집2), 원불교출판사, 1994.
박경전,『활불의 시대』, 원불교출판사, 2019.
박용덕,『신룡벌, 도덕공동체 확립의 터전』, 원불교출판사, 2003.
박장식,『평화의 염원』, 원불교출판사, 2005.
박정훈,『한울안 한 이치에』, 원불교출판사, 1987.
박혜명,『구도의 불꽃』, 원불교출판사, 2003.
서문 성,『대산 김대거 종사』, 원불교출판사, 2013.

서문 성, 『만덕』, 원불교출판사, 2011.
서울교당사편찬위, 『서울교당 93년사』, 2016.
선진문집편찬위, 『응산종사 문집』, 원불교출판사, 1981.
선진문집편찬위, 『팔산·형산종사 문집』, 원불교교화부, 1994.
원불교신보사, 『구도역정기』, 원불교출판사, 1988.
원불교100년기념성업회, 『대산김대거종사』-사진에 담긴 그의 삶-(화보), 2013.
원불교100년기념성업회, 『대산종사 법어』, 원불교출판사, 2014.
원불교100년기념성업회, 『대산종사수필법문집』1, 2, 원불교출판사, 2014.
원불교100년기념성업회, 『대산종사탄생 100주년기념휘보』, 2015.
원불교원평교당, 『불불계세의 유서 깊은 도량』, 원평교당, 1991.
의타원문집간행위, 『정의로 훈훈한 세상을』, 원불교출판사, 2003.
이상호, 『대순전경』, 동화교회도장 발행소, 1929.
이혜화, 『소태산 평전』, 북바이북, 2018.
이혜화, 『원불교의 문학세계』, 원불교출판사, 2012.
이혜화, 『정산 송규 평전』, 북바이북, 2021.
좌포교당사발행위, 『좌포교당 77년사』, 원불교출판사, 2009.
대산종사수필법문편찬위원회, 『대산종사 수필법문집』1, 2, 원불교출판사, 2020.
주성균, 『큰 산을 우러르며』, 원불교출판사, 2022.
항산문집편찬위, 『낙원세계 열리어라』(항산추모문집), 원불교출판사, 2016.
항산문집편찬위, 『일원문화 꽃피어라』(항산법문집), 원불교출판사, 2016.
향타원문집간행위, 『배내골의 성자』(향타원 문집2), 원불교출판사, 2020.
황직평, 〈天地大公事 大事決定〉(法務室) 및 부록, 1994.

『정전대의』(대산종법사 법문집 1), 원불교법무실 편, 원불교출판사, 1986.
『대산종법사법문집』2, 원불교법무실 편, 원불교출판사, 1980.
『대산종법사법문집』3, 원불교법무실 편, 원불교출판사, 1988.
『대산종법사법문집』4, 원불교법무실 편, 원불교출판사, 1993.
『여래장』(대산종사 법문집 5), 원불교법무실 편, 원불교출판사, 1994.
『법문집』(원기 52~62).

『삽삼조사게송과 종법사부연법문』.

『원기72년도 신년부연법문』.

『원기73년도 신년부연법문』.

『최초법어부연법문』(원기 66년도, 교무교재용).

『원불교전서』, 『대종경선외록』, 『대산종사법어』, 『대산종사법어』(자문판), 『원불교법훈록』, 『원불교대사전』, 『원불교용어사전』, 『원불교교고총간』, 《원불교신문》, 《한울안신문》, 《원광》 등.

* 『소태산 평전』 『정산 송규 평전』에서 발견된 오류를 수정하여 이 지면에 수록함.

『소태산 평전』 수정 자료 (북바이북, 2018)

(1) 267쪽 제3행
정산의 고종형 → 정산의 **외**종형

(2) 447쪽 아래서부터 7행
정읍 원평 → **김제** 원평

(3) 458쪽 각주 6)
각도 경찰청 → 각도 경찰**부**

(4) 476쪽 아래서부터 7행
전북경찰국 → 전북경찰**부**

(5) 485쪽 아래서부터 4행
참착 → 참**작**

(6) 498쪽 아래서부터 6행
총부부장 → 총**무**부장

『정산 송규 평전』 수정 자료 (북바이북, 2021)

(1) 17쪽 제2행
작열한다 → 작**렬**한다

(2) 18쪽 아래 제3행
(1900~1961) → (1900~196**2**)

(3) 18쪽 끝줄
가의대부 → **간**의대부

(4) 123쪽 제1행
송인기의 어머니와 부인 → 송인기의 **아내와 며느리**

(5) 138쪽 제2행
생활이 시작되었다 → **생활을 시작하였다**

(6) 254쪽 제6행
정토종 → 정토**진**종

(7) 255쪽 제4행~6행
＊ 한시의 버전을 아래의 것으로 바꾸고 그에 따른 새김도 고침.

義雨洽足三千里疆土(의로운 비는 삼천리 강토에 흡족히 내리고)
德雨薰蒙三千萬同胞(덕스러운 비는 삼천만 동포를 훈훈히 적시도다)
嗚呼萬年大計不歸虛(오호라 만년 대계는 헛되이 돌아가지 않으리니)
伏願兜率天宮魂淸飛(원컨대 도솔천궁에 머무시어 혼을 청정히 날리소서)

(8) 262 하단 중간
(〈교사이야기〉, 34) → (『진리는 하나 세계도 하나』, 434쪽.)

(9) 290쪽 제8행
제1기를 → 제1**대**를

(10) 307쪽 제3행
정산은 매력은 → 정산**의** 매력은

(11) 309쪽 각주 181
* 「인타원 이대기화(이영자의 모친)」가 아니라 「예타원 김성덕(고문국·고문기의 모친)」이라는 이타원 이정무 원로교무의 증언이 있다.

(12) 310쪽 제1행~3행
* 앞의 각주 181 내용이 「이대기화→김성덕」으로 수정된다면, 「(6월에는) 예의 안병욱이 '공손무비恭遜無比…의 인사'라고 찬탄한 주인공」 부분은 삭제함이 옳다.

(13) 312쪽 중간
『불교경전』 → 『불교**정**전』

(14) 323쪽 각주 190
* 추가: 당시 화폐개혁(1962년 6월 10일)으로 10환이 1원으로 바뀌면서 화폐 단위 때문에 혼동이 생긴 것으로 보인다. 성정철의 증언에서 쓰인 단위 '원'은 '환'이 맞을 듯하다.

(15) 350쪽 제2행
다르기 때문이다 → **따**르기 때문이다